SAE CHINA

中国汽车工程学会

汽车工程图书出版专家委员会　推荐出版

轻量化手册③

HANDBUCH LEICHTBAU

轻量化加工工艺

——成型，加工和处理

[德]弗兰克·亨宁（Frank Henning）
[德]埃尔韦拉·穆勒（Elvira Moeller）　主编

北京永利信息技术有限公司　译

陈　瑶　审

北京理工大学出版社

BEIJING INSTITUTE OF TECHNOLOGY PRESS

图书在版编目（CIP）数据

轻量化加工工艺：成型，加工和处理／（德）亨宁（Henning，F.），（德）穆勒（Moeller，E.）主编；北京永利信息技术有限公司译．—北京：北京理工大学出版社，2015.3

（轻量化手册；3）

ISBN 978-7-5682-0169-8

Ⅰ．①轻… Ⅱ．①亨… ②穆… ③北… Ⅲ．①汽车轻量化-研究 Ⅳ．①U462.2

中国版本图书馆 CIP 数据核字（2015）第 014189 号

出版发行／北京理工大学出版社有限责任公司

社　址／北京市海淀区中关村南大街 5 号

邮　编／100081

电　话／（010）68914775（总编室）

82562903（教材售后服务热线）

68948351（其他图书服务热线）

网　址／http://www.bitpress.com.cn

经　销／全国各地新华书店

印　刷／保定市中画美凯印刷有限公司

开　本／787 毫米×1092 毫米 1/16

印　张／17.25

彩　插／1

字　数／345 千字

版　次／2015 年 3 月第 1 版 2015 年 3 月第 1 次印刷

定　价／132.00 元

责任编辑／封 雪

文案编辑／杜春英

责任校对／周瑞红

责任印制／王美丽

图书出现印装质量问题，请拨打售后服务热线，本社负责调换

前言

本书主要讲解轻量化结构的加工工艺，论述了部件的成型和加工工艺，以及部件使用特性的设定。根据《轻量化手册2　轻型材料和属性》中给出的相关要求，本文将根据材料的种类将部件分为若干类型进行论述，尤其是在涉及某些生产加工技术时，由于某些技术只能应用于特定的原材料，因此有必要做出这样的安排。本书将对金属、陶瓷、塑料和纤维增强塑料几个部分进行讲解，另外还将介绍复合材料的生产制造工艺。在DIN 8580标准中给出了生产制造工艺主要分类中的若干细分类别，这些信息是本书分类标准的补充。本书中各个章节的内容和分类参见示意图中的描述。

由于焊接涉及的范围较大且具有极其重要的意义，因此将焊接工艺单独放在《轻量化手册4　轻量化结构连接技术》进行介绍。

根据本书导论中给出的说明，本书中介绍的第一种生产加工工艺为金属材料的加工工艺。在第1章中，首先介绍了成型工艺，主要包括采用典型的铸造工艺铸造轻量化金属部件，以及所制造的部件的特性，此外，还涉及粉末冶金工艺路线以及泡沫材料的特性；第2章将详细论述成型工艺，此外，还将论述锻造、金属板材成型、弯曲成型的要求和方法；第3章对不同的加工工艺分别进行了论述，即当被加工部件为轻金属材料或者金属基体复合材料时，对其进行切割、切削和表面磨蚀加工中需要特别注意的地方；在第4章中介绍了材料特性变化工艺，除了热处理之外还会涉及一些令人关注的机械表面处理。

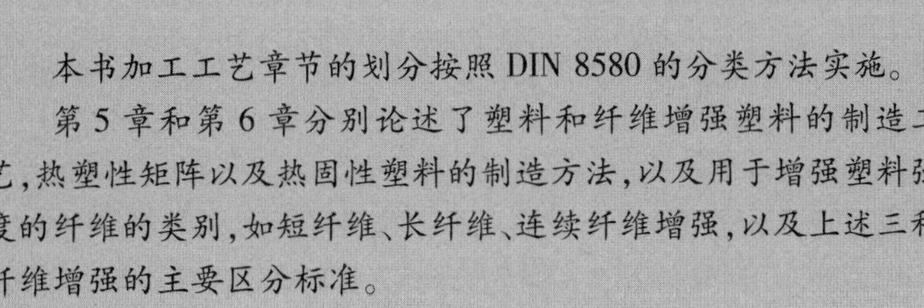

本书加工工艺章节的划分按照DIN 8580的分类方法实施。

第5章和第6章分别论述了塑料和纤维增强塑料的制造工艺，热塑性矩阵以及热固性塑料的制造方法，以及用于增强塑料强度的纤维的类别，如短纤维、长纤维、连续纤维增强，以及上述三种纤维增强的主要区分标准。

通过切削工艺对纤维增强塑料进行加工时，需要满足特别的要求，具体的内容将在第7章中进行论述。

第8章论述了以陶瓷为原材料的轻量化结构部件。由于其他加工步骤的成本较高，本章主要介绍了成型工艺。第9章论述了由不同材料制成的单个部件的加工工艺，由不同材料制成的单个部件也被称为混合复合材料。

目录

1

金属轻量化材料的初步成型

Andreas Bührig-Polaczek

参与本部分内容编写工作的还有：*Samuel Bogner*，*Stephan Freyberger*，*Matthias Jakob*，*Gerald Klaus*，*Heiner Michels*，*Christian Oberschelb*，*Uwe Vroomen*

按照标准 DIN 8580 给出的定义，初步成型是指采用各种必要的手段对不成形的固体材料进行加工。待加工、未成形的材料可以呈固态、液态、气态或者处于两个物态之间的过渡态，即呈蒸气状、糊状或者膏状。下图为对轻量化金属材料初步成型工艺的分类。

铸造工艺可以仅通过一个生产步骤就将熔化的金属制成接近终形的部件。

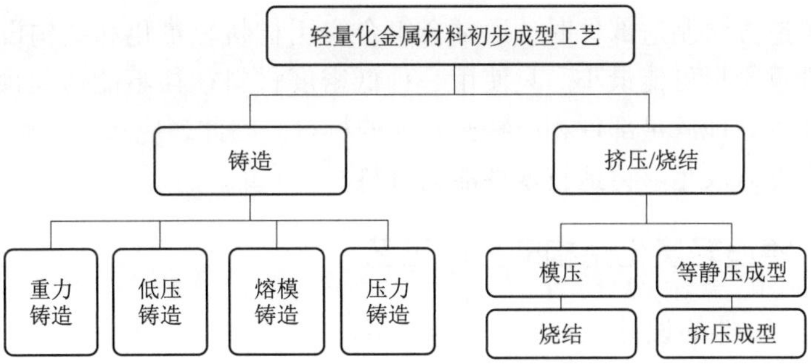

轻量化金属材料初步成型工艺的分类

如果铸造设计人员选择了一个合适的铸造工艺方案，则几乎可以铸造出任意自由曲面形状和空心构造的铸件。铸造设计人员可以自由选择材料和铸件的形状，从而使部件的结构满足特殊要求。如果由于结构原因，同一个部件出现局部位置负载差别较大的情况，则可以采用铸造的合成材料和复合材料，允许各种金属或者非金属材料相互复合。在这种情况下，可以有选择地利用整个部件中至少两种材料的特性。由于所使用金属和合金的特性不同，因此以这种工艺生产出的铸件具有较大的应用范围，既可以在最高工作温度和最低工作温度环境下使用，也可以在较大的温度交变负载下以及高腐蚀性介质中使用。

此外，采用粉末冶金制造技术生产精密部件或者精密成型部件被认为是现代具有成本优势的加工制造技术。在轻量化部件制造领域，采用铝材，以粉末冶金技术制成部件的方案相对于铸造成型技术的方案具有越来越大的竞争力。虽然其他的一些轻金属（如镁和钛）可以以粉末冶金的技术生产出部件来满足一些特殊的应用要求，但因为铝金属粉末冶金技术在应用中具有更大的意义，所以本文仅介绍铝金属粉末冶金制造工艺。在开发新的乘用车发动机时，发动机能否满足环保要求，以及能否达到车辆使用者对车辆燃油经济性的要求，是判断发动机是否成功的关键，也就是说，开发发动机的目标是提高发动机的效率、降低燃油消耗并减少废气排放。为了达到上述目标，一方面要通过轻量化（包括车身轻量化和发动机轻量化）的方法来降低汽车的重量；另一方面，可以通过降低气门机构以及燃烧室的配重来提高发动机的效率。此外，也可以通过降低部件重量的方法来减小摩擦力，并使摩擦力均匀分布在气门机构、活塞环区域和曲柄轴承处。如果减少了摩擦损失，则油耗将降低，尤其是在低速行驶时（城市路况），其效果更为明显，同时还可以降低噪声。

基于上述原因，业内对采用铝制部件替代原来钢制部件有着很大的兴趣。在有些情况下，铝制部件比钢制部件轻 60%，原因是铝的密度与钢的密度之比为 1∶3。特别要指出的是，采用粉末冶金技术制造的铝硅合金部件改进了铝制部件的一些局限性，具有明显的优点。

1.1　铸　　造

在采用铸造方法制造部件时，通常会组合应用材料轻量化和结构设计轻量化技术，以使部件重量尽可能最小。只使用一种低密度材料往往不能达到预期要求，所以需要一种能更好地满足部件相应特性要求的材料。因此，应选取具有合适的强度、尽可能低的密度以及足够铸造技术性能的材料。

1.1.1　铸造轻量化结构的生产工艺

1.1.1.1　铸件的设计

铸件的设计应遵守铸件结构设计的总体原则，此外，应保证铸件的壁厚尽可能相等，且壁厚差异尽可能小。铸件的设计强度不应通过材料堆积的方法，而应通过使用加强筋表面来实现。加强筋应按顺序放置，且应保证当加强筋凝固收缩时不会出现拉伸应力过大的情况。同时还应注意，铸件能够承受的压应力应比能够承受的拉伸应力大得多。

在进行轻量化部件设计时，拓扑优化法和仿生设计方法都属于常见的设计方法（参见第 1 册第 4 章）。采用铸造工艺可以较好地实现这些原理方法，因为在设计铸造部件和确定铸造工艺参数时只受到少数相关工艺技术条件的几何约束。当采用铸造替代焊接时，利用了拓扑优化（图 1. 1），以设计出能够满足负荷要求且应力较小的铸件几何形状（图 1. 2），并在球墨铸铁砂型中批量生产铸件（图 1. 3）。

由于工艺技术上的原因，选择铸造材料和铸造工艺往往同时进行。例如，由于铁基合金的熔化温度较高，因此通常采用砂型铸造法制造；而钛金属具有较高的熔化反应活性，所以只能采用精密铸造法制造。铝金属和镁金属制造有相当多的工艺可供选择（表 1.1）。

图 1.1　拓扑优化后的设计方案

图 1.2　详细设计方案的应力模拟

1.1.1.2　铸造工艺的特性参数

按照铸件在凝固过程中冷却速度的不同，铸造工艺可分为快速冷却铸造和慢速冷却铸造两类。如果采用具有良好导热能力的金属铸模和主动散热措施对铸件施加较高的金属静压力，则称为快速冷却铸造；而采用具有不良导热性能的矿物或者陶瓷铸模，且铸件受到一个自然的金属静压力，则称为慢速冷却铸造。考虑到部件应达到的机械性能，应尽可能采用快速冷却铸造工艺。在常规铸造工艺中，冷却速度处于 1 000 K/s~1 K/s 之间。一般来说，铸造过程中部件的冷却速度按照下列顺序递减：压力铸造—重力硬模铸造—砂型铸造—熔模铸造。按照同样的顺序，铸造过程中的局部充型速度从 100 m/s 下降到几厘米每秒。通常，通过静置充型可以降低内部缺陷的发生率，且能够保证在较低冷却速度下生产出具有较高性能的铸件。

图 1.3　球墨铸铁（EN-GJS-400-15）原铸件
（图片来源：克拉斯铸造两合公司）

压铸工艺的轻量化解决方案主要是通过尽可能降低铸件壁厚来实现的，然而这种方法会对几何自由度有所限制，并且不允许采用内部中空结构；而硬模铸造，尤其是砂型铸造往往不存在或者很少存在限制条件，所以这种铸造工艺能够在满足结构设计要求的同时生产出轻量化程度较高的产品。如果采用铸芯进行铸造，则可以生产出具有高阻力矩的薄壁空心体，这样，重量较轻的部件也能达到较大的刚度。采用精密铸造工艺时，部件的几何尺寸具有较大的自由度。同时，采用精密铸造工艺能够制造出对几何尺寸和表面精度都有较高要求的部件，例如采用微结构表面来提升功能性。

1.1.2 生产工艺和合金对部件性能的影响

1.1.2.1 凝固条件对铸件组织和强度的影响

铸件组织的大小和形态对铸件的强度和延性有显著的影响。一般来说，铸件组织在原始状态下越纤细，结构排列越均匀，则其强度和延性就越高，这可以通过选择合金种类、熔化处理方法和铸造工艺，以及后续热处理来实现。随着冷却速度的加快，单个微观结构组成的尺寸越来越小，且其形态越来越纤细。枝晶间距（Dendrite Arm Spacing，DAS）是描述铝合金材料特性的一个参数，是指枝晶主轴上长出的相邻二次枝晶的中心间距，其大小完全由铸件凝固冷却的速率决定，冷却速率可能会受主动冷却铸模的影响，或受高导热能力被动冷却元件整合到铸造系统中的影响。此措施在设计铸件和铸模时通常就已考虑到局部承受高应力的部件。由此可以使低强度的粗砂型铸造组织（图 1.4）局部细化（图 1.5），并使其获得更好的性能。即使使用铸铁材料时，从强度的角度上看，也应制造出具有尽可能纤细铸造特性的铸件，因此需要对标准 EN ISO 945 中定义的石墨形状和尺寸进行评估。然而，需要注意的是，标准化材料的重量控制不是通过化学成分或者结构组成实现的，而是通过工件的强度或者铸造的测试棒实现的，所以应根据部件的用途来选择合金材料。下文概述了各种合金适用的工艺技术，以及可能达到的性能。

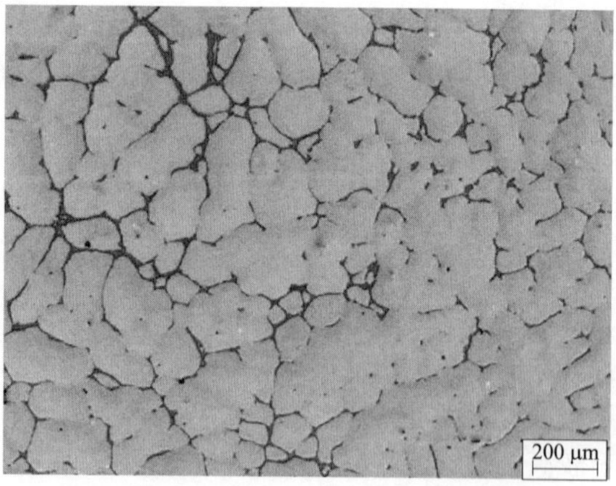

图 1.4 $AlCu_4$ 合金材质砂型铸件的显微结构

1.1.2.2 压铸镁合金

由于镁的密度低，因此被视为传统轻量化材料。根据 ISO 16220 中给出的数据，压铸镁合金的抗拉强度为 260 MPa。一些常用于砂型铸造的特殊合金，经过热处理后抗拉强度为 250 MPa，而一些常见的、但以非常规方法生产的合金，其抗拉强度则超出了 250 MPa（参见第 2 册第 4 章）。

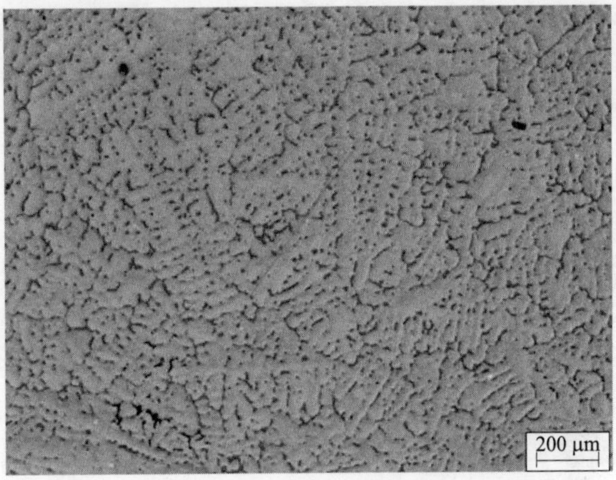

图 1.5 $AlCu_4$ 合金材质硬模铸件的显微结构

（图片来源：铸造研究所）

镁及其抗腐蚀标准合金非常适用于薄壁部件，其可突破因工艺条件限制而存在的轻量化部件结构的限制，并以更容易被浇铸、更轻的材料实现批量化生产。如果采用压铸工艺，则可以使铸件具有更大的面积和更长的流动长度，从而制造出壁厚为 2.5 mm 的部件。由于镁合金的轻量化程度高，其在轻量化材料中处于十分突出的地位。在车辆中，齿轮箱和气缸曲轴箱因使用了大量的镁合金材料而具有较大的减重潜力，在这些位置采用新型的、极为适用的且具有抗蠕变性能的镁合金铸件具有重要意义，与常见的铝制结构相比，其重量可减少 25% ~30%。

1.1.2.3 压铸铝合金

铸造性能良好的铝合金可应用于铸造工艺的多个方面，且由于其数量充足，可以满足很多要求，如最高可延展性和耐磨性要求（参见第 2 册第 3 章）。EN ISO 1706 规定，经加工的压铸合金 AlMg5 可达到的抗拉强度为 250 MPa。采用新型真空辅助压铸工艺及其改进工艺不断制造出延展性较好的可热处理压铸件，其拉伸强度可达 300 MPa 以上。通常，在产品形成过程的设计阶段，客户和供应商之间会商定非规范的强度特性。在砂型铸造和硬膜铸造中，含铜合金由于通常会进行后续热处理而使拉伸强度达到 300 MPa。例如，在熔模铸造中，应用获得专利的 HERO®-工艺可实现较高的机械性能。

铝合金的应用是多方面的，其应用最广的领域是汽车行业，主要涉及大批量制造工艺。除了大量压铸部件外，通常还生产硬膜铸造件（图 1.6）和砂型铸造件（图 1.7）。

1.1.2.4 成型铸造用钛合金

钛及钛合金的密度介于轻金属和重金属之间（参见第 2 册第 5 章），具有较高的熔点和优异的耐化学性。根据标准 DIN 17865，普通钛合金的强度可达 880 MPa。由于该材料具有理想的强度密度比，因此成为较受欢迎的用于高应力部件的轻量化材料（图 1.8）。材料等级 γ-钛铝合金，由于其较好的耐温性，较适用于制造飞机发动机的涡轮叶片和机动车的废气涡轮增压机。由于具有较高的熔融温度和氧亲和力，原则上成型铸造用钛合金只通过熔模铸造工艺进行加工。

图 1.6 通过铝-硬膜铸造工艺制造的压缩机壳体

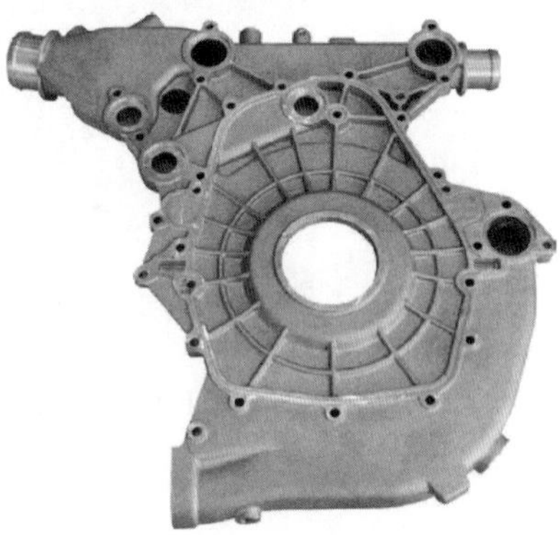

图 1.7 采用铝砂型铸造工艺制造的发动机密封法兰

（图片来源：Ohm & Häner 金属制品股份有限公司）

1.1.2.5 铸铁材料和铸钢

由于铸铁材料［片状石墨铸铁（GJL）、蠕墨铸铁（GJV）、球墨铸铁（GJS）、等温淬火球墨铸铁（ADI）］的密度较高，因此从表面上看它并不属于轻量化材料；同时由于铸铁材料结构自由且结构中含碳（通常被称为球墨），因此其强度低于钢。然而，铸铁材料比钢的密度最多可低 10%，而阻尼特性和热传导性提高，且铸造性能极佳。因此对壁厚较大、要求较大且承受较大特定载荷的待铸造部件提出了使用强度方面的较高要求，并实现了相对较低的重量。符合 EN 1561 强度标准的片状石墨铸铁（GJL）材料，由于存在对应力方面不利的片状石墨，其减重可能性很小，但具有较高的热传导能力。石墨的强度和材料的基本强度以片状石墨铸铁（GJL）、蠕墨铸铁（GJV）、球墨铸铁（GJS）的顺序递增，并分别可以相应地达到 350 MPa、500 MPa、900 MPa 的抗拉强度。应当指出，这个与壁厚有很大关联的数值原则上与直径为 30 mm 的独立铸造拉伸试棒相关。等温淬火球墨铸铁（ADI）具有很好的机械特性，因此可以用来制造高负荷部件（图 1.9）。根据 EN 1564（草案），类似于传统球墨铸铁（GJS）（EN 1563），但在延伸率为 1% 的情况下进行热处理的合金可达到 1 400 MPa 的抗拉强度，结合优异的铸造性能，可以制造出具有较高轻量化等级的壁薄且强度高的部件。

图 1.8 钛合金材质的熔模铸造件

（图片来源：Tital 股份有限公司）

如果铸铁合金采用的是通过传统铸造工艺可以实现的标准壁厚，则其无法达到轻量化的效果。根据 DIN EN 10293，一般应用下，铸钢在 10% 的延伸率下可以达到 1 200 MPa 的抗拉强度。通过采用先进的铸造工艺，例如 3cast®-工艺（这种工艺最小可以达到 1.5 mm 的壁厚），则可以形成高强度结构，这种结构与型钢材质的钢板结构差不多（图 1.10）。

图 1.9　一个 10 缸柴油发动机的等温淬火球墨铸铁（ADI）材质轮罩

（图片来源：Claas 铸造股份有限公司）

图 1.10　一个薄壁铸铁结构的详图

（图片来源：Evosteel 股份有限公司）

1.1.2.6　混合材料

混合材料，也称复合材料，已经使用了很长时间。通过不同材料的组合，可以制造出符合要求的、局部具有期望特性的铸件。通过这种方式，例如对摩擦性能的要求，可以实现高硬度或热传导性，典型的例子是铝制气缸曲轴箱和铸铁缸套。新应用和未来应用表现在通过铸造节点加强的钢板结构上（图 1.11）。通过这些设计理念的应用，可以实现较高的轻量化等级，因为轻型且稳定的铸造结构可对钢板起到加固作用，并有助于发挥其全部潜力。

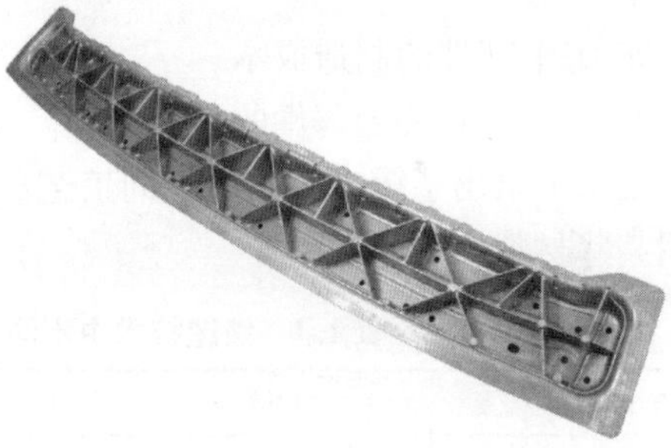

图 1.11　铸造节点加强的钢板结构混合材料车身部件

（图片来源：Imperia 应用汽车发展股份有限公司）

1.1.3　铸造技术工艺

为了制造高质量铸件，需要进行精密工艺控制，因此还需要了解相应的有效参数。参数与所采用的成型工艺有很大关系，图 1.12 所示为成型铸造工艺的分类，可以分为消失模铸造和永久模铸造工艺。

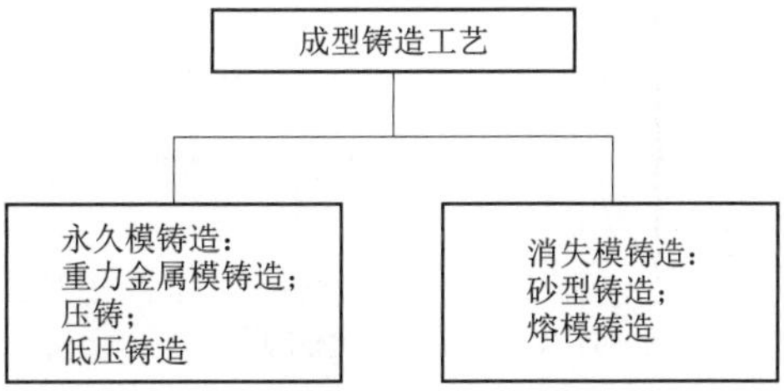

图 1.12　成型铸造工艺的分类

1.1.3.1　永久模和消失模

永久模铸造工艺的特点是利用可重复使用的模具进行加工。永久模（硬模）由耐热、耐磨损的材料制成，如热作模具钢、高合金铸铁或铜合金。由于硬模的制造成本较高，因此这种工艺只适用于中等数量或大量部件生产的情况。合金、熔融温度和部件通过量不同，永久模的磨损程度也不同，每个模具的寿命可达几千至20万次浇铸。

消失模铸造工艺基于型砂，其通过添加结合剂，然后进行密封，最后凝固形成铸件。消失模与永久模相反，它只能使用一次。模具材料的基本成分取决于模具材料的热需求，例如，基本成分有石英砂、铬砂、锆砂和氧化铝砂及结合剂，结合剂一般包括合成树脂、水玻璃或石膏。

根据工艺的不同，可以对模制材料进行加工和再利用。一般来说，砂型铸造使用永久模，熔模铸造使用消失模。

选择用于制造部件的铸造工艺时，主要根据以下几个参数来决定。

① 尺寸精度；

② 表面质量；

③ 壁厚；

④ 件数；

⑤ 每个部件的制造成本；

⑥ 与工艺相关的部件的机械特性。

表1.1给出了铸造技术中不同工艺的合金基及其材料类别，某些铸造工艺优先使用某些材料等级。

表1.1　铸造技术中不同工艺的合金基及其材料类别

合金基	铝	铸铁				钢	镁			钛	锌
材料类别	AlSi，AlCu，AlMg，AlZn	GJS，GJV，GJL	GJM	ADI	特殊材料	非合金，低合金和高合金	MgAlZn，MgAlMn	MgAlSi，MgAlSe，MgAlSr	MgYSe，MgZnSe，MgAgSe	α，(α+β)，β-合金	ZnAl，CuZn
工艺											
砂型重力铸造	×	×	×	×	×	×	×	-	×		○
重力金属模铸造	×	-	○	-	-	-	×	-	-	-	○
低压铸造	×	○	○	-	-	-	×	-	-	-	-
压铸	×	-	-	-	-	-	×	×	-	-	×
熔模铸造	×	×	-	-	-	×	×	-	×	×	-

注：(1) ×=常用；○=少用；-=不用。

(2) GJL=片状石墨铸铁；GJS=球墨铸铁；GJV=蠕墨铸铁；GJM=可锻铸铁；ADI=等温淬火球墨铸铁。

1.1.3.2 铸造工艺的有效参数

根据熔融和铸造步骤可对铸造工艺进行分类，后续通常要进行后处理或热处理。铸件的机械性能包括物理参数和工艺参数两方面，两者相互依存。通过对这些参数进行精确控制和调节，在给定外形要求的情况下，可实现减重的目的。

为了制造出高质量铸件，在铸造技术方面应着手考虑结构设计方面的问题。一些基本规则可以大大简化模制和浇铸流程，且可以较大程度地减少铸造缺陷。应注意，一般部件的壁厚要尽可能相同或逐渐过渡变化。此外，应避免锋利的边缘、边角、材料堆积和封闭的空腔。其他关于铸造设计方面的信息和与铸造相关的有效参数可参见文献（Herbert 2010，West 2008，Hasse 2001）。

1.1.3.3 熔融、铸造和再加工

为了制造金属熔体，可使用不同的设备，通过电力（感应或电阻加热）或燃烧化学燃料进行热输入。所有金属熔体在一定程度上都是活性的，这对熔炼坩埚和工艺环境提出了较高的要求。熔体氧化物的生成和气体吸收都应大幅下降，通过集中的熔体处理，借助助熔剂、晶粒细化剂、清洗剂、脱气机和改性剂，可以保持较高的熔体质量。液态金属处理既可以在熔解和热保持工艺中进行，也可以在浇铸过程中进行。

铸造是一个将液体（熔体）填充到铸模中的凝固过程。铸造系统包括浇道、浇口、铸件的阴模和冒口（图 1.13）。冒口安装在阴模上，以平衡体积收缩 $\Delta V_{总}$。

体积收缩出现在熔体凝固和冷却时，包括三部分：液态下的体积收缩、凝固时的体积收缩和固态时的体积收缩。

$$\Delta V_{总}=\Delta V_{液态}+\Delta V_{凝固}+\Delta V_{固态}$$

结晶时的体积变化对铸件有很大影响，在选择铸造工艺时，必须考虑浇铸和部件的工艺控制与设计。体积变化 $\Delta V_{总}$ 可能导致铸件缺陷，例如，铸件中的空腔（缩孔、气孔）或热裂纹以及固有应力等通常是铸造工艺的核心问题。

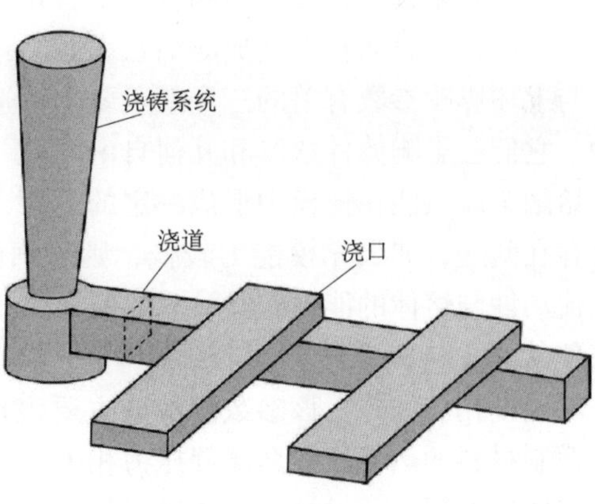

图 1.13 带浇口、浇道和浇铸系统的铸造系统

为了制造出无缺陷的铸件，可以通过很多铸造技术方法来解决铸造工艺中的问题，例如，通过定向凝固，部件最后的凝固部位被嵌入冒口中（图 1.14）。由于砂型铸造时型砂的热导率不同，且使用产自本地的金属冷硬铸型，因此可以实现定向凝固。此外，定向凝固也可通过适当地选择铸造系统来实现。冒口尺寸的确定方法是，较多熔体在此区域存储更多的热量，最后冒口凝固而出现体积收缩，随后浇口和冒口分离，然后重新熔化，因此最优的解决方案需考虑经济方面的问题。

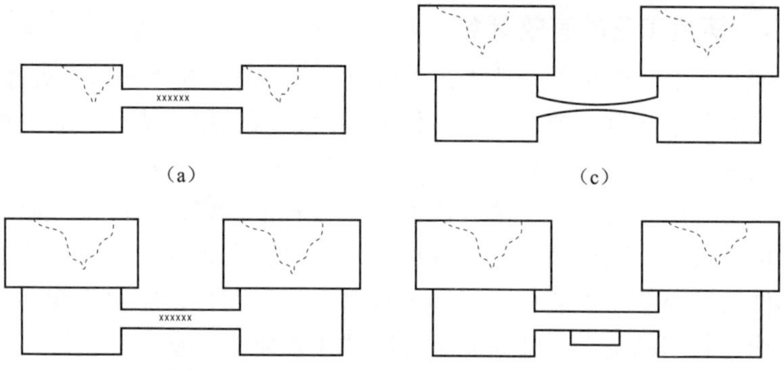

图 1.14 减少铸件缺陷的铸造技术图示

(a) 带大孔和微孔形式体积收缩的铸件；(b) 通过形成的冒口，大孔被推移；
(c) 铸件中部变细，防止铸件内部微孔形成；(d) 冷硬铸件同样可防止微孔形成

对熔体进行精确的温度控制是必不可少的，这样才能铸造出高质量的部件。熔体的温度升高会导致物理量（如黏度、表面应力和密度）发生变化，并由此影响金属熔体的铸造技术特性。此外，凝固形态也起着重要的作用。凝固形态说明了凝固的合金以何种形式的结晶存在。在凝固范围内，有光滑表面、粗糙表面和海绵状表面凝固三种类型，它们对凝固范围内物质输送的负面影响依次升高。铸造合金的凝固形态与合金的成分以及凝固速度和温度梯度等参数有关，也与熔体的热导率和材料相关。一般来说，在凝固前随着合金含量增加、温度梯度下降，凝固形态从光滑表面变化成粗糙表面直至变成海绵状表面。

与上述影响参数有关的三个最重要的铸造技术特性是充模能力、流动性和补缩能力，它们会影响铸件壁厚和几何自由度。

熔融金属只能在铸模中形成一定的轮廓，并表现出有限的充模能力。边和角的轮廓存在问题，如果充模能力较低，则轮廓的锋利度将大大降低。在这种情况下，认为流动性与熔体的能力有关，只要流入铸模中，就可通过凝固来阻碍金属流动并最终使其停止。

除温度相关性外，该参数的特点主要表现在合金的成分上（凝固形态），而且还与模制材料的热特性和金属静压力相关。

在铸件内部，通过补充熔体确定补缩能力，且补缩能力与凝固形态有很大关系。根据凝固形态，可以阻止熔体流动或在凝固快结束时完全停止，但无法确保临界部件范围以实现完全密封。

铸件的再加工与采用的工艺有关，铸件上剩余的废料可以通过机械加工步骤（例如切割）去除。其他再加工步骤还包括：

① 浇口和冒口的分离；

② 去毛刺；

③ 整个或部分部件的机械加工。

对铸件的热处理可通过调节机械特性来实现，一方面应提高机械特性（硬度、

强度和延展性）；另一方面应使部件的机械特性均匀化，以降低铸件中由于凝固而出现的固有应力（去应力退火），同时改进不利的局部机械特性。热处理的类型与铸件材料有关，应根据材料的等级和特性进行命名和标记，详细信息可参见更多参考文献（West 2008，Hasse 2001）。

1.1.4 重力铸造工艺

重力铸造中用液体金属进行充模的驱动力是重力。原则上，使用熔炉制造熔体时，需要一个浇铸设备和一个铸模。在实际工业制造中，需要很多辅助设备、自动化解决方案和特殊工艺改良方法。

金属永久模铸造和消失模铸造的区别是部件机械性能、几何形状自由度以及可铸造材料等方面的不同。此外，工艺流程也不一样，这两种工艺将在下面的章节中分别说明。

1.1.4.1 重力金属模铸造工艺

永久铸模分完全硬模和部分硬模两种，完全硬模由硬模的所有铸件外表面组成，部分硬模使用砂型材料的外砂芯。砂型材料内砂芯的使用与待铸造部件的复杂程度相关，范围从一个单砂芯到一个组合砂芯。轻量化最受关注的应用范围是使用铝和镁铸造合金的轻金属硬模铸造。另外，应该指出，铜合金、精炼锌合金和铸铁合金可以通过重力金属模铸造法铸造。

与常见砂型铸造工艺相反，热作模具钢或铸铁硬模铸造的优点主要表现在液体金属加速冷却时的热物理特性上。在金属模中，由于其热导率非常高，熔体凝固速度可能会比砂型铸造快 3～10 倍。由于凝固速度较快，形成了一个更致密的细粒结构，从而可形成更好的强度特性。由于结构更理想，因此可以设计成薄壁结构，从而铸造出更轻的部件。目前汽车底盘中大量使用的铸铝部件都是通过重力铸造工艺制造的（图 1.15）。硬模铸造工艺相对于其他铸造工艺的优点是，其在铸造中等和较大批量部件的情况下，尺寸精度、稳定性更佳，表面质量较好，生产成本较低。

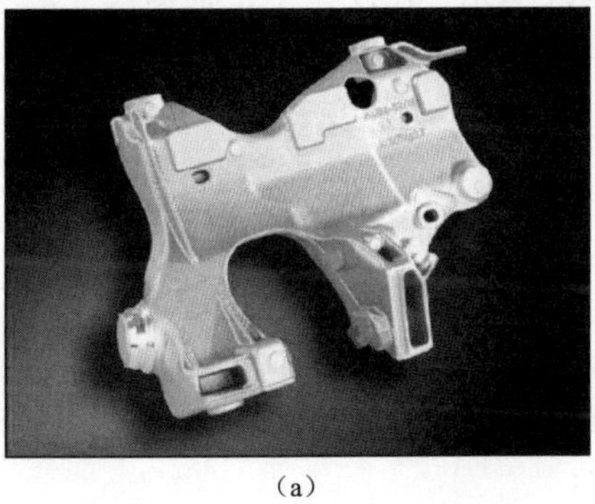

（a）

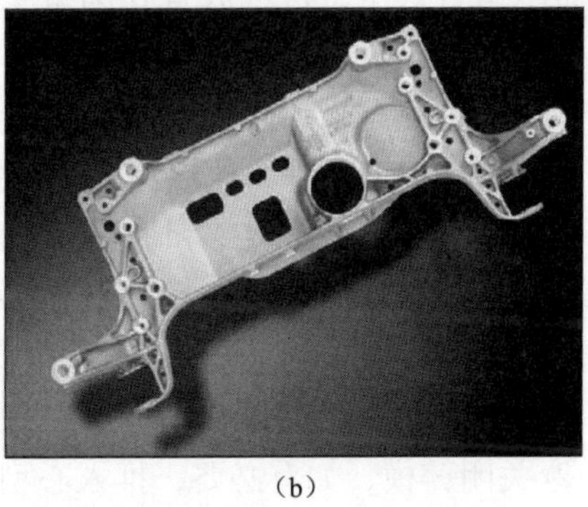

（b）

图 1.15 奥迪 A4/Q5 中 AlSi7Mg（T6）材质的前桥托架铸造节点（a）和大众帕萨特 AlSi11Mg（T6）材质的前副车架（b）

（图片来源：KSM 铸造股份有限公司）

根据使用目的不同，重力金属模铸造机分为立式和卧式两种。立式机中硬模主要使用水平分型面和垂直分型面及斜的型芯拉出器布局。相反，卧式机进行针对垂直分型面的水平模具闭合运动。图 1.16 所示为一个卧式铸造机的浇铸图，下面将通过它来说明铸造流程和工艺。

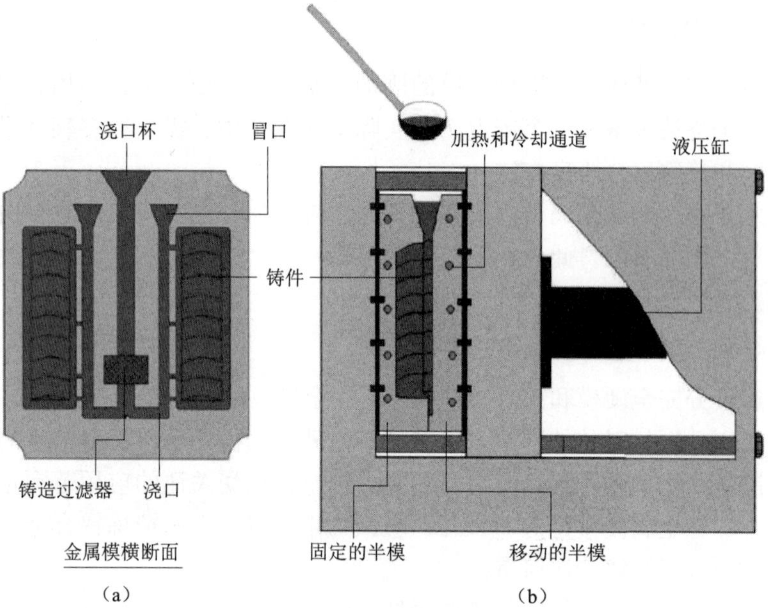

图 1.16　卧式铸造机浇铸图

垂直分型金属模固定在铸造机的支撑架或压板上，有一个固定的和一个可移动的半模，可通过液压缸关闭和打开模具。在可移动的半模中，通常还有液压抽芯器和推杆。为加热和排出凝固热，机器和硬模使用相应的加热和冷却装置。铸造工艺可以使用一个计量装置和一个拣取机器人，这在很大程度上实现了自动化。铸造厂中有很多组合式压铸机或放置在圆桌上的压铸单元。在硬模中，根据尺寸的不同，可以同时浇铸一个或多个部件。如果需要，该组件型腔可升高，也就是说，将从底部到顶部进行填充。为此，需相应放置浇道和浇口。为避免铸件缺陷，除使用冒口和一次性铸造过滤器外，还应注意进行镇静型腔填充。在铸造之前，必须将硬模轮廓范围以及型芯彻底精加工和加热。导热或绝热的金属型涂料对铸模和熔体之间的热交换调节起着辅助性作用。此外，它可最大限度地防止模制材料磨损，并防止铸件黏附在铸模上。铸造工艺流程细分如下：

① 打开铸模；重新涂金属模，放置铸造过滤器和型芯；

② 关闭铸模，如有必要，推入心型滑板；

③ 借助计量装置浇铸；

④ 凝固并冷却铸件，如有必要，抽出心型滑板；

⑤ 打开铸模，取出铸件。

采用重力金属模铸造工艺时，使可再生产铸件具有更高质量的工艺参数必须完全一致，因此，清洁的熔体、合适的金属型涂层、高质量的砂芯、铸造温度、调整良好的金属型热平衡、模具填充时间和熔体凝固时间都很重要。快速充模对于薄壁铸件（1.5~3 mm）尤其有用，但应始终注意防止熔体产生湍流。

针对铸造材料极易氧化的问题，如针对铝金属型铸造合金，开发了重力金属模铸造工艺并采用倾斜浇铸工艺制造大面积和复杂几何形状的铝制安全部件。倾斜铸造机的结构是依照卧式金属型铸造机设计的，但进行了功能扩展，并在铸造开始时将一个垂直分型面沿水平方向倾斜 90°；用一个铸池代替了浇口杯，其可沿水平位置填充熔体；通过机械控制装置可以调节倾斜速度，由此也可调节铸造时熔体的流动速度，从而可以防止湍流时充模，避免四周被空气包围。与重力铸造相比，该工艺的另一个优点是不使用单独的冒口和浇道。在倾斜浇铸工艺中，浇口可以充当冒口使用，从而可以降低循环量。

近年来，倾斜浇铸原理得到了持续开发，目前采用制造气缸盖常用的低压炉（其名称为“Rotacast”）的工艺。Rotacast 工艺将组合砂芯自动或手动插入金属型铸造机中，铸造分配装置从上方移动到金属型铸造机上，然后将其关闭。随后，整个装置被旋转 180°，低压炉从底部与铸造分配装置对接，然后开始采用低压工艺进行填充。利用一个液压控制的滑动机构关闭金属型铸造机开口（铸造分配装置），从而在低压炉下降后使金属型铸造机重新回到 0°位置，在 0°位置将铸件在一定的凝固时间后取出。除了图 1.16 中所示的底盘部件外，重力铸造工艺的其他应用还有：各种壳体、驱动装置和发动机组件、液压部件以及用于机械制造的组件等。

1.1.4.2 砂型铸造

砂型铸造工艺的特点是：铸模只能使用一次。可以借助永久模或使用消失模制造这种消失铸模。在快速成型制造工艺范围内，可以通过铣削砂型制造铸模型腔。

砂型铸造工艺的典型模具包括：至少两个半模、铸件外轮廓的阴模空腔、至少一个形成铸件内轮廓的型芯（图 1.17）。型芯可以由多个单型芯组成，这样对部件几何形状的限制较低（图 1.18）。

砂型铸造工艺包括型芯和砂型铸造，熔体准备，浇铸，冷却，原铸件脱模和模制材料回收（图 1.19）。用于密封模具的模制材料包括：基本模制材料、模制材料黏合剂和添加剂。在此工艺中，砂作为耐火的基本模制材料，自然砂和合成砂的多种化学成分使得可以使用大量不同的材料进行铸造（表 1.1）。除基本模制材料较多外，还有多种黏合剂和添加剂，通过它们可以制造一种与相应材料和模制工艺匹配的混合材料。

在未进行时效硬化或密封状态时，模制混合材料是可自由流动或流体化的，因此细密且弯曲的模型轮廓都可以精确地制作出来。利用这种工艺，可以实现 ≥2.5 mm 的壁厚。根据材料的不同，浇铸重量可能小于 100 g，也可能重达数百吨。

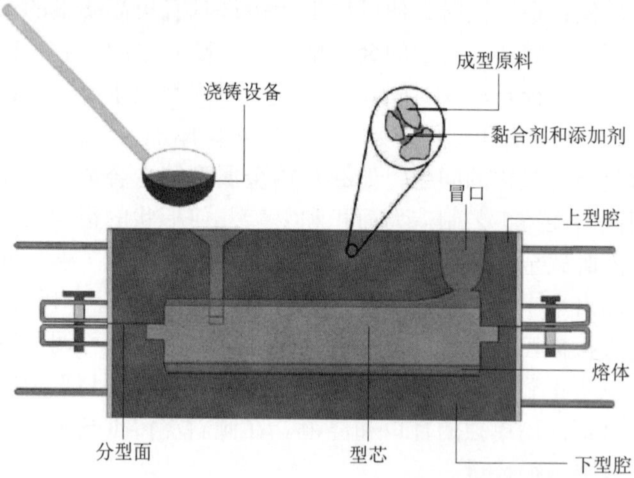

图 1.17 砂型铸造工艺的原理图

(a) (b) (c)

图 1.18 铸件内轮廓的型芯 CAD 图 (a)；铸模和插入的组合砂芯 (b)；浇铸的水冷涡轮增压机 (c)

(图片来源：ACTech 股份有限公司)

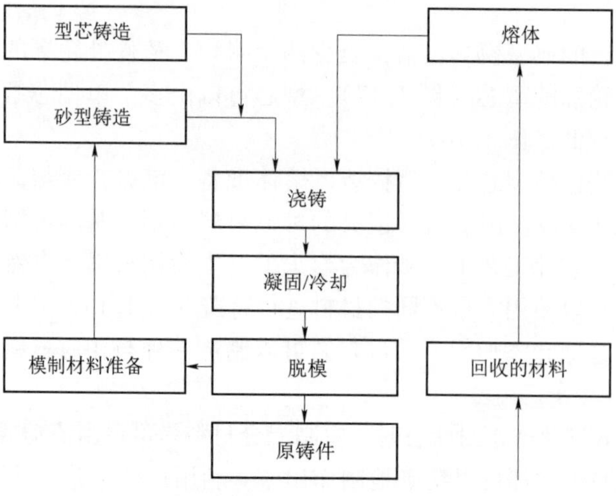

图 1.19 砂型铸造工艺的流程图

消失模铸造技术（使用消失模的砂型铸造）是一种相对较新的铸造工艺，在中欧，这种技术仍是一种利基工艺。这种工艺使用泡沫塑料（例如 Styropor®）作为铸造材料，通过发泡形成铸件凸模，随后同样利用发泡的浇铸组件通过黏合将浇铸系统连接在一起。然后浇铸系统被嵌入到黏合的模制材料（砂、耐火泥、铁颗粒）中，通过振动压实。最后进行浇铸，通过铸造热量将泡沫材料分解，这时会直接形成泡沫模型的金属模型。原则上，通过这种方法可以处理所有常见的铸造材料，根据所使用铸造合金的不同，可以选用不同的工艺。除上述优点外，该工艺的特点是，可将在拓扑优化、功能集成和铸件侧凹深度方面具有最高设计自由度的高复杂度部件加工为一个铸件。这可将完全不同的泡沫单元通过黏合技术黏合到铸造模型上实现，而不会由于必要的分型面而受限制（图 1.20）。

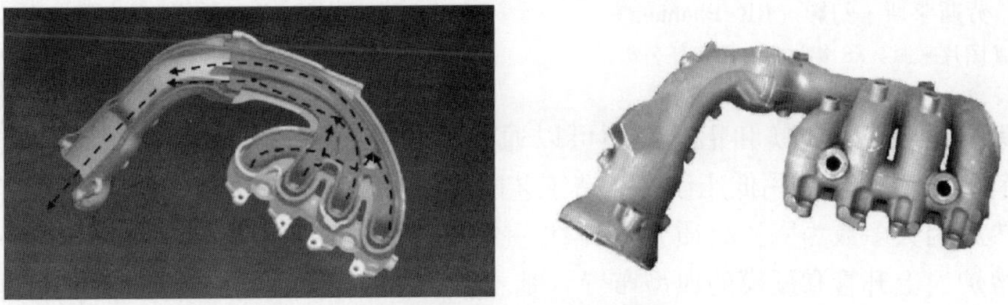

（a）　　　　　　　　　　　　（b）

图 1.20　快艇发动机的铝制水冷型排气弯管

（图片来源：Isotta Fraschini S. p. A. ）

（a）冷却剂流通管；（b）已浇铸成型的功能元件

1.1.4.3　轻量化砂型铸造工艺的适用性

典型的工艺问题大多与基本成型材料的颗粒性质有关，在熔体固化之前，材料颗粒会渗入砂粒的间隙中，从而产生表面缺陷；也可能由于侵蚀过程而导致砂粒进入熔体，并进入铸件中。型芯制造和成型时，可能会由于型砂膨胀度不均匀或抗压强度过低等情况而导致产生稳定性问题，解决此类问题需要一个化学上适合熔融的模制材料、一个良好的铸造系统和一个具有适当限值的有效的工艺控制。

用于轻量化技术的砂型铸造工艺的最大优点是能达到较高水平的功能集成，在较高的几何设计自由度下，一个部件中可实现最大壁厚差，且有多种可浇铸材料供选择（表 1.1）。然而，砂型铸件内期望达到的最小壁厚是受限的，可以通过其他工艺（例如压铸）来降低壁厚。期望达到的最大冷却速度（可形成晶粒微化，从而对机械特性有积极影响），由于粒状陶瓷成型原料的热导率较小，因此其值也受到限制。

1.1.5　低压硬模铸造工艺

通过低压硬模铸造工艺可制造简单铸件，也可以制造较复杂的铸件，这种工艺除用于汽车制造业外，也可用于航空航天业。典型的产品有高载荷曲轴箱、轮架，以及用于轿车的底盘组件（图 1.21 和图 1.22）。

图 1.21 劳斯莱斯 V12 缸曲轴箱，劳斯莱斯·幻影（RR-Phantom）
（图片来源：KS 铝技术有限责任公司）

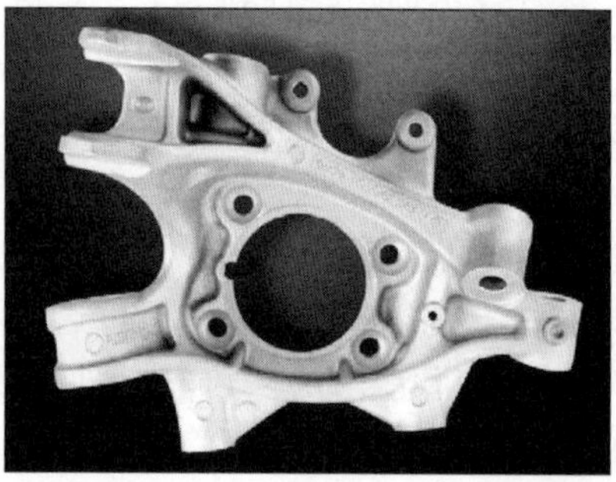

图 1.22 用于保时捷卡宴和大众途锐的轮架
（图片来源：KSM 铸造股份有限公司）

除了铸造轻金属镁和铝外，还可以通过低压硬模铸造工艺铸造少量的重金属（铜-锌）和钢材。采用低压硬模铸造工艺时，熔融金属从炉中流出经下浇铸口（由于隔热原因大多数为陶瓷材质）浇铸在一个固定的铸模（硬模）中（图 1.23）。通过对熔炉、上升管和硬模的典型布置，基本上可以控制凝固形态，从而不用再使用价格昂贵的浇铸系统和浇流系统。熔体的向上运动基于气体压力原理，即需要对液体金属进行作用于熔池表面的超压（0.3~0.6 bar，1 bar = 10^5 Pa）控制，并形成层状。所需的气体压力取决于铸件的壁厚和熔池液面与硬模之间的高度差。

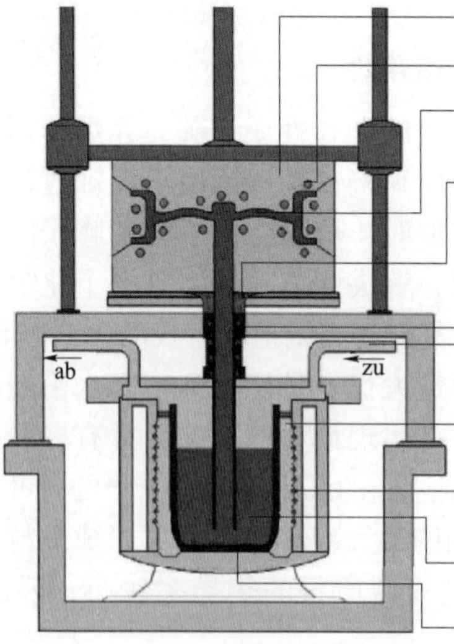

图 1.23 低压硬模铸造机的结构原理图

与重力硬模铸造相比，低压硬模铸造的最大优点是其属于较小的浇铸系统。简单的铸件不需要冒口，因此可回收使用的材料较少。浇铸口材料较少意味着再加工成本和重新熔化的成本将大幅降低。与重力硬模铸造相比，低压硬模铸造具有以下几个优点：

① 由于静充模和可控凝固的设定，因此可达到较高的铸造质量；

② 由于采用的是无冒口无铸造系统的方法，因此降低了制造成本；

③ 由于孔隙较少，因此焊接适应性较高；

④ 可加工较难铸造的合金，且高度自动化，降低了人力成本。

与重力硬模铸造相比，低压硬模铸造存在以下缺点：

① 购买成本较高；

② 周期较长，且由于设备已有永久性熔体接触，因此设备维修成本较高。

1.1.6 压力铸造工艺

压力铸造工艺（简称压铸工艺）是一种用于制造大批量部件（如发动机机箱、气缸盖和所有类型的壳体）的铸造工艺，而其更多的是应用在难以铸造的薄壁结构部件中，例如空间框架（图 1.24 和图 1.25）。

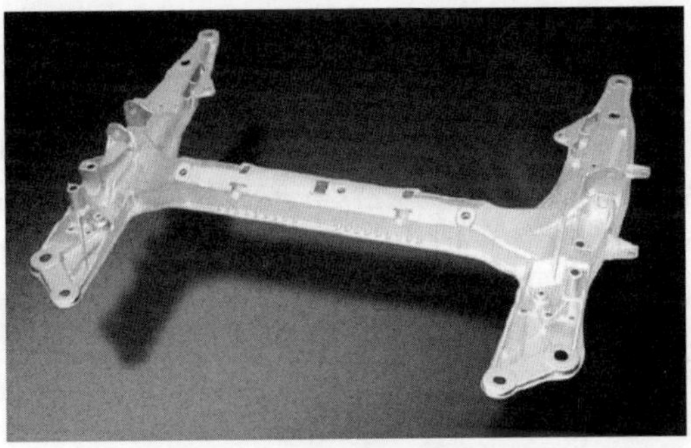

图 1.24　保时捷 997 的前轴梁
（图片来源：KSM 铸造股份有限公司）

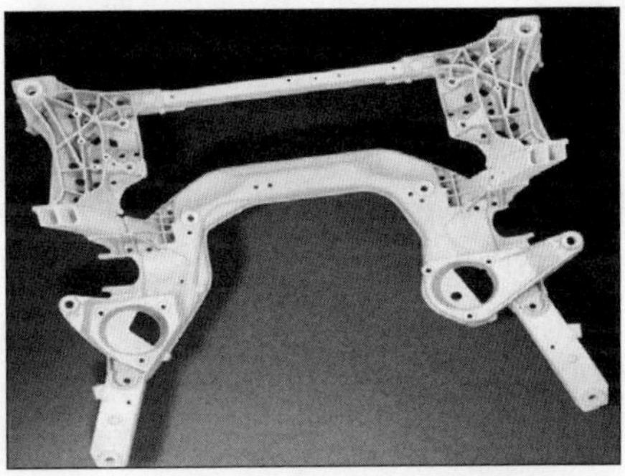

图 1.25　宝马 5 系、6 系和 7 系的前轴梁
（图片来源：KSM 铸造股份有限公司）

采用压力铸造工艺可以制造具有出色表面特性的、尺寸精确的铸件，主要的铸造材料是铝、镁和锌。由于凝固速度较快，特别是薄壁铸件的凝固速度很快，因此与重力金属模铸造工艺制造的铸件相比，压力铸造工艺制造的铸件具有更精致的微观结构和较高的机械性能。然而，由于充模过程的液流呈湍流的状态，以及氧化物和孔隙度等原因，可能达到的理论机械性能水平会有所降低。

压力铸造工艺分为两种：冷室压铸和热室压铸。这两种工艺的区别在于压铸室的设备技术连接，热室压铸工艺的压铸室就在熔池中，且熔体填充也在此处进行。与铁质材料相比，由于铝熔体的侵蚀性较强，因此热室压铸工艺不适用于铝合金铸造，所以铝只能采用冷室压铸工艺铸造。由于冷室压铸工艺是最常用的压铸工艺，因此下文仅对冷室压铸工艺进行介绍。

冷室压铸工艺实施的位置在熔池外的铸造室内，可通过手动方式或通过一个与铸造机分离的熔炉自动进行铸造室填充。压铸时，熔融合金在压力的作用下被铸入永久铸模中，这时出现的金属压力可达 10~200 MPa，铸造速度可达 30~150 m/s。

图 1.26 所示为冷室铸造机的结构原理图，其压铸工艺流程原理如下所述。

工艺流程循环从半模闭合开始，如果铸造室关闭，则其将被熔体填充。

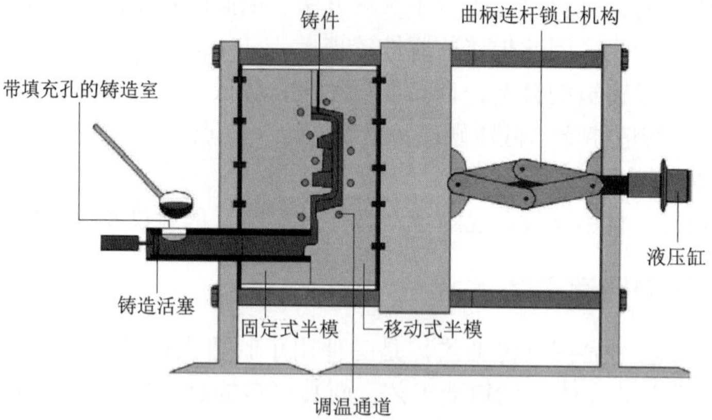

图 1.26 冷室铸造机的结构原理图

铸造活塞缓慢移动或线性加速移动，以使熔体翻滚，从而防止氧化物增多。在铸造活塞移动的过程中，熔体会堵住浇铸口（第 1 阶段）。在第 2 阶段，即填充阶段，铸造活塞加速移动，液体金属通过浇铸口流入铸模中。在完成充模后，铸造活塞突然停止。为了密封铸件，应保持压力或在必要时加压。在凝固过程中，可通过接通倍增器来提高密封性。熔体在铸造活塞的作用下凝固，完全凝固后，可打开铸模取出铸件。

如上所述，在铸造工艺流程中，应将熔体通过铸造活塞加速到较高的铸造速度。离开浇铸口时，熔体变成自由射流的形式，熔体会强烈膨胀形成涡流甚至雾化，气体被铸造材料挡住，并存在于凝固铸件的气孔中。试验表明，铝的最大浇铸速度为 50~60 m/s。而对于镁合金，应保证其最小流动速度不低于 27 m/s，以防止完全成型前熔体提前凝固（Brunhuber 1991）。

除非采用了特殊工艺（例如真空压力铸造），压铸铸件的结构大多呈细孔状。典型压力铸造工艺的缺陷是气穴，这是由涡流填充方式以及通风不足造成的。此外，产生气孔的原因还有润滑剂和脱膜剂的燃烧，以及模间空隙中蒸发水的存在（Park，Brevick 2001）。

在铸造过程中，几乎无法避免形成涡流。尽管如此，应尽量将涡流控制在相对较低的水平。众所周知，铸造室的填充度，铸造活塞的速度，浇道、铸口和模间空隙的几何形状都会对涡流的形成造成一定影响，因此，应避免在气体含量过高的压铸件上进行热处理和焊接作业。较低的铸造温度、成型温度以及较低的金属浇铸速度会导致表面缺陷，例如冷焊和堆叠。由于使用不洁净金属或在铸造过程中形成强烈涡流，可能导致氧化物夹杂情况的发生（Park，Brevick 2001）。

近年来，对轻型、韧度高和强度高的铸件的需求不断增加。此外，这种铸件应是可热处理和焊接的。然而，只有当有效排出铸造室和模间间隙内存在的剩余空气和铸造气体时，才可以进行热处理和焊接，因此，为了满足较高的要求，压力铸造常采用真空技术。如果对铸件质量要求较低，则适当进行强制通风就足够了。

1.1.7 熔模铸造

熔模铸造是一种较古老的工艺，由于其独特的工艺技术性，在新的现代化应用领域重新受到了人们的关注。应用范围主要包括在同一时间铸造壁厚差异极大的部件，复杂且几何形状用其他方法难以实现的部件，可以使用花纹图案的型芯，其在部件中产生近净成型的且表面质量较高的小空腔和侧凹。

图 1.27 所示为使用蜡作为模型材料的熔模铸造工艺流程图。熔模铸造工艺的第一步是蜡模制作。单个蜡件通过浇口和浇铸系统聚集在一起，然后将蜡模不断浸入陶瓷粉浆中并沾上砂粒，直至模压托盘满足铸造特性。随后，将干的模压托盘放在热压罐中，在蒸气压力下与蜡模分离。通过多孔的模压托盘壁使蒸气压力增大，蜡模的上层将快速熔化。这个过程注意防止模压托盘由于蜡和陶瓷模压托盘热膨胀系统不同而损坏。之后，模压托盘烧结。下一个处理步骤是在大多数预热的模压托盘中对合金进行实际铸造。凝固后，将模压托盘取下，进行简单的再加工，然后检查制成的部件（Schütt 2008）。

关键变量和控制变量可对陶瓷粉浆进行精确控制和管理。应测量黏度、pH 值、干重、流动时间、电阻等，并应精确设定陶瓷悬浮液的固液比。对粉浆的精确控制是很重要的，这样才能确保铸件重新获得较高的表面质量。

1.1.7.1 熔模铸造中的轻量化

熔模铸造通过整体结构设计来实现减轻重量的目的。通过将多个部件组合成一个部件使得系统轻量化得以实现；通过拓扑优化设计使得这些熔模铸造部件在体积不变的情况下重量继续减小。此外，由于熔模铸造的形状自由度较高，制造部件时应考虑力流。

熔模铸造通常与快速成型法组合使用，可以通过 CAD 文件快速且直接地实现聚合物材质的模型，然后通过熔模铸造工艺制造。现代快速成型工艺可制造表面质量较好、尺寸精确、几何形状复杂的模型（图 1.28）。

在熔模铸造中，可以通过特殊工艺改进铸件的机械特性，例如，HERO 高质量铸造工艺和 Sophia 工艺，它们可通过冷却部件而降低最小壁厚。由于使用这些工艺制造的熔模铸件质量较好，因此无须进行进一步的安全冲击试验就能达到设计者的要求。

熔模铸造可使用的铸造材料较多（参见表 1.1），熔模铸造模压托盘的成分也可能有多种，这样可以防止熔体与铸模之间发生反应。例如，由于钛的反应性，其主要可通过熔模铸造工艺浇铸。对于 Y_2O_3 基的模压托盘，由于具有高耐化学性，可防止其与活性极高的钛渣熔体发生反应，因此可用于医疗、航空航天和赛车部件的制造。

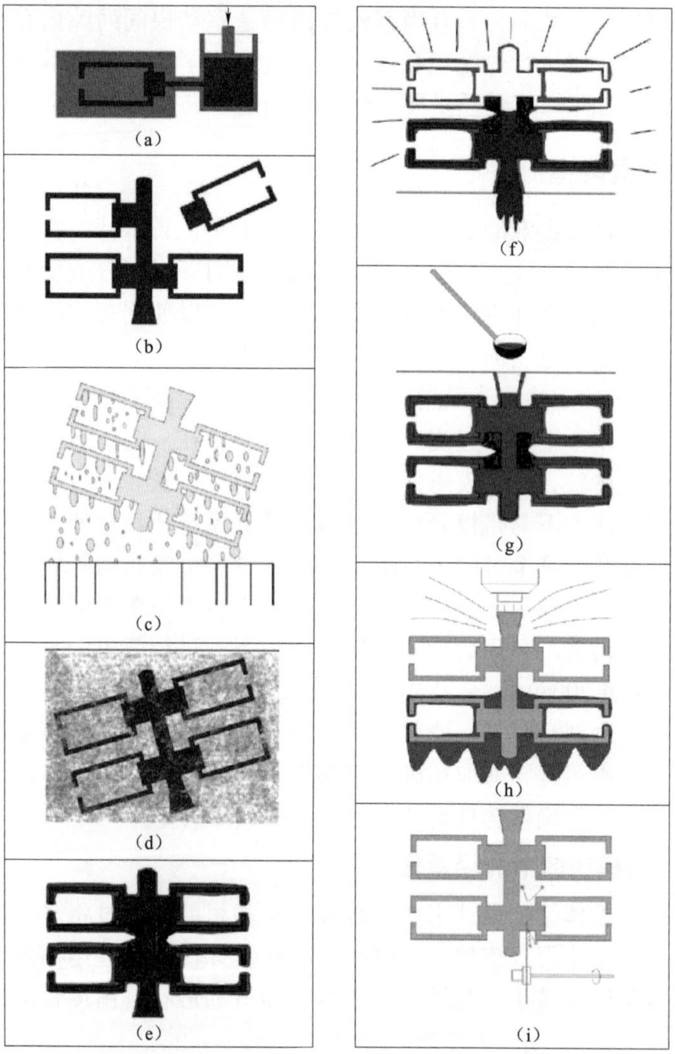

图 1.27　使用蜡作为模型材料的熔模铸造工艺流程图

(a) 蜡模制作；(b) 将蜡件聚集在一起；(c) 浸入陶瓷粉浆料中；(d) 将模型沾上砂粒；(e) 通过数次浸入和沾砂粒形成模压托盘；(f) 脱蜡；(g) 铸造；(h) 喷砂处理；(i) 再加工

1.1.7.2　熔模铸件的示例

图 1.29 所示是一个飞机驾驶舱的仪表支架。由于熔模铸造可自由选择复杂的几何形状，因此可制造集成有功能性部件的大型熔模铸造部件。这种系统性轻量化措施可通过减少钢板结构件所需的单个部件和连接材料的数量来减小重量。

只有将熔模铸造与离心铸造相结合才能生产出高质量的钛铝铸件（图 1.30），原因是钛铝合金的流动性和充模能力都很差（Nakagawa，Yokoshima，Mastuda 1992），且熔体的活性很高。未来，在汽车涡轮机中的低压涡轮叶片将采用镍基超合金，这样可大大减小重量。

图 1.28 AlSi7Mg 0.6 材质涡轮机壳体的原型和铸件
（图片来源：Tital 股份有限公司）

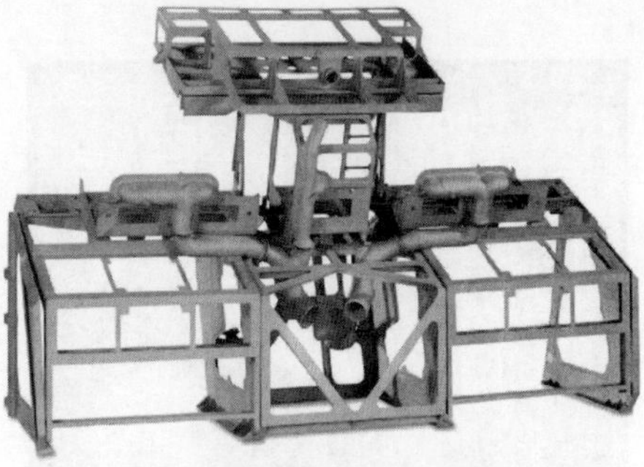

图 1.29 采用 HERO 高质量铸造工艺制造的客机驾驶舱铝制仪表支架
（图片来源：Tital 股份有限公司）

1.1.8 前景展望

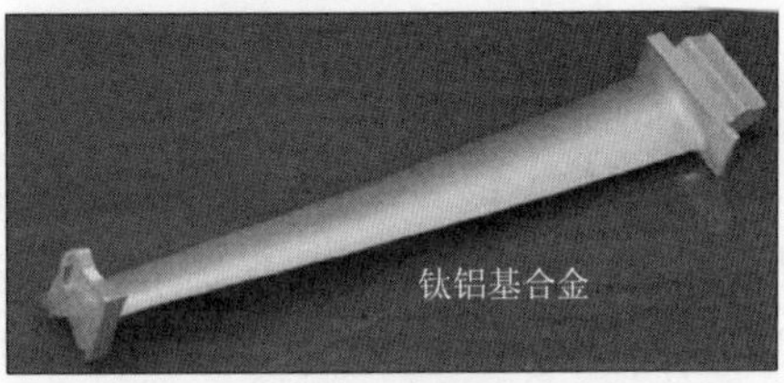

图 1.30 近净成型钛铝涡轮叶片，通过熔模铸造工艺与离心铸造组合工艺制造而成
（图片来源：德国亚琛工业大学协会）

由于对部件质量的要求越来越高，特别是航空航天业和汽车制造业范围内，迫切需要持续改进和研发铸造工艺和材料技术，以开发出新的工艺方法和生产线。例如通过对耐腐蚀高纯度镁合金（其在封闭的压铸单元中浇铸）的开发，制造出了汽车行业结构优化的轻量化铸件（图 1.31）。另一个方法是通过高产量工艺的组合制造极轻的结构部件，例如，轻金属压铸件和塑胶注塑成型件（图 1.32）。还有一个创新技术是铸件表面的微观结构化，其可以改进流态（图 1.33）。仿生学作为研发的一个分支，用于根据自然优化的结构模仿铸造技术（图 1.34），其目的是在重量优化结构下实现均匀的载荷分布。

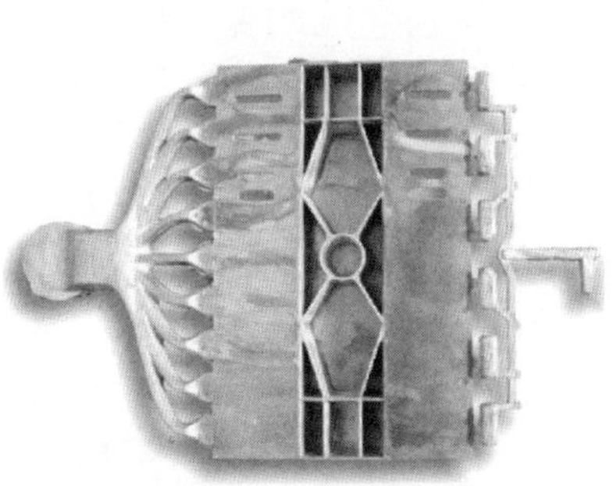

图 1.31 用于汽车行业的镁合金铸件（压铸）

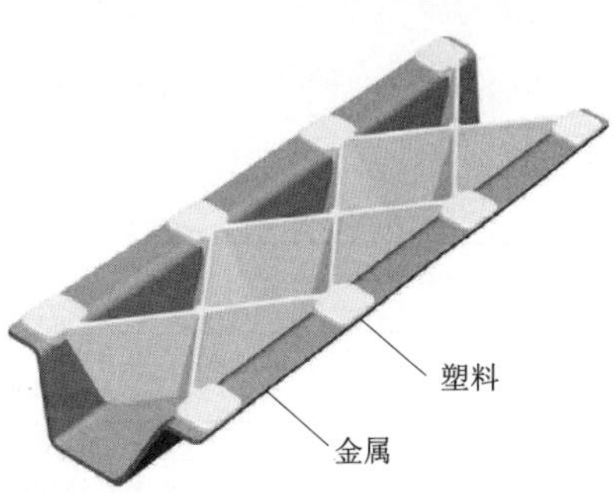

图 1.32 用于汽车支架的金属-塑料混合铸件

此外，出于经济和环境技术方面的原因，还应对现有工艺进行高效能设计开发和继续开发。通过对新合金和总体工艺的改进，进一步改进一些参数，例如壁厚和机械特性值。

图 1.33 涡轮叶片的微观结构铸造表面（熔模铸造）

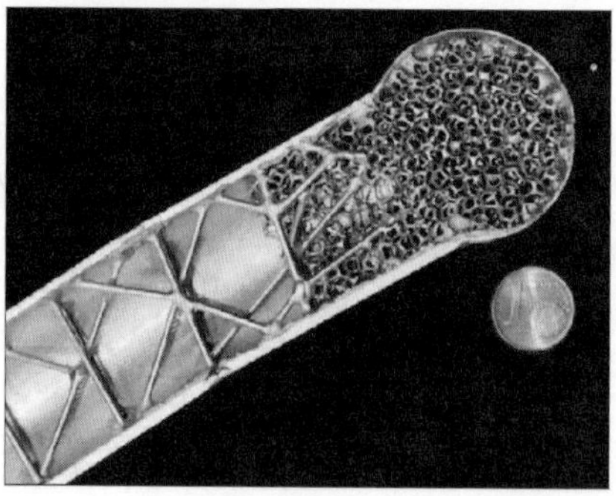

图 1.34 仿鹈鹕骨的结构部件（熔模铸造）

工程师的任务是选择一种合适的铸造工艺，以解决一些由不同原因引起的问题。此时，不同性质的多个方面都发挥着作用（图 1.35）。决策过程始终以产品的设计说明书和需求清单开始。这给工程师提出了一些属性要求，主要涉及应满足的机械特性和热物理特性，例如，所需的拉伸强度、伸长率、耐热性、导热性、温度交变强度和机械疲劳强度。基于这些信息，可以先确定一个能够满足这些基本要求的轻量化材料的范围。从上述成型工艺的说明中，可得出现有工艺可用的材料。规定的产品设计要求（通常为尺寸和内部复杂性）限制了对工艺的选择；要生产的部件数量又缩小了工艺选择的范围，一般最后只剩下一种工艺，最多两种，而必须从中选择一种（图 1.36）。

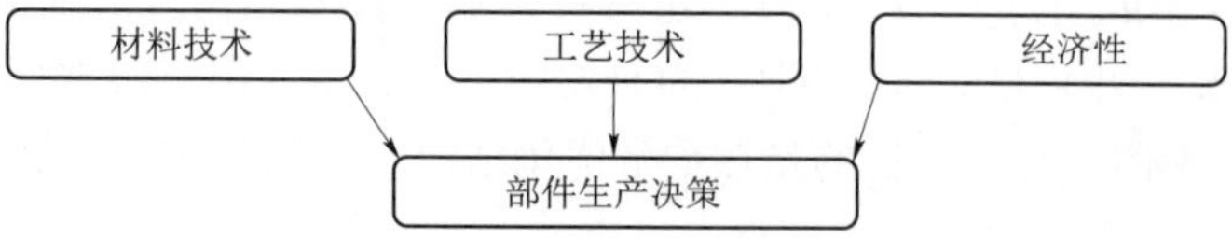

图 1.35 选择铸造工艺的主要方面

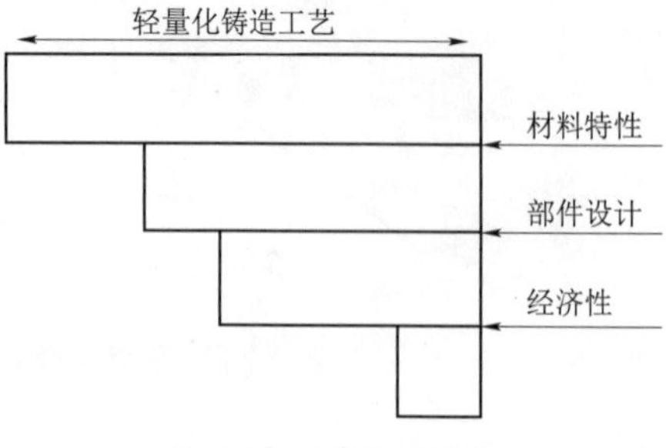

图 1.36 减少工艺选项

决策工艺的性质远远超出了纯粹的工艺评估和材料科学评估。从铸造技术方面来看，有用的决策可能从经济角度来评估，需要综合考虑能源、原材料以及经济和环境方面的因素。有时这会导致一个非常复杂的问题，除了采用特殊专业知识外，最好对相关边缘条件进行一个系统的考虑，例如，通过六西格玛方法或数值模拟方法。

1.1.9 附加信息

1. 文献

Brunhuber, E.: Praxis der Druckgussfertigung. Verlag Schiele & Schön, Berlin, 2008

Fritz, A. H., Schulze, G.: Fertigungstechnik, Urformen. 8. Aufl., Springer Verlag Berlin/Heidelberg, 2010

Hasse, S.: Gießerei-Lexikon. 18. Aufl., Verlag Schiele & Schön, Berlin, 2008

Nakagawa, Y. G., Yokoshima, S., Mastuda K.: Development of Castable TiAl Alloy for Turbine Components. Materials Science and Engineering: A, Bd. 153, Ausg. 1-2, 30. Mai 1992, S. 722-725

Park, B., Brevick, J. R.: Numerische Simulation der Auswirkung des Vorfüllens im Druckgießprozess. Gießerei-Praxis, 1, 2001, S. 35-40

Schütt, K.-H.: Feingießen. konstruieren+gießen, Jahrg. 33, Nr. 1, 2008

West, C. E.: Metals Handbook, Bd. 15: Casting. ASM International, 2008, S. 275-285

2. 标准

DIN EN ISO 945：铸铁的微观结构，第1部分：通过目视评估对石墨进行分类（2010-09）

DIN EN 1561：铸造技术，片状石墨铸铁（2010-03）

DIN EN 1563：铸造技术，球墨铸铁（2010-03）

DIN EN 1564：铸造技术，奥氏体球墨铸铁（2009-07）

DIN EN 1706：铝和铝合金 铸件 化学成分和机械特性

DIN 8580：制造工艺、定义和分类（2003-09）

DIN EN 10293：用于一般应用的钢铸件（2005-06）

ISO 16220：镁和镁合金，镁合金金属块和铸件

DIN 17865：镁和镁合金材质的铸件，熔模铸造（1990-11）

3. 公司文件或网址

www.claasguss.de

www.evosteel.com

www.ksmcastings.com

www.ohmundhaener.de

www.tital.de

1.2 烧　　结

烧结是一种将金属粉末或陶瓷粉末加工成型的方法。在所需最终形状的阴模中压制金属粉末，然后将其加热到接近熔点的温度。此时，在粉末颗粒接触点表面进行熔化，以使它们相互聚合并焊接在一起。烧结坯料的晶粒之间仍有孔隙，这些孔隙可通过随后的锻造缩小或闭合。

1.2.1 粉末的制造

雾化的铝粉末，即所谓的铝渣，在此作为粉末冶金制造烧结部件的基础粉末。空气雾化，即通过压缩空气对熔融金属进行雾化，是全世界普遍采用的经济性标准

工艺。熔体喷射成极细液滴和粉末颗粒的急速凝固是一个相对复杂的过程，通过喷雾压力、金属流速、金属/空气压力比、流量和温度条件可确定熔体液滴的尺寸分布和粉末的粒度分布。雾化空气中的氧气会在熔体液滴表面上自动形成氧化膜，以防止球化，从而防止不规则形状飞溅颗粒的固化（图 1.37）（Neubing 2004）。

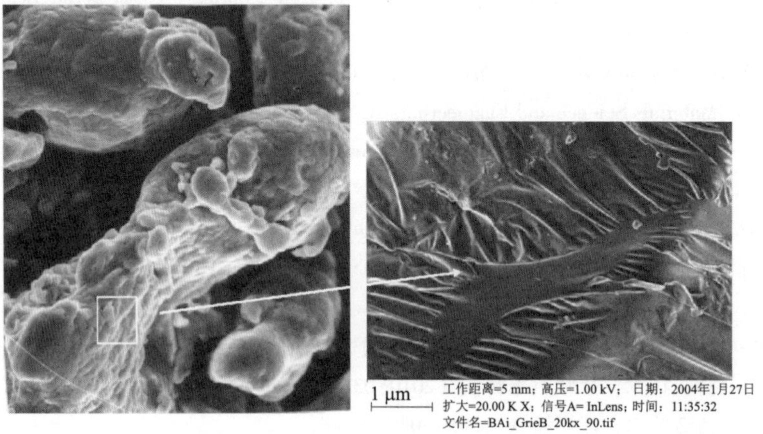

图 1.37　铝粉的不规则飞溅形状

原地自然形成的厚氧化层虽然可防止粉末发生再氧化，但是由于氧化物的高热力学稳定性而形成了一个扩散屏障，原则上可防止均匀粉末压块的固相烧结。此外，氧化铝（Al_2O_3）与铁和铜的金属氧化物相反，由于没有技术上可行的烧结气氛而导致其降到铝的熔点（660 ℃）以下。为了能成功烧结铝粉末，必须克服氧化物的不利影响。这首先要求在干燥的氮气气氛中使用低熔点且良好湿润的低共熔体液相烧结，同时通过氧化铝与镁的化学侵蚀进行辅助（Storchheim 1962；Neubing，Jangg 1987）。

以同样的方式通过合金熔体雾化制造铝合金粉末，熔体应含有所有具有所需质量分数的合金成分。除压缩空气雾化外，还采用保护气体喷雾，并使用氮气、氩气或氦气作为喷雾剂。雾化本身发生在惰化的、封闭的气氛中，并形成氧化物含量较低（<0.1，质量分数/%）且堆积密度较高的圆形至圆锥形颗粒形状。由于在凝固过程中通过混合晶体和圆形颗粒形状进行了硬化，因此铝合金粉末很难模压，它被用作母合金粉末或在共晶成分中作为合金添加剂用于烧结混合料中。此外，这种合金粉末最适用于通过冷或热等静压压制和挤压来制造铝-钜材料的生料。

1.2.1.1　粉末合金技术

冶金技术通过基体金属与合金元素的熔合制造始终呈液态的铝合金，这与粉末合金技术通过烧结制造合金的方法不同。该方法通过粉末压块在铝基粉末和其他金属成分之间扩散形成合金（此过程中出现或不出现中间液相）。待烧结金属的特性和金属的状况、烧结温度、烧结时间和气氛是成功烧结的关键标准（Kiefer，Hotop 1948）。目前主要使用的烧结铝合金的合金成分与常见铸造合金和锻造合金的成分对应，硬化的烧结铝合金 Al-Cu-Mg-Si 在很大程度上与常见的硬铝的标准成分对应。根据系列 7xxx，由于在热处理后 Al-Zn-Mg 烧结材料具有较高的最终强度，因此该技术很受欢迎。Al-Si-Mg-Cu 合金的特点是机械特性与低比重有利组合，特别是耐磨性和摩擦性能、高模量和低热膨胀系数以及显著的热稳定性使得这种合金系和烧结材料很受欢迎。表 1.2 给出了标准铝合金烧结混合物的典型成分。

表 1.2　标准铝合金烧结混合物的典型成分

系列	合金类型	典型成分（质量分数）/%					产品示例
		Cu	Mg	Si	Zn	其他	
2xxx SINT-E 73	AlCuSiMg	4~5 3	0.5 1.5	0.8 0.25	-	Sn，Al_2O_3	ALUMIX 123① AMB 2712② 201 AB③ AMB 2905-38
4xxx SINT-E 75	AlSiCuMg	2~3	0.5	13~15	-		ALUMIX 231
6xxx	AlMgSiCu	0.3	1	0.6	-		ALUMIX 321 AMB 6711 601 AB
7xxx SINT-E 77	AlZnMgCu	1~2	2~3	-	5~7	Sn	ALUMIX 431 AMB 7775

注：① ECKA 费尔登颗粒股份有限公司；
② AMPAL 美国有限公司；
③ Alcoa 金属美国公司。

该合金技术的目标是，在材料烧结时，在用于挤压件密封和均化的足够容积中获得良好湿润的液相（Mühlburger，Paschen 1993）。有两种合金工艺可用于铝合金烧结混合物的制备。

1.2.1.2　用于液相烧结的粉末混合物制备

对于 Al-Cu-Mg，Al-Mg-Si，Al-Zn-Mg-Cu 合金，可采用暂时出现液体熔融相的液相烧结，目前这种方法作为烧结轻量化部件批量制造的标准方法。在用于这一目的的烧结混合物中，合金元素 X=Cu，Mg，Zn，Si，细粒，作为纯金属或者二元预合金粉 Al-X 与共晶成分，即铝基粉末合金添加剂相混合（图 1.38）。加热到烧结温度时，超出了相应的共晶体温度，使得合金添加剂开始第一次熔化。这种中间出现的低熔点液相将铝粉末湿润，然后展开形成小复合颗粒。由于氧化膜中有缺陷，例如压制时粉末颗粒由于冷变形形成裂纹，合金元素会迅速扩散到铝基质中，根据状态图的相位响应，在粒子的接触区域形成合金（与加热时间和速度有关）。这种中间液相最开始会导致压制品膨胀，在达到烧结温度以及随后的等温短时烧结时，根据不同的溶解度，形成静态液相。在毛细吸力的作用下，由于粒子开始转移，且气孔容积减小，因此实现了期望的容积收缩，烧结体的密度增大（Neubing，Danninger 1998）。

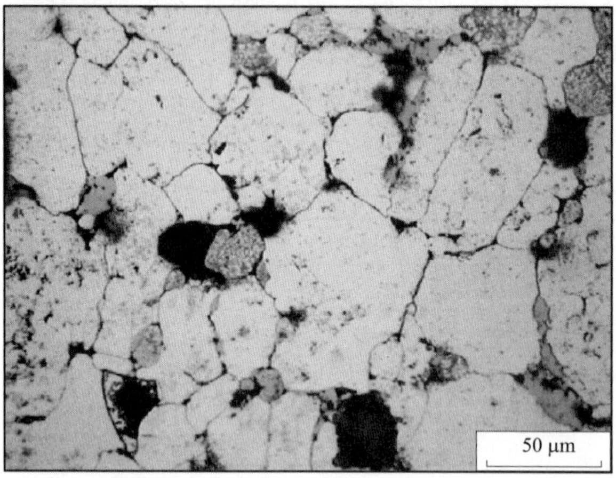

图 1.38　由 R-铝粉和合金元素添加剂组成的
烧结铝混合物（Alumix 123）的显微照片

1.2.1.3　用于异性超固相线液相烧结（SLPS）的粉末混合物制备

现在，这项技术已成功应用于 Al-Si-Cu-Mg 和 Al-Zn-Mg-Cu 类型的合金中，用于制造烧结密度较高的成型部件，并由此提高材料的特性。异性烧结双组分压坯的粉末混合物由两种不同类型的粉末组成。对于作为基体的纯铝粉末，用一种主要合金粉末作为双组分混合，这种主要合金粉末含有所有预合金化的合金元素（图 1.39）。母合金粉末具有比纯铝低得多的熔点，如果在烧结时这一低熔点粉末成分达到固相线温度，则在小合金粉末颗粒里会自动形成短暂熔融阶段，其可激活烧结作用并准备进行烧结密封。在两个粉末组分之间相互作用的熔化过程和扩散过程是由浓度驱动

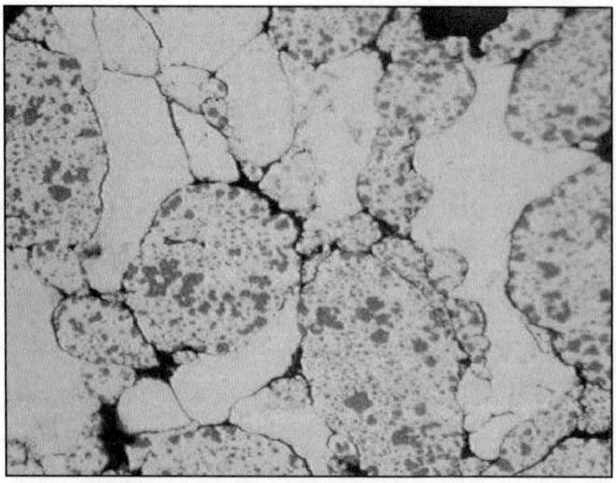

图 1.39　用于异性超固相线液相烧结的由纯铝和
Al-Si 合金粉末组成的粉末压块（Alumix 231）显微照片

控制的，并通过加热速度、烧结温度和烧结时间进行控制。在随后的等温烧结中，烧结密度达到 100%。为实现这一工艺，铝粉的机械烧结活化起到很大作用。通过介于较硬合金颗粒之间的韧性纯铝合金的塑性变形，不敏感的氧化膜会破裂且部分被剪断而导致冷焊。扩散过程所需的完整压力接触表面将大幅扩大，而且会达到更高的烧结活性。

1.2.1.4 可压混合物的制备

为制成性质稳定、符合尺寸公差且成本低的铝烧结元件，应遵守整个工艺链的要求，且各个工艺步骤之间必须相互协调。因此，作为原材料和最初产品，铝烧结混合物必须很好地协调粉末混合加工工艺和轻量化烧结件的使用，并满足整个粉末冶金工艺链的要求。

除充分了解粉末合金技术外，制造可压烧结混合物时还应正确选择合适的粉末组分，其在混合物中的均匀性以及稳定分布是至关重要的。铝粉的颗粒形状、大小和粒度分布是直接影响流动性和混合物表观密度的重要参数。添加压制添加剂是很有必要的，这样可在随后压制时降低内摩擦，即粉末颗粒中颗粒之间的内部摩擦力，以及挤压模和印模上的壁面摩擦力。添加剂主要使用 1%~2%（质量分数）的微粉化酰胺蜡（Ecka 2004）。制备较高混合质量和高分离稳定性的粉末混合物是一个关键的过程，预混合和主混合是必要程序，这样不仅可以保证混合质量，还可以达到均匀的填充特性和良好的挤压性。在工业范围内，可使用 V 形或双锥形混合机制造批量规模最大为 10 t 的混合物。

1.2.2 铝烧结部件的制造

1.2.2.1 粉末压制成型

轴向模压用于使用可压粉末混合物进行模具制造。通过自动化冲压工艺进行冲压时使用的现代化冲压工具填充模具，可增大冲压压力，对成型生压胚进行脱模，可在较高产量的前提下制造出较复杂的成型件。铝烧结混合物有很好的可压性，在 400 MPa 的较低压力下就可以压制到约 95% 的相对密度。在该混合物中加入的高效润滑剂或压制添加剂使粉末颗粒之间以及成型生压胚和工具之间的摩擦力最小化，并防止件数较多时工具自身的过度磨损。其目的是，制造出一个近终形的、均匀的且压制密度尽可能大的成型件。高压制密度可确保高强度，因此可在烧结时控制生压胚，并确保更优的尺寸稳定性。在较低的压制压力下，铝烧结混合物的热压同样会导致压制密度较高，然而其并不像 PM-铁基合金一样常用。插入另一道压制工序，生压胚脱蜡后进行再挤压，具有进一步提高密度的优点（图 1.40）。这一再挤压工序通过在颗粒之间形成新接触点来改进颗粒复合材料，从而提高烧结活性。这样铝烧结材料可达到极低的孔隙率（大于理论密度的 97%），以及相应较高的部件强度。

1.2.2.2 粉末烧结

在制造铝成型件时，压制品或生压坯的烧结是对材料特性和尺寸精度起决定性

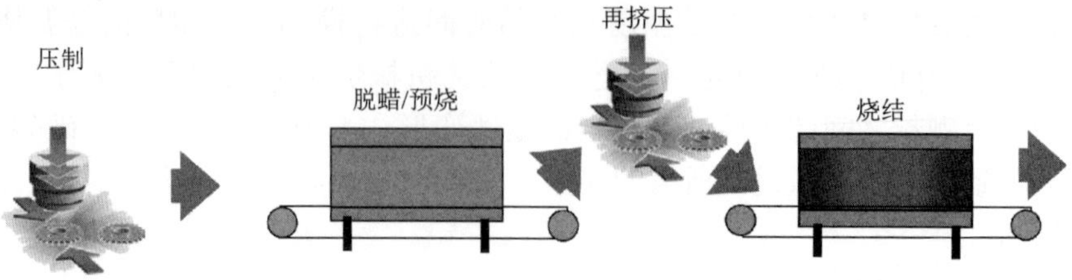

图 1.40 通过再挤压进行粉末压制成型的示意图（Arnold 2004）

作用的制造工序。这个工序的任务是，将在进行粉末压实时通过热激活扩散过程使组件之间形成的接触点转移到较高强度的烧结桥中（Schatt 1986）。批量生产大量部件要求对关键参数进行最精确的控制，在此，确定并严格遵守工艺条件（如温度、烧结时间和烧结气氛）是很重要的。由于铝的氧亲和力较高，因此将成型件放入露点优于-65 ℃且残余氧含量$<3\times10^{-6}$的干燥氮气保护气氛中进行烧结。由于铝合金烧结时出现液相的体积含量与温度关系密切，因此必须对温度进行精确控制。这同样适用于脱蜡和加热至烧结温度的操作。烧结区域内典型的温度应为恒定温度±2.5 ℃，同时温度分布应较好。烧结温度取决于合金的化学成分，对于本文中涉及的所有合金，烧结温度应介于 550 ℃～620 ℃。

实践中，进行铝烧结的连续式带炉已被证明具有特性温度和保护气体供给，以及较高的吞吐量（图 1.41）。其集成有一个对冲压部件进行完全脱蜡的燃烧室（在实际烧结过程开始前）和一个用于迅速冷却烧结件的冷却区。在 T4 和 T6 后进行热处理时，将热铝烧结件直接放入水中进行淬火也是非常节能且有效的方法。

图 1.41 汽车零部件行业中用于进行批量产品烧结的熔炉系统（带宽 650 mm；烧结炉的加热长度约 6 m，可以进行 T4/T6 热处理）（图片来源：Mahler）

1.2.2.3 烧结锻造

烧结部件中始终存在的残余孔隙限制了其在动态高负荷应用中的使用。目前，烧结锻造组合了粉末冶金工艺方法与模锻技术（Schatt 1986），以制造出相对密度接近 100% 的部件。将作为锻造毛坯的烧结成型件在锻模中进行最后的热成型（图 1.42），对烧结毛坯连杆进行模锻时塑性材料流动会使材料的密度变高，从而改善机械材料特性，特别是动态材料特性。在对连杆末端的抗磨强度和弯曲刚度提出要求时，要确保具有足够高的可锻性。这种材料特性的组合将通过 Al12Si3Cu0.5Mg0.15Ni 材料成分和烧结锻造工艺实现。强度特性、抗拉强度和疲劳强度的优化组合可在 400 ℃的锻造温度和 700 MPa 的压力下实现。

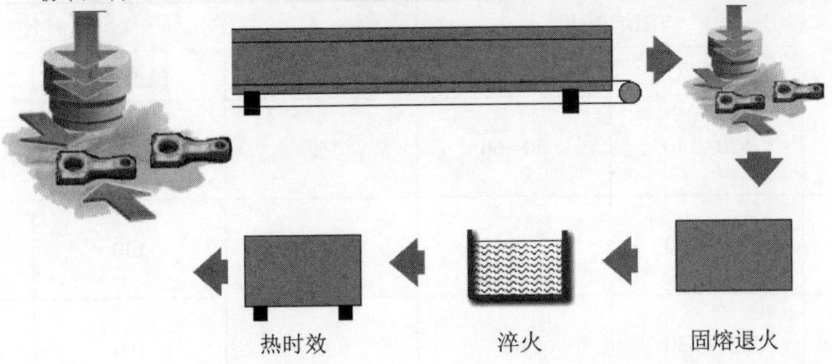

图 1.42　在锻模中进行最后的热成型

图 1.43 显示了用于多用途电动机（例如，用于压缩机、泵的小型电动机）的烧结锻造铝制连杆，这些连杆以各种各样的几何形状和设计在日本批量生产。与低合金烧结钢材质的产品相比，粉末混合铝连杆体积更小，壁厚更薄，重量减轻了30%～50%。由于减少了移动重量，即使在 12 000 r/min 的转速下，电动机也能非常平稳地运行（Jshijima 1996）。

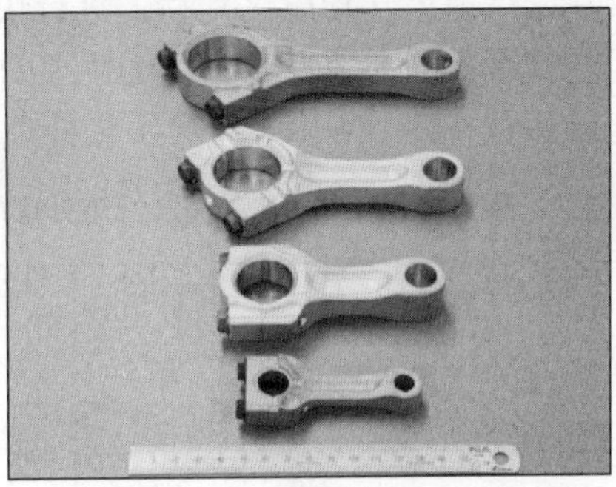

图 1.43　用于高性能、多用途电动机的烧结锻造铝制连杆

（图片来源：日本日立烧结金属公司）

1.2.2.4　铝烧结成型件的再加工

应对烧结成型件进行全面校准，以提高尺寸精度和形状精度。同时，应使用精整压力机对在烧结期间部件出现的烧结变形根据相应工具的标称尺寸进行修正，可由此提高表面特性，如烧结件的粗糙度。烧结后，由于铝烧结成型件的密度较低、强度更低，最好对其进行与烧结钢成型件类似的校准。校准或再挤压时，通过塑性流动提高铝成型件的烧结密度，有助于提高其强度。

尽管对于所有应用来说，铝烧结部件处于 T1 状态，即处于烧结状态，已满足强度和硬度的应力条件，但通常还应对可硬化的铝烧结合金实施热处理或退火处理。与通过熔融金属技术制造的铸铝合金相似，相应的烧结部件也可以通过有目的地进行热处理使屈服强度显著提高，并提高断裂伸长率和拉伸强度。根据合金类型的不同，固化特性和热处理工艺也有所不同（表 1.3）。

表 1.3　铝烧结合金进行热处理的条件

合金名称	固熔退火		淬火	热时效：T6	
	温度/℃	时间/min		温度/℃	时间/h
AlCuMgSi 123（2-xxx）	495～505	60	水	160	16～18

续表

合金名称	固熔退火		淬火	热时效：T6	
	温度/℃	时间/min		温度/℃	时间/h
AlMgSiCu 321（6-xxx）	520~540	30~60	水	160	16~18
AlZnMgCu 431（7-xxx）	460~480	60	空气/水	130	24
AlSiCuMg 231（4-xxx）	520~530	60	水	160	8~10

在固熔退火（均质化）后，进行快速冷却（淬火），然后进行热时效（回火），即可达到最高的部件强度。硬化处理的铝烧结材料在应力最大、约 120 ℃时具有较稳定的机械特性。表 1.4 总结了热处理对烧结铝机械特性产生的影响。

表 1.4 烧结状态 T1 下以及在进行热处理 T6 或 T76 后典型铝烧结材料的特性（Ecka 2004）

类型①	烧结合金	挤压力/MPa	压制密度 ρ_p/(g·cm^{-3})	烧结密度 ρ_s/(g·cm^{-3})	线性尺寸变化 Δl/%	强度 R_m/(N·mm^{-2})	硬度 HB –	伸长率 A5/%
13	AlCuMg	250 400	2.56 2.65	2.50 2.50	+/-0 +/-0.2	T_{1a} 160 T_4 210	55 90	5 2
123	AlCuMgSi	250 400	2.56 2.65	2.52 2.59	-0.4 -0.2	T_{1a} 190 T_4 260 T_6 320	60 75 100	5 3 1
321	AlMgSiCu	250 400	2.50 2.57	2.47 2.51	-0.2 +0.2	T_{1A} 140 T_6 230	40 75	5 3
431D	AlZnMgCu	400	2.65	2.55	-0.5	T_{1A} 300 T_{76} 450	100 150	4 2
231	AlSiCuMg	620	2.56	2.67	-2.0	T_{1A} 240 T_6 280	100 130	1 0.5

注：① Ecka 股份有限公司使用的标号。

1.2.3 铝烧结成型件的应用示例

通过近终形成型、低成本制造和工艺灵活性与铝的特殊材料特性的组合，铝烧结材料和粉末冶金部件的制造具有广泛的应用（图 1.44），特别是汽车行业，对低成本、轻量化部件的关注日益增加，从而开启了使用这种产品的新的可能性。

由于铝的特性和粉末冶金制造技术的优点，实现了轻量化部件在技术、经济和环保方面要求的新的可能性。

1.2.3.1 凸轮轴轴承盖

美国每年生产的用于GM, Chrysler, Ford等汽车V4和V6发动机的凸轮轴轴承盖（图1.45）数量非常可观（每年高达2 000万件）。巨大的数量、较好的材料特性和用于再加工的较低成本使烧结铝部件成功代替了传统铝压铸件。通过烧结部件中的残余空隙进行润滑（油箱），可以省去通常使用的滚针轴承。除制造成本优势外，通过使用烧结材料，发动机可达到优异的运行性能，从而达到较高的操作安全性。

图1.44 用于汽车制造的铝烧结成型件
（图片来源：Ecka 2008）

1.2.3.2 凸轮轴控制器的组件（Camphaser）

为提高内燃机的扭矩性能和功率，并减少汽油消耗和污染物排放，应使用凸轮轴调节系统。自2004年以来开始成批（每年50万件）生产粉末冶金—铝凸轮轴控制器（图1.46），并取代了著名的VANOS-系统①。通过采用轻量化原理，显著减轻了质量，与粉末冶金铁控制系统的900 g相比，其重量仅为400 g，因此系统惯性也相应降低，当发动机转速改变时可大大缩短响应时间，从而提高效率、减少排放，因此符合新欧洲排放标准的要求。

图1.45 烧结铝材质的凸轮轴轴承盖
（图片来源：GKN 烧结金属公司，Conover，USA）

图1.46 烧结铝材质的凸轮轴控制器
［图片来源：SHW 汽车股份有限公司，
Aalen-Wasseralfingen（德国地名）］

① 可变凸轮轴控制系统。

凸轮轴控制系统由三个单组件组成：定子、转子和高硅含量的链轮。转子和链轮使用的烧结材料 Al-Si-Cu-Mg（Alumix 231）符合材料和部件的要求，即耐磨损性、低热膨胀系数和耐蠕变性。

1.2.4 铝合金高性能材料的制造

近年来开发了多种制造粉末冶金高性能材料的方法，例如，高压气体雾化法、喷雾成型法以及熔体纺丝法。

1.2.4.1 快速凝固（RS）粉末铝合金材料的加工

为提高材料特性，可采取以下措施：

① 提高材料的合金含量；

② 增加新的合金元素；

③ 建立更均匀的微观结构；

④ 形成纳米或准晶体结构。

在技术上，这些措施只能通过合金熔融快速凝固法借助上述工艺实现。

气体雾化时应采用快速凝固（RS）技术（图 1.47a），高度饱和且极度过热的熔融金属的熔融钢是通过一种冷却气体（氮气、空气）雾化的。此外，所形成的熔滴通过冷却气体被进一步淬火，从而使粉末颗粒中的饱和度状态保持不变。同时，弥散体会形成金属间化合物，其要求材料具有热拉强度。粉末的预压将通过冷等静压（CIP）实现，然后通过挤压进行完全固化。在这个步骤中，相邻的粉末颗粒被互相剪切，并由此焊接到裸露的新表面上。如果需要则可以加上其他中间步骤，例如，将 CIP-螺栓封装到纯铝套管中，脱气、热压和开封。由此，颗粒表面消除了气态杂质及水分（例如吸附的水），这样可以使特性略微提高一些。在一般情况下，较短的加工链就足够了，且从经济角度考虑也是值得推荐的。快速凝固气体雾化技术和快速凝固粉末的冷等静压和挤压已被充分开发，且其设备可用于大规模生产。

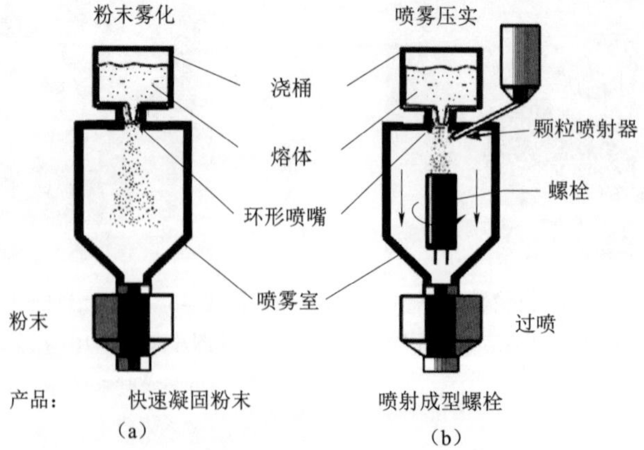

图 1.47 气体雾化（快速凝固）和喷射成型的示意图

（a）快速凝固气体雾化技术；（b）喷射成型技术

喷射成型如图 1.47（b）所示，可以将其看作雾化的一种特殊情况。雾化过程本身与快速凝固技术是一样的，其所产生的大部分颗粒（约 80%）也和快速凝固技术一样完全凝固，这些颗粒通过气流流向旋转的且可下降的转盘，并在转盘上被收集。离子束中仍为液态或部分液态的颗粒用于制造转盘或销轴表面的离子复合物。喷射块中可达到的密度为所涉及材料理论密度的 97% 以上。通过附加喷嘴可以将固体颗粒注入雾化射流中，这样才能够制造复合材料（MMC）。如粉末加工时的情况一样，在这些条件下消除了交叉污染风险。因为在惰性气体（氮气）中进行喷射，所以该材料的气体含量（氢气、氧气）极低。因此，喷射成型材料是可焊接的。如果过喷粉末的量可以最小化，这一工艺的单级应能产生经济收益。过喷粉末被定义为在基材表面上无法收集的粉末颗粒的材料比例，因此应在下一步加工时先进行回收。

快速凝固的另一种工艺是熔体纺丝（图 1.48）。高度饱和合金的熔化射流在由铜制成的旋转滚筒上被浇铸，在冲击时刻发生一次自发凝固，从而立即产生纳米晶结构，因此可制备符合要求的、具有最佳特性的材料。熔体纺丝后，材料以薄膜的形式存在，通过对其进行碾碎、预压和挤压，加工成高质量的半成品。

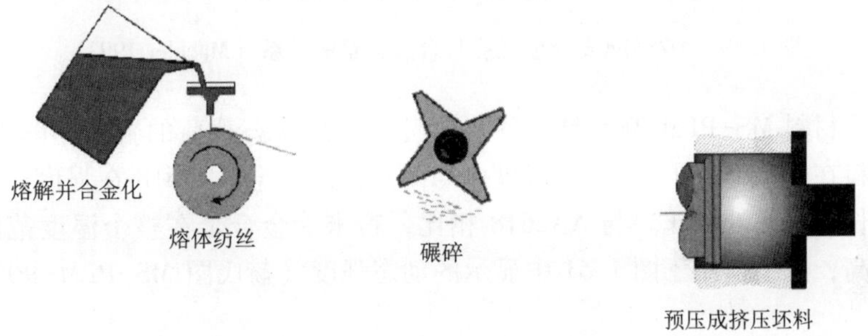

冷却速度：10^6 K/s（比气体雾化或喷射成型高10~1 000倍）
钢带：50~100 μm厚，10~30 mm宽
生坯：边长为0.5~1.0 mm
气体含量(H_2，O_2)：低，因为比表面较小
运行时间性能：3~5 kg/min，相当于150~250 kg/（h · 轮）（设备完好率为85%）
模块化结构：通过附加轮的并行运转扩大产能（不扩大规模）
工艺气体：不作要求

图 1.48　熔体纺丝工艺示意图

1.2.4.2　快速凝固材料的特性

对于合金系列 7xxx 的材料，实质上可通过合金含量和热处理循环确定其硬度（Mächler 1993），图 1.49 更清楚地说明了这一点，0.2% 的屈服强度与元素锌、镁和铜的合金总含量呈函数关系，随着含量的增加，强度呈线性增加。相同成分的铸造材料和喷射成型材料的比较表明，喷射成型材料，或在一般情况下，粉末冶金材料具有更高的强度。这是由于这种材料的均匀性较好，且结合材料中所含高熔点相的理想参数进行了较好的划分。通过熔炼可制造合金含量最高约为 12.5%（质量分

数）的材料；通过粉末冶金工艺，合金含量可高达15%（质量分数），且强度也相应提高。

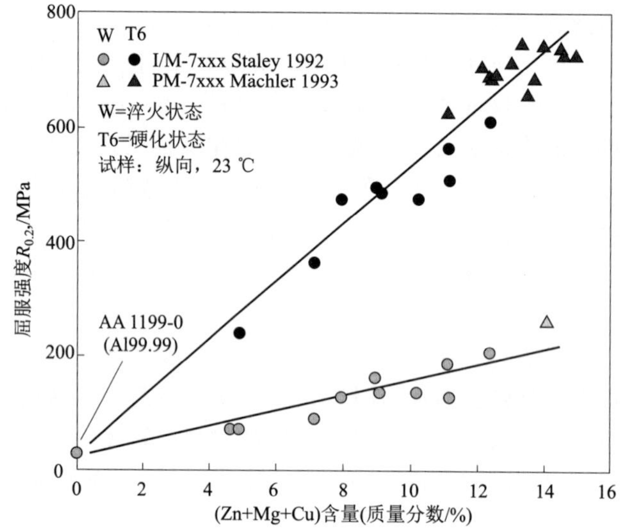

图1.49 AlZnMgCu合金强度与合金含量的关系（Mächler 1993）

例如，材料MS-PLM-905是一种耐热且具有高动态载荷的合金。图1.50中显示了该材料在-196 ℃～+250 ℃的温度内与耐热传统合金AA2618在强度、屈服强度和断裂伸长率方面的对比。与AA2618相比，粉末冶金合金在整个温度范围内性能有明显提高，这也适用于图1.51中显示的动态强度（赫氏图MS-PLM-905）。

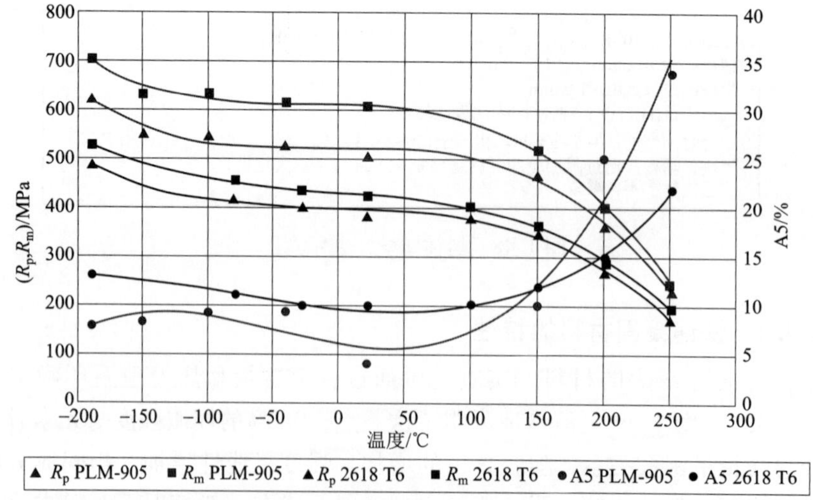

图1.50 MS-PLM-905和AA2618的静态强度

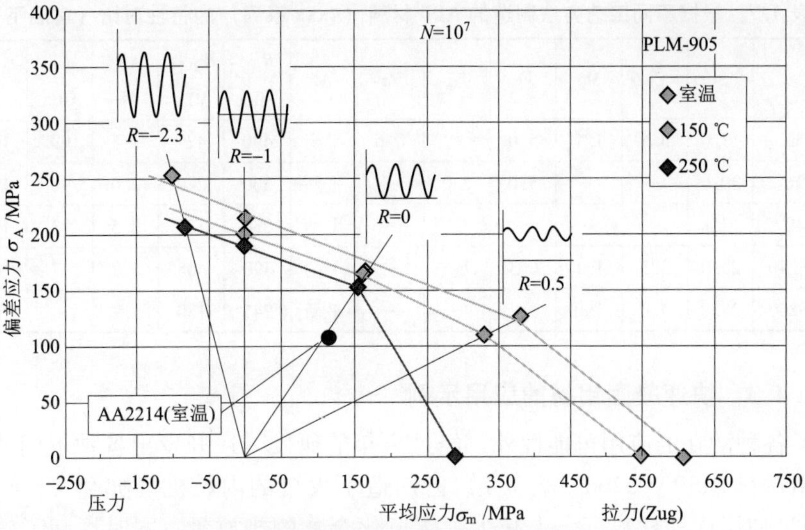

图 1.51 MS-PLM-905 的动态强度（赫氏图）

表 1.5~表 1.7 汇总了与传统合金相比，不同 PM-Al 材料的特性值。

表 1.5 根据不同工艺方法制造的 AlZn 材料（7xxx 系列）的特性对比（室温下）

合金	Zn	Mg	Cu	Zr	Mn	Cr	Ti	Fe	Si	Al	R_m/MPa	$R_{p0.2}$/MPa	A5/%	参考
DC-AA7075-T651	5.6	2.5	1.6	0.1	0.3	0.25	0.1	0.5	0.4	平衡	575	505	11.0	ASM 标准
DC-AA7178-T651	6.8	2.8	2.0	–	0.3	0.23	0.2	0.5	0.4	平衡	605	540	11.0	ASM 标准
MS-PLM-708-T6	11.0	2.3	1.1	0.17	–	0.16	–	–	–	平衡	755	735	10.0	PLM 标准
SF-AA7034-T6	11.5	2.5	1.0	0.25	–	–	–	0.1	0.1	平衡	820	815	4.5	Osprey 公司标准

注：DC=连续浇铸，MS=熔体纺丝，SF=喷射成型。

表 1.6 根据不同工艺方法制造的 AlCu 材料（2xxx 系列）的特性对比（室温下）

合金	Cu	Mg	Fe	Ni	Mn	Zr	Ti	Si	V+Zn	Ag	Al	R_m/MPa	$R_{p0.2}$/MPa	A5/%	参考
DC-AA2219-T62	6.3	0.02	0.3	–	0.3	0.2	0.06	0.2	0.2	–	平衡	415	290	10.0	ASM 标准
DC-AA2618-T61	2.3	1.6	1.2	1.1	–	–	0.06	0.2	0.1	–	平衡	435	370	10.0	ASM 标准
SF-N232-T4	4.0	0.8	–	–	0.4	0.5	–	–	–	0.4	平衡	538	378	19.0	PEAK 标准
SF-N232-T6	4.0	0.8	–	–	0.4	0.5	–	–	–	0.4	平衡	534	452	14.0	PEAK 标准
SF-N213-T4	5.3	0.4	–	–	0.2	0.15	0.4	–	–	0.4	平衡	500	348	20.0	PEAK 标准
SF-N213-T6	5.3	0.4	–	–	0.2	0.15	0.4	–	–	0.4	平衡	520	463	10.0	PEAK 标准
MS-PLM-905	2.5	0.6	2.5	5.0	1.0	0.8	0.6				平衡	620	540	4.0	PLM 标准

注：DC=连续浇铸，SF=喷射成型，MS=熔体纺丝。

表 1.7　根据不同工艺方法制造的 AlSi 材料（4xxx 系列）的特性对比（室温下）

合金	Si	Cu	Mg	Fe	Ni	Zr	Al	R_m/MPa	$R_{p0.2}$/MPa	A5/%	E/GPa	参考
PLM-432	17.0	3.5	1.1	5.0	-	0.6	平衡	490	425	1.5	99	PLM 标准
PLM-426	20.0	-	-	5.0	2.0	-	平衡	360	240	2.0	98	PLM 标准
PLM-440	35	-	-	-	-	-	平衡	230	135	2.5	83	PLM 标准
DISPAL S240	20.0	3.5	1.1	0.3	7.5	-	平衡	490	438	1.2	97	PEAK 标准
DISPAL S260	25.0	4.0	1.0	-	-	-	平衡	245	180	1.2	-	PEAK 标准

1.2.4.3　快速凝固铝材的应用示例

除了各种潜在的应用可能性外，经过多年的研发，还开发出各种不同的系列应用。利用材料 DISPAl S260（表 1.7）已制造了大量的内燃机气缸套（>4 百万件/年）。通过使用这种材料，大大减少了碳氢化合物的排放量，同时提高了效率并降低了油耗（Hummert 1997）。

另一个应用是控制活塞（图 1.52），例如调节自动变速器控制单元或凸轮轴控制装置中的机油流量。与传统合金 AA6061 相比，利用 PLM-432 型耐磨材料（表 1.7）实现了成本优势。同时，粉末冶金材料取消了 AA6061 要求的化学磨损保护层，因此这种工艺在环保方面具有优势。

合金 PLM-905 材质的气门弹簧座（图 1.53）是另一种系列产品。用这种材料取代目前的钢质部件，可以达到减轻气门机构重量的目的。因此，通过发动机较高转速实现了功率提升和油耗降低。其他正在研发中或测试中的部件还有进气阀、油泵齿轮、螺栓、连杆、活塞和涡轮增压器叶轮。

图 1.52　快速凝固铝材制造的控制活塞
（图片来源：粉末轻金属股份有限公司）

图 1.53　材料 MS-PLM-905 制成的气门弹簧座
（图片来源：粉末轻金属股份有限公司）

1.2.5　前景展望

大约在 1990 年就有了铝合金粉末冶金材料，由于其特有的性质，越来越多地被批量应用。这不仅涉及烧结部件，还包括由半成品制造的产品——基于高性能铝合金材料。特别是快速凝固材料，提供了更好的特性组合，这些特性大大优于传统铝合金材料。此外，由于粉末冶金铝材可以替代钢材，因此可大幅减重，可实现降低排放（CO_2、碳氢化合物等）的目标。因此，这些材料在未来几年将越来越多地被应用。未来主要开发目标是轻金属纳米管，以达到进一步改进特性的目的。这些新材料只能通过粉末冶金工艺来实现。

1.2.6 附加信息

1. 文献

Arnhold, *V.*, *Balzer*, *H.*, *DeChristofaro*, *N.*, *Kruzhanov*, *V.*, *Laux*, *M.*, *Lindenau*, *R.*: Proceedings. PM World Congress and Exhibition, Wien. EPMA, Shrewsbury 4, 2004, S. 77

Hummert, *K.*, *Stocker P.*, *Rückert F.*: MTZ, Motortechnische Zeitschrift, 58, 9, 1997, S. 50

Ishijima, *Z.*, *Suikata*, *H.*, *Krata*, *H.*, *Kawase*, *S.*: MPIF Proceedings Adv. in Powder Metallurgy & Particulate Materials Washington, 1996

Kieffer, *R.*, *Hotop*, *W.*: Pulvermetallurgie und Sinterwerkstoffe. 2. Aufl., Springer Verlag, Berlin/Heidelberg, 1948

Mächler, *R.*: Höchstfeste sprühkompaktierte Aluminium-Zink-Magnesium-Kupfer-Legierungen. Diss. 10332. ETH Zürich, 1993

Mühlburger, *M.*, *Paschen*, *P.*: Flüssigphasensintern von AlZnMgCu Legierungen. Z. Metallkunde, 84, 5, 1993, S. 346

Neubing, *H. C.*: Sinteraluminium-Der konsequente Weg vom Pulverprodukt zum Leichtbauteil. Pulvermetallurgie in Wissenschaft und Praxis. 22, Fachverband Pulvermetallurgie, Hagen, 2004

Neubing, *H. C.*, *Danninger*, *H.*: Neuere Entwicklungen bei Al-Basis Sintermischungen für Präzisionsteile. Pulvermetallurgie in Wissenschaft und Praxis. 14, VDI-Gesellschaft Werkstofftechnik, 1998, S. 266

Danninger, *H.*: Pulvermetallurgische Leichtbauteile. Leichtbau. WILEY-VCH Verlag, 2009, S. 191

Neubing, *H. C.*, *Jangg*, *G.*: Sintering of Aluminium Parts-The State of the Art. Metal Powder Rep., 42, 5, 1987, S. 354

Schatt, *W.*: Pulvermetallurgie Sinter-und Verbundwerkstoffe. 2. Aufl., Dr. Alfred Hüthig Verlag, Heidelberg, 1986

Storchheim, *S.*: Progr. Powder Metall. Bd. 18, 1962, S. 124

2. 标准

ASM 标准-ASM 的铝和铝合金专业手册，第 3 版，1994 年 5 月，美国金属学会材料园区（俄亥俄州），OH 440730002

3. 公司文件或网址

英国 Osprey 金属有限公司数据表

德国 Velbert-Neviges PEAK 材料股份有限公司数据表

德国格拉德贝克粉末轻金属股份有限公司数据表

ECKA ALUMIX（Ecka 颗粒股份有限公司，德国菲尔特市，2008）产品信息

Ecka 颗粒股份有限公司（德国费尔登，2004）产品信息

www.ecka-granules.com

2

金属轻量化材料的成型

Sami Chatti, Daniel Pietzka, Alessandro Selvaggio, Michael Trompeter, A. Erman Tekkaya

轻量化结构是工程学研究中的一项核心挑战，同样，它也应用于交通技术和建筑行业中。其中，尤为重要的是可细分为轻质外壳（壳体）和轻质框架结构（型材）的支撑结构，同样也可以使用混合结构，且其已被广泛应用。制造技术，特别是金属成型技术具有极其重要的意义。成型技术是生产轻量化结构过程中最重要的工艺链，涵盖结构设计和材料技术等多个方面。

以材料和产品优化为导向的成型技术对成功的轻量化结构来说具有重要的战略意义。针对产品设计和再加工的创新型成型工艺确保了产品质量，并满足了诸如功能性、安全性、环境可持续发展性、造型、外观、重量和成本方面的要求。

根据 DIN 8580，成型技术是制造工艺六个主要分组之一，其属于材料聚合变化的一种类型。成型技术属于制造技术工艺类别，通过这种技术可将一个固体的原有形状转变为其他形状，而重量和成分保持不变。依据 DIN 8582，根据主要用于变形的应力对成型工艺进行了细分。本章不对这一细分进行介绍，而旨在基于实践对固态成型工艺和板材成型工艺进行细分。固态成型是一种横截面变化和尺寸变化都很大的成型技术。强度较高、作用力和工具负载较大的材料，变形程度较大。板材成型的特点是，可将平面型工件加工成空心件，而不会改变均匀的初始壁厚。形状变化、强度和作用力的变化在板材成型中都较小。根据工艺和工件尺寸的不同，弯曲成型工艺可以属于两个工艺组别。本章将分别进行讨论。

通过板材成型、整体成型和弯曲成型等各种工艺，成型技术为不同的应用领域提供了利用轻量化材料的极佳特性制造产品和对产品进行继续加工的出色理念。通过成型技术实现轻量化结构目的的例子包括板材结构和型钢结构。本节将借助与轻量化最相关的工艺对成型技术制造的情况进行介绍。2.1 节讲述了使用成型加工的钢板进行轻量化结构制造的工艺，具体介绍了深拉延、液压成型、热成型和定制半成品成型的工艺。2.2 节介绍了通过整体成型工艺进行轻量化结构制造，详细介绍

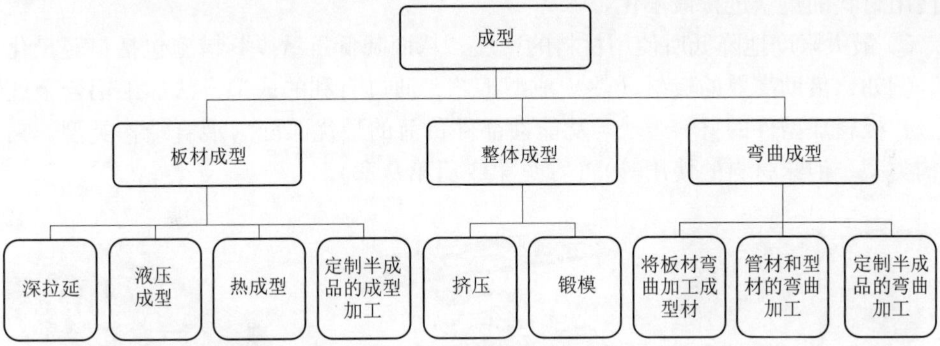

根据金属轻量化材料标准 DIN 8580 对成型工艺进行划分

了对轻量化结构具有重要意义的挤压和锻模。2.3 节介绍了通过弯曲成型进行轻量化结构制造的工艺。与轻量化结构最相关的工艺是：通过弯曲工艺将板材半成品制成直形管材和型材，二维和三维工件的再加工和定制半成品的弯曲加工。

三种为轻量化结构开发或匹配的工艺表明，金属成型技术不仅满足轻量化结构的要求，还可进入目前其他制造工艺占主导地位的领域。此外，可以开发其他应用领域，包括由于经济或技术原因目前仍存在问题的传统工艺。

2.1 通过钢板成型加工制造轻量化结构部件

2.1.1 各种轻量化策略

在板材成型中，对部件制造的技术性和经济性要求主要是根据汽车车身制造的趋势决定的。这主要指随着车辆结构越来越轻，车辆乘员的最大被动安全性较灵活，且要求成本尽可能低。为了实现这一目标，在板材成型中应用了各种不同的轻量化策略（参见第 1 册第 3 章）。除了形状轻量化（例如通过结构化的板材成型件达到更高的刚度）和加工轻量化（例如拼焊板）外，尤其提倡使用能显著降低车身重量的轻量化材料（图 2.1）（Kleiner 2003）。对轻量化策略的选择和采用的板材成型工艺起决定性作用的是车身结构型式。相比通常采用的车身外壳结构型式，板材成型件利用成型技术，通过拉延工艺制造现代轻量化材料，例如，铝、镁和高强度、薄壁钢质半成品，并通过热连接或机械连接与车身框架相连接（Kleiner 2003）。相比之下，框架结构主要基于型钢半成品，采用了板材弯曲工艺，以闭合板材或拼焊板，从而尽可能在负载匹配的情况下加工空心型材（第 2.3 节）。

通过板材成型制造轻量化外壳的几个主要目标是：

① 尽可能降低板材所使用材料的重量。相应措施包括：使用高强度、薄壁板材；通过复杂的空间成型来平衡板材厚度较小时部件刚度的下降；板材成型件中材料分布与功能性部件负荷最优匹配；通过连接件及连接工艺的较高功能集成对板材

所使用材料的重量进行最小化。

② 最大限度地降低所使用材料的密度，从而降低重量。其措施包括：轻量化材料，例如，借助高效的板材（热）成型工艺，通过有利的成型方法加工铝合金或镁合金；板材成型件的材料组成与功能性部件负荷的最优匹配（混合结构类型、夹层结构类型、泡沫材料的使用等）（参见第3册第9章）。

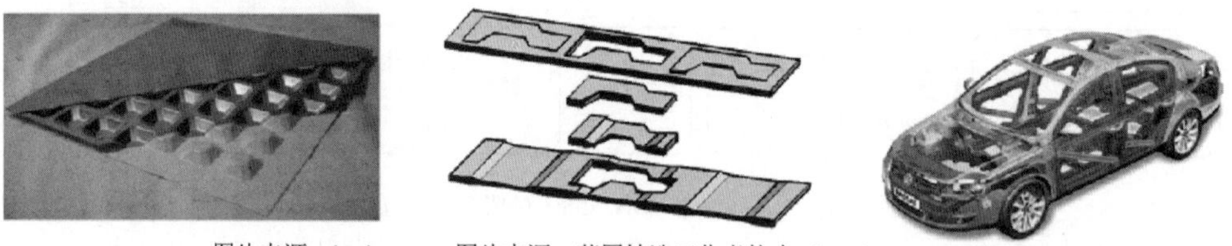

图片来源：borit　　图片来源：英国铸造工作者协会（IBF）　　图片来源：大众汽车集团（VW）

（a）　　（b）　　（c）

图2.1　通过轻量化钢板实现形状轻量化（a）；通过拼焊板实现制造轻量化（b）；通过轻量化金属合金和高强度钢板实现材料轻量化（c）

2.1.2　板材液压成型工艺的其他板材成型极限

在工业实践中，深拉延是使用最广泛的制造板材成型件的成型工艺，它主要将平面型板材切割坯料通过冲头、阴模或拉丝模以及夹具在不改变板材厚度的情况下加工成型［图2.2（a）］。夹具用于防止在凸缘范围内形成不可逆转的褶皱。由于会出现碎片或形成褶皱，因此给定了成型极限。两种故障类型限制了工艺的允许工作范围。不同的因素，如板材的特性、工艺参数等都会影响深拉延工艺的流程和结果。因为深拉延在一定程度上不能满足部件的复杂性要求，因此近几十年开发了越来越多的板材液压成型制造技术。

与传统深拉延相比，板材液压成型工艺的特点是用液态材料代替或辅助固态材料（Finckenstein，1990）。可以根据压力形成的类型将板材液压成型工艺划分成几个主要组成部分（图2.2）。压力形成可以在机械液压深拉延时通过相应的刀具运动实现，或者通过外部活性介质源输入活性介质实现［图2.2（c）、（d）］，在此应能区分双板的内高压液压成型与单板的高压板材成型（Kleiner 2006）。

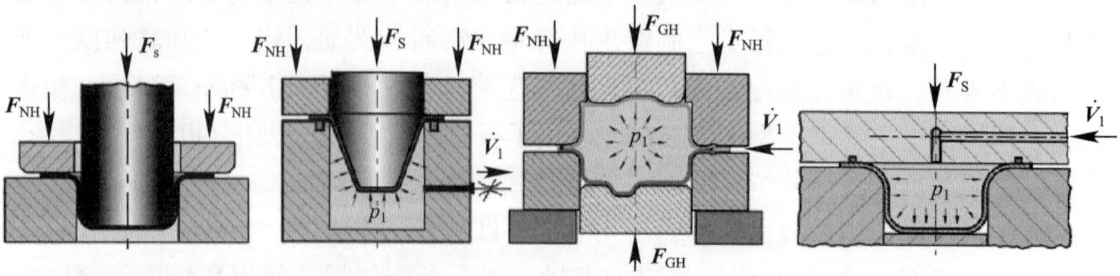

（a）　　（b）　　（c）　　（d）

图2.2　深拉延和板材液压成型工艺

（a）传统深拉延；（b）机械液压深拉延；（c）双板内高压液压成型；（d）单板高压板材成型

活性介质可以使用气体、液体、熔融塑料或不定型的有机和无机材料或这些材料混合而成的固体。气体，尤其是惰性气体，主要用于半热成型和热成型，以在较高的工艺温度下控制轻量化材料的应变速率，从而加工成超塑性材料，即达到较高成型度的材料。压缩空气通常用于最高压力达 15 MPa 的工艺辅助。为了限定所需的气体压力，可以通过机械方式重铸几何细节。最常用的流体活性介质是低黏度油包水乳液（DIN 24320），即被称为氢氟烷的含水量为 80% 的高含水量加压液体。

图 2. 2 中显示的成型工艺具有特殊的工艺特征，因此可以用于不同的应用场景。在活性介质中，流体力学成型通过刚性冲头的移动结合活性介质的排出来实现静水压力状态，并作为反压力或挤压力被有效利用。成型阴模被水箱所代替，从水箱中排出活性介质时，通过节流阀或背压缸产生一个液压阻力，这种阻力在模具中形成压力。机械液压深拉延被视为一种特殊的成型工艺，这种工艺逆着实际成型方向对钢板材料进行预拉伸，以使部件特别是扁平的部件达到较高的变形程度，从而实现较高的冷作硬化。为达到这一目的，将一定容积的活性介质逆着实际成型方向导入模具中。进行机械液压深拉延时，在工艺刚开始时，作为与冲头运动方向相反的挤压力的活性介质压力，根据选择的工艺实施策略，通过调节节流阀会有很大差异，这种压力可用于工艺设计。通过背压可以实现较高深拉延及使深拉延大幅提高，背压也可用于较复杂几何形状细节的成型和圆锥形及凹形部件的成型。图 2. 3 显示了具有复杂二次成型元件的大面积机械液压深拉延发动机罩和一个与传统深拉延工艺完全不同的机械液压深拉延油箱外壳，由于其钢板厚度较薄，因此其甚至比同类塑料油箱还要轻。

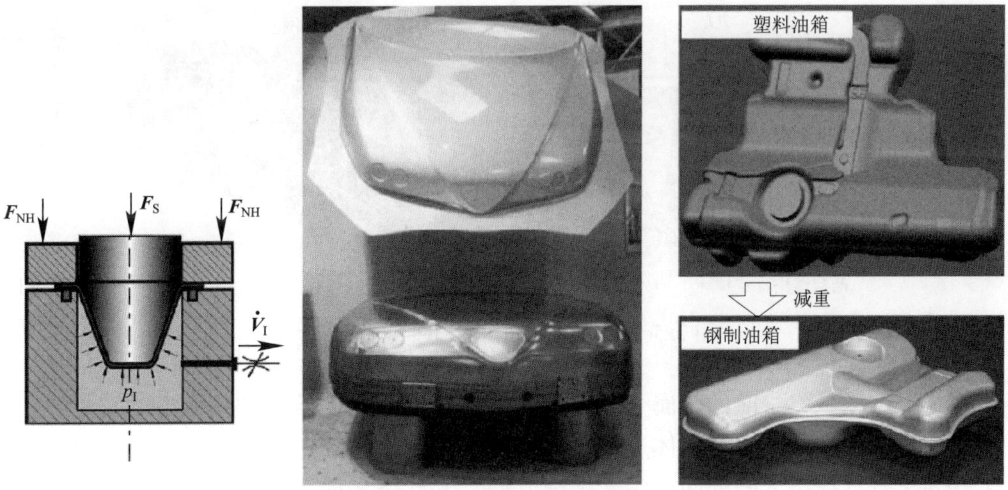

图片来源：Schuler　　图片来源：IUL

（a）　（b）　（c）

图 2. 3　机械液压深拉延（a）；带详细几何形状细节的大面积外侧部件（b）；与塑料油箱相比全面成型的钢质油箱（c）

高压成型时的平钢板和内高压成型时的双板将通过外部活性介质源加工成板材型半成品，这时活性介质压力直接或间接作用在板材型半成品上，并在阴模中成型。已知工艺变型的主要区别是压力腔密封或压力冲击。最简单的高压成型工艺是液压深拉延。为密封压力腔，可以在整个工艺实施期间将金属板法兰夹紧固定（大多通过夹紧凸出部分固定）。这样法兰处就不会流出液体，因此不会限制该工艺的成型可能性。

液压深拉延的一个理想应用领域是蜂窝板的制造（图 2.4），由于轮廓精度较理想，多个蜂窝板材都可以与蜂窝板精确匹配。蜂窝板大多为多层刚性板材结构，两个蜂窝板件之间有较大的接触面积，其形成一个空间框架结构，这个结构能够通过各种不同的小凸起几何形状（深度、直径）匹配刚性和强度要求，从而使重量变轻（Sedlacek 2003）。

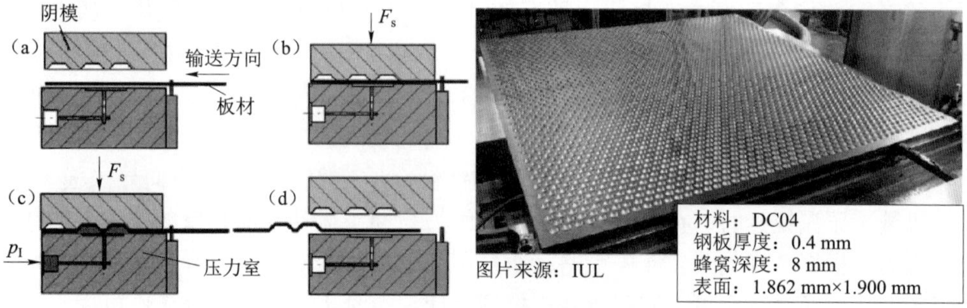

图 2.4　蜂窝板的液压深拉延
（图片来源：borit）

另一种提高扁平钢板部件刚性的方法是拱形结构（图 2.5）。

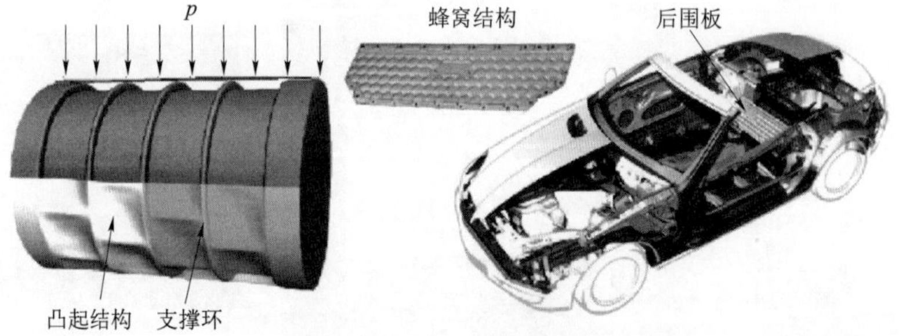

图 2.5　钢板的蜂窝结构（Behrens 2006）

拱形结构是将弯曲的金属壳通过构建工具辅助以外部压力冲击而成的。外部压力可通过活性介质或对弹性体进行压缩实现。一旦达到一定的压力，钢板会自动掉入构建工具支撑条之间的凹槽中。这种成型工艺严格来说并不是液压深拉延，因为未模压拱形结构，而是将进行过较少塑性成型的材料立即转变为稳定的拱形结构几何形态。这种拱形模型通常由规则排列的六角形组成（Behrens 2006）。

为扩展基于活性介质钢板成型工艺的成型方法，可以采用固定的钢板法兰应力，并允许来自法兰区域的材料流流入。必须采用特殊结构解决方案对压力腔进行密封，为此可以使用橡胶膜将板材与活性介质分隔开。Guerin 工艺（Pischl 1970）、Wheelon 工艺和流体网格工艺（Mindrup 1988）是将成型压力通过一个薄膜间接作用在整个钢板范围的工艺变型。这些工艺尤其适用于航空工业制造铝合金部件，以及汽车工业通过快速成型技术小批量经济地制造钢板成型件的情况。该工艺使用薄膜，内压力主要作用在整个板材区域的薄膜上，这样压力垫块兼具了压紧装置的功能，可以施加最高 250 MPa 的高压（ABB 1996）。该工艺的优点一方面是模具成本较低，另一方面是开发周期较短。通过合适的模具划分可以实现底切。该工艺尤其适用于较浅且扁平侧开坡口的不规则拉伸件。

在进行高压金属板材成型时，流入的活性介质的静水压力直接作用于金属板坯料，可通过定义工艺参数影响活性介质压力、体积流量和压边力（Kleiner 1999）。压力腔的必要密封通过弹性垫圈实现，这样不会使金属板法兰承受较大的防止材料流的表面压力。直接加压的另一个优点是可以将冲孔操作整合在工艺流程中（Finckenstein 1998），通过冲头的运动或切割环实现加压。进行双板内高压成型时，在成型前通过压力密闭连接双板或者在法兰区域通过表面压力实现气密性。如果使用焊接的板坯对，则必须以相同的方式展开上方和下方壳体。然而，未焊接金属板坯对的内高压成型形状自由度较大，其中心问题是部件内部的加压密封。通常仅通过在四周部件法兰上施加相应的表面压力就可以实现密封。通过这种较大的表面压力可抑制部件法兰中的金属板材料流，从而在较高成型压力下防止成型区域内的金属板材料流。对焊接的或未焊接的双板进行内高压成型时，必须借助附加的模具单元建立预成型板材对和高压装置之间的连接。通过对接系统，活性介质被输送到形成的空腔中，从而实现成型所需的压力。图 2.6 给出了内高压液压成型与高压板材成型的不同应用情况。

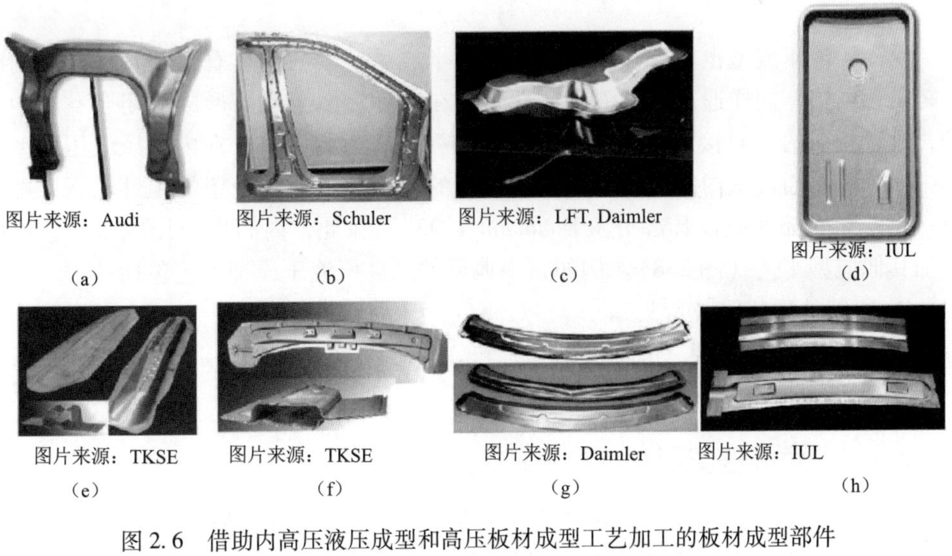

图 2.6　借助内高压液压成型和高压板材成型工艺加工的板材成型部件

(a)，(e) 发动机支座；(b) 侧架；(c) 立体框架节点；

(d) 带有二次成型元件的示范部件；(f)，(h) 车顶框架；(g) 挡风玻璃横梁

与传统深拉延相比，内高压液压成型和高压板材成型除具有减少模具成本的优点外，还具有多项技术优势，因此往往表现出较好的形状和尺寸精度（Kleiner

1999）。此外，高压板材成型通过不同的工艺参数对成型过程产生有利的影响，从而最优地利用了所使用材料的变形能力。而且，通过这种工艺可以将薄壁金属板半成品加工成复杂的部件几何形状，从而可以制造出具有较高功能集成度的轻金属板成型件。图 2.7 显示了高压板材成型和阶梯形部件几何形状的传统深拉延工艺。对于这种部件的几何形状，高压板材成型与深拉延相比具有以下优点：金属板材料能够均匀分布，从而在形状变化梯度较小且形状变化较大的情况下形状分布较均匀。与传统深拉延工艺相比，由于冲头运动会出现具有临界形状变化的纯张拉阶段，将导致故障过早出现。

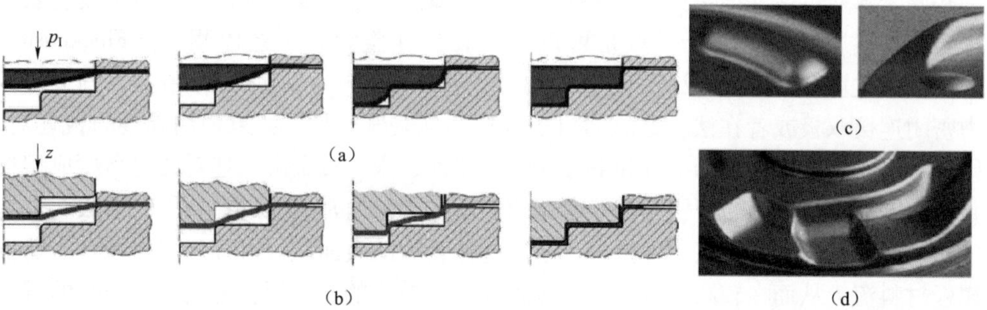

（a）

（b）

（c）

（d）

图片来源：IUL

图 2.7　根据二次成型元件的成型和单级高压板材成型加工的制动器挡板进行深拉延和高压板材成型的比较

（a）高压板材成型；（b）传统深拉延；（c）二次成型元件；（d）制动器挡板（H260）

内高压液压成型也用于加工管形或型材半成品，以制造具有复杂几何形状的闭合轻量化结构。同样通过一种液态活性介质在实际上由半成品形成的闭合空腔中成型，通过相应的“对接系统”输送活性介质并使压力腔密封。在内高压液压成型过程中，半成品通过从内向外的变形逆着给定的成型元件形成希望的工件轮廓，即形成一定轮廓的部件或模具部分（Dohmann 1993）。在此，内高压液压成型工艺可以叠加其他成型工艺（图 2.8）。例如，一典型的内高压液压成型工艺包括：

① 废气处理装置（弯头）；

② 结构部件（车架、门槛、副车架）；

③ 底盘组件（车轴组件）。

2.1.3　负荷匹配板材成型件的制造

在轻量化制造的过程中，开发了新型板材半成品，并已进行了多方面的应用。已知的并经过验证的例子有拼焊板、拼缝板坯或拼焊混合板，即根据材料成分和材料分布基于后续部件功能进行优化以实现优化成型部件功能和减轻重量的金属板半成品（Vollertsen 1995）。以拼焊板为例的“量身措施”基于具有不同厚度及强度特性板材的焊接，其基本思想是，待成型的半成品的材料成分或板材厚度分布，与作为轿车车身组成部分的板材成型件的后续功能及功能性部件负荷（如碰撞）理想匹

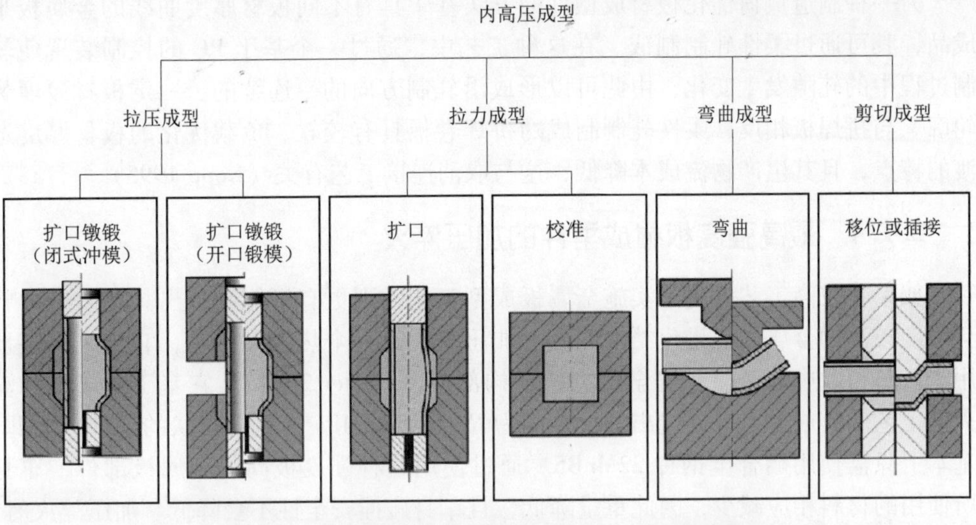

图 2.8 根据 VDI 3146 标准实施的内高压液压成型

配。连接工艺大多采用固定路径的焊接工艺，如滚缝焊接或激光焊接，此外，拼焊混合板还通过钎焊或胶合工艺来连接钢材和铝。

近 30 年来，由易成型深冲钢和强度较高的微合金钢制成的拼焊板已成功应用于工业中。这些产品大多应用于汽车的车身结构中，除能够有目的地控制纵梁、B 柱加强件或座椅横梁碰撞能的吸收外，拼焊板也用于车门和挡板（图 2.9），尤其是其他附加制造的冲压件的局部加强和一体化。

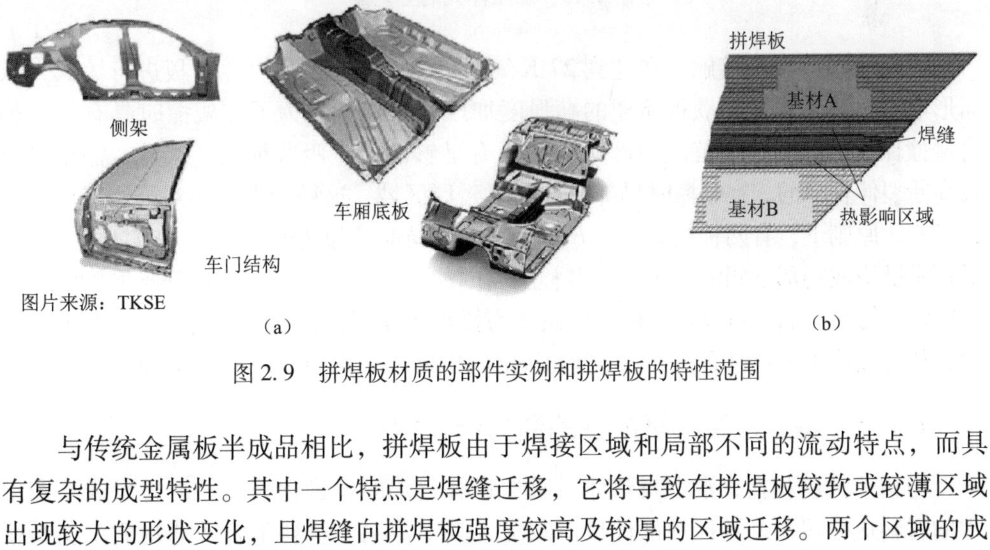

图 2.9 拼焊板材质的部件实例和拼焊板的特性范围

与传统金属板半成品相比，拼焊板由于焊接区域和局部不同的流动特点，而具有复杂的成型特性。其中一个特点是焊缝迁移，它将导致在拼焊板较软或较薄区域出现较大的形状变化，且焊缝向拼焊板强度较高及较厚的区域迁移。两个区域的成型阻力差越大，焊缝迁移越明显。如果拼焊板具有厚度差，则需进行模具技术调整。由于较薄连接对中可承受的拉应力或起皱导致的材料缺陷而易引起裂纹，必须使用匹配的或划分的模具元件加以避免（Glasbrenner 2000，Schmidt 2002）。

另一种制造负荷优化板材成型件的方法基于具有不同板材厚度曲线的金属板半成品，其可通过柔性轧制制成。在这种工艺中，通过一个基于 PC 的控制装置使轧制过程中的轧隙发生变化，由此可以形成沿轧制方向的、连续的、一定板材厚度的轮廓。与拼焊板相反，柔性轧制制成的拼焊卷板具有较软、负载优化的板材厚度过渡的特点，且其生产物流成本降低，这与取消连接工艺有关（Kopp 1995）。

2.1.4 最高强度板材成型件的加压淬火

如果在较高工艺温度下实施金属板成型工艺，则更有可能制造出具有复杂形状且强度较高的金属板轻量化结构部件。加压淬火是一个热成型工艺，它越来越多地用于汽车行业中与碰撞和安全相关的结构部件（Tröster 2004）。它基于热成型和淬火等工艺的集成，可以制造出最大强度为 $R_m = 1\,500$ MPa 的复杂形状的部件。为此，基本上只需使用硼合金钢种 22MnB5。通过使用这种强度极高的金属板部件，车身所使用的材料相应减少，因此重量降低，且车身碰撞安全性不会降低。加压淬火时，应先将待成型的金属板放入连续式加热炉中在 900 ℃～950 ℃的温度下完全奥氏体化 4～10 min，然后放置在压模中进行成型（图 2.10）。

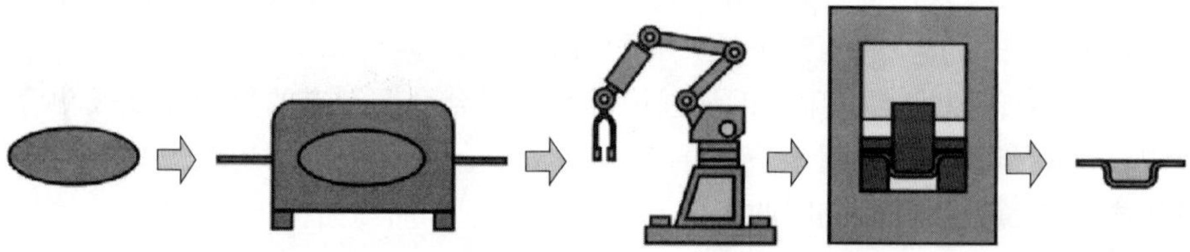

图 2.10 加压淬火的工艺链

通过与水冷模具接触，在达到 27 K/s 的最低冷却速度后对金属板进行淬火，从而形成马氏体，由此可获得希望的高强度加压淬火部件。为了在碰撞时具有最佳的防碰撞保护，在一定的范围内部件必须具有足够的能量吸收能力。因此，需要具有较高断裂伸长率的、在碰撞时局部变形的可延展区域，这种变形不会对乘客车厢有很大影响。原则上，有两种策略：一方面可以通过局部冷却速度的变化（例如，通过模具技术措施或局部不同的预热等）调整所需的相位转变，从而设定局部不同的实际机械特性；另一方面，可以将钢板半成品作为拼焊板使用，在需要较高能量吸收的范围内，传统金属板材料具有较低的强度和较高的断裂伸长率（图 2.11）（Merklein 2010）。

2.1.5 基于金属板半成品的混合结构型式

与整体材料相比，混合材料体系通常具有更大的轻量化潜力，因为半成品及部件的材料成分可以与功能性部件负荷匹配，其中使用了材料组合或非均质材料。这种负荷材料可能含有同类材料也可能含有非同类材料，包括涂层、颗粒材料或颗粒和纤维增强材料以及连接材料（参见第 3 册第 9 章）。因此，采用混合材料体系可以同时实现高强度、高成型性、高耐腐蚀性和耐磨性，以及较低的密度。

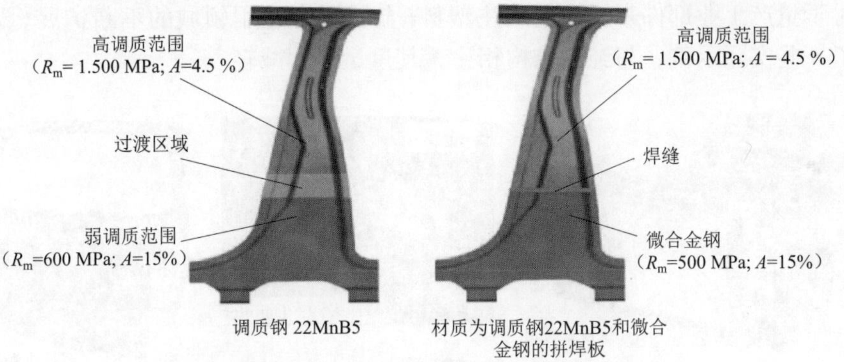

图 2. 11　加压淬火的 B 柱（Erhardt 2008）

金属板成型越来越多地使用金属和塑料混合结构，塑料通过喷铸与金属部件在形状配合的情况下连接。混合技术通过喷铸使部件的多个附加功能整合在一起，如安装接口、螺纹内嵌、搭锁连接、导向单元、用于加固金属板结构的带筋结构等。这不仅节省重量，也使安装成本大幅降低。借助压铸机对金属插入件进行挤压包封，在这种情况下，塑料结构被注塑到金属板结构上，因此复合材料通常也称为模内装配（IMA）或装配注塑。与将金属和塑料分开制造，然后相互连接的成型后组装（PMA）相反，在铸模中进行金属和塑料部件连接工艺的挤压包封，通过挤压包封可以形成可支承的多功能混合结构。制造混合结构的工艺链通常包括借助刚性成型模进行预先板材成型的过程和一个借助挤压包封的后续连接过程（图 2. 12）（Ehrenstein 2007）。在挤压包封的过程中，塑料熔体流经预先冲好的金属部件孔中，与铆钉类似，凝固后会形成永久性的紧固连接（Goldbach 1997）。热塑性或热固性纤维复合材料可作为插入件使用。

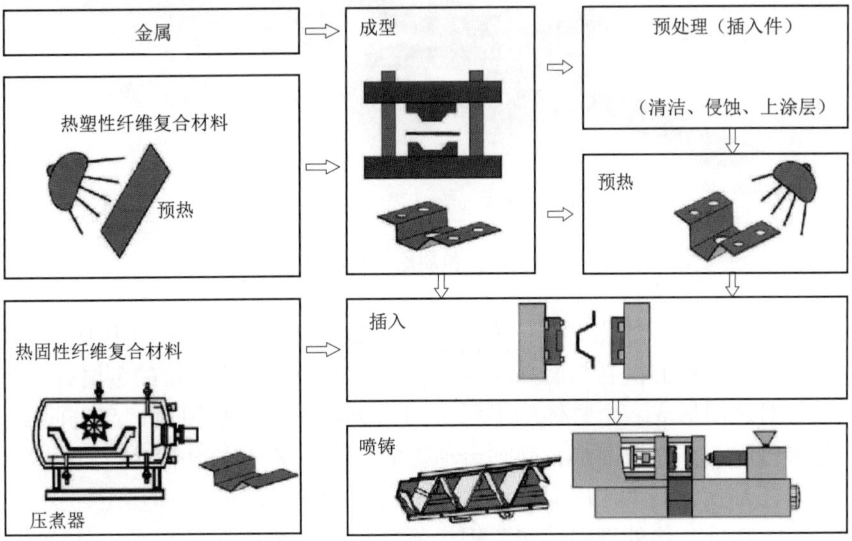

图 2. 12　制造混合结构时的工艺链（Ehrenstein 2007）

对于量产工业部件来说，应关注塑料-金属混合应用领域的不断扩展。图 2.13 给出了一些实际示例，与纯钢结构相比，其重量显著减轻。

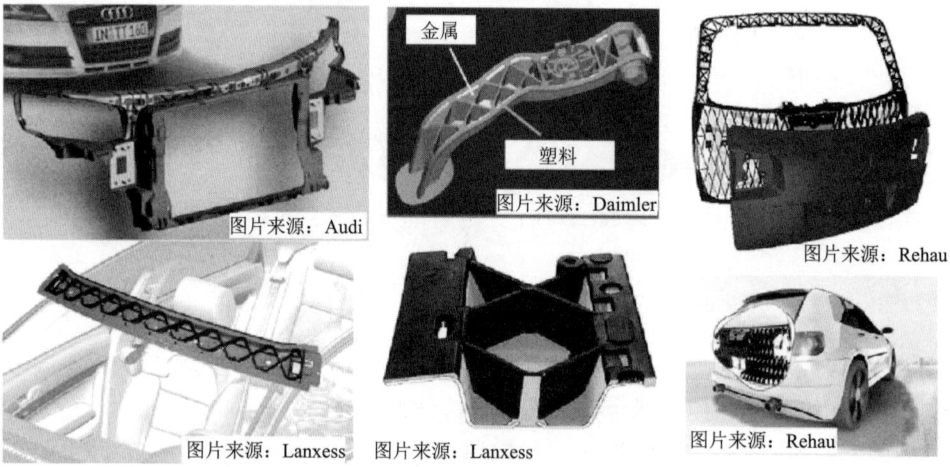

图 2.13 塑料-金属混合结构（VDI 2004）

利用不同金属制造金属板混合部件的一个方法是使用滚压包层制半成品。滚压包层是长期以来制造金属复合材料使用的一种方法（图 2.14）（Kawalla 2004，Pircher 1986）。例如，复合板可以用具有特定抗腐蚀性的轻量化合金复合板或抗磨损的金属外层制成。

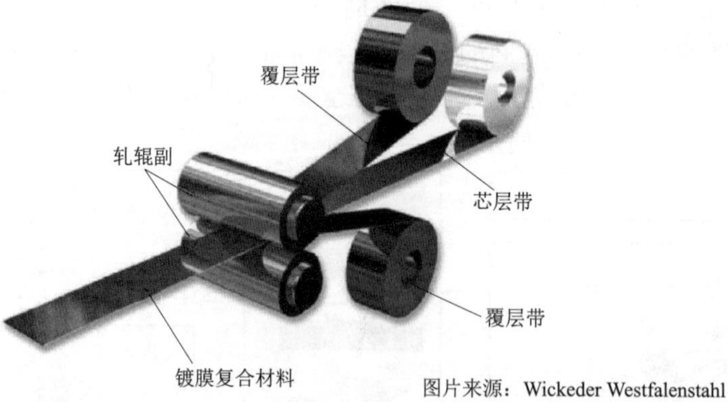

图 2.14 滚压包层法（Köhler 2004）

镀层的工艺变型有冷轧复合、热轧复合和爆炸复合三种。在连接区域制造金属包覆材料时，起作用的机制与所采用的工艺、工艺参数和待连接的金属有很大关系。为了在镀层对之间形成一个整体的不可分割的金属连接，必须通过高表面压力形成一个内部接触面。在连接面中，必须启动扩散机制。最常用的电镀工艺是冷轧复合，这种复合工艺是在轧制工艺后借助退火处理实现的连续冷压焊和热活性扩散焊的组合。除黏附方法外，热处理促使包覆钢板复合材料复原阶段的启动，从而可通过金属板料成型实现加工。

2.1.6 附加信息

文献

Behrens, *A.*, *Ellert*, J.: FE-Analyse des wirkmedi-enbasierten Beulstrukturierungsprozesses von Feinblechen und seine Auswirkungen auf das Verhalten charakteristischer Leichtbauwerkstücke. Abschlussbericht DFG-Schwerpunktprogramm SPP 1098, 2006, S. 353-365

Dohmann, *F.*: Innenhochdruckumformen. In: K. Lange (Hrsg.): Umformtechnik-Sonderverfahren. Springer Verlag, Berlin/Heidelberg, 1993

Ehrenstein, *G.*: Umgeformtes flächiges Halbzeug, Struktur-bzw. Hybridbauteil und Verfahren zur Herstellung eines derartigen Halbzeugs bzw. Bauteils. Patentanmeldung, WO 002007051652 A1, 2007

Erhardt, *R.*, *Böke*, *J.*: Industrial Application of Hot Forming Process Simulation. Proceedings of the 1st International Conference on Hot Sheet Metal Forming of High Performance Steel, 2008, S. 83-88

Finckenstein, *E. v.*: Umformtechnik-Blechbearbeitung. Bd. 3., Kap. Sondertiefziehverfahren. Springer Verlag, Berlin/Heidelberg, 1990

Finckenstein, *E. v.*, *Kleiner*, *M.*, *Szücs*, *E.*, *Homberg*, *W.*: In-process Punching with Pressure Fluids in Sheet Metal Forming. Annals of CIRP, 47, 1998, S. 207-212

Glasbrenner, *B.*: Tiefziehen von Tailored Blanks mit nichtlinearen Schweißnähten. Tagungsband der Konferenz, "Neuere Entwicklungen in der Blechumformung", 2000, S. 373-385

Goldbach, *H.*: Hybridbauteile in der Serienfertigung. Kunststoffe 87, 9, 1997, S. 1133-1138

Kawalla, *R.*, *Schmidtchen*, *M.*, *Spittel*, *M.*: Plattieren-Eine Übersicht über Herstellungstechnologien und Produkte. Technologie der Werkstoffverbundherstellung durch Umformen. Tagungsband der Konferenz MEFORM, 2004, S. 1-10

Kleiner, *M.* (*Hrsg.*): Abschlussbericht zum DFG-Schwerpunktprogramm SPP 1098: Wirkmedien-basierte Fertigungstechniken zur Blechumformung. Shaker Verlag, Aachen, 2006

Kleiner, *M.*, *Geiger*, *M.*, *Klaus*, *A.*: Manufacturing of Lightweight Components by Metal Forming. Annals of CIRP, 52, 2, 2003, S. 521-542

Kleiner, *M.*, *Homberg*, *W.*, *Brosius*, *A.*: Processes and Control of Sheet Metal Hydroforming. Proceedings of the 6th International Conference on Technology of Plasticity ICTP, 1999

Köhler, M.: Plattiertes Stahlblech. Technical Bulletin SIZ, Wickeder Westfalenstahl, 2004

Kopp, *R.*, *Hauger*, *A.*: Kinematische Erzeugung von belastungsangepassten Langprodukten mit einem über die Länge variablen Querschnitt mittels Walzen. Tagungsband des Abschlusskolloquiums zum DFG-Schwerpunktprogramm Flexible Walztechnik. Verlag Mainz, Aachen, 1995

Leitermann, *W.*, *Dick*, *P.*: Potentiale der IHU-Anwendungen im Aluminium-Zentrum der Audi AG. Tagungsband des Kongresses, "Innenhochdruckumformen in der Serienproduktion", 1997

Merklein, *M.*, *Geiger*, *M.*, *Kerausch*, *C.*, *Lechler*, J.: Presshärten von Tailor Welded Blanks. Abschlussbericht zum Projekt der Forschungsvereinigung Stahlanwendung P 709, 2010

Mindrup, *W.*: Flexible wirtschaftliche Blechumformung für Muster-, Prototypenbau und Kleinserienfertigung im Automobilbau. Blech Rohre Profile, 35, 10, 1988, S. 794-798

Pircher, *H.*, *Sussek*, *G.*: State of the Art in Cladding, Especially of Highalloyed Steels and Special Alloys. Fachberichte Hüttenpraxis Metallweiterverarbeitung, Ausg. 24, 1986, S. 1056-1065

Pischl, *H.*: Rationelle Blechumformung durch hydromechanisches Tiefziehen. wt-Z. 60, 1, 1970, S. 8-12

Schmidt, *T.*, *Fritsch*, *C.*: Mit Tailored Blanks zur steiferen Karosserie. Blech InForm, 2002, S. 10-14
Sedlacek, *G.*, *Bohmann*, *D.*, *Völling*, *B.*: Strukturoptimierung und Erprobung von Leichtbauplatten für den Einsatz in Schienenfahrzeugen. ZEVrail Glasers Annalen, 127, 10, 2003, S. 504-510
Tröster, *T.*, *Rostek*, *W.*: Innovative Warmumformung. Tagungsband zur Internationalen Konferenz, "Neuere Entwicklungen in der Blechumformung", 2004, S. 51-65
VDI-Report Nr. 4261. *VDIVerlag GmbH*, *Düsseldorf*, 2004, *S.* 25-45
Vollertsen, *F.*: Tailored Blanks. Blech Rohre Profile, 42, 3, 1995, S. 172-178

2.2 通过整体成型制造轻量化结构

2.2.1 整体成型及其工艺的分类

与金属板材成型相反，整体成型的特点是整体工件的塑性变形（即不可逆）。整体工件通过尺寸进行标记，该尺寸在三个空间方向的延伸率相差不大。

通过整体成型制造工艺，工件会发生与采用金属板材成型工艺一样的较大的横截面变化，因此，在整体成型过程中需要耗费较大的力和能量。整体成型工艺的主要特征是变形区中的多轴压应力状态，包括根据 DIN 8583-1 的辊压、自由锻造、模锻、流动冲压和挤压。除此之外，还有利用拉应力和压应力组合的重要整体成型工艺，如用于线材制造的拉延（DIN 8584-2）。

除压力状态外，该工艺还与工件温度有关，并可根据温度划分为冷体积成型、半热体积成型和热体积成型。然而，这种分类并没有相应标准可循。

轻量化结构的经济性制造首先需要采用一种可通过技术实现结构设计的工艺技术。当有大批量制造需求时，成型工艺要比原型加工工艺更适合，因为在制造时间较短、自动化程度较高和充分的工艺安全性的情况下，成型工艺可以制成用于结构轻量化的高负荷部件。整体成型工艺具有极高的轻量化潜力，因为在成型过程中压应力状态可以使工件发生较大变形，且部分横截面几何形状极复杂。此外，由于进行了加固，工件的强度得以提高。强度的提高是通过对工件进行成型加工以提高网格结构的位错密度来实现的。

下面具体说明整体成型工艺中的挤压和锻造过程。挤压是整体成型工艺范围内最重要的轻量化结构制造工艺。锻造对轻量化结构制造具有日益重要的意义，目前的飞机制造中，由钛合金制成的锻造部件已成为不可或缺的部件，它使机器变得更轻、更大且更节能，例如 A380 的起落架就是一种致密锻造的部件，没有它制动系统将无法工作。

2.2.2 挤压

2.2.2.1 加工材料

挤压工艺会导致较大变形，根据 DIN 8583-6，其定义为在制造具有实心或中空截面的带状件（棒状件）时而挤压由一个支座围住的金属块的过程。采用这种工艺可以制造截面差异较大的型材，一般可划分为实心、半空心和空心型材（图 2.15）。

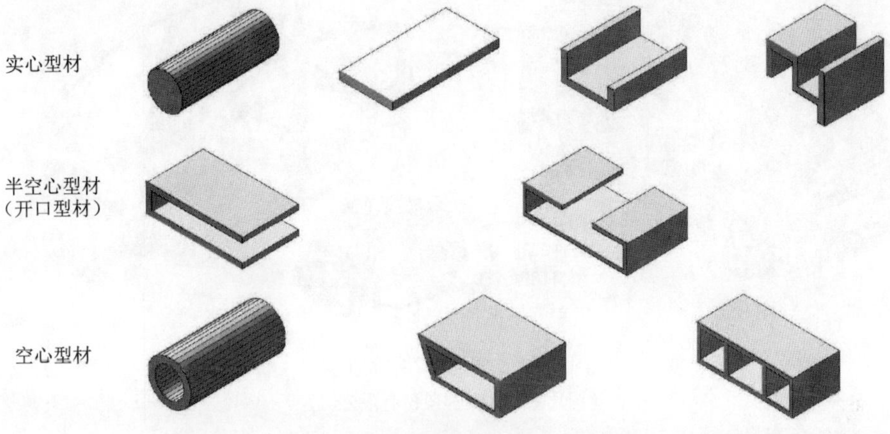

图 2.15 挤压型材的基本类型
（图片来源：IUL）

通过挤压加工的材料，特别是用于轻量化结构制造的材料有铝合金、镁合金和钛合金等。除了上述材料外，也通过挤压工艺进行钢材加工，为此可以使用所有可热成型的钢种。对于钢材来说，铸锭的操作温度为 1 000 ℃ ~ 1 300 ℃，压制速度最高能达到 300 mm/s。而如果采用整体成型工艺，则只有某些钢质部件可用于结构轻量化制造，原因在于性价比不佳。加工挤压钢型材期间，由于较大的材料磨损和较高的能源成本，在进行型材几何形状设计时，必须对很多工艺进行限制。此外，如果不实施复杂的矫治工序，则无法继续加工成品型材，成本更高。

表 2.1 给出了一些材料，这些材料对挤压工艺和结构轻量化具有重要意义。

表 2.1 可以进行挤压加工的材料

材 料	模压温度/℃
MgMn2	250 ~ 450
MgAl3Zn	300 ~ 400
AlMgSi0.5	560 ~ 580
AlMgSi1	480 ~ 570
AlZnMgCu0.5	475 ~ 485
TiAl6V4	900 ~ 950
TiAl4Mo4Sn2	约 900

由于表 2.1 列出的材料在相对较高的强度下密度较小、耐腐蚀性较高且可压缩性较好，因此被用于现代交通工具（例如航空航天、汽车和船舶）等很多应用中。铝制挤压型材可用于轻型框架结构中，例如，奥迪研发的空间框架（图 2.16）或宝

马研发的 C1-Roller（轻便摩托车）。

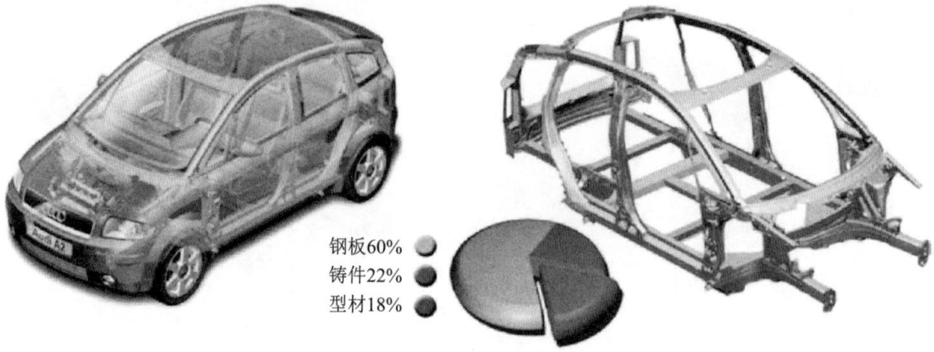

图 2.16　奥迪 A2 空间框架
（图片来源：奥迪股份有限公司）

在飞机制造中，挤压型材被用作纵梁和隔框（图 2.17），外框固定在其上，由此形成典型的机身结构。纵梁和隔框对结构起加强作用，设计成能适应负荷的结构。在航空航天业中，一般采用高强度 AlCuMg 和 AlZnMgCu 铝合金作为挤压材料。

图 2.17　飞机制造中挤压型材的外部结构
（图片来源：DASA）

由于镁合金的易腐蚀性，其在很长一段时间内只用于较小的应用领域。通过对镁合金的进一步研发，其耐腐蚀性得到了大幅提升，又重新用于汽车行业。然而，目前由于其碰撞特性较差（脆性），只有少数结构部件采用镁合金材料。

钛合金主要用于航空航天业，特别是对强度和耐高温性要求较高的部件。在航空航天业中，钛合金主要应用于发动机零件、机身部件和机翼部件。玻璃润滑剂材料和镍合金的应用是使用钛合金的一种特殊情况。玻璃膜可防止钛合金与压模接触，如果不使用玻璃膜，则滑动面会受损。此外，可将熔模玻璃作为热绝缘层，以防止铸锭的热量传递到较冷的模具上。

2.2.2.2　挤压工艺原理

挤压工具实质上包括以下组件（图 2.18）：向工件（铸锭）传递所需驱动力的冲头，围住铸锭的支座（挤压筒）以及成型模，即底模。

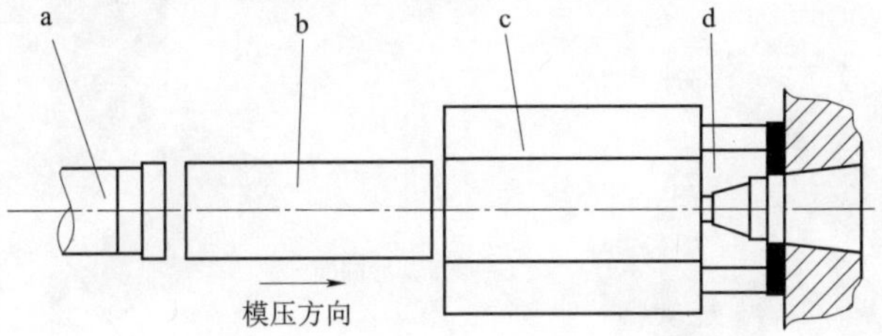

图 2.18　挤压工艺原理示意图

（图片来源：IUL）

a—冲头；b—压块（工件）；c—支座（挤压筒）；d—底模

由于可制造的横截面几何形状种类很多，因此在挤压时使用各种结构的模具。模压最简单的型材几何形状，即实心型材（图 2.15），只需要一个带有所需工件外部形状的扁平模具，这种用于挤压的模具类型也被称为平模（图 2.19）。

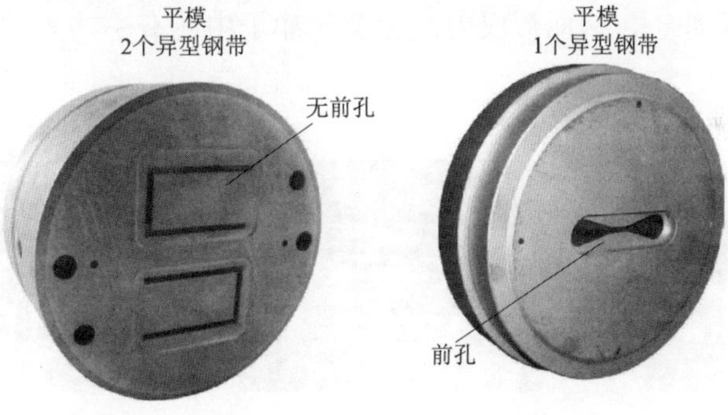

图 2.19　带前孔和不带前孔的直接挤压用平模

（图片来源：IUL）

相反，制造空心型材的模具有两种变型。第一种采用一个与随动冲子组合使用的平模。在这种情况下，采用集成有冲子的特殊冲头作为内轮廓的模具。外部轮廓通过底模的几何形状来确定。这种工艺变型的优点是结构相对普通，但所制成的空心型材的截面种类会受到限制。通过这种工艺可以制造无缝管，因为铸锭原材料的材料流不会进入底模内部，所以不会在无缝管中形成焊接缝。工艺中型材壁厚的变化可通过一个锥形冲子实现，它可以独立于冲头移动（图 2.20）。

制造空心型材的第二个变型是通过孔道模实现的（图 2.21）。孔道模是挤压模，使用这种模具时，铸锭材料可以通过入口分成多个钢卷，然后再汇集到后面的焊接腔中。在焊接腔中，腔内的高温和高比压力使钢卷结合在一起。必须将材料分割成单个钢卷，为了形成型材内部轮廓，将成型工具（冲子）通过支架固定在底模上

(图 2.21)。在有些文献中支架通常也被称为桥。通过将单个钢卷焊接到焊接腔中，形成纵向压缝，其沿空心型材纵向延伸。

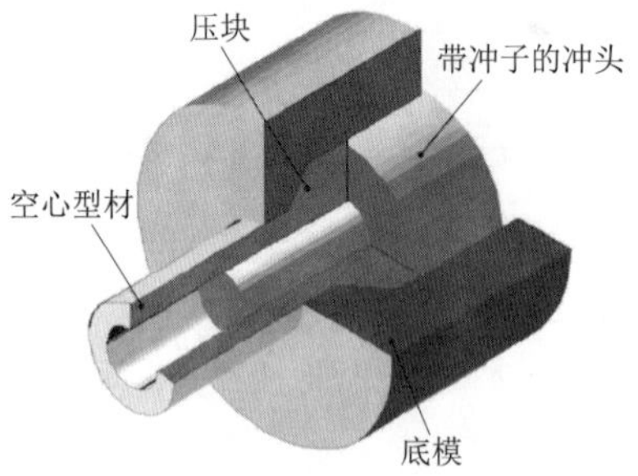

图 2.20　使用一个随动冲子制造无缝钢管
（图片来源：IUL）

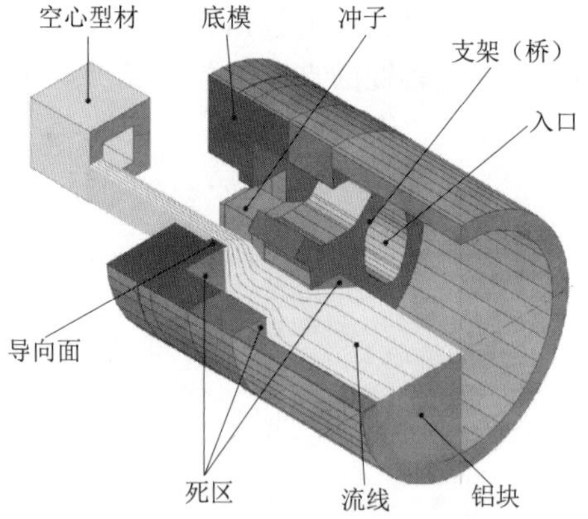

图 2.21　制造空心型材的孔道模示意图
（图片来源：IUL）

复杂的孔道模具有多个入口和冲子，由此可以制造带较多空心腔的型材。图 2.22 为这种孔道模的组件。实质上，其由一个带焊接舱的底模和一个冲子组成，共有六个支座支承冲子，从而形成内部轮廓。冲子中还有一些入口，它们在型材内形成模刻字迹。

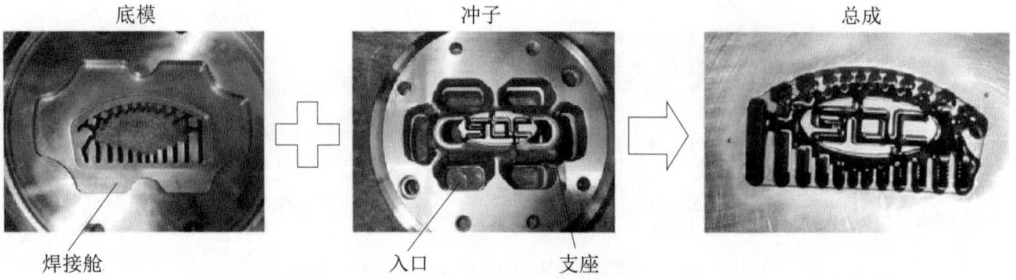

图 2.22　孔道模的组件
（图片来源：Wilke 模具制造股份有限公司）

除了由模具内部材料划分的纵向模线外，还有横向模线。这些模线是由不同金属块组成的材料组合。在块到块模压时，通过一个模具模压相邻的金属块，模具中留有上一个金属块的材料，在模压后续金属块时这种材料会与后续金属块发生连接。这时会形成一个舌形过渡区，直至前面金属块的材料被挤出。一般情况下，带有横向模线型材断面的机械特性要比不带横向模线的型材断面差。在实践中，为实现结构轻量化，应将带模线的型材断面除去，然而第一个金属块的较少部分仍会黏附在模具中。材料附着的区域被称为死区，原因在于成型时材料到该处后不再继续流动(图 2.21)。如果模具壁上的摩擦力大于材料的剪切屈服强度，则模具中的高压和摩擦力会导致材料被剪切。

图 2.23 显示的是借助黏塑性试验呈现的挤制过程材料流。挤制前应制备材质为 AlMgSi0.5（EN AW-6060）的挤压块。在对称面径向通过金属块打多个孔，然后将材质为 AlSi5 合金焊条材料的销插入孔中。关于所使用的材料，在文献（Kalz 1997）中确定了充分的机械和热相似性，因此应忽略由于焊条导致的材料流影响。部分金属块被压制成圆棒，进行冷却后从挤制模具中取出，然后将金属块从中间锯开并抛光。可从显微照片中清晰地看到插入焊条的流线（图 2.23），借助流线可以得出金属块和模具之间的摩擦特性，并能清楚地看到死区，在死区中材料被剪切，然后流入随后的型材中。模具和压块之间摩擦的影响在挤压轴减小，因此金属块内部的速度大于模具壁上的速度。为图 2.23 所示底模中材料流进行的黏塑性试验也用于与数值过程分析进行平衡，因此可以基于流程模拟将数值流动特性与实际情况进行比较。

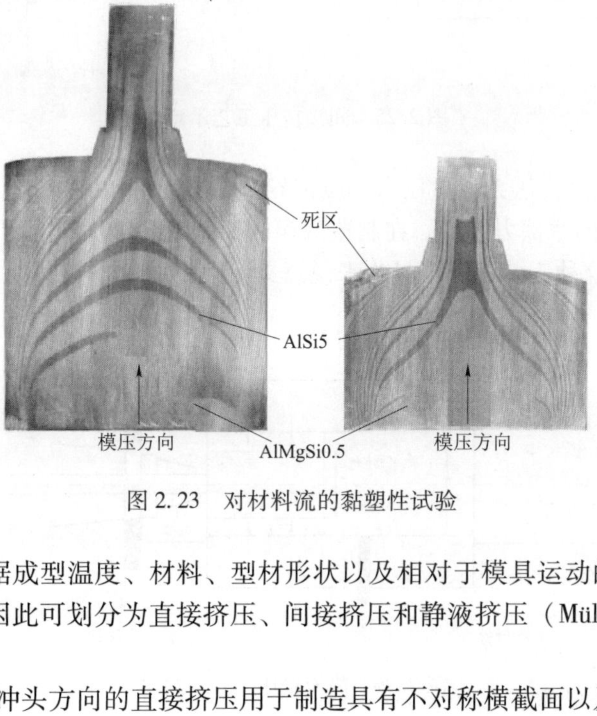

图 2.23　对材料流的黏塑性试验

挤制工艺根据成型温度、材料、型材形状以及相对于模具运动的材料流进行划分是最常用的，因此可划分为直接挤压、间接挤压和静液挤压（Müller 1995，Siegert 2001）。

① 材料流向冲头方向的直接挤压用于制造具有不对称横截面以及大外接圆的不同产品和型材（图 2.24）。在制造易压制合金材质的型材［例如 AlMgSi0.5（EN AW-6060）］时，这非常重要。

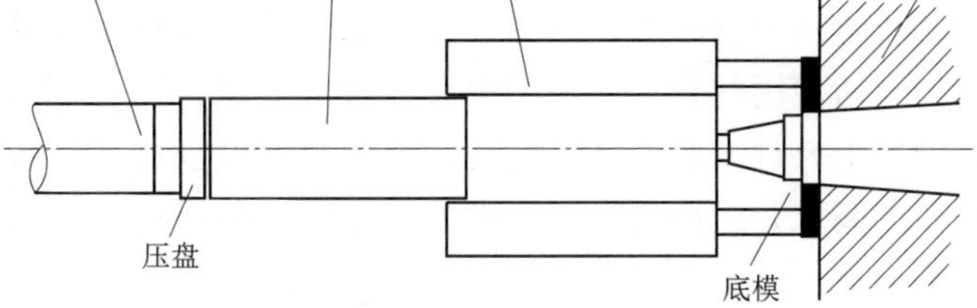

图 2.24　直接挤压工艺示意图

② 间接挤压时，当材料逆着冲头运动方向流动时，在金属块和支座之间没有相对运动，因此压力要小于直接挤压（图 2.25）。这种工艺主要用于制造难以压制的车削等级和旋转等级的棒状材料（Arendes 1999）。由于需要空心冲头，因此可制造型材的种类少于直接挤压。

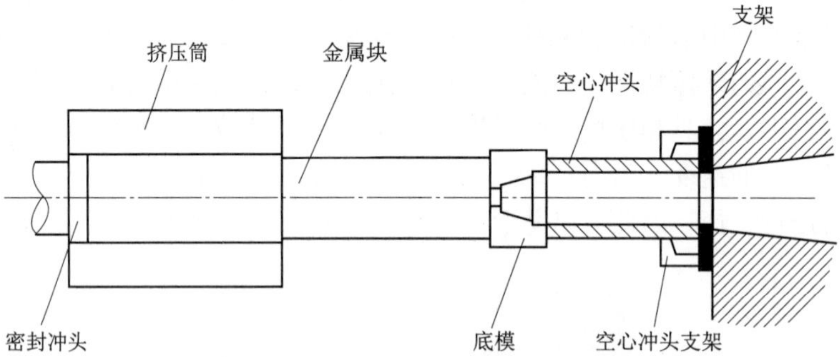

图 2.25　间接挤压工艺示意图

③ 静液挤压时，压力通过压力介质传导到金属块上（图 2.26），由于流体摩擦较小，因此此时的摩擦力极低。在制造敷铜的铝制矩形棒时采用了相对复杂的工艺（Klaus 2002），这种工艺对于轻量化来说意义不大。

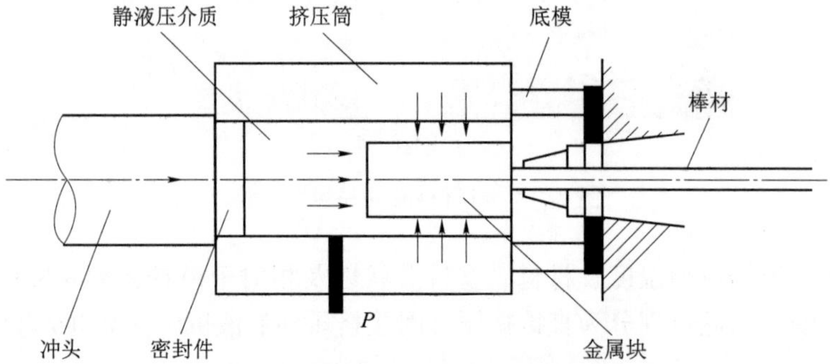

图 2.26　静液挤压工艺示意图

图 2.27 给出了直接挤压时常用的流程步骤。在上述介绍的三种工艺中，直接挤压是轻量化技术中制造型材时最广泛应用的工艺。

为提高型材的直度，可使用拉拔器，用其夹紧露出的棒材，挤压时施加拉力，使速度平衡，以防止退出型材时出现扭曲和扭转的现象。成型工具的流动阻力以及施加的冲头作用力与所使用的合金和成型温度有很大关系，因为所需的力随温度升高而降低，因此原则上要进行热成型。温度的上限是通过液相线形成的，这说明铝处于固态，材料中的高压和较高的压制温度使成型件在挤压过程中的特性像极黏稠的材料（塑化状态）。

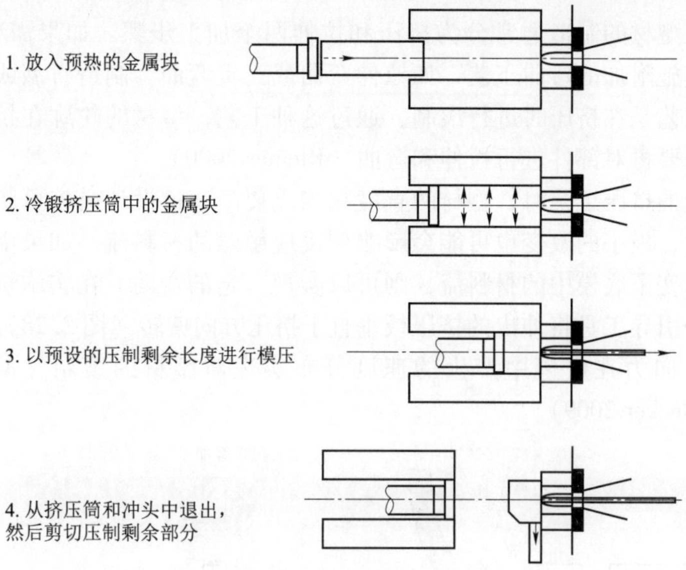

图 2.27　直接挤压时的工艺步骤

2.2.2.3　热挤压和热处理

铝的挤压工艺几乎完全是在较高变型温度下进行的（热挤压）。为此，在装入金属块时，根据合金种类通过感应或气体加热的方式将其加热到 450 ℃～500 ℃。此外，挤压筒应带有一个加热装置，以减少金属块热量的流失。

由于部件的应用范围不同，挤压型材由具有不同冶金成分的锻造铝合金制成。通过有目的地选择合金元素，可根据具体应用确定机械特性，尤其是强度和断裂伸长率（Ostermann 2007）。在汽车制造行业中，铝制支承结构通常采用合金 AlMgSi0.5（EN AW-6060），有时也使用合金 AlSiMgMn（EN AW-6082）和 AlZn4.5Mg1（EN AW-7020）。在轨道车辆中，由于需要较高的抗拉强度，因此主要采用较高合金化的 Si 含量为 0.7%或 1%的 AlMgSi 材料，而在飞机制造中更多采用的是高强度合金，例如，作为结构材料的 AlZnMgCu（EN AW-7075）。

合金分为不可热处理合金和可热处理合金两种（参见第 2 册第 3 章）。通过固熔强化、弥散强化和冷加工，可提高不可热处理合金的强度。此外，还可针对强化机制进行适当的热处理来提高不可热处理合金的强度。对于不可热处理合金，例如 AlMgSi0.5，最好在材料的熔解温度下进行模压，以在制造过程中沉淀硬化时进行热处理的第一步，即固熔退火，而在室温下的淬火可直接从压嘴中退出棒材放入具有空气或水的冷却室中进行。淬火的类型取决于合金含量的高低、型材形状的复杂度和要求的最小强度。如果淬火速度过低，则在固熔阶段会过早沉淀，这样将无法达到理想的材料特性，而冷却速度过快也会导致部件变形。

2.2.2.4 挤压时的滚制

直型挤压型材的制造通常分为挤压和拉伸两个加工步骤。如果需要弯型型材，则还需继续实施附加的弯曲工艺，如拉伸弯曲或三辊弯曲。制造直型或弯曲部件的另一种特殊工艺是在挤压时进行滚制，通过这种工艺，型材的轮廓在挤压时就可形成，因此不需要再对部件进行拉伸和弯曲（Kleiner 2000）。

实施传统的挤压工艺时，型材的直度相当重要。通过设计措施可防止棒材出现不希望的弯曲，极小的改变也可能会影响到反应敏感的材料流。如果由于外部因素有针对性地改变了底模中的材料流，则可以实现一定的弯曲。在实施挤压滚制工艺时，通过一个引导工具将伸出的挤压板垂直于挤压方向偏转（图 2.28）。因拉应力、压应力以及横向力在底模中产生的速度分布实现对型材的滚制（Arendes 1999，Klaus 2002，Becker 2009）。

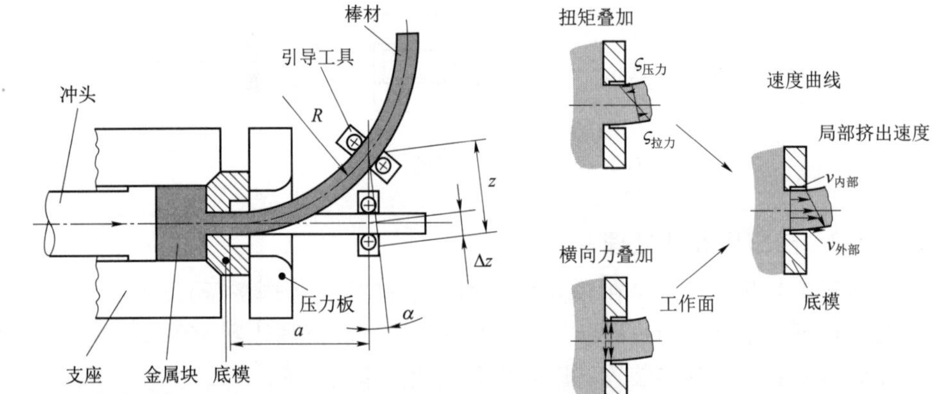

加工后的半径：

$$R=\frac{(a-\sin\alpha\,(z-\Delta z))^2}{2\cos\alpha(z-\Delta z)}+\frac{\cos\alpha(z-\Delta z)}{2}$$

图 2.28 挤压时滚制的工艺原理和作用原理

使用引导工具形成作为反应力的力和应力，不需要预先计算弯曲所需的力，而只需根据期望的轮廓和压制规定通过几何方法实施，这样做的结果是，工艺参数如材料、合金成分中的批次波动、金属块工作温度或模压速度不会或基本不会影响型材的轮廓精度。

由特定的流程集成的成型工艺，根据 DIN 8586，实施挤压滚制工艺时不进行弯曲，因为该标准将弯曲定义为固体的变形，在塑性状态下通过弯曲应力进行。由于在挤压滚制时材料在底模中已塑化，因此与弯曲相反，在达到塑性变形前，必须根据 DIN 8586 克服材料弹性特性。因此，可将挤压时的滚制理解为挤压工艺的扩展。图 2.29 显示的是滚制三维型材的加工工艺。由于材料具有高脆性，只通过弯曲是不可能实现的，而通过滚制可制造出镁合金弯曲型材。

根据（Arendes 1999，Klaus 2002，Becker 2003）所述，与通过传统工艺链制成的部件相比，通过挤压滚制工艺制成的部件具有很多优点，例如无残余应力或残余应力极低、材料特性均匀、壁厚保持不变、横截面无变形，且成型性能未下降。

图 2.29　滚制三维型材的加工工艺
（图片来源：IUL）

2.2.2.5　复合挤压工艺

制造用于结构轻量化型材的另一种特殊方法是复合挤压法。复合挤压时，不同材料被有利地相互组合在一起（Schomäcker 2007）。在轻量化结构中，在重量较低的情况下，部件强度和刚度应尽可能高。应遵循两种策略：一种是采用颗粒增强或纤维增强压块，其缺点是所需压力较高，由于磨损和不连续地增强，模具的磨损将增加；另一方面，对挤压期间独立于块料材料进行连续增强进行了研发，并在特殊设计的孔模中，用块料材料与隔热型材连接（图 2.30）。这种变型并没有像增强型压块那样的缺点，通过孔道模进行连续增强时，可以采用普通压块。增强材料可以使用金属丝、缆绳、扎绳和扁平带等。在此，可使用高强度不锈钢和陶瓷复合材料进行加固。

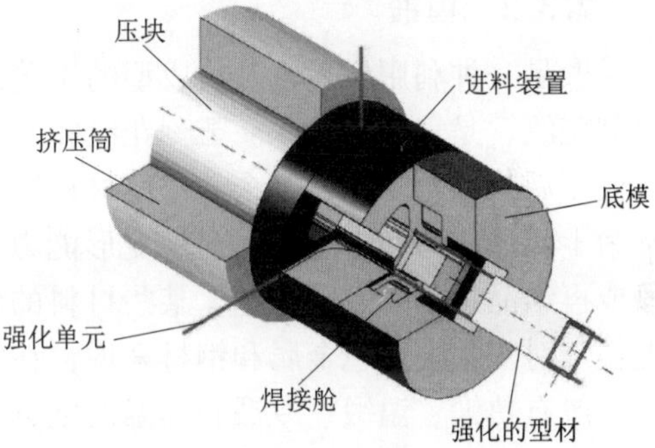

图 2.30　复合挤压工艺原理图
（图片来源：IUL）

图 2.31 所示为各种横截面几何形状的嵌有增强元件的隔热型材。除了用于纯增强外，还可以通过技术对绝缘电导线进行嵌入。采用复合挤压的工艺链和随后弯曲时，嵌入的元素可能会与周围的铝基分离，甚至出现缺陷，原因是材料具有不同的特性。通过两种特殊工艺的组合，即复合挤压和滚制工艺，可以制造滚制的隔热型材，同时不破坏复合材料（Kleiner 2009）。

2.2.3　锻造

锻造一般分为自由锻造和模锻冲压或无模成型和模锻。自由锻造是一种与模具

图 2.31 嵌入连续增强单元的隔热型材的横截面

相关的成型工艺，通过各模具移动行程之间有目的地工件运动形成模具的形状。工件进行平移运动，同时旋转叠加。在制造极大型工件时，如大型船柴油发动机的曲轴或涡轮转子，可采用这种工艺。

2.2.3.1 自由锻造

DIN 8583-3 对自由锻造工艺进行了概述。拉伸和镦锻工艺以及宽度是实现锻压和特殊锻造机的主要工业用自由锻造工艺。在手工业领域中，更多的是采用冷作、锯切、磨尖工艺。旋锻既是一种自由锻造工艺，也是在热态或冷态下对棒料或管料进行模锻的工艺。DIN 8583-3 对各工艺进行了详细说明。由于自由锻造主要用于制造较大尺寸和尺寸稳定性较低的部件，因此与轻量化结构制造相关性较小。

2.2.3.2 模锻

模锻是一种利用模具使坯料成型的工艺。在这种工艺中，上、下模具，即所谓的雕刻花纹，是工件的负像。雕刻花纹相当于形状和尺寸存储器，其中嵌有锻造毛坯。模压后是闭合动作，这个动作使材料流填充到雕刻花纹模腔中。

为了降低应力和作用力并提高变形能力，应在加热到一定温度范围后，在恢复阶段或再结晶过程时进行锻造。某些材料的温度要求较高，这是为了防止不良的相位变换。对于很多有色金属和钢材来说，在室温下就可发生变形，因此可以进行冷锻。一般有热锻、温锻、冷锻和等温锻之分。热锻锻造工艺的特点是，成型温度要高于再结晶温度。温锻的特点是，要一直加热直至工件在给定的变形条件下出现永久性固化。等温锻的特点是，热量从工件传递到锻模中，此时成型的模件要保持成型温度。这样，与传统锻造相比，模锻防止了工件表面的冷却，还保持了有利的成型条件。

模锻在工业中具有高度自动化的特点，使用这种工艺生产时产量较高。此外，模锻出的成品的优点是标准化程度高。通过模锻工艺制造的产品，大多都是系列生产和大批量生产中机械强度很高的部件（如转向节、涡轮机叶片等）。根据 DIN 8583-4 中模锻工艺的划分，可分为以下四种类型。

① 型锻：用完全封闭的工件进行模锻，例如，为了减少反弹，对铸模旁的薄壁工件进行压印。

② 带毛边的模压：用完全封闭的工件进行模锻，通过毛边缝隙流出多余材料。

③ 无毛边的模压：用完全封闭的工件进行模锻，材料不会向外流出。

④ 在铸模内顶锻：在无毛边的工件上对局部的材料积聚进行模锻。

带毛边和无毛边模压工艺在轻金属结构的制造方面具有重要作用。其他两个类型体现了预处理步骤和后处理步骤，通过这些步骤使部件的尺寸精度提高或只进行材料分配。

根据图 2. 32，在模锻时有两个平稳过渡的基本过程：加宽和上升。加宽时，工件沿模具壁的初始高度减小，材料流基本上平行于模具运动；上升时，模具的较深空腔在初始高度局部增加的情况下被充满，这个过程发生在材料进入毛边缝隙之后，其特征是正常压力较高、滑行距离较长、材料流垂直及平行于模具运动方向。基本过程结束后，进行终锻，这种锻造工艺的能量消耗最大，通过这种工艺将形成最终的几何形状。

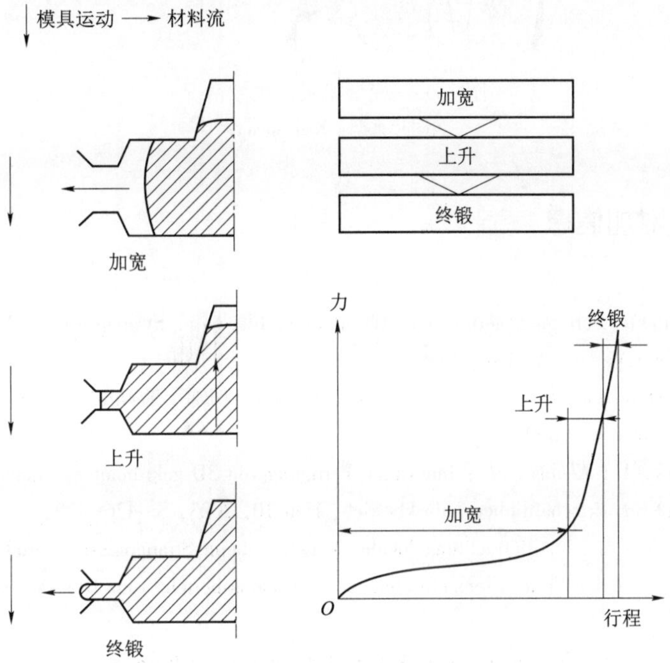

图 2. 32　模锻的主要步骤

2. 2. 3. 3　模具失效

由于较大的顶锻力和短时 100 ℃以上的温度波动，锻模承受了较高的机械应力和热应力。因此，锻模的失效现象具有非常鲜明的特点，可以分为（图 2. 33）：

① 磨损发生在正常应力的情况下，同时也会出现较高的相对运动，例如，在毛刺区域或在弯边/弧形边区域。

② 随着表面压力的增加出现永久变形。

③ 由于温度变化区间很宽而导致热疲劳，通过工件加热和冷却润滑剂冷却将导致近表面区域出现热冲击裂纹。

④ 如果雕刻花纹较深，特殊情况下会发生机械疲劳现象，流入的材料如同一个楔子，将模具扩大。

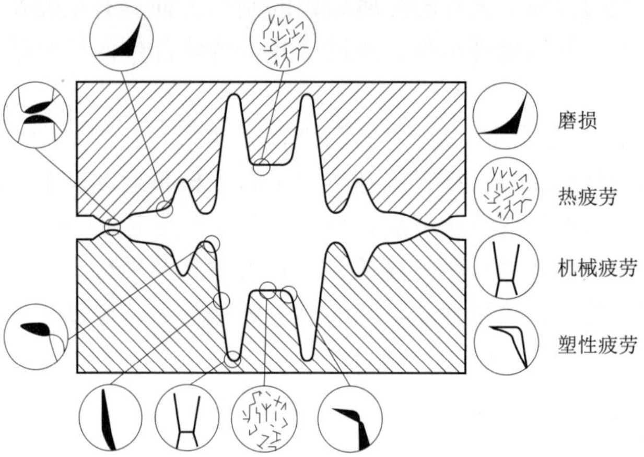

图 2.33　模锻模具的失效情况
（图片来源：Kannappan）

2.2.4　附加信息

1. 文献

Arendes, *D.*: Direkte Fertigung gerundeter Aluminiumprofile beim Strangpressen. Diss., Universität Dortmund. Shaker Verlag, Aachen, 1999

Becker, *D.*: Strangpressen 3D-gekrümmter Leichtmetallprofile. Diss., Technische Universität Dortmund. Shaker Verlag, Aachen, 2009

Becker, *D.*, *Klaus*, *A.*, *Kleiner*, *M.*: Innovative Fertigung von 3D-gekrümmten Strangpressprofilen. In: ZwF, Zeitschrift für wirtschaftlichen Fabrikbetrieb, Heft 10, 2003, S. 476-479

Kalz, *S.*, *Kopp*, *R.*: Genaue Betrachtung lokaler Vorgänge beim Strangpressen mittels visioplasti-scher Untersuchungen und der Finite-Elemente-Methode. Abschlussbericht zum DFG-Vorhaben 579/42-2. Aachen, 1997

Klaus, *A.*: Steigerung der Fertigungsgenauigkeit und Erhöhung der Prozesssicherheit des Rundens beim Strangpressen. Diss., Universität Dortmund. Shaker Verlag, Aachen, 2002

Klaus, *A.*, *Chatti*, *S.*, *Kleiner*, *M.*: Advanced Manufacturing of Curved Profiles for Hydroforming. Light Metal Age, April 2001, S. 66-69

Kleiner, *M.*, *Tekkaya*, *A. E.*, *Becker*, *D.*, *Pietzka*, *D.*, *Schikorra*, *M.*: Combination of Curved Profile Extrusion and Composite Extrusion for Increased Lightweight Properties. Production Engineering, Bd. 3, 1, Springer Verlag, Berlin/Heidelberg, 2009, S. 63-68

Müller, *K. u. a.*: Grundlagen des Strangpressens. Kontakt und Studium, Bd. 286. Expert Verlag, Renningen, 1995

Ostermann, *F.*: Anwendungstechnologie Aluminium. 2. Aufl., Springer Verlag, Berlin/Heidelberg, 2007

Schomäcker, *M.*: Verbundstrangpressen von Aluminiumprofilen mit endlosen metallischen Verstärkungselementen. Diss., Universität Dortmund. Shaker Verlag, Aachen, 2007

Siegert, *K.*: Strang-und Rohrpressverfahren. In: M. Bauser, G. Sauer, K. Siegert (Hrsg.): Strangpressen. 2. Aufl., Aluminium-Verlag, Düsseldorf, 2001, S. 87-210

2. 专利

Kleiner, M., Arendes, D., Klaus, A.：挤压时用于使挤压材料挤出方向改变的工艺和设备。德国专利申请，2000 年 2 月 10 日

2.3 通过弯曲成型制造轻量化结构部件

2.3.1 作为轻量化基础的型材

型材和型材结构是成型技术实现轻量化战略可能性的一个很好的例子。型材在所使用的材料以及制造工艺等方面都具有巨大的节约潜力，并且使得几何形状复杂的部件也能具有较好的机械性能，因此许多轻型结构都基于轻量化结构。近年来，在交通技术和建筑工业方面，对具有不同横截面和不同（轻量化）材料的用于重要结构元件型材的需求日益增加，且对交通工具的研究力度也在不断增大（NSB 2003）。弯曲技术在型材的继续制造和加工方面具有显著作用，通过弯曲技术制造的直型材（所谓的冷型材），特别是弯型材，实现了低自重、低连接和加工成本的结构设计，并为产品开发人员提供了实现更符合空气动力学形状的可能性，或提供了使用节省空间的创新解决方案的可能性。通过型材成型的高灵活性，可以开辟出一条轻量化的新途径。特别是对于交通系统，可以减少能量需求，在汽车领域中，还可以降低二氧化碳排放量。除了用于机动车技术外，直型材和弯型材也可以用于交通系统的许多领域，如轨道车辆、商用车技术、造船以及航空航天工业（图 2.34）。典型的实例是空客 A380、ICE3 的外壳和奥迪 A8 及 A2 的铝质空间框架车身（图 2.35）（Chatti 2006）。

图 2.34　交通系统中的轻量化型材结构

图 2. 35　奥迪 A8 空间框架使用较高比例的弯型材

基于轻量化材料的管件（具有圆形横截面的最简单形状的型材）和型材进行型材结构制造，一方面包括型材半成品的制造，另一方面也包括型材的弯曲加工。通过后续的液压成型工艺可以对这些部件进行校准或对其他结构单元进行成型加工。单个部件最终组合形成结构。

为了通过弯曲成型工艺对轻量化结构的管件和型材进行生产和再加工，下面将介绍最重要的弯曲成型工艺，该工艺适用于以下情况：

① 制造直型材；

② 制造与负荷相匹配的型材；

③ 管材和型材的弯曲成型加工；

④ 对与负荷相匹配的管材和型材进行弯曲成型加工。

在此，应考虑轻量化材料的可成型性。

2. 3. 2　通过弯曲成型工艺制造直型材

根据 DIN 8586，弯曲或弯曲成型是对固体的成型加工，其中塑性状态实质上是通过弯曲应力作用形成的。原则上，除了金属材料外，也可对所有其他可成型材料进行弯曲成型加工。一种材料是否可以进行弯曲成型加工主要与其延性相关。许多金属可以冷弯曲，有的需要加热到一定的温度进行弯曲。

弯曲成型加工是板材加工领域中最常用的工艺，其可用于不同的应用领域，范围从锅炉、压力容器和船舶制造中部件的单件生产一直延伸到体积较小以及极小部件的批量生产，例如，汽车制造行业和电气行业。即使是横截面形状多样的异形半成品，也可以通过弯曲成型加工实现（Lange 1990）。除了型材外，板材、线材、带材、棒材、管材和预成型工件都可以借助不同的成型机通过弯曲成型工艺加工成型。

型材既可以通过冷成型工艺生产，也可以通过热成型工艺生产。冷弯型材的优点是在相同特性（材料、重量）下强度较高。在型材制造期间，通过弯曲成型工艺，材料被固化，从而使部件获得相当高的稳定性，因此冷弯型材是一种理想的轻质结构。作为原始材料，板材在所有冷成型的材料中是最适用的，其断裂伸长率为10%~25%，拉伸强度高达800~1 400 N/mm^2，为高强度材料（Doege 2000），因此，最初用于钢、铝及其合金，铜及其合金和钛及其合金。在室温下将镁板材弯曲加工成型材会很快导致缺陷出现，特别是在弯曲半径较小的情况下。由于镁晶体六方密堆积的晶体结构在室温下只有滑移面可用，因此变型能力也相应受到严格限制。然而，为了实现足够的抗弯能力，必须启用额外的滑移面，这需要加热至220 ℃以上（通常利用弯曲成型工艺，在300 ℃下）。室温下，钛合金的屈强比通常在0.9以上，因此对于无裂纹弯曲，只有一个狭窄的弹性区域可用。因此，只有在特殊情况下才使用冷弯成型工艺。在弯曲成型加工时，较脆的钛合金需要较大的弯曲半径和更大的作用力，且会出现较剧烈的后反弹，所以最好在250 ℃~400 ℃下进行热成型加工且要保证加工温度均匀。

由于形状多样化、制造工艺成本低，多年来，冷型材几乎被用于所有技术领域，特别是被用于高强度和超高强度钢材型材，减轻了重量，从而实现了创新型轻量化结构（Olsson 2006，Schaumann 2001）。

常见的制造冷弯型材的标准工艺有滚轧成型和模变成型以及折弯成型。工艺的选择在很大程度上取决于部件的应用范围及功能、材料、件数和截面形状（开口、封闭、圆形或尖形、直形或斜形，以及不同的壁厚等）。制造工艺最终决定了型材的几何形状及其机械性能（Chatti 1998）。

模变成型和折弯成型是非连续的工艺流程，该工艺的模具进行直线或旋转运动，从而可以制造出一定长度的金属板型材。模变成型工艺既可以用于批量制造，也可以用于单件制造，所以在工业实践中应用较广泛。在近几十年中，除了弯曲成型工艺试验外，还针对新模具的设计和新工艺变型对这种弯曲成型工艺进行了继续开发（从1991年年底开始，Kleiner 2006，Merklein 2005，Sulaiman 1995）。对这一工艺开发的目的是为了提高工艺的灵活性、扩大产品范围、降低回弹现象，以及提高弯曲角度的精确度。根据工艺状态，模变成型在自由弯曲的工艺步骤之间可分为冲压弯曲成型和压印加工成型（图2.36）。采用空中弯折工艺时，冲头将工件压入底模中，但不冲压锻模壁压壁（Heller 2002，Ridane 2008），其特征是，加工的板材只接触底模的两个边缘。在冲头向下运动时，工件的轴颈向上弯曲并形成一个角度，其大小与冲头相关。自由弯曲的主要优点是可以以不同的角度，在不更换模具的情况下进行制造。对于每个角度，应根据模具及材料和产品性能（角度、长度）确定一定的冲头行程和压缩力。

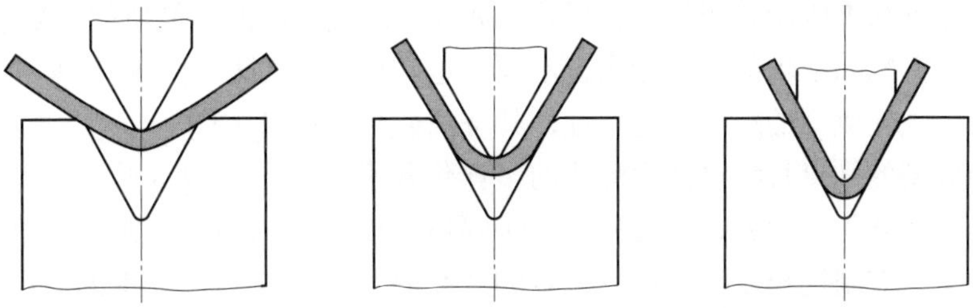

图2.36 V形模中模变成型的部分流程（Heller 2002，Ridane 2008）

采用压印加工成型时，板材在冲头和底模之间完全通过高压被压印，此时，形成了冲头和底模的形状。因此，每个角度和每种形状都需要一套单独的模具，因此降低了该方法相比于自由弯曲的灵活性。然而，压印加工成型制成的产品更精确，因为角度在高压下被稳定化，几乎可完全消除板材的回弹现象。

通过折弯成型可以制造与模变成型工艺类似的部件，以及更经济地制造小批量型材或金属板件。由于这种工艺的特殊运动学，因此折弯成型的优点是灵活性好，且适于处理大型工件。典型的产品包括在边缘区域进行成型加工的大型部件，以及弯曲侧长度极不对称的冲弯件。

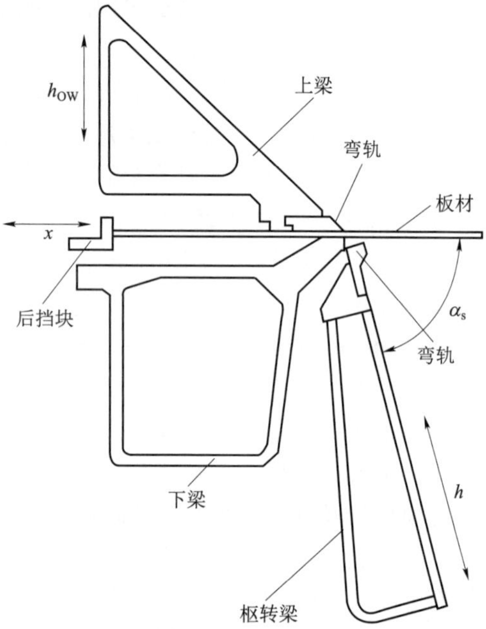

图 2.37 折弯成型的工艺原理（Warstat 1996）

模变成型时板材被支撑在底模的两个点处，而折弯成型时，工件的一侧被夹在上梁和下梁之间，并通过弯梁的回转运动实现弯曲。传统折弯机的典型单元组件包括（图 2.37）：

① 枢转梁或弯曲梁，其通过围绕摆动角 α_s 进行回转运动实施弯曲加工流程，且由于弯梁调整，h 对弯曲半径有直接影响；

② 上梁，位于侧支架中，并且在用于夹紧工件时可以进行垂直调整（h_{OW}）；

③ 下梁，其作为一个支座，用于夹紧上梁；

④ 挡块，通过它可以有目的地定位工件的位置。

上梁、弯梁和下梁的模具是可以更换的，从而可以匹配不同的弯件长度和几何形状（Warstat 1996）。

由于辊轧成型输出功率较高，因此是冷轧型材工业生产中最重要的制造工艺。辊轧成型是一种通过运动成型的连续弯曲工艺，在此工艺中，扁平的板条通过多个成型步骤逐步被加工成成品型材（图 2.38）。通过连续布置的弯辊副在不减少板材厚度的情况下加工成所希望的型材形状，如开口的或封闭的，简单的或复杂的形状。辊副不同，上辊和下辊的模具轮廓也不同，这与所希望型材的弯曲程度和几何形状有关。由于辊轧成型的连续工艺特性，其特别适合于批量生产。

轧辊成型的优点是型材截面形状的多样化几乎没有限制，且通过成型过程实现了材料的冷作硬化。此外，其他的加工步骤也可以集成到加工工艺中。由于单位时间产出量高，在制造长度较长或大批量的产品时，它是一种低成本的生产工艺。然而，由于该工艺的模具套件易生锈，且工具的调整成本较高，投运时间较长，其经济性受到了一定的限制。其他缺点还有，这种工艺会产生不希望的残余应力，从而导致最终产品发生变形。

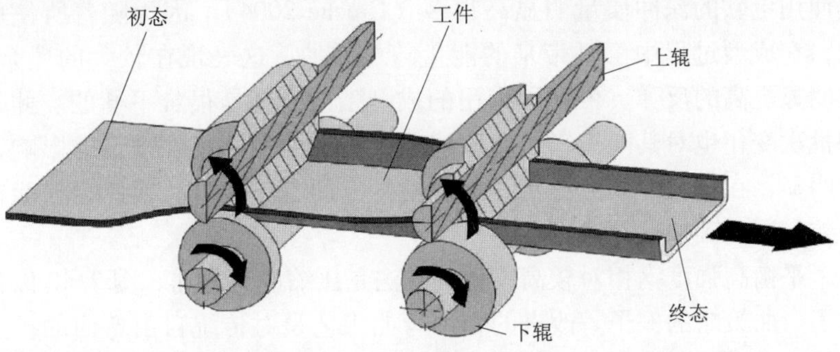

图 2.38　U 形材的轧辊成型工艺（König 1986）

用于生产冷轧型材的常见工艺有三种，即辊轧成型、模变成型和折弯成型。图 2.39 通过一个门框型材的示例说明了这三种方法。与辊轧成型相比，自由模变成型和折弯成型应用更灵活，因此非常适合加工开口型和闭合型型材半成品的原型制造，可以加工成不同横截面和几何形状的型材半成品。而相比之下，辊轧成型的模具成本和设备成本则较高，但由于其加工时间短，因此只有在大批量生产时才采用这种工艺（Lange 1990）。

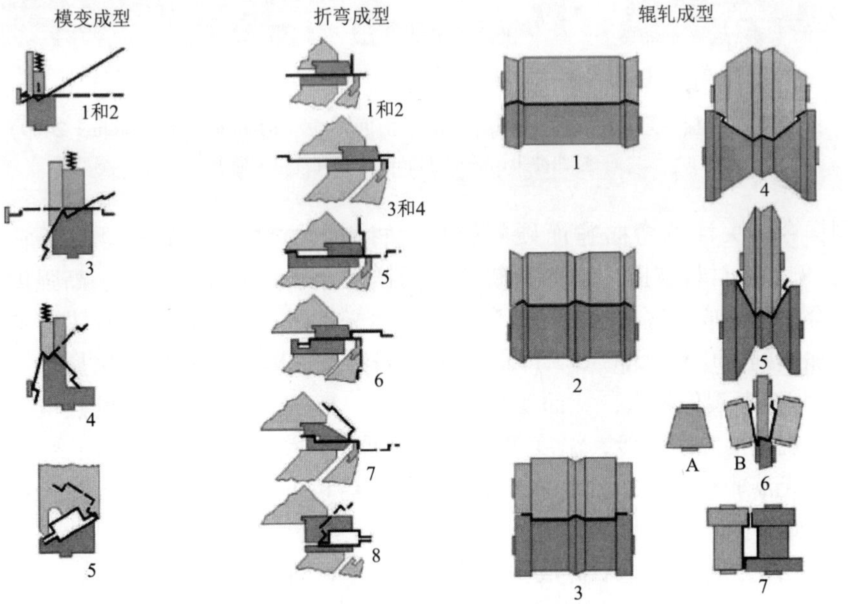

图 2.39　通过模变成型、折弯成型或辊轧成型对门框型材进行加工（Lange 1990）

材料轻量化可以通过使用新材料，如高强度及超高强度钢达到节约材料的目的。冷弯型钢的发展趋势是在充分的成型可能性下提高强度（Carlsson 2006，Engel 2005）。加工时对成型技术的要求极高。首先，它们具有较低的成型性，因此，很容易出现材料缺陷，而且在模变成型中不会产生很小的半径。然而，产生较小半径是非常重要的，因为通过半径最小化可提高部件的刚度。其次，对尺寸精度的要求比使用更软的深冲质量明显高得多（Groche 2004）。因为随着所使用材料强度的增大，在成型过程中工件带来的能量随之增加，这表现在较大的残余应力上，并会导致明显更高的反弹。根据所采用的成型工艺，其是很难平衡的。此外，所使用材料的批次变化也对其产生影响。这些对于高强度和超高强度钢的影响，比低强度的钢更明显，在型材的几何形状和尺寸精度方面也更明显。因此，只能在一个相对大的公差范围内确保尺寸稳定性。

另一个平衡高强度钢相对较高反弹的方法是压缩应力叠加。图 2. 40 以自由弯曲为例给出了弯曲策略的例子。改进的自由弯曲工艺是对传统自由弯曲的扩展，以在负载阶段使成型区的压缩应力叠加增大。这可通过附加的辊子实现，其经过弯曲的片材边缘，同时，金属板在减轻负载之前局部以一定的压力顶着冲子施加压力。与塑性变形相比，压缩应力的叠加会导致弹性弯曲比例降低，从而使金属板反弹力明显降低（Kleiner 2006，Kleiner 2009）。

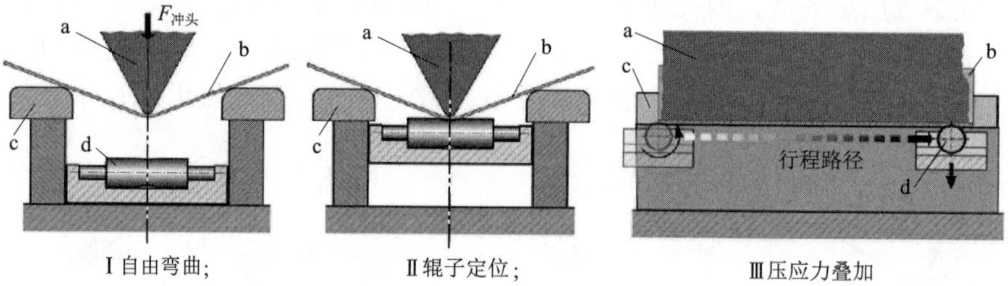

图 2. 40 在板材弯曲时通过压应力叠加平衡回弹力（Kleiner 2006，Kleiner 2009）

a—弯曲冲头；b—工件；c—拉模板；d—辊子

同样令人关注的弯曲脆而硬的轻量化材料的方法是激光辅助模变成型（图 2. 41），例如无材料破损（拉伸侧断裂）的镁合金、高强度铝合金、高强度钢合金以及钛合金。集成于底模的二极管激光器产生一个激光束，该激光束沿弯曲线将材料局部加热到 150 ℃～300 ℃，即低于再结晶温度。因此需降低屈服应力，并大幅（多倍）提高断裂伸长率，从而实现顺利弯曲。集成于上部模具中的热电偶检测是否达到了规定的温度等级，温度等级可以根据材料类型和材料厚度而变化。同时，二极管激光器非常紧凑，因此可以在常规的压弯机上采用此工艺（Schuöcker 2007，Trumpf 2009）。

与钢相比，弯曲工艺后冷成型时，低合金铝材料具有较低的反弹，而钛合金和镁合金具有较高的反弹。铜既可以冷弯也可以热弯。轻量化材料的热成型是为了降低回弹力、弯曲残余应力和破裂危险。

2. 3. 3 利用弯曲工艺制造负载匹配的型材

近年来，汽车结构部件的复杂性和轻量化要求推动了制造钢板和型材制品的新成型工艺、半成品和材料的开发及其工业应用。一个重要的轻量化原理是设计并制

(a)　　(b)　　(c)

图 2.41　镁金属板的激光辅助弯曲成型（Trumpf 2009）
（a）使用和不使用激光对厚度为 1.6 mm 镁金属板进行弯曲加工；
（b）集成有二极管激光器的激光辅助锻模；（c）带侧面滑阀和弯曲金属板的整体结构

造负荷匹配的部件。如果分析自然界的解决方案，往往发现其在重量最小化的情况下在负荷处具有足够的强度。这种自然结构通常具有复杂的形状，并且原则上并不是由各向同性的同等厚度的材料组成，如骨骼和植物。多年来，这个原理被应用到金属结构上，因此产品特性优化的，特别是具有匹配的部件横截面的组件和结构被应用到局部负载状态下。这种产品主要基于新开发或改进的创新制造工艺。

通过弯曲成型工艺制造复杂产品对弯曲成型技术是一个较大的挑战。一个成功的成型技术需要使用匹配的成型测量以及新模具。相关的工艺示例是柔性辊轧成型、门罗工艺、U-O 成型和拼焊板型材的制造。

柔性辊轧成型可以通过工艺中弯曲辊子可变的调整进行带纵向轴线可变型材横截面的型材制造。图 2.42 显示，该工艺基于一个中间区域扩大的 U 形型材。为了实现变化的型材横截面，需要一个模具系统，其在成型过程中根据所需的工件几何形状移动模具辊子。

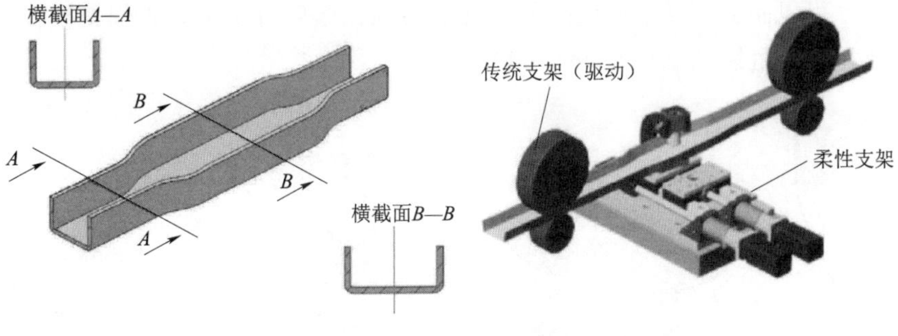

图 2.42　对随纵轴变化横截面的型材进行辊轧成型加工（Hiestermann 2003）

因此，可以相互无级地调节两个模具半之间的间距，并使型材两侧同时成型（Hiestermann 2003）。在加工过程中，在辊子运动时借助计算机控制的电动机无级并独立调节的门罗（Monro）工艺可以对形状差异极大的弯曲钢型材（也包括高强度钢）进行辊轧成型，通过这种工艺制造侧边弯曲的型材、圆锥形型材和横截面不同的型材。与传统辊轧成型机的辊子固定在确定的位置上相比，门罗-辊轧成型机使用的是可以在不同方向无级调节的辊子（图 2.43）。超高强度钢材质的组件使用该装置可降低裂纹形成和其他不良影响的风险。该工艺已用于制造屋顶和房屋立面型材的大型建筑项目中（如米兰新展览馆）。同样，应用该工艺制造车辆组件也很受关注（SSAB 2005，SSAB 2010）。

图 2.43　带移动辊子的门罗-辊轧成型机（SSAB 2005，SSAB 2010）

对于拼焊板制造而言，蒂森克虏伯（ThyssenKrupp）逐步开发了 U-O 成型工艺（图 2.44）。对于“改进后的 U-O 成型”来说，通过一个 U 形模中的 U 形芯对下轮廓进行预成型。然后，一个 O 形模（也可以是分开的）下降到 U 形模中，从而使带或不带芯的型材成型。取下 O 形模后，端接接头露出，随后可进行焊接。修改后的 U-O 成型适用于带二次设计单元和咬边的高度结构化空心型材，在这种情况下，可以加工软钢或高强度钢，定制的结构应尽可能与整体结构一样（Flehmig 2004）。

另一个负荷调整和重量优化的弯曲部件示例是激光拼焊板型材。这些创新的半成品包括激光拼焊板和变截面辊轧板（Ebert 1999）。激光拼焊板只能逐步实现不同的钢板厚度，而与激光拼焊板不同，柔性辊子可以实现连续的钢板厚度过渡，因此，对于轻量化结构的材料利用来说是最优的。此外，可以通过冷作硬化效应根据钢种实现强度的大幅提升。图 2.45 给出了用于制造截面辊轧板型材制造的工艺链。通过模变成型，可以制造不锈钢材质的型材支承结构，然后可通过激光焊接操作以及型材弯曲成型进行继续加工（Kleiner 2002）。

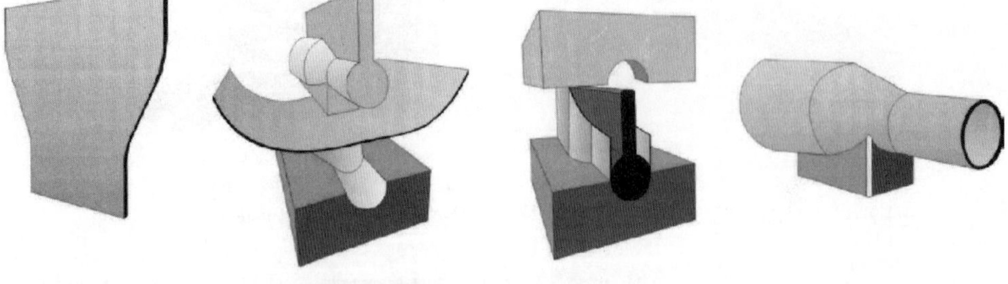

图 2.44　用于制造蒂森克虏伯（ThyssenKrupp）拼焊板的改进的 U-O 成型工艺（Flehmig 2004）

在对柔性冷轧板进行弯曲成型加工时，主要问题是截面辊轧板在不同厚度和强度下的回弹不均匀性。为了平衡这些影响，在改进的自由弯曲工艺中采用了带下衬垫单元的柔性快速模具，它允许对有效冲头路径和/或模具宽度区域进行特定调节。下方模具由单一的、可单独操作的模件（图 2.46）组成。在斜坡形过渡区域可以使用的叠片（类似于一个凸起）是借助局部受限的、非线性有效几何形状来实现的。尽管在一定的公差范围内厚度和材料特性不同，借助这种工具原型可以在待弯曲加工拼焊板的总长度上实现恒定的型材几何形状（角度和半径）。公差主要依赖于初始状态和金属板半成品材料特性的一致性（Kleiner 2002）。

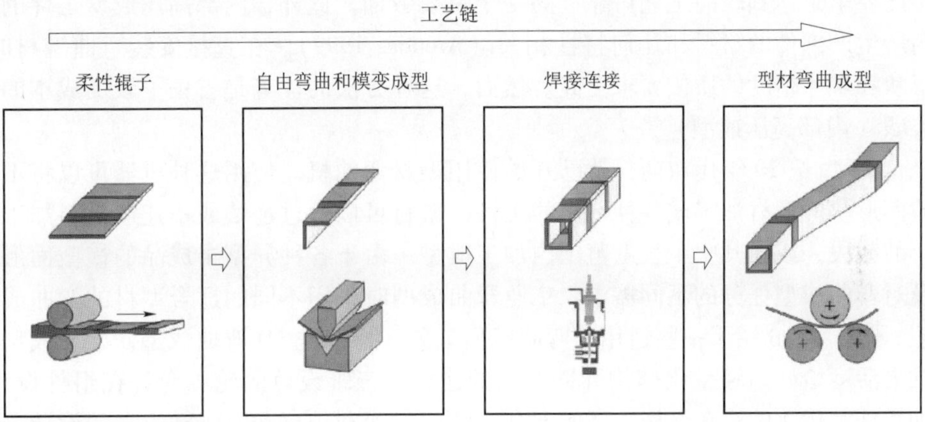

图 2.45　用于制造截面辊轧板材质负荷匹配型材的工艺链（Kleiner 2002）

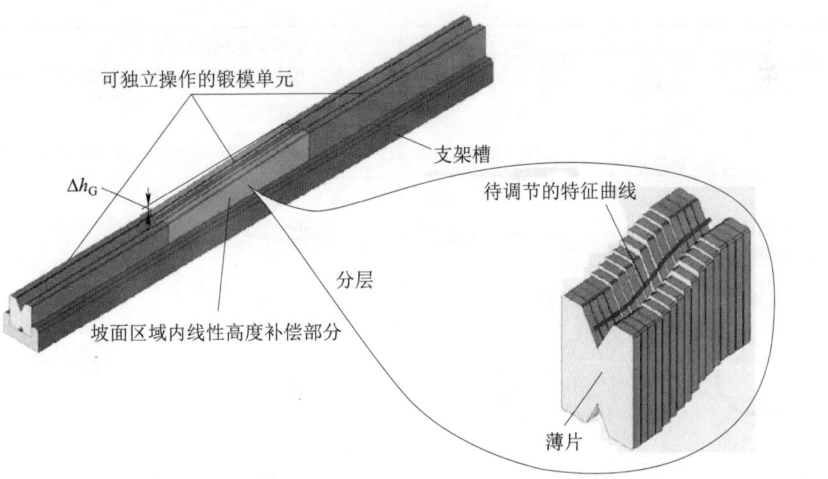

图 2.46　用于局部高度补偿的带自由可调作用几何形状的快速制模工具（Kleiner 2002）

2.3.4　管材和型材的弯曲成型

通过弯曲成型工艺将管材和成型半成品进一步加工成不同形状的工件，如金属环、弓形件、3D 形状等，这种工艺称为管材弯曲成型或型材弯曲成型。管材弯曲成型指对带圆形横截面的型材的弯曲成型。

作为结构构件的弯曲型材对尺寸和形状精度方面具有较高的质量要求。在上述的一些应用领域中，如汽车行业，对弯曲型材提出了高精度要求，然而通过传统的弯曲成型工艺很难满足这种要求。对于空心型材，有直接安装弧形部件和通过内部高压成型进行再校准两种方式。当通过内部高压成型进行再校准时，允许有些弯曲轮廓存在较小的形状偏差，但这与刀具轮廓的复杂性有很大关系，在预弯曲时遵守高精度要求是达到较高工艺可靠性的一个重要方面。此外，内部高压成型工件的质量与所生产部件的材料和几何特性相关（Arendes 1999）。在直接安装弯曲型材时，对形状和尺寸精度的质量要求更高。然而，这种方法的优势是省去了较高成本的工艺步骤（内部高压成型）。

自20世纪20年代初期，就已开始使用型材弯曲机。使用这种机器可以将不同横截面形状的型材加工成各种形状的工件。型材可以通过连续或不连续进料加工成很小的截段，或在其整个长度范围内加工成型。由于各种异型半成品的横截面形状以及对弯曲成型任务的不同需求，工业弯曲成型时采用不同的适合型材的弯曲成型工艺。图2.47介绍了一些适用于弯曲成型工艺，特别是3D弯曲成型，型材成型的三维灵活度恰好为轻量化结构开辟了新的途径。三维设计的轮廓允许在组件设计，例如在外观优化的汽车结构、客舱安全、结构空间利用率和空气动力学的设计方面具有更大的自由度。使用复杂的、非圆形横截面的型材是因为功能部件的集成，且在高刚性方面具有优势。上述趋势通常只需要加工少量的具有高尺寸精度和重复精度的先进的高强度管材和型材。

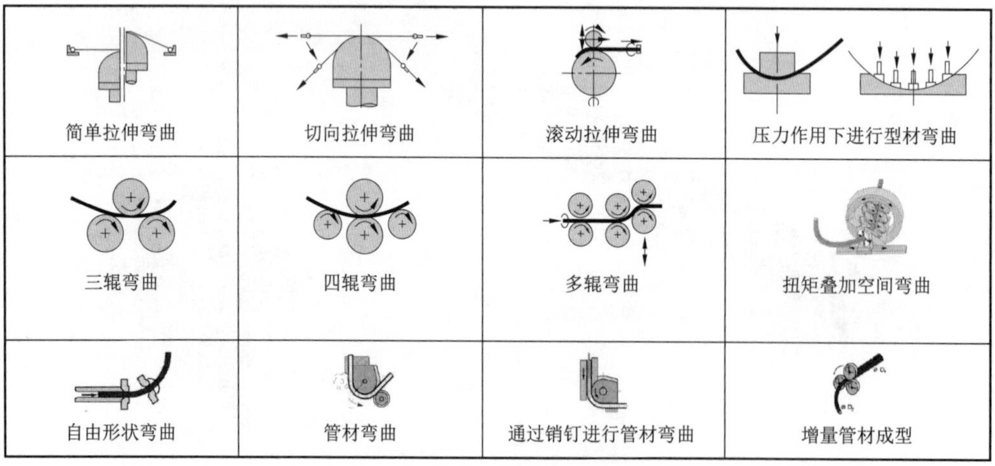

图2.47　型材3D弯曲的各种工艺

型材弯曲成型工艺根据形状可以分为使用刚性成型弯曲机（例如拉伸弯曲、管件弯曲）的工艺，和根据运动学形状生成方法，通过模具与工件之间的相对运动确定部件的最终形状（例如三辊弯曲、自由形状弯曲）的工艺。第一种方法的特征在于在弯曲过程中能够很好地引导工件，而缺点是灵活性较低。与此相反，另一种方法具有更高的灵活性，因此提供了根据工作原理对工艺结果影响的更简单的干预（未使用附加的机床坐标轴，与型材形状和长度无关）。除了这两个主要组别的工艺，还有其他工艺方法，这些方法可改进单项产品性能，并扩大工艺限制。有的工艺方法有目的地对附加的应力进行叠加。其他工艺方法是对多种成型工艺的适当组合（Chatti 1998）。

型材弯曲的决定性质量特征是在最小横截面变形下沿型材纵轴的弯曲半径曲线。选定的型材弯曲工艺不仅会影响型材的机械特性，还会影响其弯曲性能。型材弯曲时的问题范围，如横截面变形、型材的韧性或型材的扭曲（图 2. 48）在很大程度上取决于所选择的工艺。评估一个给定的型材设计是否可以投入生产及以何种方式生产对于弯曲型材的应用者或产品开发者来说是非常难的，有时甚至是不可能的。设备制造商和弯曲加工服务提供商具有丰富的经验，这是型材设计评估和选择可能工艺的基础。但恰恰是由于越来越多地使用新的高强度材料和复杂的型材横截面及轮廓，会使具有丰富经验的人员面临困难，因为在这种情况下他们无法运用自身的经验。

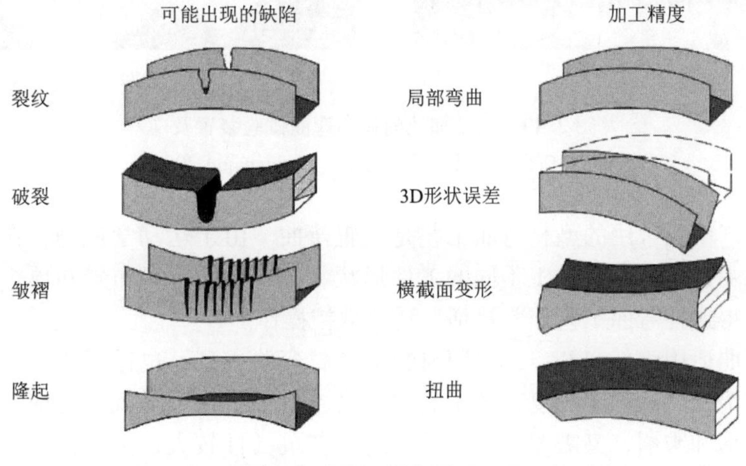

图 2. 48　型材弯曲时的问题范围（Vollertsen 1999）

尤其是对铝合金型材来说，拉伸弯曲（图 2. 47）是一种广泛应用的加工工艺。拉伸弯曲通常大量用于汽车制造行业。该工艺的原理是，通过拉伸设备使型材纵轴沿有效方向全部处于塑料的拉伸应力范围内。通过拉伸应力进行应力叠加对随后与形状相关的弯曲是有利的，随着拉伸弯曲的进行，通过复杂的模具结构使拉伸工件的横截面变形和回弹都明显减小（Späth 1991，Späth 1991a，Sprenger 1999）。

拉伸弯曲还可以细分为切向拉伸弯曲和滚切拉伸弯曲。切向拉伸弯曲可以使工件上的张力均匀分布，且中间区域的成型极限高。工件被可移动的夹紧钳夹持在垂直方向和水平方向的两端，并用夹紧钳进行预压紧，直至型材内达到塑性延伸。在随后的加工步骤中，工件在通过夹紧钳保持初应力的情况下被放置在冲头上。在进行（空间）滚切拉伸弯曲时，型材的一端与模具（芯盘）牢固连接，并通过模具

（芯盘）的旋转运动卷绕在其上。这时，型材从一侧跟进，成型区的位置是固定的。拉伸弯曲的优点是成型时具有较高的形状和尺寸精度以及较好的可重复性，而缺点是由于较高的形状保持性而缺乏柔韧性，且拉伸弯曲机和模具的成本较高，因此这种工艺只适用于大批量生产。

图 2. 49（b）所示为合金 AZ31 的车顶框架镁型材的拉伸弯曲。在室温下，只有在一定条件下才能对镁型材进行弯曲，因为变形集中于少数滑移面上（Becker 1998）。为了充分利用拉伸弯曲成型，应在拉伸弯曲机的模具结构中将三腔空心型材直接加热至最高 300 ℃（Lindemann 2006）。

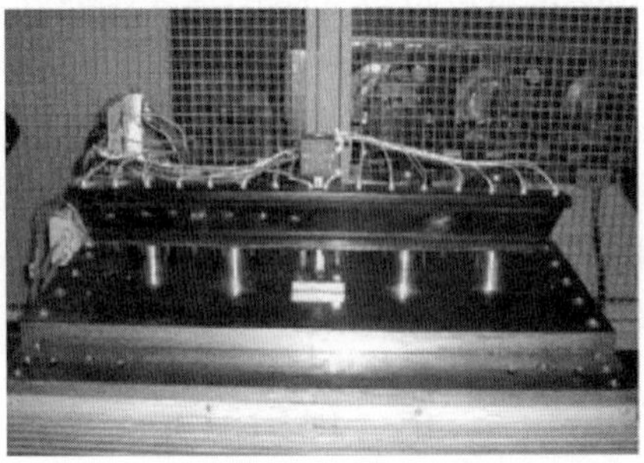
（a）

（b）

图 2. 49　用于加热的拉伸弯曲试验装置及
经拉伸弯曲的 AZ31 车顶框架（Lindemann 2006）

工业生产中较常用的型材弯曲工艺是三辊弯曲。由于运动学成型，在经济性加工中可以以中、小批量来加工不同的工件形状。多样化的辊子布置和单个辊子的不同设置，使得这种弯曲工艺非常灵活，适合数控操作。

三辊弯曲适用于任何开口或封闭材料的型材弯曲成型，也适用于大半径的非对称横截面。为此，无须采用复杂的工具技术措施。小半径型材既需要横截面的支持以防发生变形和皱褶，又需要多级弯曲。此工艺灵活性较大，且经济性较佳，因而可以通过单个滚轮组实现不同的轮廓形状，因为该轮廓是由弯曲辊子的定位确定的。

无法直接使用传统弯曲机对型材进行 3D 弯曲，因为通过型材滚子的进刀运动只能使一个平面弯曲。而一个标准机器是可以部分调节型材导向辊的，其适用于斜度小的螺栓的弯曲，并允许非对称型材横截面发生扭曲。

特别是在波音飞机制造中，采用的是 L&F 公司半径为 5 000 ~ 12 000 mm 的四辊型材弯曲机对铝质纵梁型材进行弯曲，应将开口型材在上辊和下辊之间夹紧，在成型过程中通过侧面可调的辊子进行成型。使用这种成型机，辊子在出口处可以进行多轴调节，从而可以平衡部分极不对称纵梁型材的扭曲，另外还可以根据机身的形状进行轻微的三维弯曲。

为了在弯曲时进一步改进工件引导装置，工业中也使用多辊弯曲机（图 2. 47）。此外，使用多辊弯曲机还可以达到对向型材弯曲及三维弯曲的目的。然而，这种 3D 弯曲（大多为交变弯曲）只能针对圆形横截面。

近年来，在SD型材弯曲区域内开发出了完全柔性弯曲机，同样是基于运动学成形原理。该机器的工作原理为，在成型前将型材放入引导单元中。然后，使用一个固定的弯曲工具通过滑动元件（推动器）将型材推入一个移动的底模中。通过底模预设的运动，同时在型材通过纵向轴线进行进给运动时形成型材的弯曲。运动成形时要求相同的横截面形状在过渡到新的弯曲轮廓时不更换工具，而只要求重新定义型材进给之间的相对运动以及固定工具和运动工具（Düring 2001）。工艺理念通过不同的机器概念得以实现，例如，Hexabend弯曲机，MiiC-Multibender弯曲机，3D-Nissin弯曲机和TKS-MEWAG双头弯曲机（TKS 2004，Flehmig 2006）（图2.50）。

图2.50　管材自由形状弯曲机

（a）Hexabend弯曲机；（b）3D-Nissin弯曲机；

（c）MiiC-Multibender弯曲机；（d）TKS-MEWAG双头弯曲机

传统管材弯曲工艺分为两种，即通过芯轴弯曲和无芯轴弯曲。

进行无芯轴管件弯曲（管件转动弯曲）时，异型弯辊以额定半径围绕模具旋转。在弯曲时，外侧出现拉伸应力，内侧出现压缩应力。这可能导致压力区域内形成皱褶，拉伸区域内的壁厚减小，并导致管件的横截面变得扁平，特别是管件壁较薄时这种情况尤甚。为了避免这种情况，管件的横截面用支撑元件或介质填充。进行芯轴弯曲时（也称旋转拉伸弯曲），反压辊是固定的，管件用钳固定在成型件上，然后旋转模具。芯轴可以防止不希望的变形，这一般发生在管件壁较薄的情况下。不能进行芯轴弯曲的区域相对较小，芯轴弯曲要求壁厚与外径之比小于0.06（Lange 1990）。

每次进行弯曲加工后，通过管件扭曲，可以在传统弯管机上加工3D轮廓。这种工艺的缺点是，其一缺乏相对于不同型材横截面变化的灵活性，因此必须更换整个弯头；其二对弯曲半径有限制，其弯曲半径由机器的相应弯头定义。

转矩叠加空间弯曲（TSS）工艺是一种用于形成具有非圆形横截面轮廓中任意轮廓的三维弯曲的具有巨大潜力的新工艺（图 2. 51）。弯曲系统包括一个基于辊子的进给单元，其被悬挂且可摆动。半径由 x 轴上的坐标定义，在该轴上安装一个弯头，其围绕并引导型材。进行三维弯曲的同时，摆动轴 α_1 和 α_2 也在旋转，因此在这一过程中型材围绕型材横截面的质心旋转。通过在弯曲过程中进行扭矩叠加可控制弯曲平面，此扭矩是通过进给辊系统围绕轴 α_1 和 α_2 的转动施加的。由于设定轴 α_1 和 α_2 时具有一定差异，可以进一步叠加连续作用的扭矩，这对于非对称型材横截面的弯曲很重要，可避免在弯曲定向时横截面发生旋转。另外，横截面中叠加的剪应力部分补偿了型材的反弹特性，并简化了 3D 型材弯曲的工艺规划（Chatti 2010）。

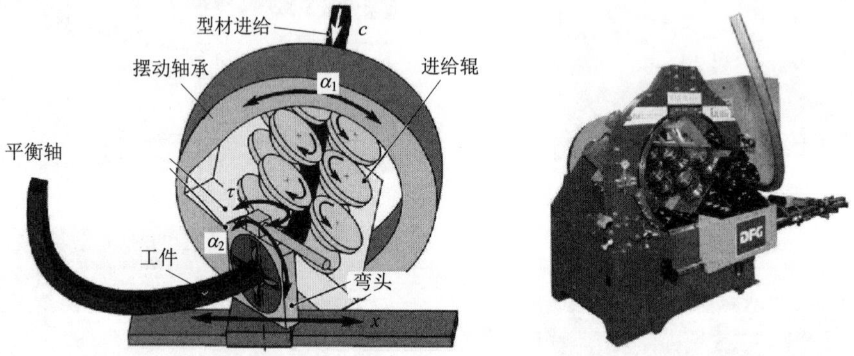

图 2. 51　转矩叠加空间弯曲工艺和弯曲机（Chatti 2010）

2. 3. 5　应力匹配管材和型材的弯曲

通过型材弯曲工艺将应力匹配管材和型材继续加工成具有恒定或可变半径曲线的工件是一个非常艰难的过程，需要对各工艺参数进行优化调整才能成功实施。半成品的质量最终决定是否可以通过型材加工确保继续加工的过程的安全性。

对不同横截面的管材和型材进行弯曲加工时，管材纵轴和型材纵轴的变形特性和反弹特性是不同的。这就要求即使只产生一个恒定的型材曲率也要不断匹配机器参数。在与形状有关的型材弯曲工艺中，这种半成品的弯曲必须使用柔性工具代替刚性工具。在通过运动成型实施型材弯曲工艺时，必须使用精确调整的过程控制策略（Chatti 2006）。

图 2. 52 所示为一个成型工艺的例子，由高强度钢材制成的弯曲拼焊管，在新型压缩-弯曲-液压成型工艺链中的横截面曲线变化很大，其可作为内高压成型后续工艺步骤的优化预成型（Kleiner 2006b）。特别是在生产复杂几何形状的轻量化部件或使用高强度难成型材料时，高强度材料通常具有较低的延展性，液压成型工艺中材料的可成型性往往不足以使用原始管材制造所需的部件。借助部件轮廓接近的纵轴预优化横截面曲线可获得较好的液压成型加工原始条件，扩展基于常规作用介质的

变形工艺极限，从而制造出无法通过传统工艺链使用标准半成品制造的部件。

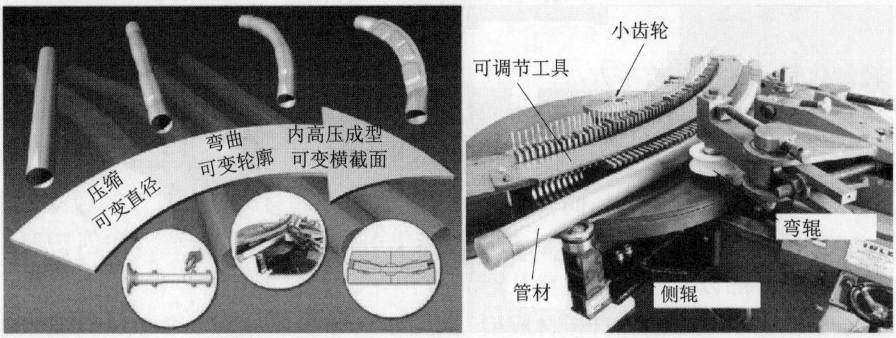

(a)　　(b)

图 2.52　压缩-弯曲-液压成型工艺链和
弯曲拼焊管的快速制模工具（Kleiner 2006b）

对于弯曲压缩工艺中涉及的管材，可以使用成型相关的工艺——“滚动弯曲”（绕弯芯弯曲），其使用一种基于快速成型理念的工具系统，用以快速、低成本且准确地补偿半成品纵轴的不同弯曲特性和回弹特性。管材轮廓的公差在以下情况下得出，即必须插入液压成型工具两半模之间的管材以防止模具关闭。为适应局部不同管材直径的弯芯，可以根据管材的特性差异通过单独判断每个金属薄片来局部调节模具系统负载（弯曲轮廓）下的弯曲半径。通过这种内插等高线结构，可以描述一个较大的部件范围，也可以考虑弯曲部件不同的横截面曲线，例如复杂的弯曲轮廓。

另一种制造弯曲负载匹配管材的工艺示例是增量管材成型（IRU）。这种具有运动成型的新型工艺是压缩和自由成型弯曲两种工艺的组合（Kleiner 2009）。图 2.53 给出了该工艺的原理。首先，以一定的进给力通过一个压缩工具推动管材，使其进行旋转运动；固定在压缩工具上的压辊将管材直径减小到一定的尺寸，借助弯曲工具可使压缩工艺叠加一个弯曲工艺。这样可以使液压成型管材在弯曲的同时灵活匹配直径，也可以产生自由定义的三维弯曲几何形状。

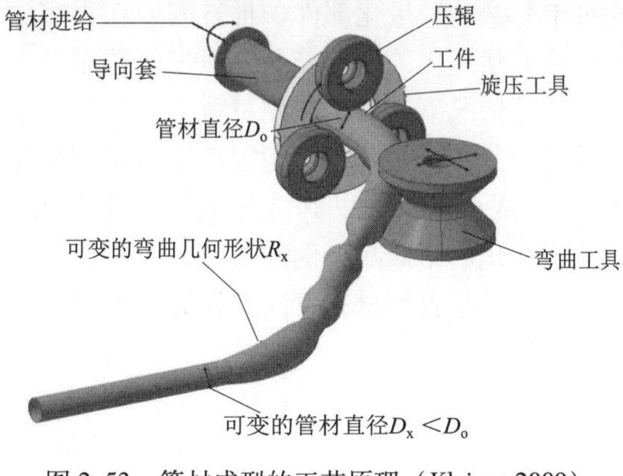

图 2.53　管材成型的工艺原理（Kleiner 2009）

通过压缩工艺使材料塑化，同时叠加弯曲工艺，设定相对于传统自由形状弯曲降低的管材回弹以及弯曲力，这使得加工高强度轻量化材料成为可能。

2.4 总　　结

轻量化是一种整体技术方法，可通过结构、材料和加工等方面实现轻量化。制造技术特别是成型技术占决策性地位，从而可成功地实现轻量化结构。作为批量制造技术，特别是在汽车工业中，成型技术提供了各种钢板成型、批量成型和弯曲成型工艺创新性的解决方案，从而制造并继续加工结构和材料技术较佳的轻量化产品。借助过去几年开发的成型工艺可以制造性能良好的、复杂的传统型和创新型钢板、型材或批量半成品以及轻量化材料及产品。

本章给出的工艺示例源自板材成型、批量成型和弯曲成型，例如，内高压成型、挤压工艺或转矩叠加空间弯曲时的作圆，显示了满足现代轻量化要求的成型技术性能。

轻量化材料对成型技术提出了新的要求。例如，与传统钢材相比，高强度和更高强度钢的成型能力降低、材料负荷提高、回弹增加。使用新工艺技术、相应的工艺形状以及性能较高的模具可以解决这些问题，从而为成型技术开辟了高质量和经济性的可能性。

对于与较高强度钢竞争的轻金属材料，特别是铝，成型技术满足了顾客的需求，具有实现轻量化结构的可能性。小批量及大批量轻金属合金的成型通常需要进行工艺技术的扩展。板材成型工艺，例如，基于作用介质的成型技术，其目的是扩展复杂轮廓部件成型技术的优势。除了重量明显减轻外，还可以达到质量更佳，价格更低的目的。

对于复杂的轻量化部件，批量成型在很多领域都具有减重优势。成型技术的任务是制造形状优化的复杂产品。通过制造工艺，例如挤压或锻造，可以在性能相同甚至更佳的情况下，满足使用材料更少、部件重量更轻的要求。

通过弯曲工艺实现型材的制造和型材结构是成型技术最强大的领域。管材和型材 3D 弯曲成型技术可以制造复杂的部件形状，且在产品成型领域通常都有应用。通过使用优化的半成品，例如拼焊板和拼焊管，可以制造负载匹配且重量优化的型材。当前，基于直型材和弯曲型材的结构可以实现不同的轻量化，并呈现出轻量化未来的前景。

2.5 附加信息

1. 文献

Arendes, *D.*, *Chatti*, *S.*, *Kleiner*, *M.*: Forming of Aluminium Extrusions for Structural Elements. Proceedings of the 6th ICTP-International Conference on Technology of Plasticity. Nürnberg, 19. –24. September. Bd. 3, 1999, S. 2337-2342

Becker, *J.*, *Fischer*, *G.*, *Schemme*, *K.*: Herstellung und Eigenschaften stranggepresster und geschmiedeter Magnesium-Bauteile. Metall, Heft 9. Hüthig Verlag, Heidelberg, 1998

Carlsson, B., *Sperle, J.-O.*: Neue Stahlsorten: Extrafest, ultra hochfest-keine Scheu vor großen Namen. Blech InForm, 3, 2006, S. 38–40

Chatti, S.: Production of Profiles for Lightweight Structures. Habilitationsschrift, Universität Dortmund/Universität Franche Comté. Verlag Book on Demand GmbH, 2006

Chatti, S.: Optimierung der Fertigungsgenauigkeit beim Profilbiegen. Diss., Universität Dortmund. Shaker Verlag, Aachen, 1998

Chatti, S., *Hermes, M.*, *Tekkaya, A. E.*, *Kleiner, M.*: The New TSS Bending Process: 3D Bending of Profiles with Arbitrary Crosssections. CIRP Annals-Manufacturing Technology, 59/1, 2010, S. 315–318

Doege, E., *Mende, T.*, *Ulbricht, V.*, *Süße, D.*: Gleitziehbiegen von belastungsangepassten Profilen. Fertigungsverfahren für den modernen Leichtbau. Symposium, Fertigungsverfahren für den modernen Leichtbau, Fellbach bei Stuttgart, 2000. Proceedings of the European Research Association for Sheet Metal Processing, Bd. T20, S. 10.1–10.24

Düring, M., *Karabet, A.*, *Viehweger, B.*, *Neugebauer, R.*, *Blau, P.*, *Drossel, W-G.*: 3D-Freiformbiegen von Profilen. ZWG-Zeitschrift für wirtschaftlichen fabrikbetrieb, 2001, S. 11–12

Ebert, A.: Umformung von Platinen mit lokal unterschiedlichen Dicken. Diss., RWTH Aachen. Shaker Verlag, Aachen, 1999

Ende, A. v.: Untersuchungen zum Biegeumformen mit elastischer Matrize. Diss., Universität Erlan-gen-Nürnberg. Carl Hanser Verlag, München, 1991

Engel, B.: Neue Trends in der Umformtechnik. Tagung, Karosserie II, Alternative Fertigungsverfahren. Haus der Technik, Essen. Bd. 64, Expert Verlag, Renningen, 2006, S. 174–180

Flehmig, T., *Heller, T.*: Hochfeste und zukünftige Stähle sowie Hohlprofile als Komponenten für den Fahrzeugbau. Tagungsband der SFU, 11. Sächsische Fachtagung Umformtechnik, Werkstoffe und Komponenten für den Fahrzeugbau. Freiberg, 11, 2004, S. 95–111

Flehmig, T., *Kibben, M.*, *Kühni, U.*, *Ziswiler, J.*: Device for the Free Forming and Bending of Longitudinal Profiles, Particularly Pipes, and a combined Device for Free Forming and Bending as Well as Draw Bending Longitudinal Profiles, Particularly Pipes. Int. Patent, Nr. PCT/EP2006/00252, veröffentlicht am 28. September 2006

Groche, P., *Henkelmann, M.*: Herstellung von Profilen aus höher-und höchstfesten Stählen durch Walzprofilieren. SFU, 11. Sächsische Fachtagung Umformtechnik, Werkstoffe und Komponenten für den Fahrzeugbau. Freiberg, 11, 2004, S. 323–339

Heller, B.: Halbanalytische Prozess-Simulation des Freibiegens von Fein-und Grobblechen. Diss., Universität Dortmund. Shaker Verlag, Aachen, 2002

Hiestermann, H., *Jöckel, M.*, *Zettler, A.*: Kosten-und qualitätsorientierter Leichtbau mit Hilfe von Walzprofilieren. UKD, Umformtechnisches Kolloquium Darmstadt, Markterfolg durch innovative Produktionstechnik. Darmstadt, 2003, S. 63–75

Kleiner, M., *Chatti, S.*, *Ewers, R.*, *Hermes, M.*, *Hom-berg, W.*, *Shankar, R.*: Einsatz endkonturnaher Stahlhalbzeuge mit variablem Durchmesser für die Innenhochdruckumformung in der Prozesskette Drücken-Biegen-IHU. Abschlussbericht Forschung für die Praxis P 566. Forschungsvereinigung Stahlanwendung e.V., 2006

Kleiner, M., *Chatti, S.*, *Heller, B.*, *Kopp, R.*, *Wiedner, C.*, *Böhlke, P.*: Umformung und Weiterverarbeitung von flexibel gewalzten Stahlblechen (Tailor Rolled Blanks) für Leichtbaustrukturen. Abschlussbericht,

Studiengesellschaft Stahlanwendung, 2002

Kleiner, M., *Tekkaya, A. E.*, *Chatti, S.*, *Hermes, M.*, *Weinrich, A.*, *Ben-Khalifa, N.*, *Dirksen, U.*: New Incremental Methods for Springback Compensa-tion by Stress Superposition. Production Engineering-Research and Development, Bd. 3/2, 2009, S. 137-144

König, W.: Fertigungsverfahren. Bd. 5: Blechumformung. VDI Verlag, Düsseldorf, 1986

Lange, K.: Umformtechnik. Bd. 3: Blechbearbeitung. 2. Aufl., Springer Verlag, Berlin/Heidelberg, 1990

Lindemann, J., *Zhang, P.*, *Supik, V.*, *Leyens, Ch.*: Magnesium-Knetlegierungen: Innovative Leichbauwerkstoffe für den Automobilbau. Forum der Forschung, 19, 2006, S. 41-46

Merklein, M., *Pitz, M.*, *Hoff, C.*, *Lechler, J.*: Neuere Entwicklungen zur Umformung höchstfester Stahlwerkstoffe. EFB-Kolloquium, Multifunktionelle Bauteile und Verfahren zur Erhöhung der Wertschöpfung in der Blechverarbeitung. Fellbach bei Stuttgart, 15-16. Februar 2005. Tagungsband, Bd. 25, 2005, S. 119-133

Murata, M., *Kuboti, T.*, *Takahashi, K.*: Characteris-tics of Tube Bending by MOS Bending Machine. In: Proc. of the 2nd Int. Conf. on New Forming Technology. Bremen, 2007, S. 135-144

Olsson, K., *Gladh, M.*, *Hedin, J.-E.*, *Larsson*, J.: Microalloyed High Strength Steels for Reduced Weight and Improved Crash Performance in Automotive Applications. International Symposium on Niobium Microalloyed Sheet Steel for Automotive Applications, Araxa, 2005. 1, 2006, S. 223-234

Ridane, N.: FEM-gestützte Prozessregelung des Freibiegens. Diss., Universität Dortmund. Shaker Verlag, Aachen, 2008

Schaumann, T.-W., *Heller, T.*, *Palkowski, H.*: Anwendungspotenzial warm-und kaltgewalzter Mehrphasenstähle. Leichtbau mit Stahl. UTF science, Bd. 2, Heft III, 2001, S. 17-22

Späth, W.: Biegen großer Strangpressprofile für Aluminiumwagen. Aluminium, 67, Nr. 6, 1991, S. 556-557

Späth, W.: Gute Chancen-Gebogene Rahmenprofile aus Magnesium mit komplizierten Querschnitten automatisch herstellen in Großserien. Maschinenmarkt, 97, Nr. 29, Würzburg, 1991, S. 56-61

Sprenger, A.: Adaptives Streckbiegen von Aluminium-Strangpressprofilen. Diss., Universität Erlangen-Nürnberg, 1999

SSAB Swedish Steel: Walzprofilieren nach Maß. Blech Rohre Profile 52, 1/2, 2005, S. 36-37

Sulaiman, H.: Erweiterung der Einsetzbarkeit von Gesenkbiegepressen durch die Entwicklung von Sonderwerkzeugen. Diss., Lehrstuhl für Umformende Fertigungsverfahren, Universität Dortmund, 1995. Reihe Fertigungstechnik, Shaker Verlag, Aachen, 1996

Trumpf: Biegen ohne zu brechen. Blech Rohre Profile, 8, 2009

Vollertsen, F., *Sprenger, A.*, *Krause, J.*, *Arnet, H.*: Extrusion Channel and Profile Bending-A Review. Journal of Materials Processing Technology, 87, 1999, S. 1-27

Warstat, R.: Optimierung der Produktqualität und Steigerung der Flexibilität beim CNC-Schwenkbiegen. Diss., Universität Dortmund, 1996

2. 标准和规程

DIN 8583-1: Fertigungsverfahren Druckumformen, Teil 1: Allgemeines, 2003

DIN 8583-3: Fertigungsverfahren Druckumformen, Teil 3: Freiformen, 2003

DIN 8583-4: Fertigungsverfahren Druckumformen, Teil 4: Gesenkformen, 2003

DIN 8583-6: Fertigungsverfahren Druckumformen, Teil 6: Durchdrücken, 2003

DIN 8584-2: Fertigungsverfahren Zugdruckumformen, Teil 2: Durchziehen, 2003

DIN 8586：Fertigungsverfahren Biegeumformen，1971

DIN 24320：Schwerentflammbare Flüssigkeiten-Druck-Flüssigkeiten der Kategorien HFAE und HFAS-Eigenschaften und Anforderungen，2006

VDI 3146：Innenhochdruck-Umformen-Maschinen und Anlagen，2000

3. 专利

Kleiner，*M.*：Freibiegen mit inkrementeller Druckspannungsüberlagerung. Patentanmeldung DE 10 2006 014 093. 1，Dortmund，2006

4. 公司文件和网址

Firmenschrift ABB：Flexform Pressen. A08-401de，ABB Pressure Systems，1996

Firmenschrift L&F：General Overview CNC Contour Roll Forming Machine. 20. Oktober 1998，USA

Firmenschrift MiiC：Multi-Bender. MiiC & Co GmbH，2005

Firmenschrift Nissin：Highly Improved Functions and Productivity for Tube Bending. Nissin Precision Machines Co.，Ltd.，2005

Informationsschrift ThyssenKrupp Stahl：TKS Compact，Februar 2004

Schuöcker，*D.*，*Bammer*，*F.*，*Holzinger*，*B.*，*Schumi*，*T.*：Laserunterstütztes Biegen. Bericht für Trumpf Maschinen，2007

ThyssenKrupp Stahl AG：NSB-Studie（New Steel Body）：Leichtbau mit Stahl. Duisburg，2003

www. abb. com

www. miic. de

www. ssab. com

www. thyssenkrupp. comwww. miic. de

www. ssab. com

www. thyssenkrupp. com

3

轻量化金属材料的分离

Volker Schulze, Jürgen Michna

根据德国标准 DIN 8580，分离是制造工艺中第三个主要分组，被定义为通过断开物体连接来实现的加工方法，在此过程中物体连接部分或整体减少。此时，将要加工成的部件的最终形状已包含在原部件形状中。分离又被进一步分成六组，即分解、用一定几何形状的切削刃进行切削加工、用未定义几何形状的切削刃进行切削加工、整平、拆卸和清洗。

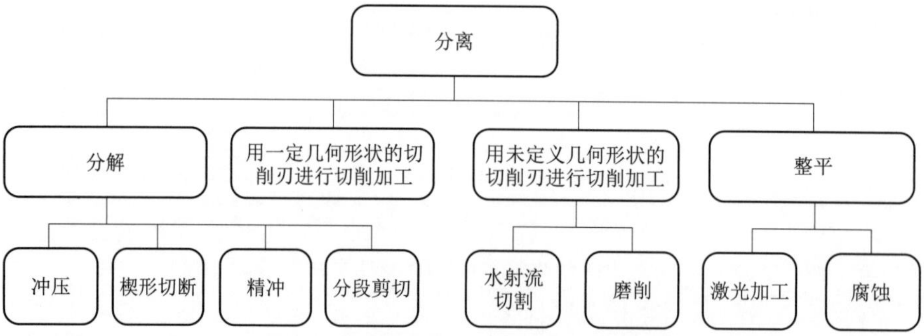

根据 DIN 8580 对分离制造工艺的分组

以下章节将介绍前四组分离工艺，因此上图中只显示出这四组。章节中对这些分组中的选定的加工过程都进行了简要介绍，然后介绍轻量化金属材料的分离加工。其中，最重要的是刀具的质量以及刀具和工件之间产生的相互作用。它们影响到刀具的磨损和切边的质量。

针对工业实践中的这些问题以及可能的解决方案，以镁、铝、钛等的各种轻量化合金材料为例加以描述。此外，还涉及诸如刀具磨损等具体方面。

3.1 分　　解

轻金属合金薄板和钢合金薄板在轻量化结构方面起着重要作用。通过成型加工工艺可以用金属薄板制造出复杂的部件。除了刚度高之外，相对于重型部件，轻金属合金和钢合金薄板部件具有重量轻的优势。金属薄板在用来生产成品部件前通常会被分离加工。

根据德国标准 DIN 8588，分解是指将工件机械分离，不产生不成形材料也不产生碎屑（非切削）。分解又分为冲压、楔形切断、精冲和步冲。

3.1.1 分解工艺

1. 冲压

冲压这个概念并不是规范的叫法，它包含了一个压床操作工序中的诸多制造工艺。冲压中包含的制造工艺与分解中的一致。几乎所有带状、板状或膜状的且不易破碎的材料都可以用来生产冲压件。板状或带状钢材可以高达 1 500 MPa 的特定切削阻力进行冲压，铝及其合金非常适合于冲压，其主要应用领域是包装行业。

2. 楔形切断

楔形切断是用一个或两个楔形刀具分解工件。楔子在嵌入工件时，先使工件发生弹性变形，再产生塑性变形。其结果是产生凹槽、材料的横向位移和与位移相关的材料横向堆积。如果内部应力超过塑性充模能力，就会产生裂纹，从而使材料分离。楔形是可变的，可以是对称的或不对称的，并且能使用不同的楔角。楔形切断所使用的垂直冲载力，除了对切削工艺来说是必要的，也可用于材料压缩，它会产生比剪切时更强的切削力。

楔形切断可以加工薄钢板和有色金属薄板，特别是带涂层和不带涂层的铝板。镁只有有限的冷成型性，这是由其六方晶格结构和栾晶倾向导致的。因此，只有有限的镁合金品种适用于金属薄板的楔形切断（刀切）。其中，最重要的是镁铝锌合金材料组，如 AZ31 或 AZ61（Hoffmann 2008）（见第 2 册第 4 章）。AZ31 的替代品是镁锂合金 LZ91 和 LZ101，它们与 AZ31 特性相似，且在常温下易于加工，而 AZ31 却不能。由于锂的成本较高，可以考虑用 LZ91 来代替 AZ31（Chen 2008）。

3. 精冲

精冲是一种剪切工艺，用于制造切割表面非常光滑的部件。与一般切削不同，精冲需要将金属薄板全方位夹紧，仅通过流变来实现材料的分离，因此不会产生断裂面。精冲主要用于加工钢材。对有色金属（如铜、铝及其合金）进行精冲加工只占很小的比例，约为 10%，但有上升的趋势（Schuler 1996），纯铝和不可热处理的铝镁合金（AlMg1，AlMg3）就可以很好地通过精冲加工。特定材料的化学成分决定了它们适用于精冲的程度（见第 2 册第 3 章）。因此，在对铝锌镁合金进行精冲时，就需要采取特殊措施，如调整润滑油添加剂和材料的脆性或韧性（Hellwig 2006）。

4. 步冲

步冲是一种用一个冲孔凸模来实施的多冲程、渐进式的切割工艺，它能沿着一条切割线将小块废料从工件材料中分离出来。与冲压不同，步冲的切削力和刀具形状与切削件的伸直长度无关。相反，切削件的伸直长度决定了工艺所需的冲程数。

3.1.2 切割表面的磨损和形状缺陷

在实施分解的工艺过程中，由于刀具和工件之间的摩擦以及始终存在的切削力，会导致切削刃磨损。如果切削刃磨损太严重，由于分离材料引起的裂纹就不再从切削刃开始产生，而是从切削表面开始产生。裂纹走向的转移会导致产生毛刺，用刀具切削的部件越多，毛刺就越多，毛刺的大小与磨损程度和材料有关。原则上，切削刃的磨损会导致切削力和切削功增大，并导致切割表面的质量变差。

切削部件上的缺陷受材料、刀具、工作进程和机器类型的影响。切割表面可能出现的形状缺陷有边缘凹陷、深度撕裂和较高毛刺几种。此外，形状缺陷也有可能是不平整，特别是在切割小部件时发生的翘曲，以及切割矫直的金属带后由于残余应力的释放而引起的弯曲。除了经过改进设计的工艺（如精冲）外，切削工艺所产生的切割面总是表现为光滑的切割表面和断裂面。如果部件嵌入工件，在嵌入时分离每个晶格面，不形成连续的裂纹，则能产生光滑的切割表面。断裂面是由连续的裂纹导致的，而切割工艺导致的材料超负荷是连续裂纹产生的原因。另外，在剪切时，还会出现边缘凹陷。

3.1.3 有色金属的分解

1. 薄铝板的分解

过去，生产汽车车身主要使用碳含量低的钢材，而如今越来越多的新型材料被应用于汽车车身上，如高强度铝合金。这使得部件的加工遇到了新的挑战，因为材料在可加工方面的特性有很大不同，所以给分离铝合金薄板带来了新问题。

比较常见的问题是被加工材料的表面破裂，这会影响到刀具或工件的表面，导致表面质量变差，其结果是昂贵的返修，从而大大提高制造成本。除了材料成本较高以外，这一缺陷也是铝作为机动车外壳材料进一步推广的最大障碍。另一个问题是，在切削铝薄板时会产生毛刺，毛刺会降低冲压件的质量和精确性以及在后续工艺中导致其他缺陷，例如在连接工艺中导致缝隙。

为了加工高质量表面，必须保证将切割间隙控制在被加工薄板厚度的 4.5%～6.0%范围内。在加工铝板时，可以用精冲工艺获得较佳的切割表面。精冲通常用于小型冲压件，如用于钟表行业。制造汽车饰板时采用精冲工艺在经济上是不可行的，原因在于刀具安装成本较高且压力机的刚度不够。实践中，汽车车身薄板的切割间隙应为薄板厚度的 10%。

一种解决表面破裂问题的方法是，支撑待分离的薄板切割件，以避免薄板弯曲，从而较大限度地减小水平力；另一种方法是在薄板的一面（上面或下面）使用钝刀具，在相反面使用锋利的刀具切割薄板。但是，两种解决方案都还在研究中，目前还没有运用于实践。然而，通过结合运用两种改良方法，已经生产出了高质量的工件；在切割间隙尺寸为 2% ~ 107% 时，形成了一套稳健的工艺。这样，即使用更大的切割间隙，也可以得到令人满意的部件质量，从而能够更经济地对铝薄板进行机械加工（Golovashenko 2006）。

2. 薄镁板的分解

由于镁具有六方晶格结构，因此其在室温下的可加工性很差，这也是镁及其合金薄板没有得到广泛应用的原因之一。下面将介绍在何种情况下可以运用咬切、刀切和剪切工艺来加工厚度为 1.25 mm 和 2.00 mm 的变形镁合金 AZ31 薄板。

此外，在剪切时，切削力会随切割间隙变大而增大，这种情况下，5% 的切割间隙是理想的。为了保证较好的加工效果，应该避免切割间隙超过 20%。在刀切和楔形切断时，楔角的增大会导致切削力增大。与对称楔角相比，非对称楔角具有优势。咬切的切削力最小，因为与刀切相比，其切割面减少了一半。薄镁板加工的关键在于工艺温度，随着温度的升高，光滑切割面增大，断裂面减少，而边缘凹陷却几乎没有变化，这是由镁合金 AZ31 的特性导致的。镁材在室温下非常脆，为了对断裂面有利，降低了平滑表面的比例。大约 225 ℃ 的温度会导致镁合金 AZ31 产生额外的滑移面，在 120 ℃ 时材料就会软化，这种软化能显著改善切割表面的质量（Hoogen 1999，Häußinger 2006，Dröder 1999）。

从成本和磨损方面看，剪切比咬切和刀切更有优势。因为刀具的设计更简单，从而降低了设计和制造成本。此外，相比之下，刀切和咬切刀具磨损得更快，而且比剪切用刀具更易损坏。切削方法的选择可以参考表 3.1。

表 3.1 切削工艺的比较（Hoffmann 2008）

项目	剪切	刀切	咬切
对切削力的要求	−	−	+
成本	+	o	−
磨损	+	o	−
切割表面（hB/A）	−/+	o/o	−/+
注：−表示最差；+表示最好；o 表示不做比较。			

除了切割质量之外，温控切割对耐腐蚀性有利。从这方面来说，用刀切和咬切比用剪切的效果更好，因为 KTL 层（阴极电泳底漆涂装）不会出现大规模剥落。综上所述，在表 3.2 中列出了切割镁合金 AZ31 薄板的建议切削参数。

表 3.2 切削工艺的参数建议（Hoffmann 2008）

切割参数	剪切	刀切	咬切
切割温度	≥150 ℃	≥150 ℃	≥150 ℃
切割线	闭合	开放/闭合	开放/闭合
刀具的几何形状	方棱	对称	对称
切割间隙	5%	—	—
楔角	—	30 %	30 %

3. 薄钛板的分解

对于钛及其合金制成的薄板主要是进行传统的加工，即冲压或切割。如果对表面质量和尺寸精确性要求较高，可以使用激光切割或喷水切割工艺。然而，由于传统工艺的高效性和经济性，其应用较为广泛。薄钛板机械分离的特点是材料硬化在小范围塑性变形中进行（Adamus 2007）。

3.2 用一定几何形状的切削刃进行切削加工

根据德国工业标准 DIN 8589，用一定几何形状的切削刃进行切削加工是指所用刀具的切削刃数量、切削楔的几何形状以及切削刃的精确位置都已确定的切削加工。以下章节将介绍使用一定几何形状切削刃的重要分离工艺，以及对选定轻金属进行切削时要注意的一些重要方面。在轻量化方面，金属薄板加工时也涉及钢材，而本章只讨论有色金属。

3.2.1 对切削加工工艺的影响

1. 热负荷

切削加工工艺所使用的能源基本上会全部转化成热量，这种热量是由分离、成型和摩擦过程产生的，并分布在工件、刀具和生成的碎屑相互作用的区域。此时，理想状态是尽可能多的热量通过碎屑排走。工件上聚集过多的热量会导致部件变形，从而不能再遵循严格的临界公差范围。如果刀具的温度过高，一方面由于热膨胀导致精确度较差，另一方面会导致切削刀具出现更快且更严重的磨损。如果控制的温度达到所用切削材料的熔点，刀具就会损坏。此外，如果在较低温度下工件和刀具表面的材料发生相互扩散，则同样也会导致刀具磨损。产生的温度和不同的磨损机制与待处理的材料直接相关，下面将针对不同的材料进行阐述。

2. 机械负荷

除了热负荷之外，切削刀具还要承受机械负荷；除材料外，机械负荷还与大量参数相关。这种机械负荷会使切削刀具产生应力。如果这种应力超过了相应切削材料的承受范围，刀具就会损坏。此外，机器必须能够承受高切削力。

3. 刀具磨损

在切削加工过程中，切削刃会发生变形、分离和摩擦。在这些过程中，使用的切削材料将承受非常复杂的负荷集合，负荷集合的特点是高压缩应力、高切削速度和高温。

如果生产中能在标准切削条件下使用切削刀具，刀具通常会因为其切削面以及切削表面磨损的持续增大，而达到其使用寿命。在这里，磨损指由于机械原因（即与另一固态、液态或气态物体发生接触和相对运动）导致固体表面材料损失（Klocke 2008）。

德国工业标准 DIN 50323 对磨损做出如下定义：

① 磨损形式：磨损引起物体表面层以及所积累磨损颗粒的类型和形状发生变化；

② 磨损机制：伴随磨损过程发生的物理和化学过程；

③ 磨损类型：根据摩擦应力和系统结构的类型标记磨损过程的特征。

在刀具出现缺陷时，除了带涂层刀具的硬质材料层会损坏外，还会出现以下形式的磨损。

4. 开裂或表面破损

如果刀具承受较高的机械交变应力和热交变应力，则表面层会开裂，从而会导致表面损坏和刀具故障。

5. 磨粒磨损

一个较硬物体进入一个较软物体的表面，由于相对运动，在较软物体中形成沟痕，被称为磨粒磨损。

6. 粘连

发生粘连时，刀具和工件之间会形成（压力）焊接，在之后的进程中这种焊接会分离。

7. 氧化

如果切削加工产生高温，或者切削加工在高温中进行，那么会发生氧化过程。

8. 扩散

如果参与切削过程的刀具和工件有互熔性，那么热耐磨的硬质金属刀具在高切削速度下会发生扩散磨损。

9. 崩碎

如果切削加工时的切削力很大，刀具表面就会产生拉应力，当超负荷时，切削刃会崩碎。图 3.1 所示为一个刀具的切削刃及可能的磨损类型。

10. 工艺控制

工艺参数的选择在很大程度上决定了特定材料能否经济地切削加工。工艺控制的目标是实现尽可能高的金属切削效率以及尽可能低的工艺成本。因此，我们不断尝试将切削速度 v_c、进给量 f_z 和切割深度 a_p 等参数调整到可能的最高值，高速切削（HSC）的发展正是基于这种情况，但这些参数的变化又会直接影响热负荷和机械负荷，从而影响到刀具的磨损。此外，加工表面的加工质量也受这些切削参数的影响。

11. 工艺冷却

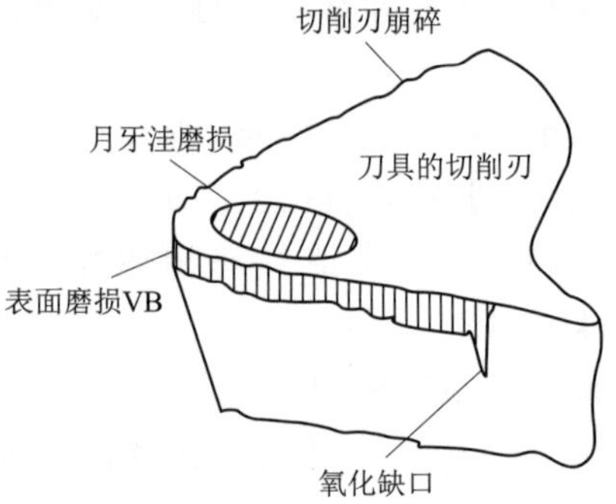

图 3.1 切削刀具的切削刃可能的磨损类型（Söhner 2003）

在切削加工中另一个起核心作用的关键点是利用不同类型的冷却介质（固态、液态、气态）进行工艺冷却，从而降低工艺温度。可采用多种方法：一方面，可以用一种冷却介质与一个热的物体接触，直接进行冷却；另一方面，可以用介质冲洗来自工艺作业区的炙热碎屑，以此排出切削加工中的大部分热量。此外，冷却介质有润滑作用，可以减少摩擦，从而减少热量的产生。但工艺冷却也会导致不良后果，如热冲击。当刀具温度较高的部分突然被冷却时，会产生热冲击效应，将导致切削刀具损坏。而且，工艺冷却会带来附加成本，因为必须要准备、管理和回收这些冷却介质。此外，许多冷却介质会损害人的健康，对它们进行回收处理会增大环境的负担。

12. 刀具几何形状的优化

为了使制造工艺适合新的加工任务和材料，方法之一就是优化切削刀具的几何形状。在这里，除了指宏观形状的改变之外，还指切削刃细微形状的改变。例如，铣削刀具的新几何形状就可以看作宏观形状的变化。因此，可以使用诸如八面体、三角形、圆形或六边形的转位式刀片。其中，每种几何形状都有其各自的优缺点，可以在特定的情况下使用。

开倒角、切削刃钝化或者特别的钻头切削刃都会对细致几何形状造成影响。在此，有许多因素会影响到切削力、工艺温度和刀具磨损。

13. 切削材料的开发

由于新的待加工材料的不断开发，为了应对切削加工领域的新挑战，并改良及继续开发已有工艺，需不断开发新的切削材料。

在切削材料开发领域，通常会有材料强度和韧性之间的目标冲突。理想的切割材料需具有高硬度以保护刀具免受或少受摩擦等的磨损；同时还需具有高韧性，以防止刀具过脆而崩碎。然而，由于不能同等程度地提高硬度和韧性，因此这两种特性通常要进行折中处理。

14. 涂层技术

切削刀具的耐磨性以及与之相关的耐用时间，主要受切削力大小和热负荷的影响。切削力和热负荷是由切削面与切屑、切削表面与工件之间的摩擦以及实际的分离过程引起的。为了减少这种影响，延长切削刀具的耐用时间，需要为刀具涂上硬质材料涂层。硬质材料层通常只有几微米厚，并承担以下任务：

① 通过高耐热性保护载体基材；

② 通过改善滑移性能，降低切削力和切削阻力；

③ 通过增大边缘层的硬度，防止磨粒磨损。

例如，涂层技术能使相对柔韧的材料拥有高硬度的边缘层，从而把高硬度和高韧性这两个所需的特性结合在一起。硬质材料，例如氮化钛、氮碳化钛、碳化钽、氮化铝钛、氮化铝铬或聚晶金刚石以及无定形碳，都可用作涂层材料。

然而，应注意的是，在一些应用中不能使用涂层。例如劳斯莱斯在生产发动机时，为了避免涂层成分扩散到发动机的部件表面，只能使用涂层刀具进行加工余量最大为 0.5 mm 的加工。为了将硬质材料涂层应用到载体基材上，在刀具涂层领域主要使用两道工艺，即 CVD（化学气相沉积）和 PVD（物理气相沉积）。

3.2.2 有色金属的切削加工

3.2.2.1 钛及其合金的切削加工

对钛进行切削加工是极具挑战性的。虽然钛出色的物理特性（如低密度以及高抗拉强度）使钛及其合金成为理想的轻量化材料，但是高抗拉强度的同时也伴随着低弹性模量和低导热性，这将在切削加工时导致较大问题的产生。

高抗拉强度会导致高负荷，从而导致刀具磨损加剧。在加工不稳定的部件时，由于弹性模量低，工件可以避开刀具；工件在弹回时会给刀具一个额外的冲击负荷，这种负荷也对刀具的使用寿命有较大影响。此外，随之而来的振动激励会影响工艺结果的实现。

切削加工产生的热量会分布到相应的刀具、工件和分离的碎屑上。在这个过程中，进入部件内部的热量使材料软化，从而减少了所需的切削力，对材料的可切削性产生积极影响。另外，产生的热量对切削工具有影响，因此，理想状态是尽可能多的热量通过来自工艺区的碎屑排出。总体上来说，产生热量的 40% ~ 70% 可以通过碎屑排出，在对铝材进行切削加工时甚至能达到 75%。但是钛的导热性很低，在工件和刀具接触的区域产生的热量中，只有约 25% 能通过碎屑排出。同样由于这个原因，工件只能吸收很少的热量，因此，所希望的软化过程几乎不会发生。然而，钛正好相反，加工会导致其硬化。更糟的是，由于钛合金的强度较高，因此对其进行切削加工比加工较软的材料需要更多的能量，在工艺区中会产生更多的热量。其结果是对刀具产生极大的热负荷，热负荷会导致高机械负荷以及刀具的严重磨损。

此外，钛合金还容易与刀具材料发生化学反应，并通过粘连的方式焊接在刀具上，从而导致积屑瘤。这些都会导致刀具崩碎、刀具过早损坏和表面质量变差。

有多种方法可以解决这些问题：一方面，可以尝试用新型切削材料和涂层来减少工艺区域内的摩擦，并使刀具变得更耐磨；另一方面，可以开发和研究新型工艺控制。因此，除了传统湿式加工和干式加工外，也可以使用高压冷却或低温介质，以及热加工法对钛进行切削加工。

1. 材料开发及涂层

从钛加工时的高热负荷来看，CBN（立方氮化硼）制成的刀具是切削的首选材料，因为它们一方面具有非常高的硬度，另一方面具有高耐热性。但是根据工艺控

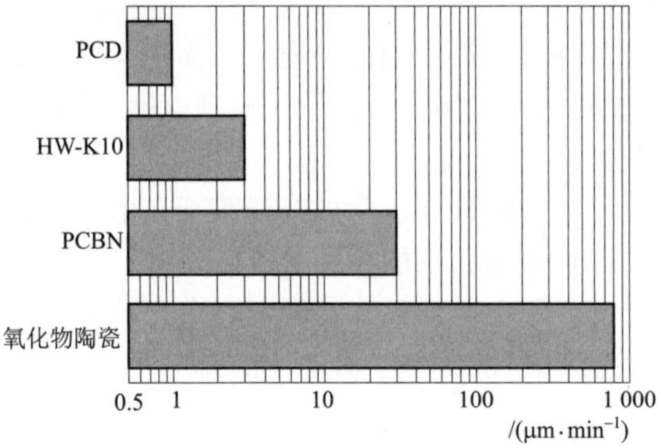

图 3.2 在切削加工 Ti6Al4V 时，各切削材料在月牙洼磨损方面的对比（Klocke 1996）

制，用硬质金属制成的刀具，无论是带涂层还是不带涂层，都具有较好的适用性，此外采购成本明显更低。

切削加工钛合金时，几乎不会使用陶瓷切削材料，原因在于钛合金非常容易与陶瓷发生反应从而使陶瓷切削材料的磨损率较高（Ezugwu 2003）。图 3.2 所示为在切削加工钛合金 Ti6Al4V 时，使用不同切削材料产生的月牙洼磨损率。

从图 3.2 可以看出，用陶瓷刀具切削加工钛，刀具的磨损进程很快。与其他切削材料，如多晶金刚石（PCD）或无涂层的碳化硅（HW-K10）相比，在刀具磨损方面，上述这些切割材料更适合切削加工钛合金。

2. 工艺控制

在用传统的湿式加工法切削钛合金时，使用超硬切削材料，保持 150 m/min 的切削速度以及 0.5 mm 的切削深度，能达到较好的效果。在切割速度为 105 m/min、进刀速度为 0.2 mm/r 以及切削深度为 0.2 mm 的情况下，CBN 刀具的耐用时间可达到 20 min（SECO 2002）。

图 3.3 所示为在使用冷却润滑剂的情况下，用钛合金材料铣削加工一个高压压缩机整体叶盘的情况。整体叶盘是指压缩机盘的整体结构，由叶片和盘组成，既可以对其进行整体铣削，通过电化学方式进行冲模铣削，也可以进行连接。

图 3.3 所示为大量使用冷却润滑剂对一个高压压缩机整体叶盘进行铣削的情况，准备、维护和处理这些冷却润滑剂成本较高。

图 3.3 对一个高压压缩机整体叶盘进行的铣削（MTU AENA）

相反，用超硬刀具（PCD，CBN）和带涂层的硬质金属刀具对钛合金 Ti6Al4V 进行干式加工，刀具寿命和表面质量可达到令人满意的效果，但切削速度（75 m/min）、进刀速度（0.25 mm/r）以及切削深度（1.0 mm）较低。超硬刀具的成本较高，应尽量使用带涂层的硬质金属刀具（Ezugwu 2005）。在用硬质金属刀具进行干式加工时，切削表面的磨损是最主要的磨损。

在最小量润滑（MMS）的辅助下，可以采用高速切削参数来加工钛合金。与干式加工相比，它能显著降低切削力，这种效果反映在刀具使用寿命的延长上。此外，在最小润滑量加工时，由于润滑和冷却较好，因此与使用干式加工相比，可以实现更低的表面粗糙度。

高压冷却的切削加工是传统湿式加工的替代方法。在此过程中，压力高达 30 MPa 的冷却润滑液被导入工艺区。这种做法的作用是：一方面，在切削速度较高时，保证较好的冷却效果；另一方面，冷却液射流还起到了断屑器的作用。断屑辅助手段的意义重大，因为钛容易形成成段的碎屑，且碎屑能更好地从工艺区输送出来。在对 Ti6Al4V 进行端面铣削时，使用高压冷却（14 MPa）和硬质金属刀具，刀具的耐用度是采用传统湿式加工的 2.5 倍。

如果压力在 15 ~ 30 MPa，切削速度可能会比传统湿式加工提高 67% ~ 150%（Klocke 2002，Ezugwu 2005，Komanduri 1981）。

由高压冷却法车削 Ti6Al4V 合金的经验表明，CBN 刀具的寿命明显低于使用无涂层的硬质金属刀具，虽然 CBN 刀具所需的切削力比硬质金属刀具低，但 CBN 刀具快速损坏的原因是高负荷导致切削刃快速开槽并严重崩碎（Ezugwu 2005）。

工艺冷却的另一种方法是使用低温介质进行冷却。例如，可以使用液态氮（液态 N_2 = LN2）或者二氧化碳（CO_2）。对液态氮冷却的研究表明，液态氮冷却能明显降低切削温度，而且刀具的寿命也比在其他任何切削加工条件下更长（Shane 2001）。除了延长刀具寿命，液态氮冷却还能改善加工的表面质量（Wang 2000）。

3. 高速切削加工（HSC）

在改进的切削材料和涂料以及现代化机床的辅助下，可以尝试通过提高切削参数（如切削速度）来提高切削工艺的效率。为此，所需的刀具必须具备高硬度，特别是高热硬度，因为切削区域的最高温度会随着切削速度的加快而升高。作为一个相对于传统切削加工的简单分类，在一般条件中可以考虑切削条件（Pauksch 2008）。因此，高速铣削钛合金所用的切削速度为 100 ~ 1 000 m/min。

图 3.4 EJ200 发动机的低压压缩机高速铣削整体叶盘（图片来源：MTU）

图 3.4 所示为 EJ200 发动机（欧洲战机公司）的低压压缩机高速铣削整体叶盘。这种叶盘是由钛合金 Ti6Al4V 制成的。

如上所述，虽然在加工钛合金时只有很少的热量传递到部件中，但是随着切削速度的提高，过程力会降低。然而，较高的温度会导致刀具寿命缩短，以及由此引起的表面质量变差。然而 Chen（2003）的研究表明，在高切削速度（380 m/min）下，会有比在常规切削速度（62 m/min）下更多的热量通过碎屑排出，由此造成的后果是，在高切削速度下，由于热量的影响，边缘结构会更薄。在部件边缘层测得的拉伸残余应力也说明，在高切削速度下的数值比在低切削速度下更低。用硬质金属刀具高速加工不同的钛合金，（Li 2004）证实，α 钛合金和 α+β 钛合金比 β 钛合金的可切削性更好。

基于切削加工钛合金的过程中存在的问题，得出了以下一些普遍适用的规范（Peters 2002）。

① 尽可能牢固地夹紧工件，使工件无振动；

② 机器和夹紧装置必须具有较高的刚度；

③ 切削刀具必须非常锋利；

④ 对钛部件进行充分冷却，使其快速散热，以免发生火灾，原因是钛粉尘和碎屑是高度易燃物；

⑤ 选择低切削速度和高切削深度；

⑥ 通过喷砂或酸洗去除硬表面层。

图 3.5 给出了一个实例，即劳斯莱斯飞机发动机采用的由钛合金 Ti6Al4V 制造的风扇叶片。

图 3.5 Ti6Al4V 材质的飞机风扇叶片
（图片来源：劳斯莱斯股份有限公司）

3.2.2.2 镁及其合金的切削加工

镁及其合金通常能被很好地切削加工，原因在于镁的密度和强度低。由于需要的切削力低，容易断屑，因此可以采用高速切削，而且只有很小的刀具磨损。与切削加工铝相比，刀具的寿命最多可延长 10 倍。

除了良好的切削加工特性之外，切削加工镁仍存在临界点。尤其应注意高爆炸危险，其原因在于镁与氢极易发生反应。因此，在用冷却润滑乳液进行湿式切削加工时，必须注意不能形成临界氢浓度。所以应设有特殊的通风设备和机器消防设备，这样，一方面可以预防在作业空间内生成爆炸气体混合物；另一方面，可以及时发现火灾并将其扑灭。此外，还可以将镁碎屑导入压缩机进行压缩，从而避免碎屑自燃。

在用干式加工法高速切削加工镁时，可能会产生积屑瘤。积屑瘤会增加过程力，而且对部件表面的粗糙度有不良影响。积屑瘤主要发生在含有铝的镁合金上，其原因在于这种合金要求更高的工艺温度，从而增加了合金的可塑性。使用具有高导热性的锋利切削刃散热，以及使用涂层减少摩擦，都是在加工镁时避免产生积屑瘤的有效方法。在干式加工方法中产生的具有高度自燃性的碎屑几乎无法用防火技术加以控制，所以更多地使用冷却润滑剂来切削加工镁。

冷却润滑剂有多种选择，可以使用纯净的油，但是需要更高的开支，因为与使用含水介质的情况相比，油屑混合物的火灾危险性更大；水溶性冷却润滑剂既解决了排出碎屑的问题，又消除了火灾危险，但在冷却润滑液的成分方面，必须注意镁也可以和水反应，特殊的成分可以降低这种反应性。此外，必须保证该乳状液是足够稳定的，因为镁离子的形成会导致水硬度提高，从而引起乳液分解，使其无法使用。通过增强缓冲作用，可以产生氢氧根离子，来减缓 pH 值的升高。行业协会规则 204 “镁处理” 提供了对于处理镁及其合金的安全方面的指示（Schwerin 2002, BGR-05）。

此外，在使用传统的水溶性冷却润滑乳状液时，在刀具和机器上容易形成沉积物，从而带来高昂的清洗和维护成本。在镁加工时，原则上应对所用冷却润滑剂的重要参数进行实时监测，并将浓度保持在合适的范围内。因此，从切削方面来看，加工镁是没有问题的，但镁材的特性决定了在防止火灾和爆炸、监控和制备冷却润滑剂以及处理碎屑（比如压成镁屑球的形状）方面会产生更高的成本。图 3.6 给出的实例是用镁合金 MgAl3Si1 制造的戴姆勒 NAG-2 7 速自动变速器外壳。

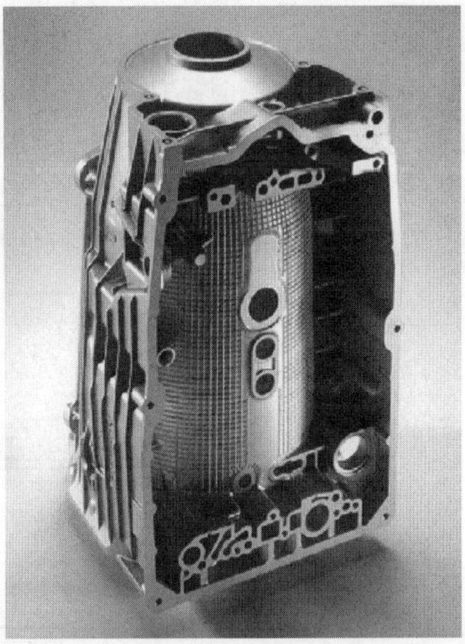

图 3.6 用镁合金 MgAl3Si1 制造的戴姆勒 NAG-2 7 速自动变速器外壳（图片来源：Honsel AG 公司）

如果采取了预防措施，镁却仍然发生了燃烧，切记不能使用水或者含水的灭火剂进行灭火，ABC 干粉灭火剂、二氧化碳和氮气也同样不适用。相反，D 级的灭火剂和灭火粉则适宜使用，如干燥无锈的铸铁切屑、干燥的特种砂以及干燥的镁覆盖剂（Kleiner 2002）。

3.2.2.3 铝及其合金的切削加工

铝合金属于最适宜切削加工的金属。由于铝通常具有较低的切削力、良好的导热性且较低的熔点（500 ℃ ~600 ℃），因此其切削温度低，刀具磨损率也低。铝合金具有良好切削性能的前提是，使用由高速钢、金刚石或硬质金属制造的带涂层或不带涂层的锋利刀具，以及适当的加工策略（干式加工、湿式加工、最小量润滑）。由于硅在铝中的溶解度高，通常不使用以氮化硅为主要成分的陶瓷刀具（Kelly 2001）。

铝合金的可切削性主要通过尺寸、刀具磨损、碎屑排出和表面质量来衡量。

此时，刀具磨损主要是由于硬质材料（如氧化铝、碳化硅或游离硅）的影响造成的。特别是在轻量化结构中使用具有高硅含量的铝硅合金时，由于硬硅晶体的影响，会产生严重的磨粒磨损（Klocke 1999）。

此外，铝加工时的高切削速度和高温会导致铝沾污，以及切削刀具的磨损。

在用冷却润滑液（KSS）切削加工铝时，必须注意，通常用于铁基材料的介质大部分时候并不适用。其原因是，切削加工铝时，被加工表面会迅速地形成高硬度氧化膜，结果导致摩擦和破碎过程，而不是干净的物料分离，而这两个过程会导致切削刃迅速磨损。为了避免这个问题，应添加冷却润滑液添加剂来阻止氧化铝的形成。此外，切削加工铝所用的冷却润滑液必须包含具有强润滑作用和耐压的添加剂，因为铝中含有硅会产生强摩擦和高温现象。而这两点会导致碎屑粘连、积屑瘤以及刀具的严重磨损。由于铝的热膨胀系数很高，因此切削加工铝所使用的冷却润滑液必须能够快速排出工艺热量，以避免部件变形和随后的配合问题。

湿式加工会带来由于购置、准备和处理冷却润滑液产生的高额成本，同时会给人和环境带来负担，因此现在在加工铝时开始尝试用最小量润滑和干式加工法进行切削。

由于干式加工时不使用冷却润滑液，因此必须以其他方式来实现冷却润滑液的功能，这里刀具可以使用其他的切削材料，特别是特殊的硬质材料涂层。硬质材料涂层可以降低摩擦并更好地抵御热负荷和机械负荷。材料在何种程度上适合干式加工，以及在不同制造工艺上建议使用的刀具，可以参考图 3.7。

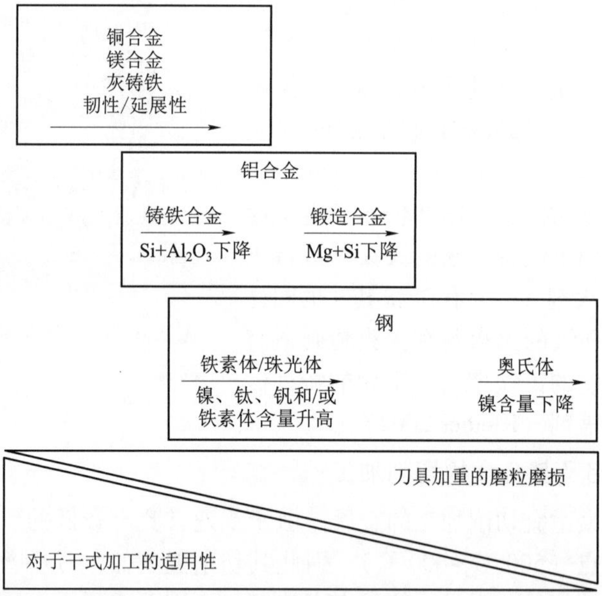

图 3.7　不同工件材料进行干式加工的适用性（Schulte 2000）

用最小量润滑（MMS）可以进行类似的干式加工。最小量润滑是指每个工艺小时的冷却润滑液剂量为 5~50 mL。表 3.3 给出了最小量润滑和干式加工的使用范围。

表 3.3　最小量润滑和干式加工的使用范围

工艺	铝铸造合金	铝锻造合金
钻	最小量润滑	最小量润滑
铰孔	最小量润滑	最小量润滑

续表

工艺	铝铸造合金	铝锻造合金
螺纹切削	最小量润滑	最小量润滑
螺纹成型	最小量润滑	最小量润滑
深钻	最小量润滑	最小量润滑
铣削	干式	最小量润滑
车削	最小量润滑/干式	最小量润滑/干式
滚铣	—	—
锯切	最小量润滑	最小量润滑
拉削	—	—

铝铸造合金无须进行铝锻造合金所需要的粗加工。精密铸造工艺可以进行半成品的近净成型加工，因此只有加工余量需要借助精加工去除。

铝部件的表面质量在很大程度上是由切削工艺产生的热量以及切削之后形成的毛刺决定的（Biermann 2009）。为了避免毛刺以及去除毛刺，应尝试降低切削工艺中产生的热量。在这里，适合使用已经介绍过的湿式加工和最小量润滑加工方法，以及较少见的介质，如二氧化碳雪喷射冷却，或者是修改工艺参数（Weinert 200）。可以看出，提高切削速度能使输入到部件的热量减少，原因是工件和刀具的接触时间缩短了（Richardson 2006，Pabst 2008）。（Biermann 2009）认为，可以用二氧化碳雪喷射冷却法来冷却工件，以此避免工件的屈服应力降低。这种方法可以减少毛刺，提升表面质量。

图 3.8 所示为一个由铝合金制成的气缸体曲轴箱。所使用的合金 AlSi7Mg0.3 的特点是强耐蚀性、高强度和高韧性。壁厚规格为中到大的这种合金也可以用于底盘部件和航天铸件。

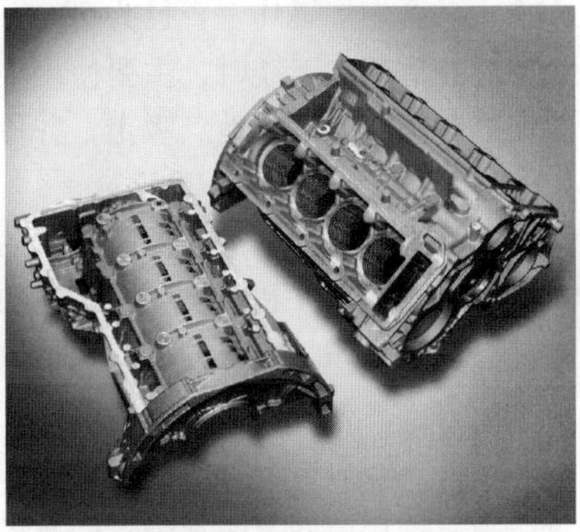

图 3.8　用铝合金 AlSi7Mg0.3 制成的戴姆勒 OM 629 曲轴箱

（图片来源：Honsel AG 公司）

3.3　用未定义几何形状的切削刃进行切削加工

3.3.1　喷水切割

喷水切割是一种切削金属薄板的工艺。与其他射流切割工艺（如燃烧、激光束和电子束切割）相比，这种工艺的优点在于，部件对切削刃区域不会产生任何热影响，可以避免被加工材料的结构因热负荷而改变，从而省去了高成本的后续加工过程；另一个优点是能垂直切割工件表面，而且保持切削刃的清洁，并且一台机器能加工多种材料。

喷水切割可以用来切削不同材料制成的金属薄板。Tico Titanium 公司使用水射流切割系统裁切厚度为 0.05～152 mm 的钛板，长度公差可达到的精度为 0.2 mm。

与电火花线切割相比，水射流切割是有优势的。由于加工时间缩短了 80%～90%，从而使制造成本最多可降低 50%。

在进行喷水切割时，可以区分是否额外添加研磨介质或者进行纯水射流切割。添加研磨介质可以在压力恒定的情况下切削更厚的金属板。在用纯净水进行水射流切割时，如果将压力提高到 5 000 bar（$1\ bar = 10^5\ Pa$）以上，则不用添加研磨介质也可以分离厚度为 1～2 mm 的铝薄板，这样可以大大降低成本。

3.3.2　磨削

在轻量化材料的加工中，磨削被用来进行超精加工和精加工。对铝进行磨削是标准加工，但镁和钛的磨削则不属于标准加工。

前面提到过，镁存在火灾和爆炸危险，因为会产生极细小的碎屑（磨料粉），在磨削加工时特别容易出现危险。如果与空气混合比例超过一定的值，这种混合物在点火后会燃烧爆炸。直径为 50 μm 的镁颗粒的可燃浓度为 15～30 g/m^3。由于存在危险，在磨削加工镁时，主要使用冷却润滑液。如果不能实现湿式磨削，则必须立即将磨料粉从产生的地点吸走，并传送到一个分离器中。在分离器中，可以用水沉淀这些磨料粉（Kleiner 2002）。

对钛进行磨削也是一个特别大的挑战，原因在于钛的物理特性较为突出。产生的高温以及钛部件和磨料颗粒之间的化学反应会引起燃烧和部件表面的污损。局部过热会使磨料颗粒快速钝化，其结果是，它们只会在表面摩擦。其不良后果是产生表面应力，这种应力会导致磨削裂纹，而磨削裂纹又会降低部件的疲劳强度。

因此，在对钛进行磨削时，使用散热性好、不易崩碎的砂轮是非常重要的。为此，适宜使用诸如与陶瓷结合的氧化铝和碳化硅之类的磨削介质。在使用碳化硅砂轮时，必须注意要供给冷却润滑液，因为碳化硅砂轮产生火花的可能性较高。如果切削速度为 300～600 m/min，使用 Al_2O_3 砂轮能达到较好的效果。使用碳化硅砂轮，切削速度可以达到 1 200～1 800 m/min。

如果微粒大小超过一定的尺寸，钛也会像镁一样与氧气发生反应，燃烧产生氧化钛。因此，钛的磨削碎屑同样需要小心处理和使用。

3.4　整　　平

3.4.1　激光加工

用激光束进行切削是指对材料进行非接触式加工且几乎无需力的作用。与冲压和步冲轮廓法不同，这种工艺几乎可以加工出任何轮廓形状的部件，且不需要更换刀具。这种分离工艺精确、切缝小、切割速度高。高工艺速度会产生微小的热影响区，工件的变形程度小。激光切割产生的切割面粗糙度较小（Trumpf 1996），它可以加工处理轻量化材料铝、镁和钛，特别是在金属薄板加工以及与其他的分离制造工艺结合时，在加工中使用了激光。

激光加工可以采用不同的激光类型。其中每一种类型都有不同的特性。气体激光器、固体激光器和半导体激光器（激光二极管）适合用于材料加工。然而，激光切割的领域不局限于固体激光器（Nd：YAG 激光器）。这是由于这些激光器具有高性能，并能够更好地吸收被加工材料的特定波长。此外，加工钛和镁时需注意它们的高反应性，这种反应性使得在加工时不能使用氧气。

然而，激光加工也存在问题，主要表现在以下几个方面。

① 可能会产生残余毛刺；

② 热输入引起的结构变化可能导致硬化，以及由于可能的碳消耗导致的易腐蚀性；

③ 激光切割钛时，由于渗氮可能会引起切削刃硬化和脆化；

④ 剩料粗糙度不合格；

⑤ 切削刃非直角。

除激光加工外，混合加工工艺也是一种重要的加工工艺。这里的混合，指的是使用激光来支持现有的制造工艺，如在车削、铣削或剪切时使用激光。使用激光的目的是，在即将进行分离操作之前加热工艺区，以此软化待加工的工件。图 3.9 所示为正在使用中的激光切割机，以及其他用激光切割生产的板材部件。

（a）

（b）

图 3.9 在一个自由曲面上进行柔性激光切割以及切割好的产品

（图片来源：Trumpf GmbH & Co 公司）

3.4.2 电火花磨削加工

原则上可以对轻量化金属铝、钛和镁进行电火花磨削加工（electrical discharge

machining，EDM），这是可行的。因为这些材料都属于易于切削和分离加工的材料。但钛是一个例外，由于其物理特性，使得其切削加工的成本较高。这就给电火花切削加工提供了更广的应用范围，例如在生产微钻孔的微加工中就使用这种加工工艺（Pradhan 2009）。

3.5　总　　结

轻量化金属材料的分离有多种多样的应用和工艺。这些应用和工艺随着材料的发展不断进步。新应用材料各自的物理特性不断对制造工艺提出新的要求。为了满足这些要求，需采用新的或改进的工艺控制、刀具和刀具涂层，以使加工工艺适应变化的任务。而且必须始终注意，所需的工艺调整（如降低切削速度或者进行高成本的工艺冷却）与经济地进行部件加工在何种程度上能达成一致。

这意味着，虽然可以以任何方式加工新的高硬度合金，但这种加工通常是费时且昂贵的，在工业实践中无法直接应用。制造工艺领域的研究任务是，找到能经济且可靠加工新材料的方法，并使先进的材料能应用到工业生产中。

3.6　附加信息

1. 文献

Abele, *E.*, *Hölscher*, *R.*: Ein Leichtmetall macht's den Zerspanern schwer. Werkstatt und Betrieb, 7-8. Carl Hanser Verlag, München, 2009, S. 46-51

Adamus, *J.*: The Influence of Cutting Methods on the Cut-Surface Quality of Titanium Sheets. Key Engineering Materials, Bd. 334, 2007, S. 185-192

Biermann, *D.*, *Heilmann*, *M.*: Gekühlt zu hoher Güte. Werkstatt und Betrieb, 7-8. Carl Hanser Verlag, München, 2009, S. 36-39

Chen, *M.*, *Liu*, *G.*, *Sun*, *F.*, *Jian*, *X.*, *Yuan*, *R.*: Investigation of Chip Formation Mechanism and Surface Integrity in High Speed Milling Titanium Alloy. Key Engineering Materials, Bd. 233-236, 2003, S. 489-496

Dröder, *K.*: Untersuchungen zum Umformen von Feinblechen aus Magnesiumknetlegierungen. Diss., Leibnitz Universität Hannover, 1999

Ezugwu, *E. O.*, *Bonney*, *J.*, *Yamane*, *Y.*: An Overview of the Machinability of Aeroengine Alloys. Journal of Materials Processing Technology, 134, 2003, S. 233-253

Ezugwu, E. O., Da Silva, R. B., Bonny, J., Machado, á. E.: Evaluation of the Performance of CBN Tools when Turning Ti-6Al-4A Alloy with High Pressure Coolant Supplies. International Journal Machine Tool Manufacturing, 45, 9, 2005, S. 1009-1014

Golovashenko, *S. F.*: A Study on Trimming of Aluminum Autobody Sheet and Development of a New Robust Process Eliminating Burrs and Slivers. International Journal of Mechanical Science, 48, 2006, S. 1384-1400

Häunger, *S.*: Eigenschaftsvergleich von Ziehteilen aus Aluminium-und Magnesiumblech. Diss., TU

München Hieronymus, 2006

Hellwig, *W.*: Spanlose Fertigung: Stanzen. Vieweg & Sohn Verlag, Wiesbaden, 2006

Hoffmann, *H.*, *Kopp*, *C.*: Ermittlung der Schneidparameter für Beißschneiden, Messerschneiden sowie Scherschneiden von Magnesiumblechen. EFB-Forschungsbericht, 273, Hannover, 2007

Hoogen, *M.*: Einfluss der Werkzeuggeometrie auf das Scherschneiden und Reißen von Aluminiumfeinblechen. Diss., TU München, 1999

Kelly, *J. F.*, *Cotterell*, *M. G.*: Minimal Lubrication Machining of Aluminium Alloys. Journal of Materials Processing Technology, 120, 2002, S. 327-334

Kleiner, *S.*: Magnesium und seine Legierungen. 6. Internationales IWF-Kolloquium zur Feinbearbeitung technischer Oberflächen, Egerkingen, 2002, S. 19-28

Klocke, *F.*, *König*, *W.*, *Gerschweiler*, *K.*: Advanced Machining of Titanium and Nickel-base Alloys. Advanced Manufacturing Systems and Technology. CISM Courses and Lecture, 372, Springer Verlag, Berlin/Heidelberg, 1996, S. 7-21

Klocke, *F.*: Fertigungsverfahren Drehen, Fräsen, Bohren. 8. Aufl., Springer Verlag, Berlin/Heidelberg, 2008

Klocke, *F.*, *Fritsch*, *R.*, *Gerschwiler*, *K.*: Machining Titanium Alloys. Fifth International Conference on Behaviour of Materials in Machining, Chester, 2002, S. 251-258

Klocke, *F.*, *Krief*, *T.*: Coated Tools for Metal Cutting-Features and Applications. Keynote Paper, Annals of the CIRP, Bd. 48/2, 1999, S. 515-525

Komanduri, *R.*, *Turkovich*, *B. F.*: New Observations on the Mechanism of Chip Formation when Machining Titanium Alloys. Wear, 69, 1981, S. 179-188

Li, *L.*, *He*, *N.*, *Xu*, *J. H.*: Experimental Study on High Speed Milling of Ti Alloys. Materials Science Forum, Bd. 471-472, 2004, S. 414-417

Pabst, *R.*: Mathematische Modellierung der Wärmestromdichte zur Simulation des thermischen Bauteilverhaltens bei der Trockenbearbeitung. Diss., Universität Karlsruhe, 2008

Paucksch, *E.*, *Holsten*, *S.*, *Linß*, *M.*, *Tikal*, *F.*: Zerspantechnik. Vieweg + Teubner Verlag, Wiesbaden, 2008

Peters, *M.*, *Leyens*, *C.*: Formgebung von Titan und Titanlegierungen. In: Titan und Titanlegierungen. Wiley-VCH Verlag, Weinheim, 2002

Pradhan, *B. B.*, *Masanta*, *M.*, *Sarkar*, *B. R.*, *Bhattacharyya*, *B.*: Investigation of Electrodischarge Micro-machining of Titanium Super Alloy. International Journal of Advanced Manufacturing Technology, 41, Springer Verlag, Berlin/Heidelberg, 2009, S. 1094-1106

Richardson, *D. J.*, *Keavey M. A.*, *Dailami F.*: Modelling of Cutting Induced Workpiece Temperatures for Dry Milling. International Journal of Machine Tools and Manufacture, Bd. 46, Ausg. 10, August 2006, S. 1139-1145

Rothwell, *B.-J.*: Ablagerungsfreies Bearbeiten von Gehäusen aus Magnesium. MM Maschinenmarkt, 2008

Schulte, *K.*: Stahlbearbeitung mit Wendeschneidplatten-Bohrern bei reduziertem Kühlschmierstoff-Durchsatz. Diss., Universität Dortmund, 2000

Schwerin, *R.*, *Joksch*, *S.*: Erfahrungen bei der Zerspanung von Magnesium. 13th Magnesium Automotive and End User Seminar, 2005

Shane, *Y. H.*, *Irel*, *M.*, *Woo-cheol*, *J.*: New Cooling Approach and Tool Life Improvement in Cryogenic

Machining of Titanium Alloy Ti-6Al-4V. International Journal of Machine Tools & Manufacture, 41, 2001, S. 2245–2260

Söhner, J.: Beitrag zur Simulation zerspanungstechnologischer Vorgänge mit Hilfe der Finite-Element-Methode. Diss., Universität Karlsruhe, 2003

Tsai, H.-K., Liao, C.-C., Chen, F.-K.: Die Design for Stamping a Notebook Case with Magnesium Alloy Sheets. Journal of Materials Processing Technology, 201, 2008, S. 247–251

Valerius, E., Riou, A.: New Technologies and Trends in the Cutting Tool Industry. First International HSS FORUM Conference, Aachen, 2005

Wang, Z. Y., Rajurkar, K. P.: Cryogenic Machining of Hard-to-cut Materials. Wear, 239, 2000, S. 168–175

Weinert K., Kersting, M.: Schneesturm vermindert Gratbildung. Technica, 56, 2007, S. 30–32

2. 标准与准则

DIN 50323–2：Tribologie, Verschleiß, Begriffe, 1993 (zurückgezogen, enthalten im Arbeitsblatt 7 der GfT-Gesellschaft für Tribologie)

DIN 503238580：Fertigungsverfahren-Begriffe, Einteilung (2003)

DIN 8588：Fertigungsverfahren Zerteilen-Einordnung, Unterteilung, Begriffe (2003–09)

BGR 204：Umgang mit Magnesium (2005–08)

3. 公司文档

Schuler GmbH：Handbuch der Umformtechnik. Springer Verlag, Berlin/Heidelberg, 1996

SECO：Turning Difficult-To-Machine-Alloys. Technical Guide, 2002, S. 21

Trumpf GmbH & Co.: Faszination Blech. Dr. Josef Raabe Verlags-GmbH, Stuttgart, 1996

4 轻量化金属材料特性的改变

Alexander Erz, Jürgen Hoffmeister, Volker Schulze

在制造技术中，较重要的制造工艺之一是根据 DIN 8580“改变材料特性”实施的工艺。

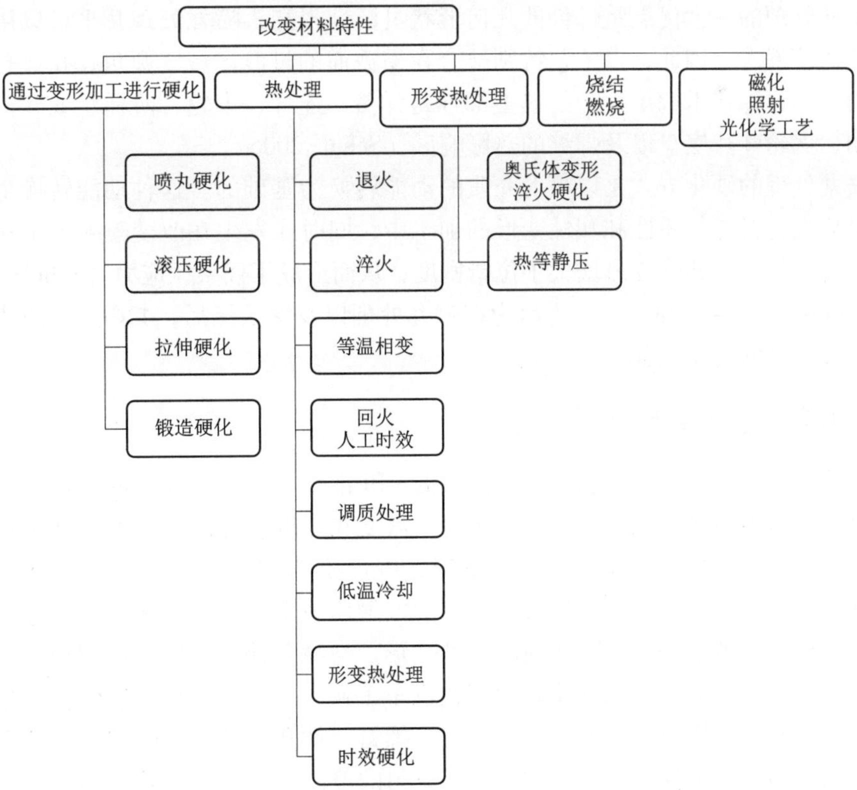

“改变材料特性”制造工艺的分类

几乎所有制造技术工作步骤都会有意或无意地影响半成品和工件的状态。结构方面的状态变化总是会导致材料的机械性能发生变化。

以下章节对提高材料强度的机械工艺以及轻量化金属材料的热处理工艺做了简要的介绍。机械硬化可以利用喷射或滚压方法实现，而热处理则可以采用多种工艺。通过这种方式可以有针对性地影响钢以及轻量化金属（如铝、镁和钛）的特性。

4.1 通过成型加工进行硬化

增加机械工艺的强度是以应变硬化的原理和残余压应力的产生为基础的。两种广泛应用的工艺是喷丸处理和深滚压，下面主要介绍这两种工艺（Scholtes 1989）。

4.1.1 喷丸硬化（喷丸处理）

根据 DIN 8200，喷丸硬化是指表面机械处理，机械处理过程中，具有足够高硬度的不同形状的喷射介质会在不同类型的喷射装置中被加速，然后与待加工的工件（喷丸材料）表面相互作用。根据不同的目的，有不同的工艺。在喷丸硬化中，靠近边缘的部分产生残余压应力和硬化是很重要的；而在其他喷射工艺中，这两点却无关紧要。因此，为了提高可加工性，只使用强度喷丸。

喷丸处理的一大优点是部件的几何形状灵活性很高，喷丸处理几乎可以用于所有复杂的部件上，因此，该工艺特别适合在横截面的过渡区域、圆角、孔或孔的边缘使用。用这种技术批量生产的典型部件是弹簧、连杆、齿轮、阶梯状或开槽的轴和轮轴、涡轮叶片底盘以及焊缝的热影响区（Schulz 2006）。

喷丸处理的硬化方式是以喷射介质的动能转换为基础的。这种动能转换主要发生在对喷丸材料进行弹性和塑性变形的加工中，同时还发生在改变喷射加工对象混乱状态的操作中。塑性变形增大了位错密度，从而形成了残余压应力（Schulz 2006，Berns 2008）。图 4.1 和图 4.2 所示为在喷丸处理以及深滚压后，42CrMo4 的残余应力和显微硬度的变化过程。

4.1.2 滚压硬化（深滚压）

深滚压是一种非切削的制造工艺。根据 VDI 准则 3177，它属于除平辊和上浆辊外的另一种表面精密滚压工艺。深滚压时，需要在靠近表面的地方产生硬化和残余压应力，以提高抗疲劳强度（Schulze 2006，Broszeit 1984）。

在深滚压时，工件和刀具通常在既定的接触压力下滚动摩擦多次，通过这种方式，工件内部会被迫进行不断加强的塑性变形。与喷丸处理相同，这种塑性变形会引起硬化和残余压应力。深滚压被运用在汽车工业，主要用在机械制造，部分用于航天工业。它主要用于加工曲轴、气门杆、螺钉、钻孔、轴、销轴和螺纹部件。由于工艺需要刀具和工件旋转，因此深滚压应用的范围一般限于旋转对称的工件或加工表面（Schulze 2006）。

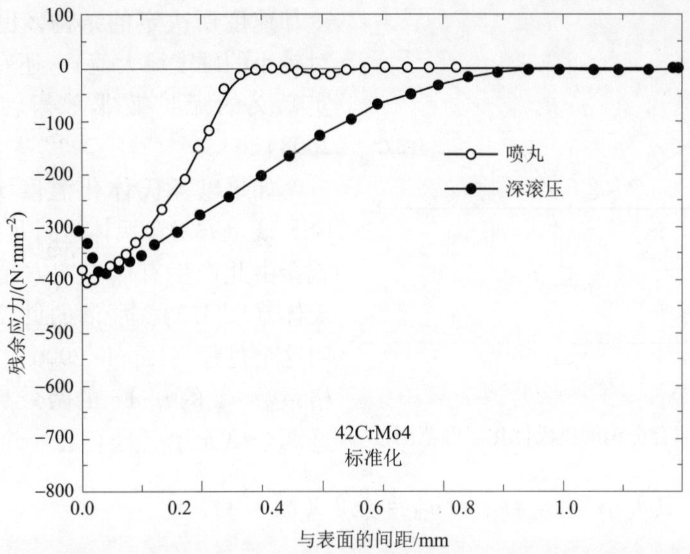

图 4.1 在喷丸处理以及深滚压后，42CrMo4 残余应力的变化过程（根据 Scholtes 1992）

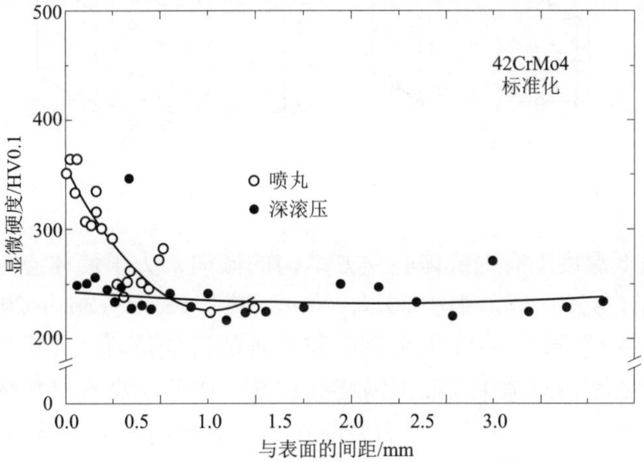

图 4.2 在喷丸处理以及深滚压后，42CrMo4 显微硬度的变化曲线（根据 Scholtes 1992）

4.2 热 处 理

4.2.1 淬火

4.2.1.1 马氏体相变

对钢进行淬火时会使用一种机制，该机制与析出硬化（如对铝合金使用的）有根本性的区别。除了将奥氏体（γ 固溶体，面心立方）非合金钢通过扩散控制的方式平衡转化为 α 固溶体（体心立方）和碳化铁的方法之外（在此过程中，会产生由

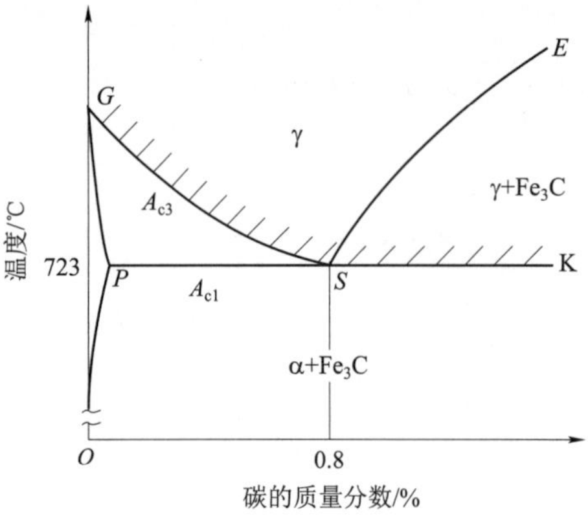

图 4.3　非合金钢的奥氏体化温度范围

冷却速度所决定的结构，也可以得到相对较小的硬度增大值），还有具有重大现实意义的无扩散非平衡转化法（Roos 2008）。

如果以奥氏体化温度 T_A 为基础在 GSK 线上方对奥氏体进行足够快的淬火，就会由此产生有体心四方晶格结构的马氏体（图 4.3）。所谓的贝氏结构可以说明这个过程（Läpple 2006）。考虑到带晶格系数 a_A 的 γ-Fe 的两个基本单元，在这两个单元中已经存在一个潜在的马氏体基本单元，其大小为 $c_M^* = a_A$ 和 $a_M^* = \frac{a_A}{2}\sqrt{2}$（图 4.4）。

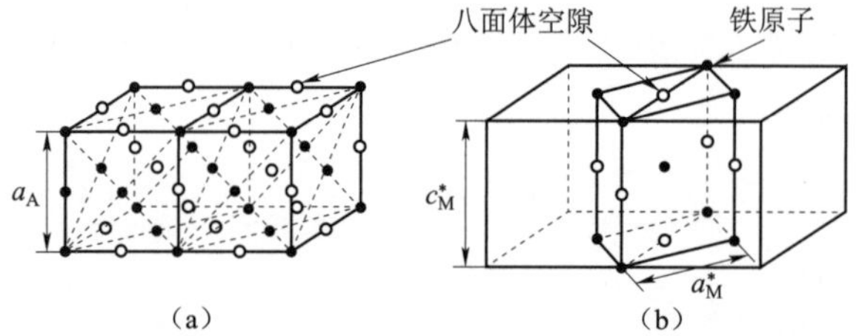

图 4.4　γ-Fe 的两个基本单元和 γ-Fe 带八面体空隙的贝氏结构

由于铁在较低温度下有变成体心立方结构的倾向，为了使体心立方基本单元的大小保持 $c_M = a_M$，必须将 c_M^* 缩小 20%，将 a_M^* 增大 12%（Läpple 2006）。

图 4.4（b）中绘制的 γ-Fe 八面体空隙是碳的可能位置。在贝氏结构中，碳会转移到马氏体的八面体空隙中，而不需要碳扩散。碳原子会在马氏体的八面体空隙中形成对齐 c 轴的“畸变偶极”，因为之前在四方晶格的 a 方向并不存在晶格空隙。因此，这些偶极会导致马氏体发生四方畸变（$c_M > a_M$），这种畸变随着溶解碳含量的增加而加强。

碳含量对晶格常数 c_M 和 a_M 的影响如图 4.5（a）所示。由于面心立方的 γ 固溶体的密度比具有相同碳含量的马氏体更高，因此在奥氏体转变成马氏体时，体积会增加。体积增加连同剪切转变会导致高密度的晶格缺陷（位错），从而使硬度提高。为了强制发生马氏体相变，需要在共析温度下进行过度冷却。使材料部分体积最早发生马氏体相变的温度，叫作马氏体起始温度 M_s。使奥氏体完全转变为马氏体的温度，叫作马氏体结束温度 M_f。如果技术上不能成功保证在低于 M_f 的温度下淬火，则会有奥氏体残留在结构中。随着碳含量的增大，马氏体晶格的畸变加强，马氏体相变所必需的过度冷却增加，M_s 和 M_f 将持续下降［图 4.5（b）］。

碳含量大于 0.5% 的非合金钢的 M_f 低于 20 ℃。在室温下淬火时，总会有奥氏体残留。

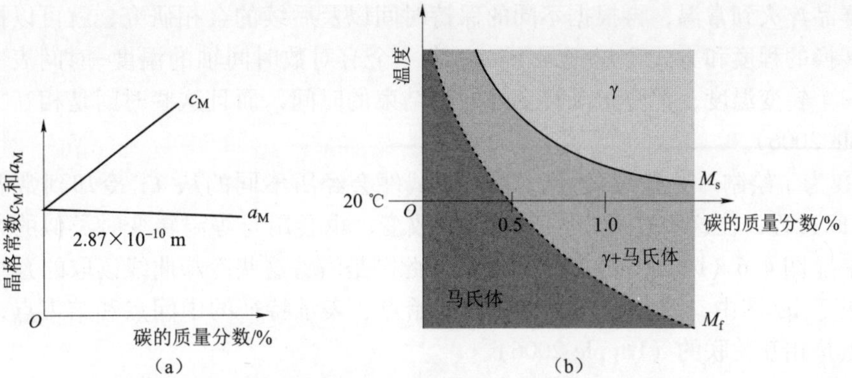

图 4.5　晶格常数 c_M 和 a_M，碳含量对马氏体起始温度（M_s）和马氏体结束温度（M_f）的影响

4.2.1.2　时间–温度转变图（TTT 图）

通过对从 γ 固溶体区域过渡到室温下的过程进行温度控制，可以明显影响结构的组成，尤其会影响钢的机械特性。严格地说，$Fe-Fe_3C$ 图只适用于持续缓慢加热和冷却，因此对于与对应技术相关的钢材来说，时间–温度转变图（TTT 图）是必要的，这种图解可以对转变过程进行现实评估（Gobrecht 2001，Bargel 2000，Läpple 2006）。

原则上可以采用两种冷却方法：

① 为了绘制一幅等温 TTT 图，会将钢试件从奥氏体转化温度 T_A 迅速冷却到不同的转化温度 T_u，并且保持在这个温度［图 4.6（a）］。通过使用高温显微镜，或

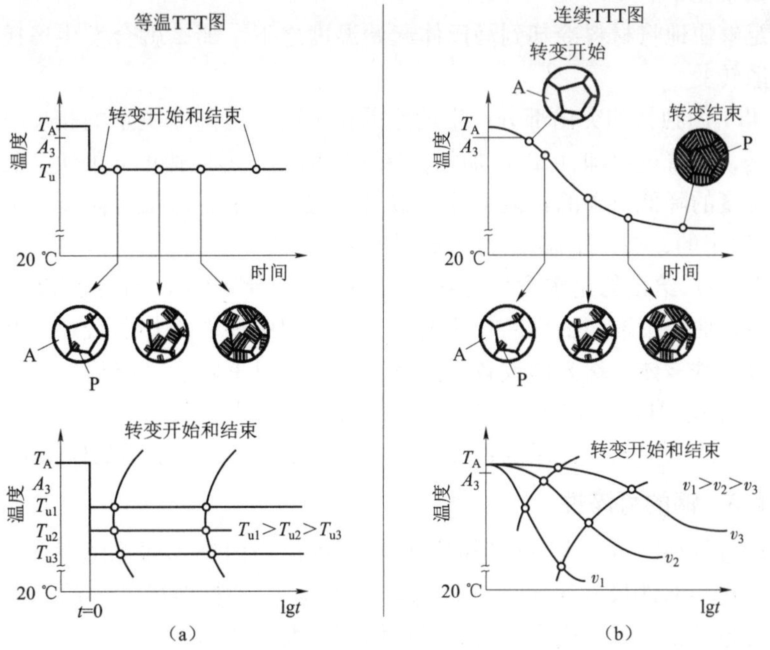

图 4.6　测定等温 TTT 图和连续 TTT 图的实验过程

者把样品淬火到常温，再根据不同的保持时间以及后续的金相研究，就可以按照时间将转换的程度和方式定量记录下来。在一个有对数时间轴的温度-时间表中，对于每一个转变温度，都应记录转变开始和结束的时间，而且这些时间是相互关联的（Läpple 2006）。

② 为了绘制一张连续的 TTT 图，钢试件会经历不同的从 T_A 冷却到常温的温度-时间过程，在这些过程中发生的结构改变，也会用与等温转变时类似的方法记录下来［图 4.6（b）］。各个冷却曲线（此图是沿着这些冷却曲线读取的）会绘制在一张 T-lg$t$ 图中，图中标注了转变的起始点、表示特征的中间点和结束点，而且这些点是相互关联的（Läpple 2006）。

无论在等温 TTT 图中还是在连续 TTT 图中，来自 Fe-Fe_3C 图的与各个合金都相关的 A_1 温度和 A_3 温度都被作为横坐标的平行线画出。此外，马氏体起始温度会一直被记录到有马氏体形成的时间。

图 4.7（a）为碳含量为 0.45% 的非合金钢的等温 TTT 图。下面将根据这个等温 TTT 图对基本规律性做较为详细的阐释。如果转变温度高于 550 ℃，由于奥氏体晶界有异质形核，因此会首先产生铁素体（先共析出铁素体）。在后来生成珠光体时，相间排列的铁素体薄层和渗碳体薄层同样从奥氏体晶界开始生长，并进入奥氏体矩阵中。转变温度越低，珠光体的条纹越细。

当温度处于大约 500 ℃和马氏体起始温度之间时，开始形成贝氏体。贝氏体是一种独特的结构，由碳含量过饱和的贝氏体铁素体和碳化物构成。这种碳化物，根据其是否在更高或者更低的温度中形成，会沉淀在针状铁素体的边缘或者均匀地沉淀在针状铁素体中。

如果足够快地将材料冷却到马氏体起始温度之下，那么就会发生奥氏体到马氏体的无扩散转变。

等温 TTT 图独特的突出部分产生的原因在于两个由温度决定的相反过程。其中一个过程是，随着过冷却（ΔT）加强，珠光体的晶核形成速度 c 加快。另一个过程是，随着温度的降低，碳的扩散系数 D 以及与之相关的扩散能力降低。但转变速度是由 $c \cdot D$ 决定的，在一个温度范围内特别高。

图 4.7（b）给出的是碳含量为 0.45% 的非合金钢 C45E 的连续TTT 图。此图应沿记录的冷却曲线读取。临界冷却速度 $v_{临界}$ 是指图中最右冷却曲线的冷却速度，这种温度下没有铁素体、珠光体或者贝氏体产生。室温下转变完成后所产生的硬度值（在此为维氏硬度 HV），用填写在冷却曲线末端圆圈中的数字表示。在冷却曲线与转变区域下边缘的交点处记录的数字，表示的是相应形成的结构的体积分数。

4.2.1.3 钢的可淬性

在对钢进行马氏体淬火时得到的硬度和强度值是由奥氏体化温度、时间、冷却速度、钢结构和工件尺寸决定的（Läpple 2006）。由于材料横截面的局部冷却速度不同，只要超过临界冷却速度 $v_{临界}$，马氏体相变发生的时间就会改变，如果冷却速度太低，就不会再发生完整的马氏体相变。因此，只有当试样内部达到比临界冷却

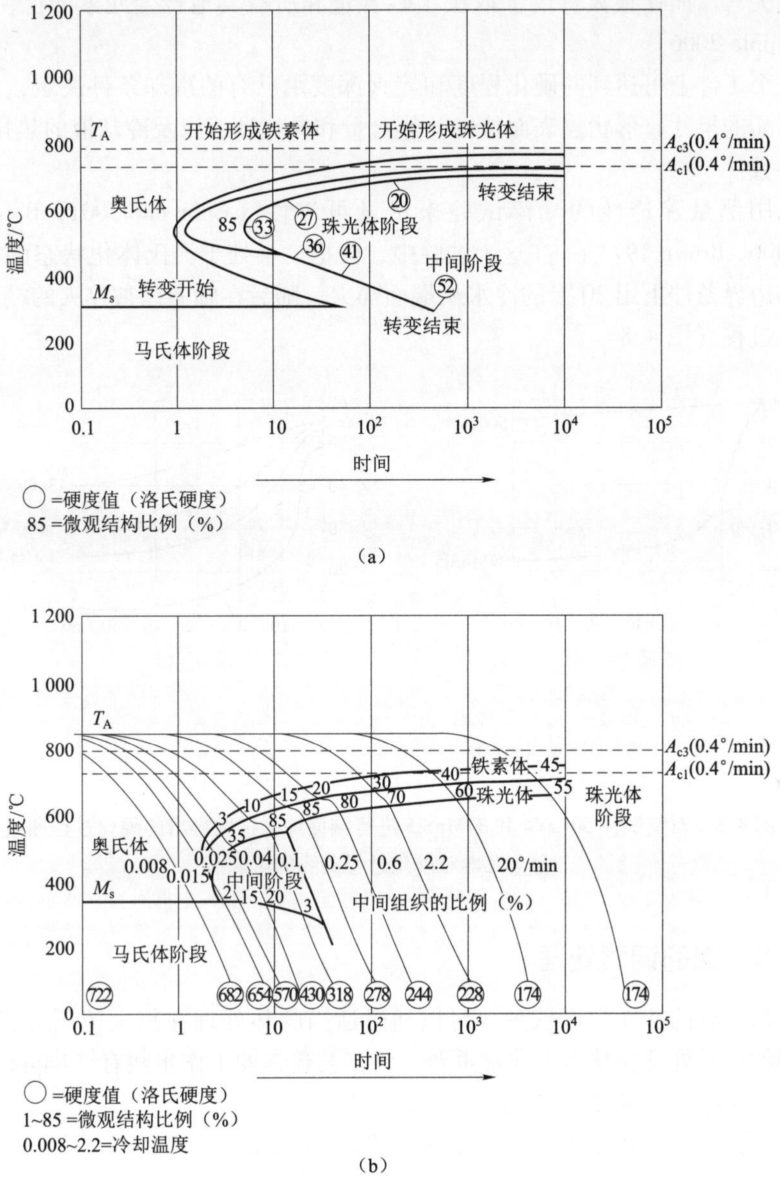

图 4.7　C45E 的等温 TTT 图和连续 TTT 图

速度 $v_{临界}$更高的速度时，才能保证较大尺寸的工件得到完全硬化。后者（临界冷却速度 $v_{临界}$）在很大范围内会受到合金元素的影响。

钢的可淬性是指，钢在能完全或部分生成马氏体的冷却速度下，从 T_A 冷却到常温后，其硬度增加的程度（Bargel 2000，Läpple 2006）。

此时，淬硬性是指在这点上通过最高冷却速度获得的最大硬度值。这个最大硬度值主要是由在奥氏体化温度下的溶解碳含量决定的（Bargel 2000，Läpple 2006）。

相反，淬透性指的是淬硬深度曲线，其与局部达到马氏体所要求的临界冷却速度紧密相关，从而在很大程度上取决于碳含量和所有其他合金元素的比例（Bargel 2000，Läpple 2006）。

在一个工件上可达到的硬化程度和淬火深度由已有的冷却条件决定，这取决于工件或样品的尺寸、形状、表面特性、热含量和导热性，以及冷却液的热排出效率，即传热系数。

可以用测量淬透性的端淬试验来定量可淬性（Gobrecht 2001，Bargel 2000，Läpple 2006，Brown 1973）。在这个试验中，会把一个处于奥氏体化状态的柱形样品在定义的边界条件下用20 ℃的冷水从端面淬火，随后在轴向以被淬火的端面为基础测量硬化过程（图 4.8）。

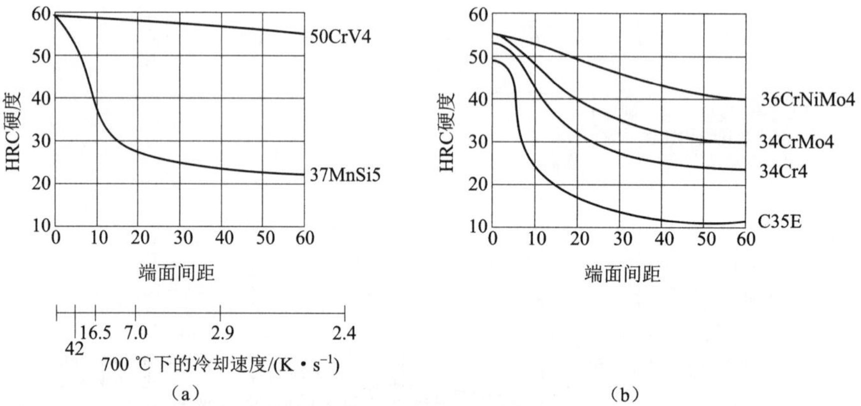

图 4.8 对钢试件 50CrV4 和 37MnSi5 进行端面淬火试验得出的硬化过程曲线

合金元素对硬化过程曲线的影响

4.2.2 钢的调质处理

淬火回火钢的特性和机械参数可以通过适当的热处理在很大范围内进行调整。因此，钢的调质处理在技术上非常重要。该工艺包含的工作步骤有（Läpple 2006）：

① 马氏体淬火（4.2.1 节）；

② 在低于 A_1 的回火温度 T_{An} 下回火［图 4.9（a）］。

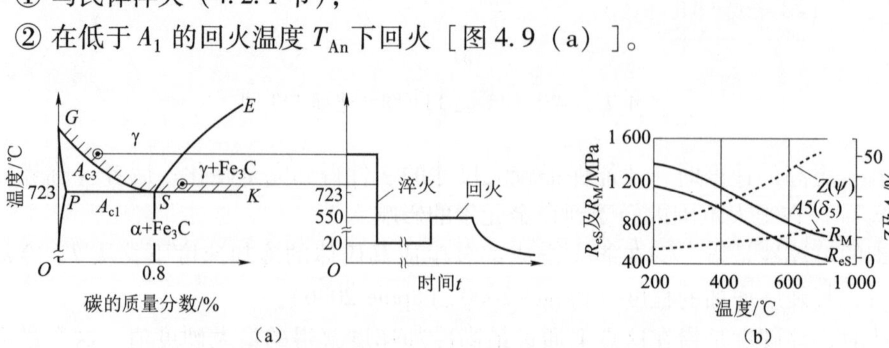

图 4.9 调质处理的工艺步骤和 25CrMo4 的调质处理图

回火时，根据合金成分以及选好的温度和时间，会有不同的过程。划分回火阶段，其温度范围会根据材料和回火时间转变为较高或者较低的温度。当温度在 80 ℃左右时，溶解在马氏体中的碳原子会在晶格畸变减少的情况下积聚成族。在第一回火阶段（80 ℃≤T_{An}≤200 ℃），从非合金钢和低合金钢的马氏体中会产生所谓的 ε 碳化物（$Fe_{2.4}C$）和一种碳含量与铁素体的平衡浓度不同的马氏体 α'。这是在体积膨胀率低和硬度降低的情况下发生的。当非合金钢的温度在 200 ℃~320 ℃、低合金钢的温度低于 375 ℃时，便出现了第二回火阶段。在此阶段中，由于马氏体淬火而形成的残余奥氏体（如果存在）会分解。除了碳化物之外，还会形成 α''铁素体族，它们的碳含量不同，相应的平衡阶段也不同。特定的合金添加物，例如铬，会把残余奥氏体分解的温度变得更高（Läpple 2006）。

在第三回火阶段（320 ℃≤T_{An}≤520 ℃）才会形成铁素体和渗碳体的平衡结构，此时才能得到相对较高的硬度。某些合金组合可能会在第二和第三回火阶段发生另外的离解和析出过程，这些过程减少了对缺口冲击强度的影响（回火脆化）。如果合金所含的碳化物形成元素（如钒、钼、铬和钨）的比例足够高，那么在第四回火阶段（温度在 450 ℃~600 ℃时）会产生均匀分布的特殊碳化物和/或混合碳化物。这些碳化物会使硬度再次提高（二次硬化）。这种合金被称为热作模具钢（Läpple 2006）。

在回火处理图示中，回火温度被认为是钢最重要的机械参数。通常情况下，抗拉强度 R_m 和屈服极限 R_{eS}可以作为强度参数。如果材料的屈服极限难以确定，那么就可以指定蠕变极限（如 $R_{p0.2}$）。通常使用标准样品的断裂伸长率 A5 或 A10（或者任意几何形状样品的断裂伸长率 δ）和断面收缩率 Z（或 ψ）来描述韧性。图 4.9 所示实例展示了回火淬火钢 25CrMo4 的调质处理图（Läpple 2006）。

4.2.3 钢的化学工艺

热化学工艺，在德国工业标准 DIN EN 10052 中也称为热化学处理，指的是在处理过程中会改变边缘层化学构成的工艺，可分为需要后续热处理的工艺（如表面淬火）和不需要另外热处理的工艺（如渗氮）（Läpple 2006）。关于退火温度、时效温度及其相应时间的说明，请参考德国工业标准 DIN 65084。

1. 表面淬火（渗碳+淬火）

渗碳适用于含碳量很低的钢材（绝大部分情况低于 0.2%），这样的钢材在初始状态下不能淬火，其中包括合金的或非合金渗碳钢，以及含碳量很低的易切削钢（Gießmann 2005）。渗碳会为边缘层补充以后淬火所需的含碳量，在此过程中，含碳量会上升到 0.7%~0.9%。这是通过在温度高于 A_{c3}（850 ℃~1 050 ℃）的碳释放环境中，即均匀的奥氏体区域，对工件进行较长时间的退火来实现的。渗碳时，可以使用不同的渗碳介质。根据物态，它们可以分为固态、液态和气态渗碳介质（Läpple 2006）。

目前，在气态渗碳时，使用保护气体和反应气体的渗碳是技术上最重要的变型

（Gießmann 2005）。可以通过压力、温度和碳浓度对炉内气氛中的碳扩散进工件表层进行控制。最先进的技术是碳势控制的气态渗碳，这是目前最有效的技术（Gießmann 2005）。炉内气氛由惰性气体和碳排放成分（即所谓的富集气）组成。DIN 17022 中说明了众多的供气类型。选择工艺时需要考虑技术和经济方面的因素。目前供气类型的概况可以参阅相关参考文献（Edendorfer 1994）。

2. 渗氮

渗氮和氮碳共渗是与渗碳相似的提高表面硬度的工艺。氮原子（而非碳原子）通过扩散作用被引入表面层，以形成氮化物。通过这种方式，直接形成了坚硬的表面层，而渗碳只是为材料的可淬性提供先决条件。此时的处理温度应该低于铁氮合金系的共析温度，最好为 480 ℃～550 ℃。由于温度相对较低，在这里不会发生相变。由钢、铸钢、铸铁和钢粉末烧结材料制成的部件可以进行渗氮和碳氮共渗处理。要达到的表面硬度和渗氮层厚度，在很大程度上是由形成氮化物的合金元素（铬、钒、钼、铝、钛）的比例和材料的结构状态决定的（Gießmann 2005）。

4.2.4 时效硬化

通过对带着极小的、均匀分布的粒子结构进行有针对性的调整，可以提高许多铝合金的强度和硬度。此时，可利用析出硬化的效果。析出硬化以扩散控制的离解过程为基础，因此也被称为离解硬化。此时，必须选择随着温度升高溶解性会变强且常温下在平衡状态中至少包含两个金相的合金系（Gobrecht 2001）。下面将说明铝铜合金系的析出硬化。与其他合金不同，如铝镁硅合金，这种合金的优点在于耐热强度高（Ostermann 1998）。含铜合金的耐蚀性低，而且铝铜合金的可焊性也有限（Bargel 等人 2000，Fahrenwaldt 2009）。

时效硬化机制是以过饱和固溶体的产生以及随后的时效为基础的。在德国工业标准 DIN EN 515 中，提到了不同的热处理方法。原则上，可以用在热成型温度下淬火或者固溶退火的方法来产生过饱和固溶体。下面会进一步介绍这两种方法。时效硬化工艺包含以下三个步骤（图 4.10）：

① 固溶退火（或者均质化），使 α 固溶体中的合金成分溶解（第一阶段）；

② 淬火，用来调整室温下溶解的合金元素和空位过饱和的 α 固溶体（第二阶段）；

③ 最终时效，目的是有针对性地析出。温度在 80 ℃以上被称为人工时效（第三阶段），另一种为自然时效。

1. 固溶退火

固溶退火时，通过扩散过程使合金成分尽可能全部溶解。应尽可能选择高退火温度，因为随着温度的升高，铜原子完全溶解到 α 固溶体中的时间会缩短。然而，退火温度应该低于共熔结构成分的熔化温度，目的是避免这些结构成分在可能已存在的偏析（浓度不均匀性）中熔化。根据合金的不同，退火温度在 470 ℃～560 ℃内（Ostermann 1998）。延长退火时间不能平衡过低的退火温度。

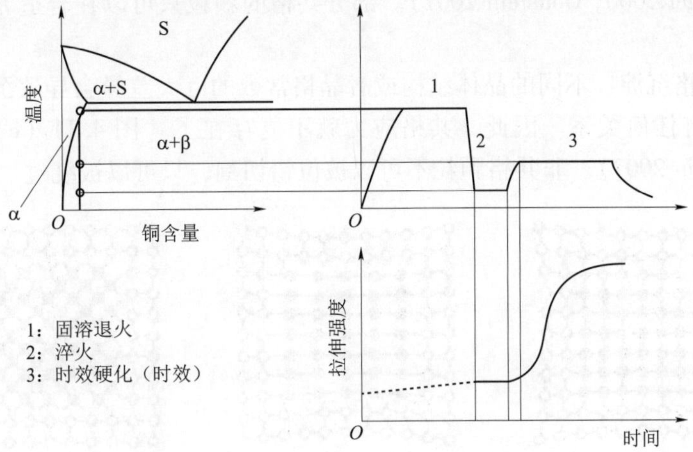

图 4.10　以铝铜合金系为实例的沉淀硬化原理（根据 Bargel 2000）

固溶退火时间是由结构的细粒度决定的，结构粒度越细，时效硬化的成分就溶解得越快、越完全。此外，铸铁合金的结构会达到均质化，即溶解在 α 固溶体中的合金成分的偏析将得到平衡。对不同合金及半成品类型的退火温度及时间的说明，可以参阅 DIN 29850 以及 Kammer 2002。

2. 淬火

淬火抑制了进一步的扩散过程，防止过饱和固溶体的离解，即所谓的 α 固溶体的“冻结”（Ostermann 1998）。此时要尽可能快地将温度从固溶退火温度降到大约 200 ℃。所有合金元素都必须溶解，目的是在时效硬化时较大限度地增加强度。在此过程中，同时会产生合金元素过饱和而空位浓度最高为 10^{-3} ~ 10^{-4} 的 α 固溶体，实质上，这个空位浓度高于室温下的平衡浓度（10^{-10} ~ 10^{-12}）（Gottstein 2007）。

3. 人工时效

通过前两个步骤，即固溶退火及淬火，生成了外来原子和空位过饱和的固溶体。通过析出过饱和溶解的外来原子，这种固溶体又会接近多相的热力学平衡状态。导致这种由温度和时间决定的状态形成的“流动过程”是利用外来原子通过空位扩散来实现的，使所希望的沉淀物的形成（或者通过自然时效，或者通过人工时效）成为可能。在温度远低于偏析带时进行的时效处理，会导致共格沉淀物、部分共格沉淀物以及非共格沉淀物的形成。

图 4.11 简化了各种亚稳相（a）、（b）和稳定相（c），并介绍了它们融入基质晶格的情况。在此，分为以下几类：

① 共格沉淀物：沉淀物与基质晶格之间的方位一致，但仍有略微不同的晶格常数，这些常数会引起很大的相干应力［图 4.11（a）］（Bargel 2000，Gottstein 2007）。共格颗粒可以被位错切割和绕过。

② 部分共格沉淀物：沉淀物和基质晶格之间的方位相似，但是晶格常数的差异非常大，因此晶格之间的关系被打乱。这会导致基质晶格的应力偏小［图 4.11

（b）］（Bargel 2000，Gottstein 2007）。部分共格的颗粒只可以在合适方位的平面被位错切割。

③ 非共格沉淀：不同的晶体结构或者晶格常数的巨大差异会导致沉淀物和主晶格之间不再有任何关系。因此，共格应力就不复存在了［图 4.11（c）］（Bargel 2000，Gottstein 2007）。非共格颗粒不可以被位错切割，只可以被绕过。

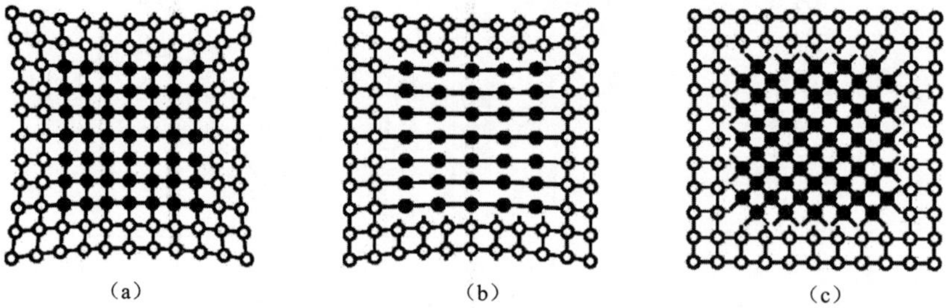

图 4.11　沉淀物与基质之间的共格关系
（a）共格；（b）部分共格；（c）非共格

颗粒硬化的原则是颗粒与位错之间的相互作用。根据颗粒的尺寸 d 和间距 l，这些颗粒能被滑动的位错切割或绕过（Bargel 2000）。彼此间距相对较小的共格粒子更容易被切断［图 4.12（a）］（Bargel 2000）。在第一步中，位错会移向沉淀物。在第二步和最后一步中，沉淀物会被位错切割和剪断（Gottstein 2007）。强度的提升是由于应力增加引起的，这种应力是克服颗粒的相干应力以及推动位错线穿过沉淀物所必需的。因为，在此工艺中，有效地减小了屏障表面，因此与发生在相邻滑移面的位错相比，沉淀物更容易被相同滑动面的位错穿过。此时，变形集中在少数几个

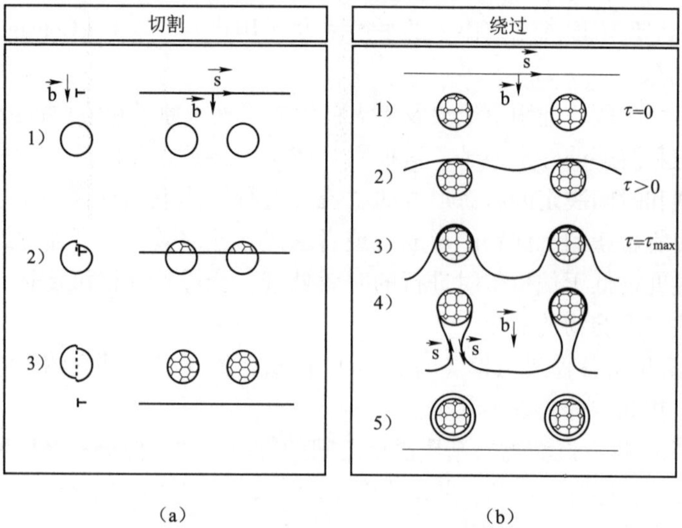

图 4.12　位错与颗粒的相互作用（以刃型位错为例）
（a）共格颗粒的切割；（b）绕过颗粒

滑移面上，被称为粗滑移。

在留下位错环的情况下，会绕过更进一步彼此分开的共格和非共格颗粒［奥罗万机制，图 4.12（b）］（Bargel 2000）。首先是位错的继续运动在颗粒区域受阻，并因此弯曲；然后，不同符号的位错段会在沉淀物后面的区域合并，从而留下一个围绕沉淀物的位错环和一个继续推进的位错。强度的提高与应力是相适应的，使位错线弯曲、形成位错环所必需的正是这种应力。这种情况下所需的奥罗万应力与弗兰克-里德源的源应力的计算方式相似。随后在相同滑移面产生的位错，在穿过沉淀物周围留下的位错环时，会遇到比在相邻滑移面更强的阻力。许多滑移面被激活，但只是被细小地切割，因此被称为细滑移。

对于共格粒子，应使用切割或绕开这类机制来处理。需要对这种机制施加的应力较小，即在能源方面最有利。图 4.13 所示为颗粒大小与处理共格沉淀物所需要施加的剪切应力之间的关系。最大强度正好出现在临界颗粒直径 $d_{临界}$ 时，处于临界颗粒直径时，会出现由切割工艺向绕开工艺的过渡。非共格颗粒总是会被绕开。

时效温度和时效时间决定了沉淀物的不同金相组织（图 4.14）。

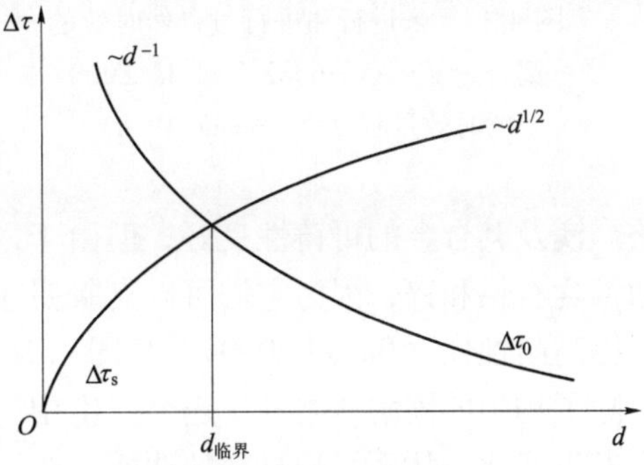

图 4.13　在颗粒含量恒定的情况下，切割（$\Delta\tau_S$）和绕过（$\Delta\tau_0$）共格沉淀物所需的应力量

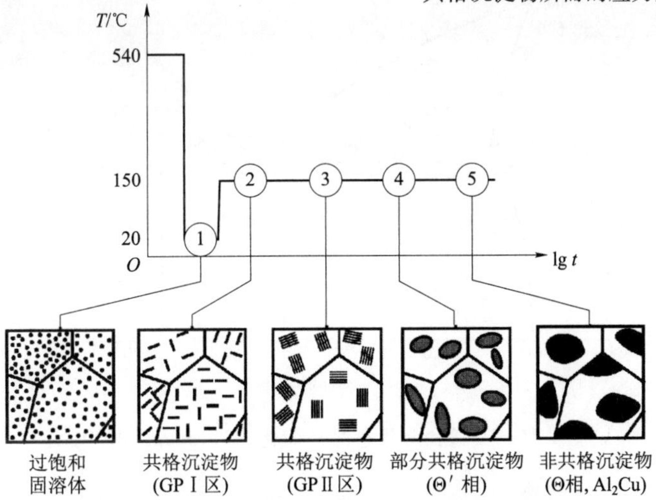

图 4.14　淬火后，时效硬化铝铜合金的阶段示意图

图 4.15 以一种实践中使用的材料铝合金 EN AW-6082（AlSi1MgMn）为例，介绍了时效过程。

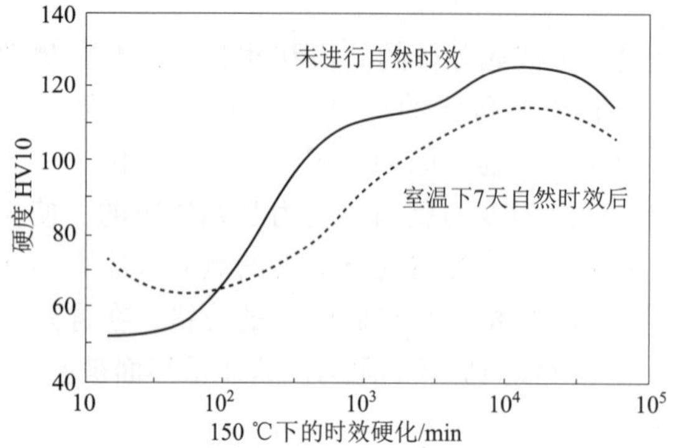

图 4.15 未进行和进行过自然时效的铝合金 EN AW-6082（AlSi1MgMn）的时效过程（Ostermann 1998）

4.2.5 镁合金的时效硬化

镁较易发生化学反应，因此在对镁进行切削加工和浇铸时，有特殊的（法律规定的）防自燃保护措施（Gobrecht 2001，Bargel 2000）。由于镁的强度较低，因此应用很少，如用于牺牲阳极。相反，镁合金却可以被时效硬化，并表现出足够好的强度（见第 2 册第 4 章）。德国工业标准 DIN 1729-1 统一了镁锻造合金的规格，德国工业标准 DIN EN 1753 统一了镁铸造合金的规格。镁及其合金的可铸性良好，但由于六方晶格结构，它们的可成型性差。镁合金通常含有铝和锌，因为它们可以克服韧性低和缺口敏感性高的缺点；含有锰元素，可以提高耐蚀性（Bargel 2000）。从图 4.16 和图 4.17 可以看出，镁锌合金有多种金相。除了均匀的固溶体之外，还会产生中间相。在对这些合金进行热处理时，相分布会发生变化，从而影响材料的性能。在固溶退火和快速淬火状态下，合金的韧性最强。通过慢速冷却，可以达到最高强度（Bargel 2000）。

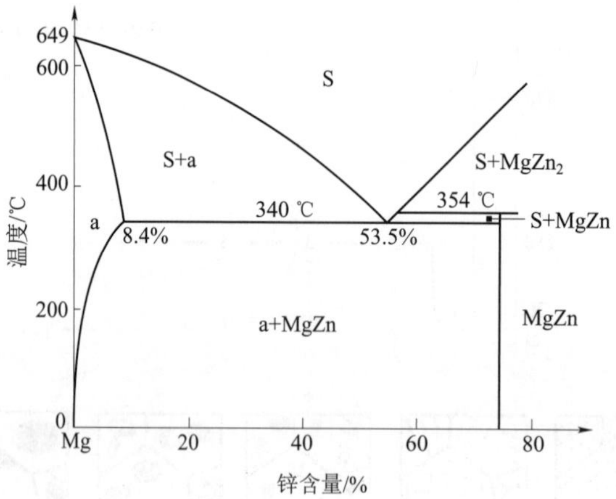

图 4.16 镁锌合金状态图（简化图）（Bargel 2000）

4.2.6 钛合金的淬火和热机械处理

钛具有高强度和优良的耐蚀性（Bargel 2000），但并不是因为本身为普通金属的钛很稳定，而是牢牢附着的氧化层在保护这种材料。钛会与氧形成固溶体，这种固溶体在热处理或热成型时会导致边缘层出现不期望的脆化（见第 2 册第 5 章）。因

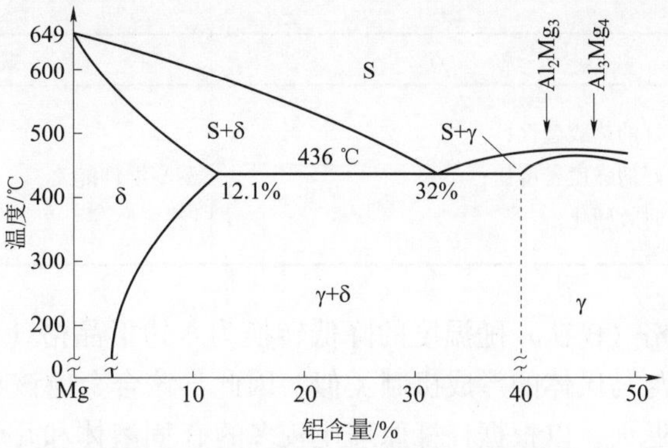

图 4.17 镁铝合金状态图（Bargel 2000）

此，对于不能精加工的或非常小的工件，必须在真空中或在惰性气体中进行铸造或热处理。与镁相同，钛在室温下也具有六边形结构（α 相），因此，仅有中等的冷成型性。在高于 882 ℃的温度下，钛会转变为体心立方 β 相，可以通过添加合适的合金元素（如钒）来稳定这种相（Bargel 2000）。图 4.18 给出了其他添加合金元素的影响。可生产单相（α 相或 β 相）或者多相（α+β）合金，它们的基本特征显著不同（表 4.1）。DIN 17851 中定义了钛合金的化学构成以及名称。钛合金的淬火是以奥氏体淬火和析出硬化机制为基础的。

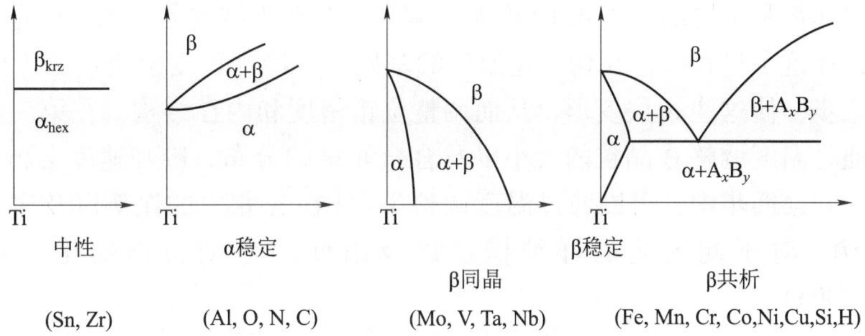

图 4.18 合金元素对钛合金状态图的影响（Roos 2008）

表 4.1 钛合金的特性（Bargel 2000，Roos 2008，Lütjering 2003）

合　金	优　　点	缺　　点
α 钛	① 良好的可焊性； ② 低蠕变倾向； ③ 良好的耐高温性能	① 中低等硬度； ② 中等冷成型性； ③ 无法热处理
β 钛	① 极好的振动疲劳强度； ② 较高的强度； ③ 良好的冷成型性； ④ 可时效硬化	密度高

续表

合 金	优 点	缺 点
α+β 钛	① 良好的热成型性； ② 良好的强度密度比； ③ 可时效硬化	耐高温性能差

在体心立方晶格（β 钛）随温度的降低转换为六边形晶格（α 钛）时，会发生一个剪切过程，这与马氏体的形成机制类似。因此，该合金应该在 β 固溶体的相边界下面的两相区被退火，以根据杠杆原理使较多的 β 固溶体和几个 α 固溶体达到平衡。β 固溶体的相边界以上的热处理将形成不希望的粗颗粒（Bargel 2000）。接下来将合金淬火到常温，就会导致相变，从而使结构中的 α 固溶体占较大比例。在此过程中出现的晶格剪切，会使硬度有少许增加。对钛合金进行淬火的第二机制充分利用了这一事实，即 β 稳定的合金元素在新形成的 α 固溶体中过饱和。通过回火，会析出一种相干的 β 相（β 同晶状态图）和一种金属间化合物（β 共析状态图），这两种形态都会导致强度进一步提高（Bargel 2000）。

另一种改变 α+β 钛合金特性的方法就是调整微观结构。通过适当的加工，可以形成层状的、双模式（“双重的”）或等轴的微观结构。一般来说，这个工艺包括 4 个连续的步骤：均质化、变型、再结晶和回火。根据所希望得到的结构，每一步的温度和时间都是不同的。图 4.19 说明了调整一个双重结构的工艺。首先，在 β 相中均质化，在这个过程中，在均质化温度的基础上，冷却速度会决定产生的 α 层的宽度。第二步，使这些 α 层变形，从而调整位错密度和内在结构。在第三步再结晶中，可以通过温度调整 β 晶粒的大小以及合金元素的分布，冷却速度会再次确定 α 层的宽度。在第四步中，可以通过温度调整 Ti_3Al 在 α 相中的比例以及次生 α 在 β 相中的比例。对于此工艺的详细描述以及由此产生的特性变化，可以参阅（Lütjering 2003）。

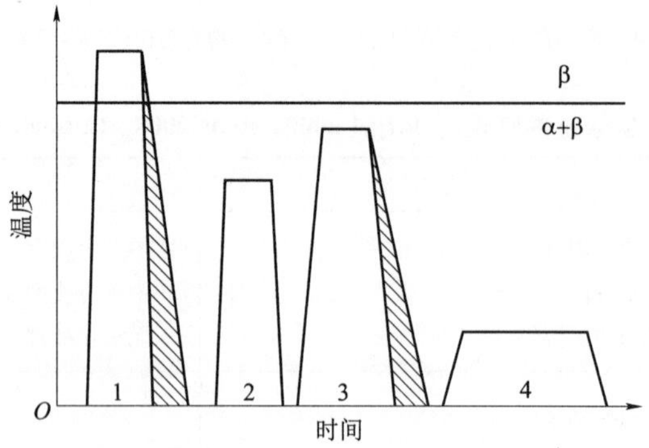

图 4.19 对 α+β 钛合金双重结构的调整（示意图）
（根据 Lütjering 2003）

4.3 总 结

借助热处理、热化学工艺和/或表面机械加工工艺可以有针对性地改变金属材料的特性。借助这些工艺才有可能将材料应用在轻量化结构上。

4.4 附加信息

1. 文献

Bargel, H.-J., Schulze, G.: Werkstoffkunde. Springer Verlag, Berlin/Heidelberg, 2000

Berns, H., Theisen, W.: Eisenwerkstoffe-Stahl und Gusseisen. Springer Verlag, Berlin/Heidelberg, 2008

Broszeit, E.: Grundlagen der Schwingfestigkeitssteigerung durch Fest-und Glattwalzen. Zeitschrift für Werkstofftechnik, 15, 1984, S. 416-420

Brown, G. T., James, B. A.: The Accurate Measurement, Calculation, and Control of Steel Hardenability. Metallurgical and Materials Transactions B, 4, 10, 1973, S. 2245-2256

Edendorfer, B., Lerche, W.: Entwicklungen in der Verfahrens-und Prozesstechnik der Gasaufkohlung. HTM, 49, 2, 1994

Fahrenwaldt, H.-J., Schuler, V.: Praxiswissen Schweißtechnik. Vieweg + Teubner verlag/GWV Fachverlage, Wiesbaden, 2009

Gießmann, H.: Wärmebehandlung von Verzahnungsteilen. Expert Verlag, Renningen, 2005

Gobrecht, J.: Werkstofftechnik Metalle. Oldenbourg Wissenschaftsverlag, München, 2001

Gottstein, G.: Physikalische Grundlagen der Materialkunde. Springer Verlag, Berlin/Heidelberg, 2007

Kammer, C.: Aluminium-Taschenbuch. Aluminium-Verlag, Düsseldorf, 2002

Läpple, V.: Wärmebehandlung des Stahls. Verlag Europa-Lehrmittel, Hann-Gruiten, 2006

Lütjering, G.: Titanium. Springer Verlag, Berlin/Heidelberg, 2003

Ostermann, F.: Anwendungstechnologie Aluminium. 2. Aufl., Springer Verlag, Berlin/Heidelberg, 2007

Roos, E., Maile, K.: Werkstoffkunde für Ingenieure. Springer Verlag, Berlin/Heidelberg, 2008

Scholtes, B., Macherauch, E.: Randschichtzustände von normalisiertem und vergütetem 42CrMo4 nach konsekutiven Kugelstrahl-und Festwalzbehandlungen. Materialwissenschaft und Werkstofftechnik, 23, 1992, S. 388-394

Scholtes, B., Vöringer, O.: Grundlagen der mechanischen Oberflächenbehandlung. In: Mechanische Oberflächenbehandlung, Festwalzen, Kugelstrahlen, Sonderverfahren. DGM Informationsgesellschaft, Oberursel, 1989, S. 3-20

Schulze, V.: Modern Mechanical Surface Treatment. Wiley-VCH Verlag, Weinheim, 2006

2. 标准与准则

DIN EN 515: Aluminium und Aluminiumlegierungen, Halbzeug, Bezeichnungen der Werkstoffzustände (1993-12)

DIN 1729-1: Magnesiumlegierungen, Knetlegierungen (1982-08)

DIN EN 1753: Magnesium und Magnesiumlegierungen, Blockmetalle und Gussstücke aus Magnesiumlegierungen (1997-08)

DIN 8200，Ausgabe 1982：Strahlverfahrenstechnik，Begriffe（zurückgezogen，aber keine Nachfolge-Norm）

DIN EN 10052：Begriffe der Wärmebehandlung von Eisenwerkstoffen（1994-01）

DIN 29850：Luft-und Raumfahrt，Wärmebehandlung von Aluminium-Knetlegierungen（1989-10）

DIN 17022-3：Wärmebehandlung von Eisenwerkstoffen，Verfahren der Wärmebehandlung，Einsatzhärten（1989-04）

DIN 17022-4：Wärmebehandlung von Eisenwerkstoffen-Verfahren der Wärmebehandlung：Nitrieren und Nitrocarburieren（1998-01）

DIN 17851：Titanlegierungen，Chemische Zusammensetzung（1990-11）

DIN 65084：Luft-und Raumfahrt，Wärmebehandlung von Titan und Titan-Knetlegierungen（1990-04）

VDI-Richtlinie 3177：Oberflächen-Feinwalzen. VDI Verlag，Düsseldorf，1983

5

塑料加工

Axel Kauffmann

如今，可以使用多种多样的已有的加工工艺大批量生产塑料部件。对于大规模的塑料加工来说，成型以及更进一步的变型与接合具有特别重大的意义。下面将介绍最常用的成型工艺（属于变型组的深冲工艺除外），探讨这些工艺及其对塑料轻量化结构的重要性，还将论述当前趋势、进一步发展方向以及特殊工艺。

带水下造粒机的挤出生产线，可生产颗粒和泡沫颗粒

［图片来源：弗劳恩霍夫化学技术研究所（ICT）］

本章的重点是热塑性塑料加工。在第 3 册第 6 章将涉及常用填料和增强材料组合使用的热固性塑料，以及长纤维增强和连续纤维增强热塑性塑料。此外，本章将介绍不同的发泡工艺，这些工艺对于热塑性塑料、热固性塑料和弹性体来说也同样有重大意义。

5.1　挤　　出

挤出主要用于聚合物熔体的输送和混合，以及着色和脱气，主要利用旋转螺杆的作用，根据数量，只带一个螺杆的简单结构的机器占主导地位（Eyerer 2005）。将聚合物熔体加工成型为半成品（如板、薄膜、型材、外壳或涂层），是利用一个法兰安装在挤出机上的模具经过适当的后续处理来实现的。挤出技术生产的产品被应用在许多领域，如建筑工业、汽车工业、航空航天业、医疗技术行业、家具行业以及农业或包装行业（图5.1）。

图5.1　挤出产品的实例
（图片来源：WAK）

挤出生产线的核心部件是挤出机（图5.2）。最常见的类型是单螺杆挤出机和双螺杆挤出机。单螺杆挤出机的特征是结构形式简单，其几乎是唯一作为塑化挤出机使用的挤出机。双螺杆挤出机有两个同向或反向旋转的螺杆，主要用于混合，即用于掺入添加剂、着色剂、填料或增强材料。

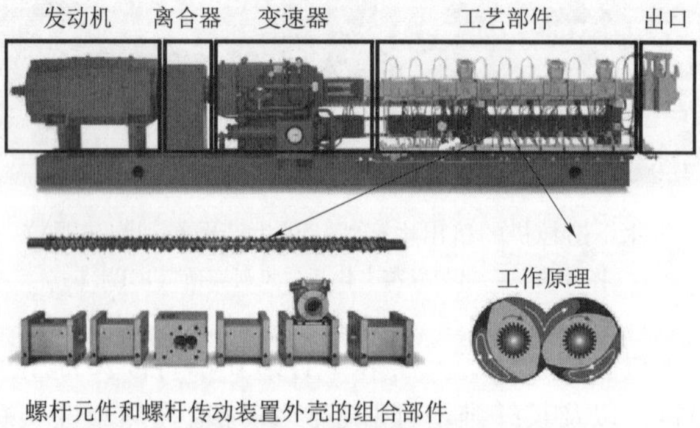

图5.2　双螺杆挤出机
（图片来源：Coperion 股份有限公司）

此外，还有许多特殊结构类型，如环形挤出机（围绕一个固定轴芯的 12 根螺杆）、行星辊挤出机（丝杠轴芯与行星状旋转主轴）、柱塞式挤出机（用于制造连续的聚四氟乙烯和超高分子质量聚乙烯型材）、捏合机、销钉式挤出机等。

除了挤出机外，全套设备还包括一个被加热的成型模具系统和一个随后被调质的校准装置，它们用于冷却和确定部件尺寸。此外，通常还有一个拉出装置（履带式拉出装置）和一个切割装置（锯、切削机）。切割好的挤出型材由一个辊道收集起来。挤出机、校准装置、拉出装置、切割装置和辊道的组合被称为挤出生产线。

首先，为生产半成品，可以混合并生产颗粒形状的定制材料，在此过程中，前驱聚合物和添加剂将在挤出机中混合，然后造粒。在传统的钢绞线造粒时，会把在挤出机中生产的带状熔体放入一个水池中进行冷却，然后再用拉条造粒机切削成颗粒。如果使用水下造粒机，应直接在挤压模具（被制成多孔板的形状）的末端用旋转的切刀将带状熔体切削成颗粒，并将颗粒放入水池中冷却，颗粒将在随后的成型工艺中被进一步加工。

下面将介绍传统的型材挤压和管材挤压，以及对于轻量化结构越来越具重要意义的挤压吹塑成型特殊工艺。挤出技术在一体化工艺中的使用，例如注塑成型工艺中的在线成型或者与冲压工艺相结合，将在第 3 册第 7 章介绍。

5.1.1 管材挤压和型材挤压

在管材挤压和型材挤压时，当材料从成型模具中挤出后，会通过一个校准装置来保持形状。进行外部校正时，应借助冷却的校正管把挤出的熔管拔出来。冷却和尺寸稳定所必需的型材与校准管之间的接触，通常是通过抽真空来实现的。与校准装置相连接的拉出装置用于运输管材和型材。被挤出的管材和型材会被放在履带上，通过履带的运动而被拉动。此时，拉出装置的速度是由挤出机的速度以及具有决定性作用的半成品运动速度共同决定的。

对于技术产品来说，往往需要不同材料的组合。要生产多层（最多 9 层）结构的挤压产品，需采用混合挤压工艺。在此过程中，应在挤压机中对每种模塑材料进行塑化加工，并将它们聚集在成型模具中。

图 5.3 采用聚丙烯（PP）和热塑性弹性体硫化橡胶（TPE-V）生产的大众第六代高尔夫双组分型材
（图片来源：KraussMaffei 科技股份有限公司）

例如，用聚丙烯（PP）和热塑性弹性体硫化橡胶（TPE-V）为大众第六代高尔夫生产双组分型材（图 5.3），就是用有 2~3 个单螺杆挤出机的共挤机来生产不同尺寸规格的型材。这种设计可以保证材料最优的均质化。该型材由聚丙烯型材夹紧元件、热塑性弹性体硫化橡胶（TPE-V）密封唇和一个植绒胶带组成，这种胶带是在从挤压模具中挤出后层压到密封唇上的。双组分型材的优点是易回收利用、部件重量轻、生产成本较低。主挤出机用来制备聚丙烯，另外两个挤出机使挤出的热塑性弹性体硫化橡胶（TPE-V）以45°的角度流到聚丙烯上。根据产品不同，系统的生产速度设置在15~20 m/min。

5.1.2　挤压吹塑成型

除了传统的颗粒或者半成品挤压之外，越来越多地采用技术部件吹塑成型工艺，特别是与轻量化结构相关的部件，通常是借助这种工艺加工的，这种工艺包括对管状预制件的挤压以及后续在吹塑模具中的成型。用这种工艺可以生产体积为几毫升到10 000 L的空心物体。根据所要生产的部件，系统结构和工艺控制可能在细节上有显著不同。因此，这种工艺既可以生产旋转对称的镶板式部件，又可以生产三维弯曲的部件。

原则上，挤压吹塑成型的工艺流程如下（图5.4）：

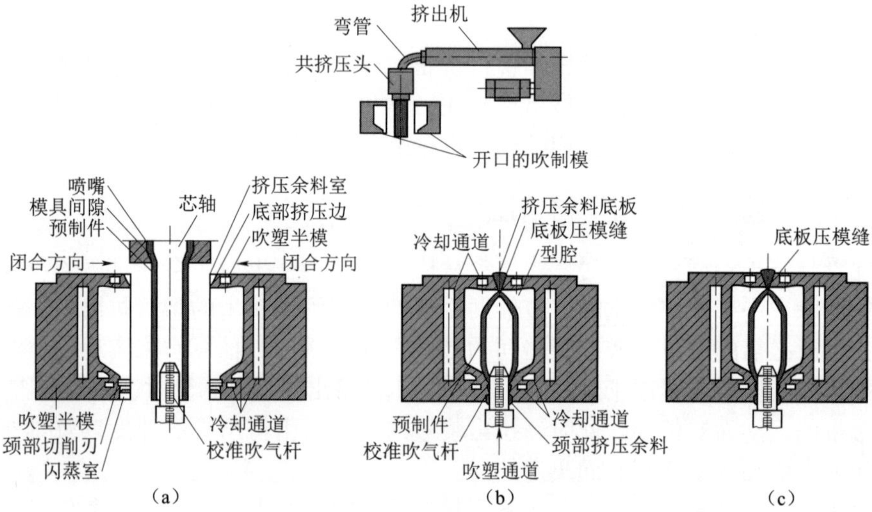

图5.4　挤压吹塑成型的工艺步骤

（图片来源：拜耳公司）

（a）软管预制件的挤压；（b）吹塑过程；（c）冷却阶段

① 对用塑料模塑材料制成的软管（预制件）进行挤压；

② 闭合围在熔融状态的挤压成型软管周围的、通常由两部分组成的吹塑模具；

③ 用挤压喷嘴上的切刀切割软管；

④ 将带有熔管的闭合的吹塑模具送至吹塑机；

⑤ 将吹塑杆伸入吹塑模具中，再将压缩空气引入预制件的空腔中；

⑥ 将预制件吹塑成最终形状，形状应能套住模具的内部轮廓；

⑦ 冷却并打开吹塑模具，将成品塑料制品脱模。

脱模和分离多余的边缘材料（关闭吹塑模具时在上下挤压边产生）通常是自动进行的。此外，也可以将固定元件或其他功能部件插入到吹塑模具中，或者使固定夹圈成型。

图 5.5 塑料燃油箱
（图片来源：Kautex Maschinenbau 股份有限公司）

塑料燃油箱（KKB）（图 5.5）是与轻量化结构相关的典型应用。由于它具有制造技术方面的优点且可实现复杂的几何形状，而且重量很轻，因此其成为除钢制油箱和铝制油箱之外常用的燃油箱。这种塑料燃油箱通常是用一种软管状的高密度聚乙烯预制件通过挤压吹塑成型生产出来的。这种预制件用吹塑模具的挤压边封闭起来，并用空气或氮气吹塑而成。

最初的汽车燃油箱几何形状相对简单，而现在鞍形油箱的形状则十分复杂。大约从 1994 年至今，为减少扩散，采用经氟化物处理的塑料燃油箱，从 1998 年起开始使用阻隔层，如乙烯-乙烯醇共聚物（EVOH）* 阻隔层（Graser 2000）。1994 年，克莱斯勒公司首先使用六层共挤塑料燃油箱。如今，这类油箱仍是所有汽车生产国（日本除外）普遍采用的油箱（Karsch 2001，Klee 2000）。

用吹塑成型工艺生产三维弯曲管材也得到越来越广泛的应用。在采用常用的三维工艺（被称作软管插入工艺）时，用机械手将软管插入模具。在此过程中，挤出的软管会被取出，并被机械手沿着模具内的产品轮廓插进去。在插入过程中，模具会依次闭合，软管会被压缩空气吹塑成型（图 5.6）。该技术的优势在于产品没有夹缝（不会降低强度），因此不需要对产品的外部轮廓进行精加工。它可以使产品的壁厚分布均匀，从而达到减轻重量的目的。而且，去除挤压余料和回收料加工的成本也减少了，因此在生产循环中不需使用更多的材料。

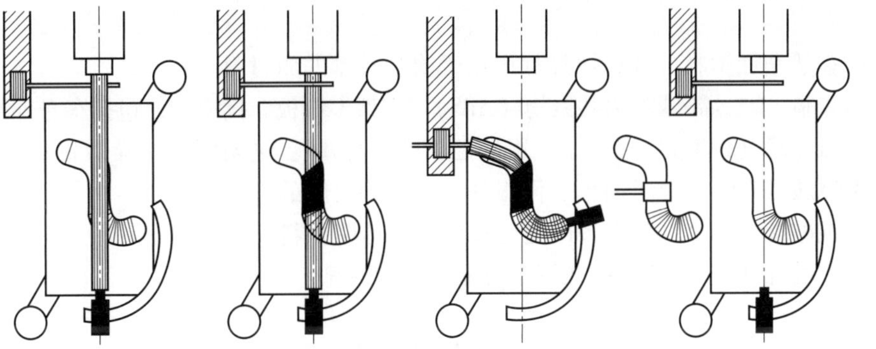

图 5.6 三维工艺或软管插入工艺
（图片来源：Kautex 机械制造股份有限公司）

通过使用共挤压工艺还开拓了另一个较大的应用领域。共挤压工艺允许组合使用不同的材料，从而除了进气软管或进气歧管的应用之外，还可以生产软硬结合的产品（如转向密封圈或轴密封圈、减震器等）。另一个改进工艺是连续式共挤。采用连续式共挤时，会在不同的储料缸模头中挤压各个组件（硬或软组件），然后将这些组件一个接一个（连续）交替喷出，随后吹塑成型。

下面通过一个结合了吹塑成型和注塑成型技术的工艺说明如何通过吹塑成型技术的改进设计来减轻重量和降低成本。在生产进气管时，通过工艺优化和产品优化的结合，能比使用铝材降低25%左右的成本。两种功能元件会直接在吹塑模具中同时被注塑成型和接合，从而形成气泡。在这个变体中，吹塑模具旁有一个注射单元。在吹塑成型周期中，用这个注射单元可以注塑固定夹圈。在部件刚刚被吹出、还未冷却时，就要用集成的注射单元注塑固定夹圈，通过这种方式可以在原来的管材和功能元件之间形成高强度的连接。该部件在230 ℃的温度下保持2.8 bar的压力，这是常规的负荷状态（图5.7）。与铝管相比，其重量减轻了30%。

除了生产要求很高的汽车技术部件之外，吹塑成型已成为生产休闲设施和游乐设施不可缺少的工艺（图5.8）。

图5.7 通过Jectbonding技术制造的增压空气管，230 ℃以下耐温
（图片来源：Röchling Automotive AG & Co. KG）

图5.8 吹塑成型的休闲设施和游乐设施
（图片来源：Kautex机械制造股份有限公司）

许多热塑性塑料以及聚烯烃都可用于吹塑成型的原材料。

丙烯腈-丁二烯-苯乙烯共聚物（ABS）：支架、饰板、扰流板，包括车身外部件。

聚氯乙烯（PVC）、聚对苯二甲酸乙二酯（PET）：透明圆瓶、异型瓶和带柄瓶。

聚酰胺（PA）：液压油箱、伺服油箱、发动机舱的进气管。

聚碳酸酯（PC）：用于多用途运输容器的透明材料。

热塑性弹性体（TPE）：在汽车行业代替橡胶件。

5.2 注塑成型

与其他的成型工艺相比，注塑成型是一种较适合部件的大批量生产的工艺，因为这种工艺能在短时间内用原料直接生产出成品部件。通常情况下，型材不需要或者只需要很少的精加工。注塑成型法主要用来加工热塑性塑料，也可以加工热固性塑料和弹性体。

除了生产简单的量产产品之外，还可以在一个操作程序中全自动地生产形状更复杂的部件。在重量优化和成本优化方面，这种工艺是首选。由于设计的自由性，可以使部件最优化地适应已有的结构空间，正如康迪泰克（ContiTech）公司用塑料制成的第一个变速器横梁［图 5.9（a）］（与 BMW 和 BASF 公司合作）所示的振动控制一样。随着新型塑料变速器横梁的诞生，康迪泰克公司将使用轻量化结构的承重构件引入了汽车行业。新宝马 5 系 Gran Turismo 550i 中就大批量地使用了这种变速器横梁。康迪泰克利用注塑成型工艺生产出这种高性能聚酰胺的部件。与使用铝［图 5.9（b）］相比，使用 BASF 公司的聚酰胺塑料 Ultramid © A3WG10 CR，使部件的重量减轻了 50%。除重量减轻之外，车辆声学方面和碰撞安全性也得到了优化（ContiTech 2009）（图 5.10）。

（a）

（b）

图 5.9　塑料制和铝制变速器横梁的对比

（图片来源：ContiTech）

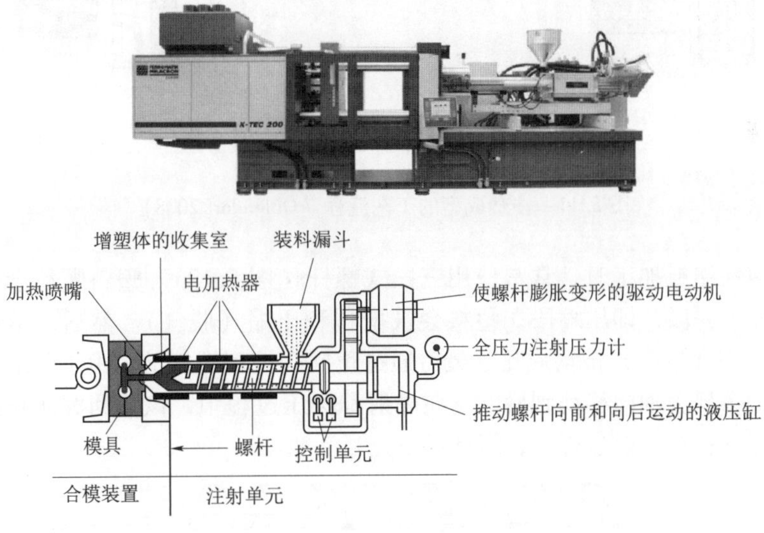

图 5.10　注塑机实物和示意图

（图片来源：Ferromatik Milacron 股份有限公司，Eyerer 2005）

5.2.1　热塑性塑料注塑成型

热塑性塑料注塑成型是所有其他注塑成型工艺的基础，也是加工塑料时最常用的工艺。直到 20 世纪 50 年代末期，人们都在使用柱塞式注塑机。这种机器的主要特征是聚合物颗粒会在加热的缸中熔化，以及通过活塞注入模具。

如今常用的螺杆活塞注塑机中，通常用料斗将颗粒形状的塑料送入螺旋机构，然后在一个加热的缸中剪切和加热塑料，从而增塑成一种相对均质的熔体。这种熔体汇集在后退螺杆的前端。在注射阶段，会用液压或机械力给螺杆的后端施加压力，并通过轴向的送料（螺杆充当一个活塞）推动塑料熔体进入型腔。在此过程中，熔体在高压（通常在500~2 000 bar）的推动下经过止回阀、注塑模具旁的喷嘴和一条流道，最后进入被加热的注塑模具成型型腔中。注射过程之后，还需要对熔体施加较小的压力（作为保压压力），直到连接口（浇口）凝固。用注塑成型法生产的部件的精度高达1/100 mm，在特殊应用中，可达更高的精度。

注塑机的两个基本单元是：

① 注射单元，用来制备塑料颗粒，并通过压力将它们注入模具；

② 合模装置，用来容纳、打开和闭合成型模具（图5.11）。

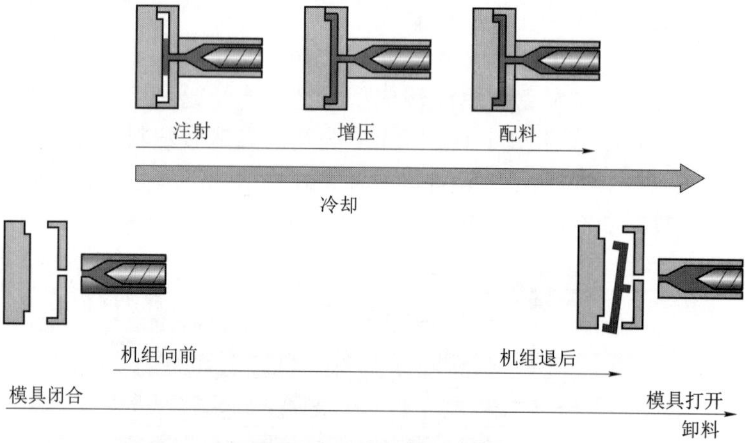

图5.11　注塑成型的工艺流程（Ohlendorf 2008）

在热塑性塑料加工时，常常使用三段式螺杆（图5.12）。塑料颗粒会被送进加料段中。在下一段，即压缩段，塑料会被增塑和压缩（脱气）。然后，熔体会在挤出段（也称为计量段）被均质化，最后通过止回阀挤到螺杆前。由于气缸内的滞止压力增加，螺杆会轴向移动到后方。在注射和保压过程中，该止回阀防止螺杆前的熔体流回螺杆；在注射过程中，螺杆可以充当活塞。

图5.12　三段式螺杆的结构（标准螺杆）（Ohlendorf 2008）

热塑性塑料注塑工艺参数的典型值为：

① 模具温度为30 ℃~120 ℃，通常为50 ℃~80 ℃；

② 熔体温度为200 ℃~320 ℃；

③ 滞止压力为0~50 bar；

④ 喷射压力为200~1 500 bar；

⑤ 保压压力为喷射压力的50%~70%。

5.2.2 弹性体注塑成型

弹性体加工与热塑性塑料注塑之间的区别在于机器内部的温度分布不同。为了能够硫化，在弹性体的加工中，螺杆相对较冷，但模具是热的（表5.1）。弹性体可以以自由流动的粉末形式或带状形式，由一个特殊的螺旋输送器（这种输送器对塑化材料的剪切作用小）送入。通常要用一种液体将缸加热到约80 ℃（水加热），以避免过热，因为较热的压射缸会引起弹性体过早硫化。

表5.1 热塑性塑料和弹性体的加工参数（根据 Eyerer 2005 修改）

加工参数	热塑性塑料（非交联）	弹性体（交联）
加工温度/℃	200~390	70~150
熔体温度/℃	130~330	50~120（非交联）
黏度（330 s^{-1}）/Pa	200~800	800~2 500
模具温度/℃	50~120	150~220
注射压力/bar	300~2 000	200~400
模内压力/bar	200~1 500	10~40（最高500）
周期/s	3~60	30~1 800

此外，弹性体的无毛刺注塑成型是一个特别的挑战，由于液态（如热固性塑料）的弹性体是稀液状的，因此模具设计的成本也比热塑性模具高。除了提到的特殊之处，注塑成型过程原则上与热塑性塑料注塑成型相似。

弹性体注塑成型的典型应用是软管、密封元件和阻尼元件，这些元件往往被视为与其他各种塑料或金属的轻量化部件一起使用的功能元件。

5.2.3 热固性塑料注塑

热固性塑料注塑工艺与弹性体注塑成型极为相似。热固性塑料可以在相对较低的温度下硬化。硬化之后，就不能再进行加工了。在化学交联反应开始之前，随着温度的升高，黏度下降。另一方面，随着交联（也依赖于温度）的加剧，黏度增大。通过这些效应的叠加，产生了一个关于黏度的最优化流动性能的工艺窗口（图5.13）。

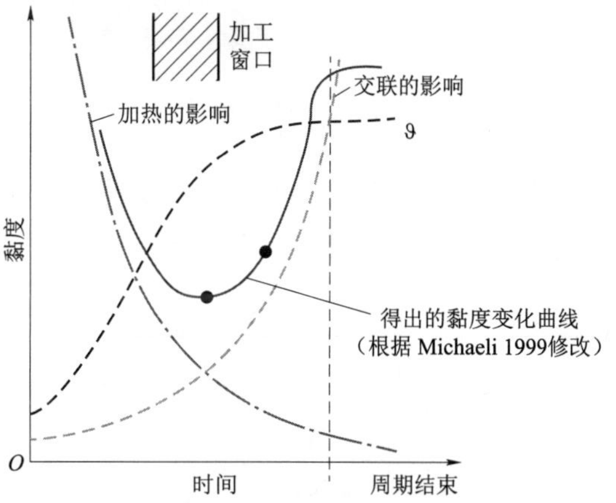

图5.13 与时间相关的热固性树脂体系的黏度变化曲线

为了避免加工过程中在塑化缸中过早开始交联反应，温度不能超过 80 ℃～120 ℃。与弹性体加工一样，必须排出摩擦热。注射单元的特点是，通过液体加热机组，加工热固性塑料的螺杆更短，并具有一个比热塑性塑料螺杆切割得更深的加料段。热固性塑料螺杆的压缩段短。由于非交联模塑材料的黏度明显较低，因此模具必须有较高质量的表面，以避免产生毛刺。要将模具加热到硬化温度，而热固性塑料的硬化温度在 150 ℃～250 ℃。只要交联度达到了 80%左右，部件的强度就足以脱模了。由于模塑件自身的温度相对较高，因此机器外部仍在发生反应。

注塑成型的热固性部件通常用于需要良好耐高温性、耐介质性和抗蠕变性，以及良好机械强度和尺寸精确性的领域。除了在汽车行业中的应用之外，这些材料也用于航空航天工业以及轨道车辆。用这些材料取代铝，在减轻重量和降低成本方面有巨大的优势。如图 5.14 所示为用团状模塑材料（BMC）注塑成型的节气阀外壳，与铝制节气阀外壳相比，团状模塑材料制成的节气阀外壳，其重量减轻了近 1/3。

图 5.14　用团状模塑材料（BMC）注塑成型的节气阀外壳

（a）铝制节气阀外壳；（b）团状模塑材料制成的节气阀外壳

（图片来源：Christophery）

5.2.4　特殊工艺

除了传统注塑成型工艺（在这种工艺中，部件是通过将塑料颗粒熔融，然后成型生产出来的）之外，还有许多进一步开发的工艺和特殊工艺（表 5.2）。

表 5.2　注塑成型特殊工艺的分类和变体

分　类	变　体
多组分注塑成型	夹芯注塑成型/共注塑 复合材料注塑成型 大理石纹注塑 间隔注塑成型

续表

分 类	变 体
液体和气体辅助注塑成型	气辅注塑成型技术（GIT） Helga 工艺 水喷射技术（WIT） 热塑性塑料泡沫成型工艺（TSG） MuCell 工艺
采用低压的注塑成型	级联注塑成型 精冲 气体背压技术
后注射技术	后注射（通用） 模内标签 模内装饰 嵌件模塑 后模压成型
其他连接多个构件的工艺	包覆成型技术 嵌入式注塑技术 混合技术 模内装配
失芯注塑工艺	失芯技术 多壳铸造技术
其他特殊工艺	LSR（液体硅橡胶） 喷铸 粉末注塑成型 CD 注塑成型 空间净化技术 复合注塑成型机

由于注塑成型工艺中应用的变体很多，下面只以几个与轻量化结构相关的特殊工艺为例加以介绍。与（长）纤维增强塑料相关的工艺的具体特点和特殊方法，如在注塑成型混炼机中的在线配合，将在第 3 册第 6 章中详细介绍。

1. 多组分注塑成型

多组分注塑成型指在注塑成型过程中，将几个熔体依次注入一个模具中。这些熔体可以彼此相互注塑或相互注入。在这个过程中，性质不同或者颜色不同（也叫多色注塑成型）的塑料可以在一个模塑件中结合。使用多组分注塑成型，可以生产满足高要求、有高功能整合的模塑件。这些模塑件可以是日常用品，如包装、玩具、电气设备的部件；也可以是日益技术化的产品，如橡胶轴承、辊、密封元件、不同类型的阻尼元件和带模制密封片的外壳。多色注塑成型的一个典型实例是用聚甲基丙烯酸甲酯（PMMA）制成的汽车尾灯（图 5. 15）。所得到的复合物可以是相互连

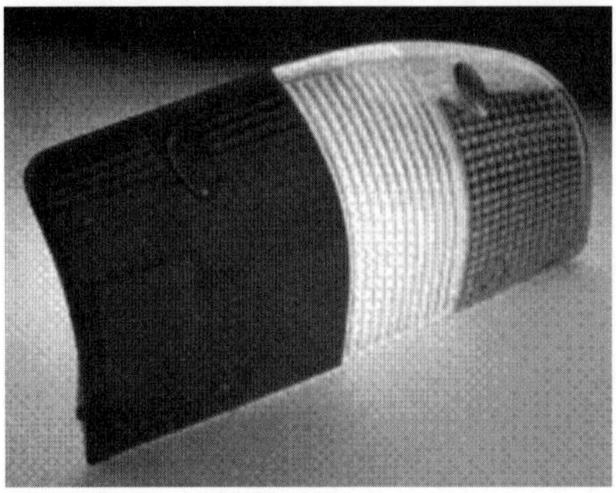

图 5.15 采用多色注塑成型工艺用聚甲基丙烯酸甲酯（PMMA）制成的汽车尾灯

（图片来源：Wittmann Battenfeld 股份两合公司）

接不可分的或可相对移动的。

除了加工条件和多种模具技术（旋转台、旋转模具、传递模塑、嵌件成型等）之外，材料的相容性对组件之间的黏合也有很大的影响（图 5.16）。

2. 气辅注塑成型技术

气辅注塑成型技术的原理是在注入惰性气体（通常是氮气）时，将塑料熔体芯挤出壁厚区域。通过气辅注塑成型工艺可以经济地生产外表面光滑的空心体。相对于实心部件，除了用材少、重量轻的优点之外，气辅注塑成型技术本身还有很多技术优势。该工艺可以生产利用标准注塑成型工艺很难生产或者根本无法生产的模塑件，还适合生产厚壁的杆状模塑件或者带厚壁区域的平面模塑件。图 5.17 给出了与二组件注塑成型工艺原则上相符的模具填充过程。一种压力为 100~200 bar 的气体（氮气）代替了塑料熔体，并以此作为第二个组件使用。“塑料熔体芯”（在模腔中央部分的熔体）的凝固比外层慢，因此可以被所注入的气体（黄色标记）推出。

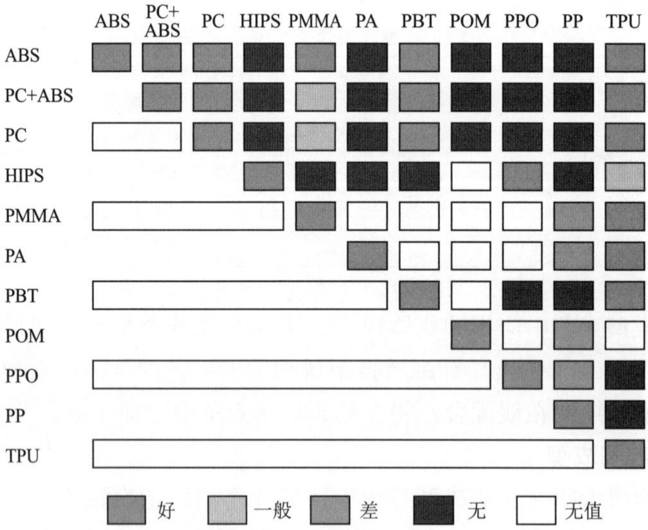

图 5.16 材料相容性

（图片来源：拜耳股份有限公司）

与标准注塑成型相比，根据部件结构的不同，气辅注塑成型有以下优点：

① 壁厚以及壁厚变化方面的设计自由性；

② 由较大的闭合横截面、较均匀的收缩率和低翘曲性所带来的高刚度；

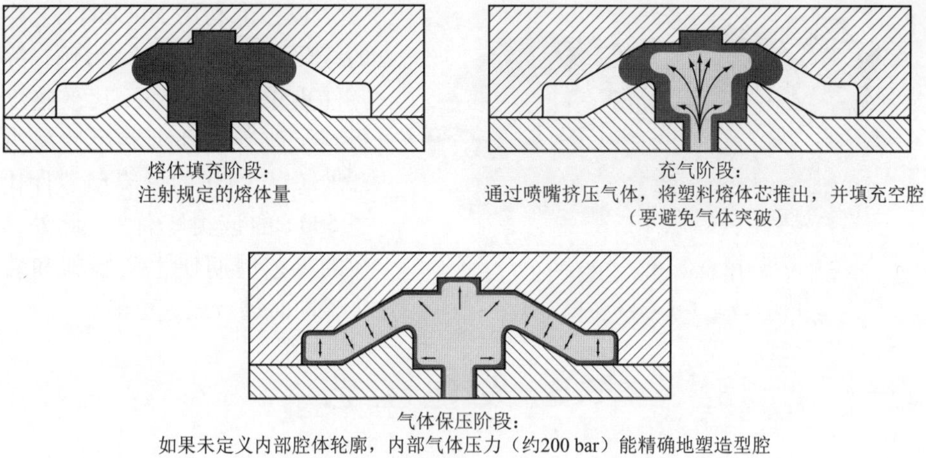

图 5.17　气辅注塑成型工艺的模具填充过程示意图（Eyerer 2005）

③ 减少凹陷，在加工大面积工件时需要更小的锁模力；

④ 最多能减轻 50% 左右的重量；

⑤ 与厚壁的小型部件相比，周期时间更短。

3. MuCell 工艺

由 Trexel 公司发明的 MuCell 工艺是一种注塑成型的特殊工艺，这种工艺属于发泡工艺。MuCell 技术是一种物理发泡工艺。在这种工艺中，使用处于超临界状态的氮气［超临界流体（SCF）］作为发泡剂，在薄壁塑料零件中形成孔泡（图 5.19）。这种超临界流体（SCF）在配料时注入塑料熔体中，发泡过程开始于将这种流体注射入成型模腔时。与传统的注塑成型相比，这种工艺可以将周期最多缩短 40%。在此过程中，在减轻 10% ~ 25% 重量的同时，还能满足对部件质量的常规要求。

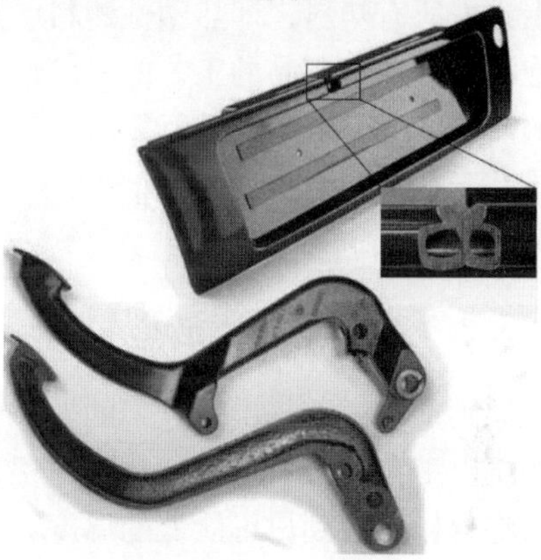

图 5.18　作为板状构件实例的牌照板和作为管状构件实例的离合器踏板

（图片来源：拜耳公司）

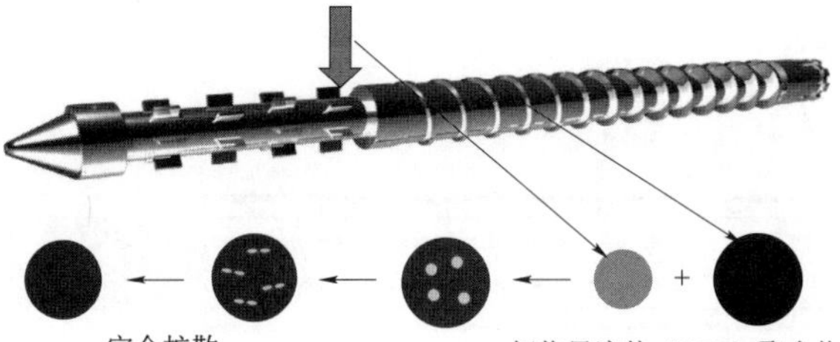

图 5.19　超临界流体（SCF）在熔体中溶解

（图片来源：Trexel 股份有限公司）

图 5.20 利用 MuCell 工艺生产的气门盖
（图片来源：Trexel 股份有限公司）

以一个利用 MuCell 工艺生产的气门盖（图 5.20）为例，除了零件重量减轻之外，其平整度也得到了改善，且机器尺寸减少了 30%（以 350 t 的紧凑型零件代替了 500 t 的该类零件）。此外，较短的工艺周期使生产步骤和装配步骤同时进行成为可能。

5.3 发泡工艺

对聚合物进行发泡，根据原材料和发泡工艺的不同，聚合物的重量最多可以比实心塑料减少 98%。发泡过程一般以使用化学或物理发泡剂产生的膨胀为基础。原则上说，所有塑料，即热塑性塑料、热固性塑料和弹性体都可以发泡。所有生产塑料泡沫或泡沫模制品的工艺的共同性在于，在发泡过程开始时，原材料都处于可模塑的流体状态，对它们进行发泡，最终形成牢固的泡沫体结构。较重要的泡沫塑料都是基于热塑性聚苯乙烯和聚烯烃的聚乙烯（PE）、聚丙烯（PP）和聚氯乙烯（PVC）的。

5.3.1 挤出发泡成型

原则上来说，挤出工艺中的发泡是热塑性塑料最简单、最经济的发泡工艺。传统的挤出工艺将聚合的起始材料增塑，再混合发泡剂并使发泡剂均匀分散在熔体中。随后将熔体冷却到尽可能低的温度，即发泡温度，然后通过制造线体的模具开口挤出（图 5.21）。通常可以生产带泡沫芯的型材、板材或者薄膜等半成品。这些半成品通常可直接用于声学、机械或热绝缘和减振（管道保温、包装）。

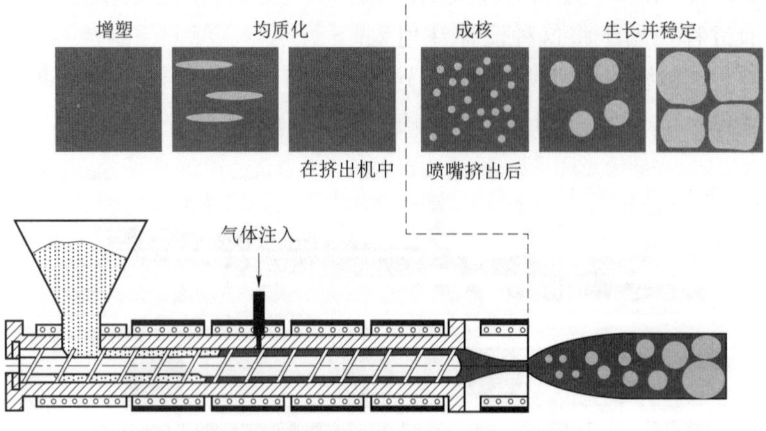

图 5.21 挤出发泡（Langenfelder 2006）

为了生产更复杂的部件，通常通过对发泡薄膜或发泡板材进行变型或深冲来进一步加工半成品。在这里，与轻量化结构相关的应用领域是多元化的。除了汽车方面的应用（遮阳板、车门镶板、发动机罩）之外，也可以用于运动和休闲领域（鞋、保护设施、体操垫等）。

5.3.2 颗粒发泡

1. 挤出泡沫颗粒（EPS，EPP）

通过挤出工艺进行颗粒发泡与直接进行发泡的本质区别在于，挤出发泡使用一个特殊的多孔板作为挤出模具。在多孔板中，各个孔在挤压方向上的横截面形状的设计，使得成核（孔泡形成）而不是实际的膨胀可以发生在管道中。从多孔板中挤出之后，熔体束由于压力的降低而发泡，可以用旋转的刀片将其切成近似圆形的颗粒，并放入水池中冷却。

2. 通过热压罐成型工艺生产发泡聚丙烯（EPP）泡沫颗粒

迄今为止，热压罐成型工艺是生产泡沫颗粒，特别是发泡聚丙烯（EPP）泡沫颗粒的最常用工艺。在热压罐中加入由致密聚丙烯微粒和一种液体构成的悬浮液，并不断搅拌、加热，同时加入由惰性气体和发泡剂构成的压力气体。通过扩散，发泡剂就聚积在聚丙烯颗粒中。只要发泡剂的含量达到希望的水平，即在足够的停留时间之后，该容器中的物质就会被转移到一个较低压力的腔室。在这里，被灌注进去的发泡剂膨胀，从而使颗粒发泡。通过蒸发发泡剂和至少一部分液体所需要的热焓，在聚合物膨胀的同时，还有部分热量从聚合物中排出来。由于这种冷却作用，才能冻结孔泡结构，使形成的泡沫颗粒稳定下来。

3. 聚苯乙烯的膨胀（EPS）

为了生产 EPS 颗粒（发泡聚苯乙烯），首先需要生产微粒。用悬浮聚合法使苯乙烯在添加戊烷的情况下聚合，从而使发泡剂气体溶解在反应产物中，并在数月内保持溶解状态。发泡聚苯乙烯微粒的发泡发生在预发泡器（一种有蒸汽穿过的搅拌容器）中。戊烷（沸点 35 ℃）蒸发，并将颗粒发泡成泡沫珠粒。此时，还有约 50% 的发泡剂残留在泡沫颗粒中。在预发泡后大约一周之内，必须对泡沫珠粒进一步加工。

4. 通过模制成型工艺生产颗粒发泡材料部件

在模制成型工艺中，水蒸气被用作能量载体，其能加热并熔化成型模具中的泡沫颗粒。为了把蒸汽引到型腔中的泡沫颗粒旁，前提条件是具有可渗透蒸汽和空气的空腔壁。将模具放置在一个蒸汽室里，这个蒸汽室与模具一样被分成两部分，其目的是可以通过开模行程实现脱模。

如图 5.22 所示，从实际模制成型生产工艺来看，发泡聚苯乙烯（EPS）和发泡聚丙烯（EPP）加工非常相似。与发泡聚丙烯（EPP）不同，发泡聚苯乙烯（EPS）在模制成型过程中还含有发泡剂，其结果是，这种颗粒通过发泡剂的蒸发有了膨胀能力。由于内部压力的作用，泡沫颗粒会膨胀进入珠形散积物的孔隙空间中，从而

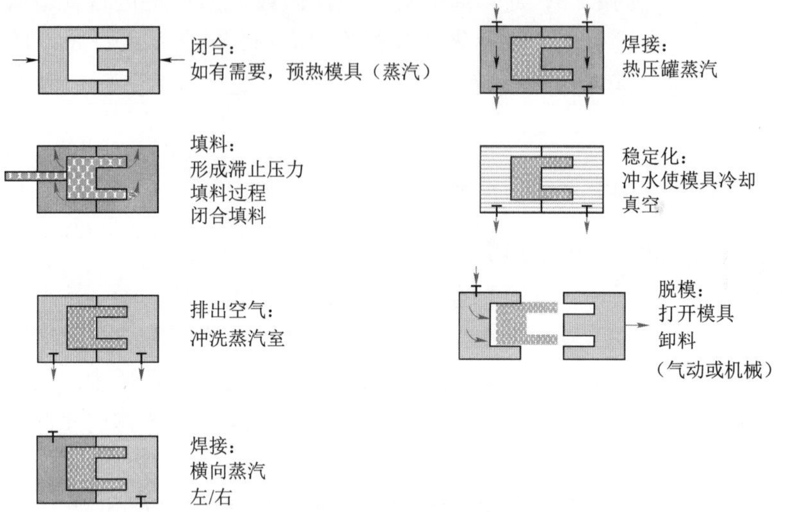

图 5.22　生产发泡聚丙烯（EPP）和发泡聚苯乙烯（EPS）材料模制件的周期过程（示意图）

形成焊接所需的良好大接触面。与发泡聚苯乙烯（EPS）不同，发泡聚丙烯（EPP）会迎着气动超压被送进模具，从而导致泡沫颗粒被压缩。在降低滞止压力后，颗粒会膨胀，各个泡沫颗粒之间的接触面将增大。模制成型过程之后，可通过退火对模制件进行干燥。冷凝水蒸发并扩散出来，同时空气扩散进去。变形以及凹陷的表面会恢复原状。退火时间可以是几小时至一整天，在 80 ℃的温度下通常需要 6~8 h。

颗粒发泡模具的特点在于其具有带喷嘴的空腔壁。在充气时，这种空腔壁可以使充入的空气从模具型腔中排出；蒸发时，其可以使蒸汽灌注进来（图 5.23）。

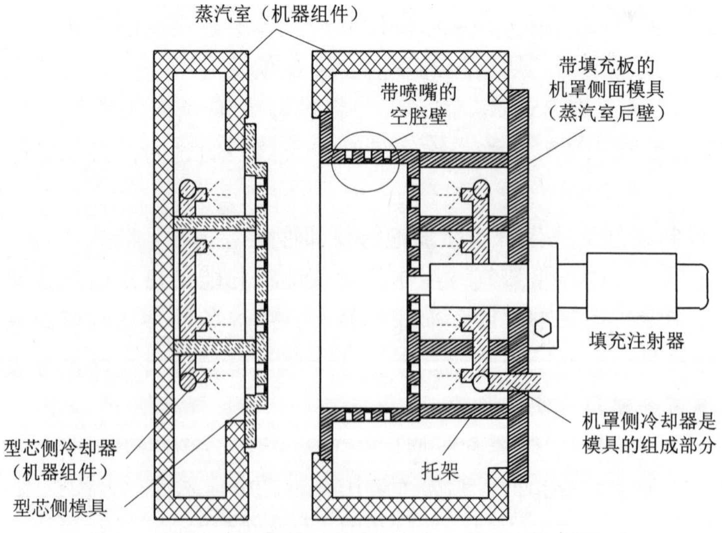

图 5.23　蒸汽室内发泡聚丙烯（EPP）模具的结构示意图

发泡聚苯乙烯（EPS）主要用于包装以及建筑行业的隔热。目前，发泡聚丙烯（EPP）用于运输包装领域，在汽车领域的应用也越来越多，例如侧面碰撞保护装置、车柱、车门饰板以及保险杠的缓冲材料等都是用这种材料制成的。最新的应用是用于车内，即后排座椅。大众途锐使用了发泡聚丙烯（EPP）座椅（图 5.24），重量减轻了 17 kg。由 Neopolen P、各种小型塑料件和线框构成的整个座椅系统的重量只有 5.5 kg，比用金属和更重泡沫制成的规格减轻了 70%。发泡聚丙烯（EPP）部件的表面有纹理，可应用在没有皮革覆盖的可视范围内。

另一个典型的应用是用作遮阳板（图 5.25），再配上一个注塑成型的加固框架，也可用于制造发泡聚丙烯（EPP）头枕，并采用发泡聚氨酯表面涂层（图 5.26）。

图 5.24　大众途锐的后排座椅
（图片来源：大众汽车公司）

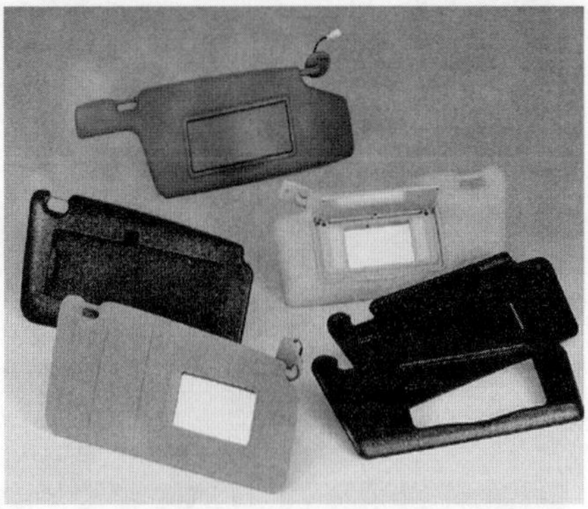

图 5.25　发泡聚丙烯（EPP）制成的遮阳板
（图片来源：Febra）

5.3.3　聚氨酯泡沫塑料

聚氨酯模制件是在低压或高压机器中生产的。在这类机器中，聚氨酯会在以液体形态存在的、低黏度的初始成分中添加多异氰酸酯和多元醇以及可能的功能性材料，并将其混合，随后，形成的反应混合物被排出（图 5.27）。如果添加物理发泡剂（戊烷、氮气、二氧化碳），由于交联反应，会产生热固性聚氨酯泡沫体，这个过程被称为反应注射成型（RIM 工艺）。根据该工艺可以生产整体泡沫塑料（多孔芯，而表面层几乎无孔），以及具有规定均匀密度的模塑件。为了提高预生产模制件的强度而给反应的起始混合物添加填料（纤维），则被称为“加强反应注射成型”（RRIM 工艺）。在部件中添加额外规定的增强结构的工艺被称为结构化 RIM（S-RIM）工艺或结构化 RRIM（SRRIM）工艺（见第 3 册第 6 章）。聚氨酯可用于弹性体、硬泡沫塑料、软泡沫塑料和整体泡沫塑料，以及作为紧凑的结

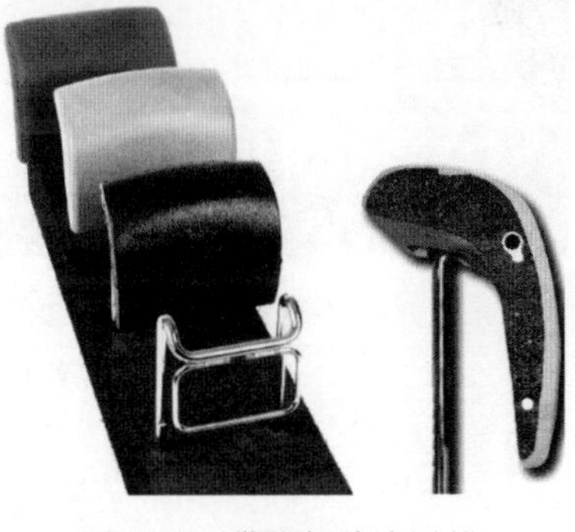

图 5.26　带聚氨酯涂层的
发泡聚丙烯（EPP）头枕
（图片来源：Philippine）

构材料。最重要的应用是家具、室内装潢建筑和汽车等行业。在汽车领域与轻量化结构相关的应用较多，如方向盘、仪表盘、座椅、内部楔形护板以及阻尼元件等部件（图 5.28）。类似的部件还应用于轨道车辆和航空工业中。

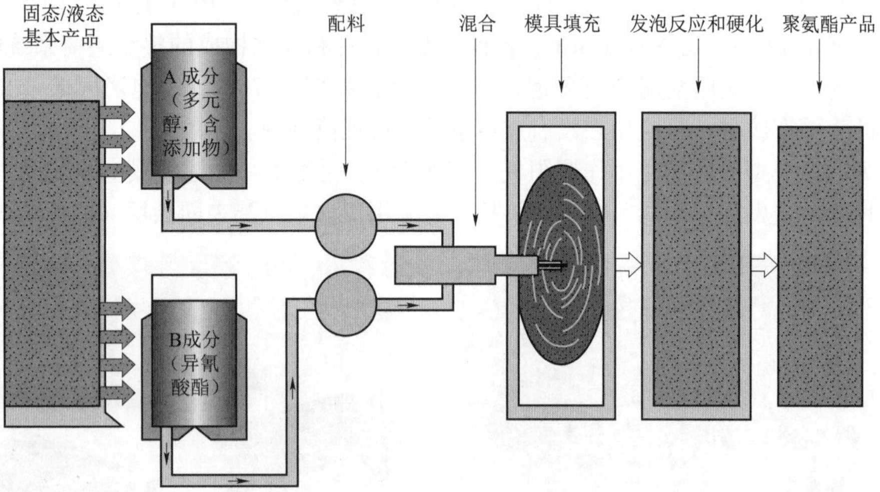

图 5.27 聚氨酯加工原理图

（图片来源：巴斯夫聚氨酯股份有限公司）

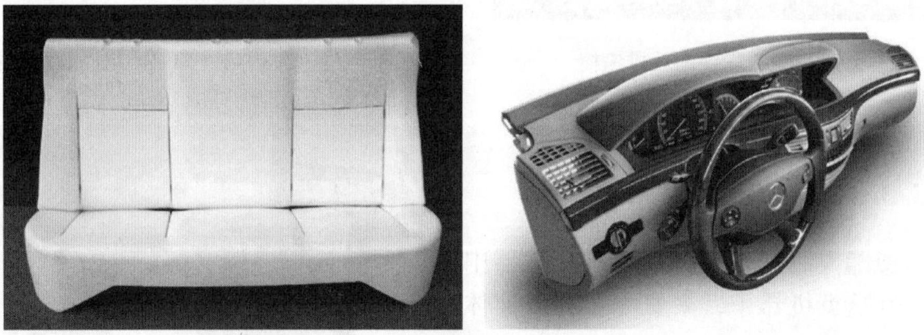

图 5.28 聚氨酯后排座椅和仪表板

（图片来源：巴斯夫聚氨酯股份有限公司）

5.4 压制工艺

压制工艺主要用于生产纤维增强塑料部件。生产部件时可以使用机械压力机或者液压机，以及两件或者多件组成的模具。为了缩短周期，通常在模具之外对材料进行预热，预热的方式有高频预热、微波预热、红外预热、炉具加热或者摩擦生热（注塑成型、注塑压缩成型、挤出成型，它们都预设在压制工艺之前）。在螺杆机组中，模塑材料与注塑成型时的相同，并在旋转螺杆的作用下被塑化，然后由作为活塞用的螺杆送入压模。为此，最新研发中还使用一个或多个双螺杆挤出机，塑化物可以通过搬运技术送入压膜。压制过程及其成型都是通过模具闭合时的压缩作用实现的（第3册第6章）。

5.5 深　冲

深冲，也称为热成型，是一种成型工艺，它能通过许多不同的工艺步骤生产形状稳定的塑料件。其本质上是通过加热使该材料变成一种黏稠柔软的状态，并用相对较小的力使其成型。部件在模具中冷却，然后脱模。通过冷却，分子链的走向冻结，从而保持伸展状态。

热成型几乎适用于所有的无定形和半结晶热塑性塑料。其中，制造技术部件的塑料和制造包装材料的塑料在应用方面有区别。根据其外观，半成品分为薄膜（厚度最高为 2.5 mm）和板（厚度最低为 2.5 mm）。使用的半成品的厚度为 0.05～16 mm，发泡时最高为 60 mm。作为技术半成品，包括聚碳酸酯（PC）、聚甲基丙烯酸甲酯（PMMA）、聚酰胺（PA）、丙烯腈-丁二烯-苯乙烯共聚物（ABS），以及纤维增强复合材料和自增强材料。在汽车领域经常使用热塑性弹性体和热塑性聚烯烃。无定形塑料的热成型区域或成型窗口高于玻璃化转变温度，而半结晶塑料则略低于熔化温度（表 5.3）。

表 5.3　热塑性塑料成型时温度范围实例（根据 Eyerer 2008 修改）

半成品	玻璃化温度/℃	熔化温度/℃	成型温度/℃
聚碳酸酯（PC）	≤145	—	150～180
聚苯乙烯（PS）	≤105	—	120～150
聚丙烯（PP）	≤0	≤165	150～165
高密度聚乙烯（HD-PE）	≤-80	≤135	140～170
聚对苯二甲酸乙二酯（PET）	≤75	≤245	100～120

在大多数工艺中，热成型只在半模中进行。这意味着，可能只有一面轮廓能成型，但也有优点，即仅需设计、设定尺寸和生产一个半模。

除了常规用于包装领域之外，深冲还越来越多地用于替代注塑成型，特别是在中小批量生产时。热成型部件的实例是用于机器制造和厂房建设、农业机械和建筑机械、地面运输设备和商用车辆的所有类型的机罩和面板。另外，还可以生产汽车部件，如翼子板或保险杠。许多其他的汽车部件也可以通过真空成型工艺来制造，例如反向注入的漆膜，或由两个热成型部件组装而成的汽油箱。对于技术部件来说，正负真空成型主要是通过自动平板加工机实现的（图 5.29）。

正负真空成型的工艺步骤为：将热塑性塑料半成品加热到相应的成型温度；通过预吹气使薄膜预拉伸；其目的是使壁厚分布均匀；然后闭合模具；施加真空使薄膜变成所希望的最终形状；待塑料冷却之后即可以脱模（不会出现回缩）。

热成型与注塑成型往往是竞争关系。生产技术部件时使用变型工艺的优点是：

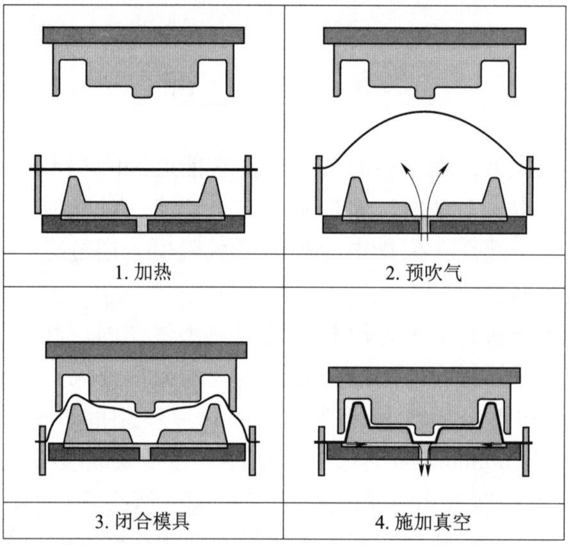

图 5.29　正负真空成型的工艺步骤（Eyerer 2005）

① 部件重量大（最大 125 kg）；

② 可以生产面积较大的成型部件（最大 4 m^2）；

③ 壁厚灵活可变（0.05～15.00 mm）；

④ 小批量生产时，成本低（模具成本）；

⑤ 改动成本小，颜色更改成本小；

⑥ 可以生产均匀的多层复合物。

其缺点包括：

① 设计方案少（侧部凹陷）；

② 壁厚分布不均匀；

③ 难以控制温度；

④ 半成品已给定，加工者不可能更改薄膜的配方。

在许多塑料技术领域中，热成型都是节省成本的可选工艺。生产薄壁包装材料时可以利用热成型工艺来节约材料。由于模具成本较低，在汽车行业中可以考虑进行快速更改车型和外观更新。另外，深冲还为结构轻量化提供了巨大的潜力。其中一个与轻量化结构相关的新工艺形式就是双片材热成型工艺，目前用这种工艺可以生产极轻且柔性的、要求较高的三维几何形状的聚乙烯发泡膜汽车进气导管。双片材热成型时，将在同一工位实施加热、成型和冲压这三个工艺步骤。两片加热到变型温度的聚乙烯发泡膜将在模具中通过真空的作用被塑造成半圆罩的形状，然后将两个半圆罩的外部轮廓焊接在一起，最后将模具中的空心件直接冲裁。与由紧凑材料制成的挤压吹塑成型聚丙烯进气导管相比，双片材热成型进气导管的重量减轻高达 65%。

5.6 滚塑成型

滚塑成型是50多年来广为人知的生产空心件的塑料加工工艺，它特别适合用来生产小批量大体积的部件。开始时，只能借助这种工艺生产简单几何形状的模制件，如今有许多特别为滚塑工艺研发的材料和先进的工艺技术，使经济地生产高技术水准、重量优化的部件（如形状复杂的燃料箱、外壳部件、进气导管、皮划艇等）成为可能。

滚塑成型时，模具中的粉末状或者液态原料在一个加热室中进行多轴向旋转。待到成型材料均匀地分布到空腔壁上之后，将模具放入冷却工位中冷却，并将部件脱模（图5.30）。

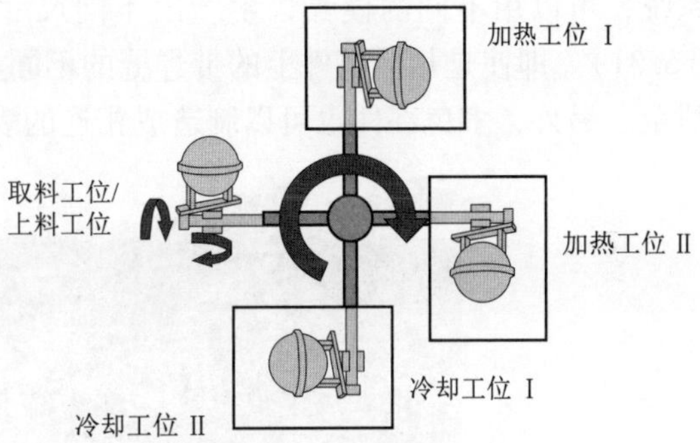

图5.30　滚塑成型的工艺流程（Eyerer 2005）

第一步，用规定分量的粉末状或者液态原料填充模具；第二步，将模具移到一个二轴向旋转器中，其目的是保证材料得以完全均匀分布。模具被送进加热室，材料在逐渐升温的空腔壁上熔化或聚合。根据部件、材料和工艺控制不同，可能有多个加热工位。在材料完全均匀地分布好后，模具被送进冷却工位，此时，仍要保持旋转，目的是防止材料从空腔壁上脱落。可以用冷空气、水雾或直接将模具放入水池的方式使模具冷却。充分冷却后，模具被送进脱模工位和上料工位，这时工件被取出。随后，模具重新加料，开始一个新的生产周期（Eyerer 2008）。常用的粉状塑料包括聚乙烯（PE）、聚丙烯（PP）、聚碳酸酯（PC）、聚酰胺（PA）、氟聚合物（PVDF、PFA）和乙烯-醋酸-乙烯共聚物（EVA）。

滚塑成型可以用于所有需要塑料产品（基于空心件）的应用中。这些产品可以是各种类型的油箱、机器外壳、敏感货物的运输容器、休闲和水上运动器具（如皮划艇）、家具和玩具部件、安全容器等。这种工艺的优点有：

①“无压”加工工艺，模内压力较均匀；

② 模具成本较低；

③ 空心件尺寸范围较大（从几立方毫米到几立方米）；

④ 托架可以同时放置不同的模具；

⑤ 剪切力较低，部件变形小，残余应力低；

⑥ 较小的壁厚可以实现较大的模制件尺寸；

⑦ 可嵌入嵌件或标记。

其缺点有：

① 与吹塑成型、深冲、注塑成型相比，其周期较长（10~30 min）；

② 由于周期长，因此只对小批量生产来说是经济的；

③ 根据原料的可用性，事先必须进行研磨；

④ 材料在高温中停留时间较长（需要材料有良好的稳定性）；

⑤ 在一个器具/模具中加热和冷却；

⑥ 加热工位的能量需求较高；

⑦ 加热过程缓慢，冷却时间长。

滚塑成型的一个变体是搪塑成型，该工艺可用于搪塑表皮的烧结。使用滚塑成型系统，可以用不同的模具，生产出不同尺寸、无边角料、完美贴合的搪塑表皮（图 5.31）。即使是相同部件上的带焊缝的不同类型的颗粒，也表现出表皮始终如一的质量。另外，多色部件也可以制造成相连的表皮。

图 5.31　带搪塑成型表皮的仪表盘

（图片来源：拜耳材料科技）

除了用一种材料生产传统部件之外，还可以生产多层部件，其特点在于，例如可以在一个工艺步骤中生产非常轻的、带泡沫芯的三层复合物。在加热阶段，依次定量加入聚乙烯（PE）粉末（表皮）、带有化学发泡剂的聚乙烯（PE）颗粒和聚乙烯（PE）粉末（船的内侧）（图 5.32）。

图 5.32　皮划艇/材料：夹层结构（聚乙烯、聚乙烯泡沫、PE）

（图片来源：Old Town）

5.7 总　　结

如今，现代塑料加工对于轻量化结构应用来说是不可缺少的。比如，使用挤压吹塑成型或者气辅注塑成型技术这样的特殊工艺，可以通过有针对性地构造空心结构来优化几何形状并减轻重量，双片材工艺之类的新方案表明，通过工艺组合，在这种情况下通过发泡薄膜的变型和装配，与致密材料部件相比，可大大减轻重量。

通过注塑成型工艺对塑料进行物理发泡日益成为一种选择方案，这样可以减轻高品质部件的重量，同时确保满足机械要求和光学要求。尤其是特殊工艺，新工艺变型和工艺组合，为生产重量轻、品质高的部件提供了越来越多的可能性。

5.8 附加信息

1. 文献

Eyerer, *P.*: Kunststoffkunde. Vorlesungsmanuskript mit CD. 13. Aufl., Fraunhofer IRB Verlag, Universität Stuttgart, 2005

Eyerer, *P.*, *Hirth*, *T.*, *Elsner*, *P.*: Polymer Engineering-Technologien und Praxis. Springer Verlag, Berlin/Heidelberg, 2008

Graser, *K.*, *Hoock*, *R.*, *Urth*, *D.*: Innovative Recyclinglösungen bei Kunststoffkomponenten. Kunststoffe im Automobilbau. VDI-Gesellschaft Kunststofftechnik, Mannheim/Düsseldorf, 2000

Karsch, *U. A.*: Aufbau von aktuellen Tanksystemen für Fahrzeuge des europäischen und amerikanischen Marktes. Haus der Technik (Hrsg.): Emissionen aus Kraftstoffsystemen von Pkw. Tagungsband, Essen, 21./22. Februar 2001

Klee, *W.*, *Karsch*, *U. A.*, *Kempen*, *T.*: Barrieretechnologien. Ein Beitrag zur Emissionsminderung von Kraftstoffanlagen. Verein Deutscher Ingenieure, VDI-K (Hrsg.): Kunststoffe im Automobilbau. Tagung, Mannheim, 5.-6. April 2000. Düsseldorf, 2000

Langenfelder, *J.*: Entwicklung eines neuen Substratmaterials für elektronische Leiterplatten auf Basis eines geschäumten Hochtemperatur-Thermoplasten. Diss., Lehrstuhl für Polymere Werkstoffe. Universität Bayreuth, 2006

Michaeli, *W.*: Einführung in die Kunststoffverarbeitung. 4. Aufl., Carl Hanser Verlag, München, 1999

Ohlendorf, *F.*: Hochschule für Angewandte Wissenschaften Hamburg. HAW Hamburg, 3. November 11. 2008

2. 公司文件和网站地址

Bayer: Spritzgießen von Qualitätsformteilen-Verfahrenstechnische Alternativen und Verfahrensauswahl. ATI 1147 d, Bayer AG, Ausgabe 2002-06

ContiTech AG: Pressemeldung 15. Dezember 2009

www. bayer. materialsscience. com

www. christophery. de

www. contitech. de

www. coperion. com
www. febra. de
www. jacobplastics. com
www. kautex-group. com
www. krauss-maffei. de
www. oldtowncanoe. com
www. philippine. de
www. roechling. com
www. trexel. com
www. wittmann-battenfeld. com

6

纤维增强塑料的加工

Frank Henning

在参考文献中，使用短纤维增强、长纤维增强和连续纤维增强这些概念的方式往往各不相同。除了生产和加工之外，基于所用的基质、纤维的类型以及在部件中所能达到的纤维长度，所涉及的纤维复合材料还有技术上的区别。下图中归纳了不同纤维复合材料的相关技术。然而，在使用长纤维增强材料时，部件中的纤维长度分布取决于工艺参数和几何边缘条件。冲击挤压工艺的目标是生产准各向同性的

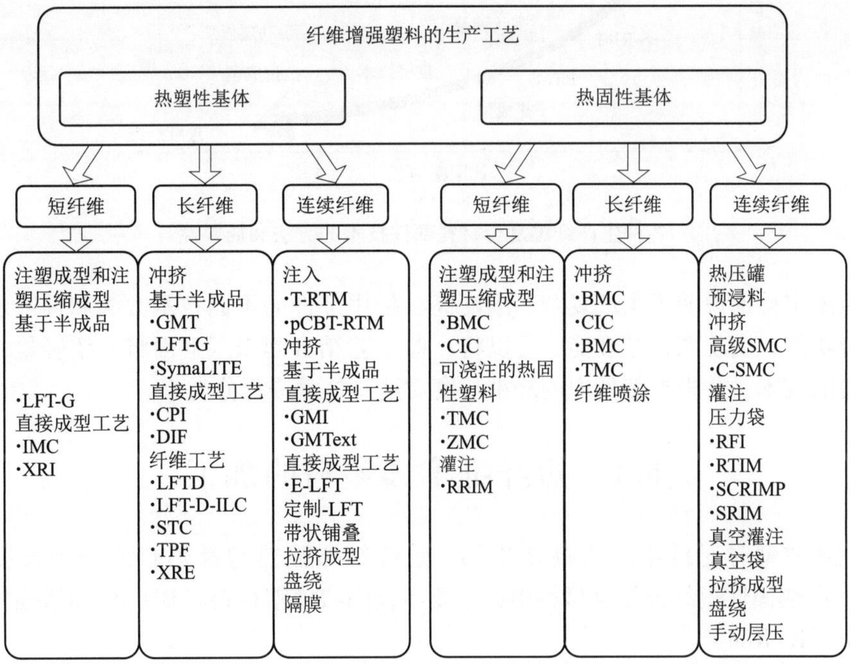

纤维复合材料的生产工艺概况

部件。在此类部件中，根据纤维长度分布和模具填充过程，会产生流动引起的各向异性。

连续纤维增强塑料制造的部件含有增强纤维，其增强纤维的长度至少与部件尺寸相当。因此，连续纤维增强的热塑性塑料很容易与长纤维增强的热塑性塑料区分开。连续纤维增强常常以纺织半成品（如束状织物、纺织品、针织品、编结物或网状织物）的形式贯穿于整个部件（Ostgathe 1996）。

在生产纤维复合塑料部件的加工工艺中，只涉及带热固性基体和热塑性基体的工艺，因为它们对轻量化结构意义影响重大，即不再讨论基于弹性体或热塑性弹性体的复合材料。

纤维复合材料是根据以下几个参数进行分类的。

① 所使用的基体聚合物的类型；

② 增强纤维的长度（短纤维、长纤维或连续纤维）；

③ 加工工艺的类型；

④ 工艺步骤的数量（半成品、直接加工工艺）。

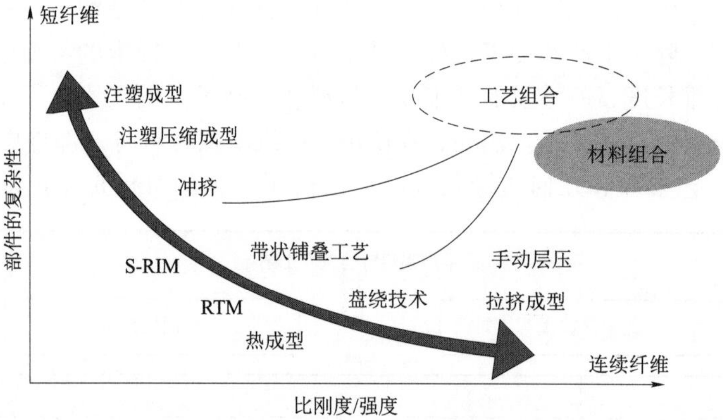

各种生产纤维复合材料部件技术的方法和局限性

该图定性地说明了生产复杂、刚度高、耐用部件的不同技术方法和局限性。为了整合功能，实现高机械性能，可以将一些工艺结合起来。下面将介绍轻量化结构较重要的技术，并根据部件中的纤维长度对这些技术进行分类。

6.1 短纤维增强塑料的加工

注塑成型时对纤维造成高度损伤，短纤维增强热塑性塑料的纤维长度小于1 mm。在热固性短纤维复合材料中，主要涉及团状模塑材料（BMC）和增强树脂注塑成型（R-RIM）。

6.1.1 带热固性基体短纤维增强塑料的加工工艺

6.1.1.1 团状模塑材料（BMC）

用注塑成型工艺或注塑压缩成型工艺加工团状模塑材料（BMC），需要3种不同的设备技术（Guillon 1993，Ehrenstein 1997-1）。

1. 带螺杆的团状模塑材料注塑成型机

可以通过一个活塞从一个存储容器中向带螺杆的团状模塑材料注塑成型机［图6.1（a）］供给团状模塑材料。团状模塑材料由于单螺杆的旋转被压实，并通过挤出机的往复运动被送到一个模制件模具中。其主要缺点是剪切力大，尤其是在止回阀区域。这种剪切力会作用在材料上，并使纤维长度变短，从而使部件的机械性能适中。

2. 带活塞的团状模塑材料注塑成型机

带活塞的团状模塑材料注塑成型机（图6.1（b））是早期技术之一。这种技术是将团状模塑材料送进一个存储缸，在两个注塑成型周期内，用活塞将团状模塑材料通过一个止回阀送入真正的注塑成型缸。然后，再通过另一个活塞把团状模塑材料注射进注塑模具。在注塑模具中，由于压力和温度的作用，团状模塑材料会硬化成最终的模制件。与带螺杆的团状模塑材料注塑成型机相比，在此过程中产生的剪切力会低一些，这会使纤维更长，从而使部件性能更好。

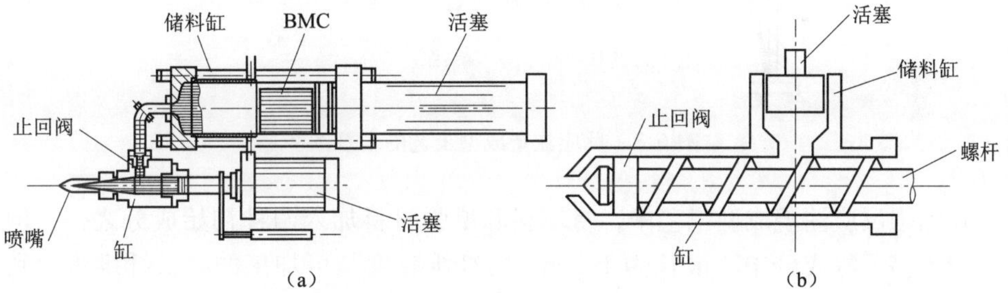

图6.1 带螺杆和活塞的团状模塑材料注塑成型机（Guillon 1993）
（a）带螺杆的团状模塑材料注塑成型机；（b）带活塞的团状模塑材料注塑成型机

3. 带螺杆和活塞的ZMC注塑成型机

开发带螺杆和活塞的ZMC注塑成型机（图6.2）的目的是进一步减少纤维的损伤。它综合了带活塞的团状模塑材料注塑成型机以及带螺杆的团状模塑材料注塑成型机的优点，即纤维损伤小，同时注塑量的再现性较高。对团状模塑材料的加工，与使用带螺杆的团状模塑材料注塑成型机相似。但注塑量不是通过止回阀和螺杆冲程，而是通过充当活塞的挤出机的运动将团状模塑材料送到包裹挤出机的缸中。

6.1.1.2 增强反应注塑成型（R-RIM）

目前所有生产纤维增强聚氨酯部件的加工工艺都是以高压配料机械技术为基础的。相应的工艺被称为反应注塑成型（RIM）。反应注塑成型是一种成型工艺。在这

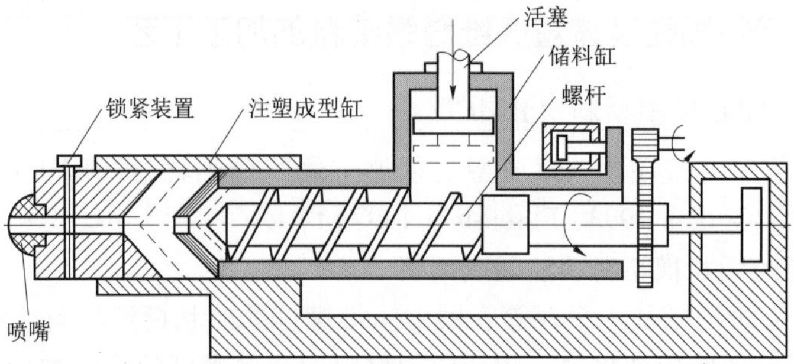

图 6.2　ZMC 注塑成型机（Ehrenstein 1997-1）

种工艺中，反应初始成分集中混合在一起，并作为反应物被送进一个成型模具中，部件的硬化在模具中进行（图 6.3）。

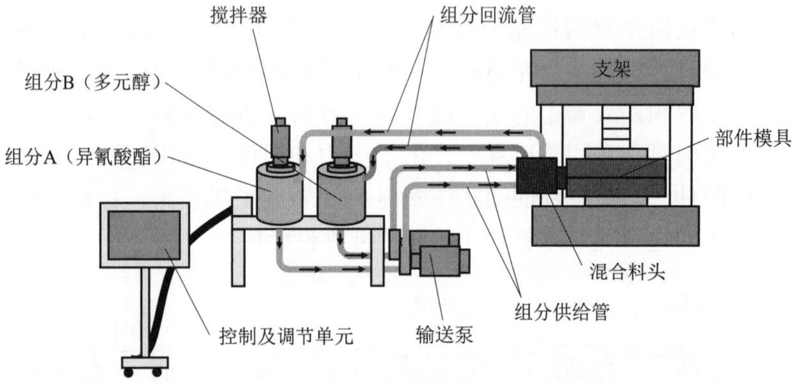

图 6.3　反应注塑成型工艺的示意图

在加强反应注塑成型工艺中，将填料和增强材料加入两种初始成分之一，但通常是加入多元醇成分中。最长为 1.5 mm 的纤维长度是可加工的。长纤维将导致黏度进一步增大，从而使两种成分混合不佳。因此，通常使用长度为 0.03~0.5 mm 的纤维。由于所使用的填料的耐磨性，只能用活塞泵来对加入了填充和增强材料的成分进行配料。

6.1.2　带热塑性基体短纤维增强塑料的加工工艺

与纤维增强材料相比，由于短纤维不会使性能有较大的提升，因此在热塑性塑料中，主要用短纤维来改善热机械性能（如耐热性）和尺寸精确性，并降低吸湿性，从而增强热塑性注塑成型部件。在此，增强纤维直接由材料生产商在混合过程中掺入塑料中，并作为塑料颗粒来备料。可用标准注塑成型机加工这种颗粒（图 6.4）。颗粒中的纤维长度为 0.2~0.5 mm。在加工过程中，在塑化机和热流道中进行熔化和输送过程中，以及注射过程中，颗粒中的纤维长度会缩短，并导致部件中形成纤维长度分布不均及纤维长度中等。

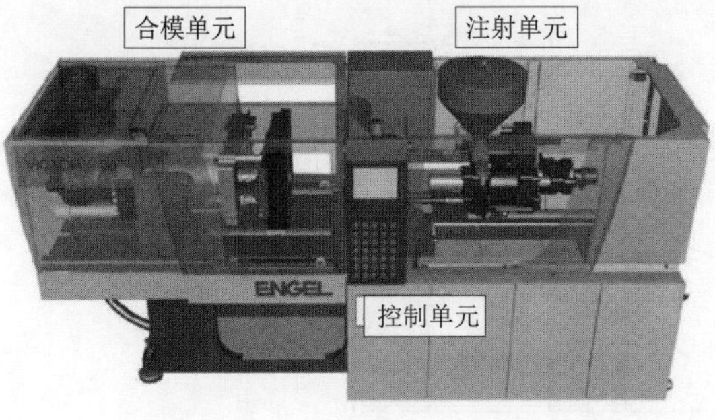

(a)

(b)

图 6.4 阿博格公司的标准注塑成型系统（Allrounder 320 C600-250）
（图片来源：(a) Johannaber，Friedrich；(b) 德国弗劳恩霍夫化学技术研究所（ICT））

在加工短纤维颗粒时，必须考虑到纤维（特别是裸露的纤维端部）引起的材料之间的强烈磨蚀作用。因此，在设计塑化机、浇注系统、喷嘴以及模具时，需要使用耐磨蚀的材料。由于在纤维含量相同的情况下，短纤维增强塑料裸露的纤维端更多，因此与长纤维增强塑料相比，其对机器和模具磨损的影响更大。

另外，在模具填充过程中，短纤维的走向更精确，由此会产生强烈的各向异性以及明显的收缩和变形差异（图 6.5）。在短玻璃纤维增强热塑性塑料中常常出现层状结构的定向层。在这些定向层中，处于狭长核心区域中的纤维，由于拉伸流动主要定向在垂直于流向的方向，而在更宽的边缘区域的纤维主要是沿着流向排列。在大多较薄的壁粘连区域，通常存在随机分布的定向方向。在参考文献中介绍了 3 层、5 层和多层形态，这些形态很大程度上是由加工条件和材料特性决定的。

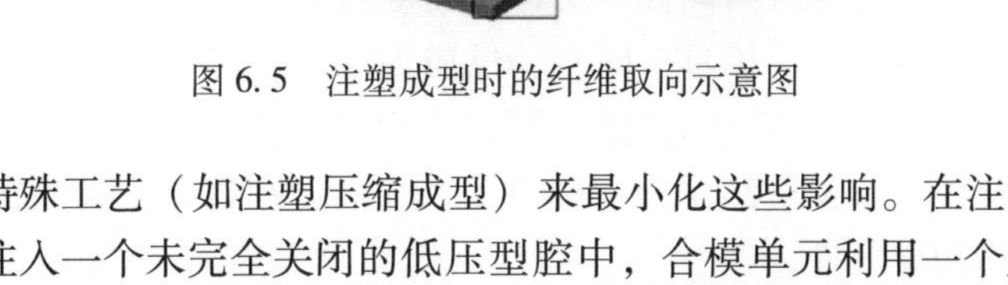

图 6.5 注塑成型时的纤维取向示意图

可以采用特殊工艺（如注塑压缩成型）来最小化这些影响。在注塑压缩成型过程中，将塑料注入一个未完全关闭的低压型腔中，合模单元利用一个压印冲程完成实际成型任务，借此可以减小剪切力。剪切力的减小使减轻纤维损伤和取向成为可能，从而减小了变形倾向。图 6.6 举例说明了非增强聚丙烯材料以及纤维含量不同的短纤维增强聚丙烯材料的机械参数（抗拉强度和弹性模量）。

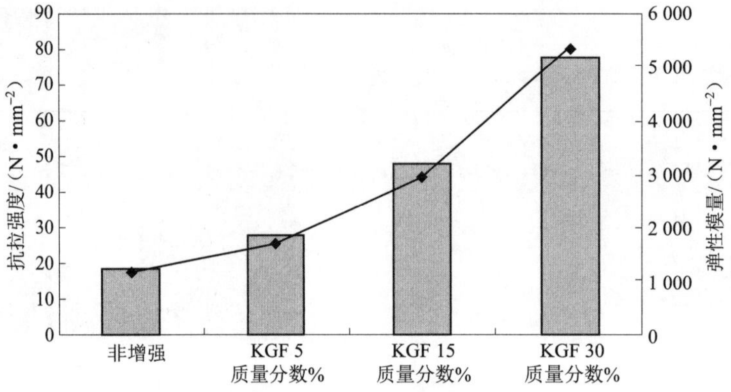

图 6.6 非增强聚丙烯材料和短玻璃纤维增强聚丙烯材料的强度和刚度比较

6.2 长纤维增强塑料的加工

6.2.1 长纤维增强热固性塑料的生产

6.2.1.1 聚氨酯的纤维喷涂

聚氨酯的纤维喷涂工艺（图 6.7）与增强反应注塑成型一样以高压机技术为基础，但其混合料头是由机械臂引导的。此外，该混合料头还负责把反应混合物喷涂到一个敞模中，这种喷涂是通过将混合物的压力转移到喷雾中或者在反应混合物中额外添加雾化空气来实现的。增强所需的纤维粗纱被送入一个安装在机械臂上或混合料头旁的切割器中。根据切割器不同，纤维长度最长可达 100 mm。切好的纤维被横向或轴向地引入反应混合物的喷雾中，聚氨酯喷雾可以适当地润湿切好的纤维。通过适当地控制切割器，可以有针对性地调整纤维含量和纤维长度，此外，还可以用玻璃纤维增强的反应混合物来浸渍预成型的纤维毡。通过用一个固定在机械臂上的混合料头把材料喷涂到敞模中的方法，以及对切割器进行控制，可以改变部件局部的纤维含量，并且能通过这种方式在规定的范围内增强部件。模具中的纤维取向是随机无规律的，因此准各向同性的材料特性得到了保障。

在材料进入敞模之后，模具会闭合，反应混合物会被压缩。根据对强度和表面的要求以及对相应聚氨酯系统的选择，可以不用对部件进行压缩。然而，在这种情况下，可实现的纤维含量最高仅为重量的 25% 左右。在以下两种情况下，都可以借助这种工艺生产薄壁部件。

1. 长纤维注射（LFI）

长纤维注射工艺同样不加工成本高的纤维层或预制件，而主要加工较便宜的纤维粗纱。与聚氨酯纤维喷涂一样，这些粗纱也通过一步法工艺被切割。切好的纤维被送入混合料头中，直接用聚氨酯基体润湿。材料进入敞模后，纤维增强的反应混

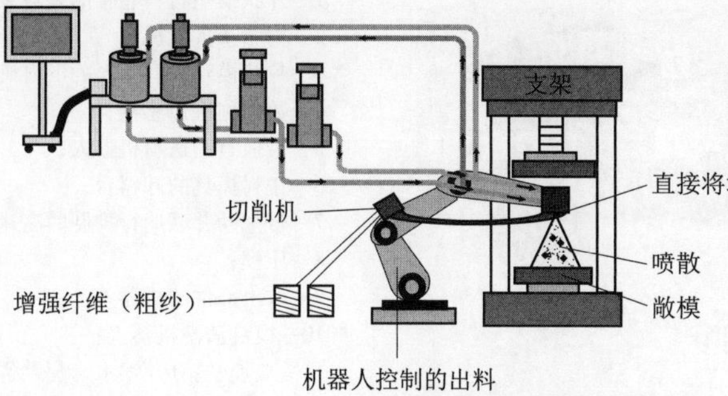

图 6.7 纤维喷涂工艺

合物必须被压缩成部件。使用这种工艺，纤维长度可达 12.5~100.0 mm，纤维含量最高可达总重量的 50%。使用的聚氨酯基体是实心的聚氨酯系统材料，或者是较硬的自结皮泡沫。然而，由于模具填充需要时间，该系统不会过快响应。

2. 喷射成型（PSM）和复合喷射成型（CSM）

喷射成型和复合喷射成型都指一种半成品加工工艺。在这种工艺中，通过喷涂的形式用聚氨酯基体浸渍由玻璃纤维、天然纤维或碳纤维制成的“成品纤维层”。反应混合物喷雾的产生与聚氨酯纤维喷涂工艺相同。

纤维层被修剪、预热，然后用机械手或喷射混合料头下方的一条传送带搬运。喷头的作用是喷射聚氨酯浸渍纤维层。如果纤维层的一面已湿润，则应将纤维层旋转 180°，然后喷涂另一面。在用机器人进行手工操作时，可以借助第 2 个混合料头，同时喷涂两面。

使用的反应成分将被热激活，即硬化反应要在适宜温度的影响下才会开始。其优点是，能够在硬化之前完成材料的喷涂工作。在浸渍之后，纤维复合材料会被送进一个被加热的模具中进行硬化，并被压缩成需要的形状。与纤维喷涂和长纤维注射相同，模具通常也要被加热到 120 ℃~140 ℃。

此外，这种工艺还可以生产夹层复合材料（见第 2 册第 9 章）。许多常用的材料（如蜂窝结构或泡沫）可以作为芯材使用。可以把相应的夹芯夹在纤维层之间，然后为纤维层喷涂聚氨酯，将它们送进模具，并等容地压缩成所需要的部件几何形状。

6.2.1.2 片状模塑材料的冲挤

目前，片状模塑材料半成品加工成部件仍然主要以劳动密集型且以手工为特点的加工形式为主，其工作步骤将在下面提到。应当指出，在 20 世纪 80 年代末就能全自动化地生产条形灯外壳（Brüssel 1989），20 世纪 90 年代初能全自动化生产商用车保险杠（Brüssel 1994），如今，特别是在生产高品质 A 级部件时，生产流程的全自动化水平日益完善（Ernst 2006）。其原因在于质量、生产率、可再现性和设备完好率的提高，周期缩短，以及精加工和废品的减少。片状模塑材料生产工艺以及利用片状模塑材料生产的部件示例分别如图 6.8、图 6.9 所示。

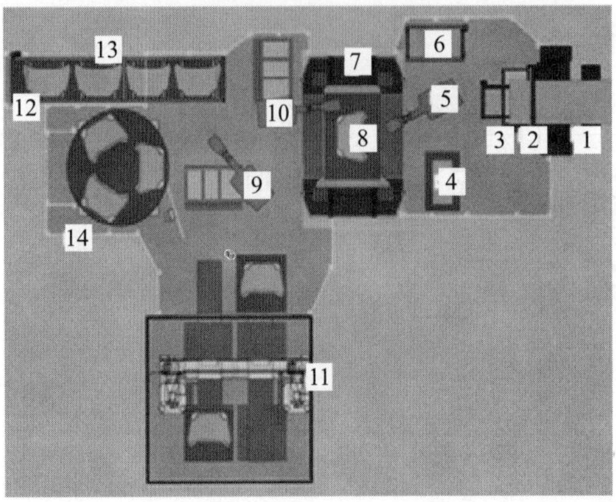

1—片状模塑材料卷轴的装料装置；
2—树脂垫拆卷机；
3—片状模塑材料落料的下料机；
4—数控称重传感器；
5—带抓具的送料机器人；
6—送料抓具的卸料台；
7—带主动并联运行控制的高速高精密压机；
8—压模；
9—取出部件的机器人；
10—模具清洗机器人；
11—数控铣钻床/喷水切割设备；
12—辅助冷却设备；
13—卸料传送带；
14—防护栅栏

图 6.8　全自动片状模塑材料生产工艺示意图
（图片来源：Dieffenbacher）

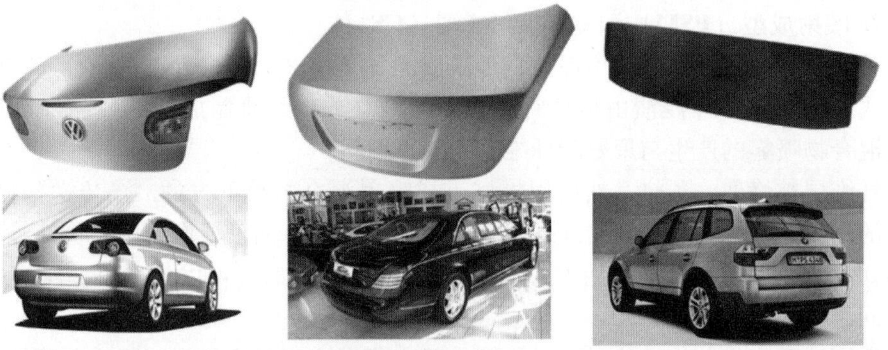

图 6.9　大众 EOS 和迈巴赫的片状模塑材料行李箱盖以及宝马的扰流板
（图片来源：迪芬巴赫集团）

半成品片状模塑材料，大多可半自动地从线圈上展开，同时根据部件的不同，通过可调节的刀具将半成品预成型为具有所需长度和宽度的矩形坯件，并放进运输容器，输送到压机中。在此以及在整个片状模塑材料半成品加工过程中必须注意，材料包装要防苯乙烯，目的是使这种溶剂泄漏尽可能少，从而实现材料质量的可再现性。

在压制前，应去掉半成品片状模塑材料上下的载体箔，并由工人手动将其裁切成坯件尺寸（裁切尺寸往往是预计模具面积的 40%~70%）。所有达到部件重量所需的裁切件会被堆叠起来。然后，将堆叠的裁切件（如果部件形状较为复杂，也可能是几个坯件堆）放进加热到 140 ℃~160 ℃的模具中，利用冲挤工艺将其冲挤成部件。借助液压机实施冲挤工艺时，在被加热的压模中，由于温度的影响，片状模塑材料的黏度首先会下降；但在型腔被使用的聚合物完全填满之后，在模塑材料黏度增加的情况下，片状模塑材料将硬化。根据所使用材料的配方和部件的几何形状，需要 50~150 bar 的特定模内压力。根据部件尺寸的不同，这种模内压力最高需要 3 000 t 甚至更高。根据部件厚度的不同，保持时间（即压模关闭的时间，以及化学交联反应发生的时间）通常在 1 ~ 3 min。在此期间，必须考虑到材料堆积的问题，例如在肋基或圆顶上堆积。

冲挤成型之后，打开压模，部件会被液压驱动的卸料板抬起，然后一般手工取出并去毛刺。大多数情况下，通过铣削对精度要求很高的轮廓实施精加工。对于其他截面，通常借助切削速度较高的喷水切割工艺来完成精加工。当对部件表面要求较高时，涂底漆是为上漆做准备的，对于上好漆的部件，以及使用“模内涂层”技术（IMC）（这种技术已经在成型模具中涂了底漆，或者在部件表面涂上了质感涂料）时，则可以不涂底漆。涂上底漆、经过洗涤而无污物的部件会被放在传送带上，通过一个喷气装置，被喷上所需要的颜色。

6.2.1.3 通过直接加工工艺生产长纤维增强热固性化合物

目前还在开发适合热固性长纤维增强复合材料的直接加工工艺。其目的是提供一个可用的工艺，这种工艺可以使用和组合不同的树脂体系，而与耐储存性无关，在用相应的纤维和填料生产部件时，可以组合使用这些树脂体系。

首先讨论直接片状模塑材料工艺，其消除了加工片状模塑材料半成品时的局限性。由于这是一个持续的工艺，从原材料到成品部件只需几分钟，因此可以使用一个控制环，以确保高品质。由此导致的低废品率和较少的精加工会对部件成本产生积极的作用。降低部件成本也可以通过取消熟化和缩短周期时间来实现。该工艺的另一个优点是在原料的选择和及时改变配方方面的高度灵活性。由于在很大程度上这是一个封闭的机械技术，因此可以减少苯乙烯的排放。

在生产直接片状模塑材料时，通过改变加工条件，对黏度变化的要求也会发生变化（图 6.10）。在传统生产中，片状模塑材料对树脂糊的黏度要求低，由于黏度低，因此可以拉伸薄膜，从而使纤维得到较好的浸润。然后，使黏度在尽可能短的时间内急剧增大，以进一步加工半成品。为了保证半成品的可加工性以及在实施成型工艺时进行纤维运输，黏度必须相对较高。相比较而言，在用直接加工工艺生产片状模塑材料时，应从较高的初始黏度开始，因为通过挤出步骤填料会自动浸湿，

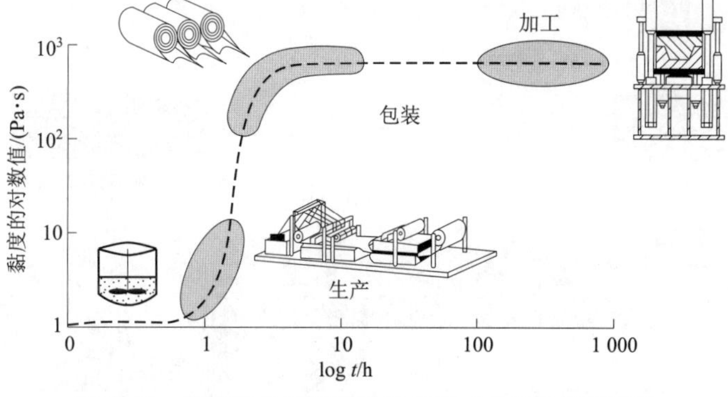

图 6.10 传统片状模塑材料和直接工艺片状模塑材料随时间变化的黏度曲线（根据 Wacker 2002）

而纤维会在混合装置中被自动浸湿。随后，黏度会在几分钟后增大，但最终的黏度水平会低于传统的加工方法，但这已经足够了，因为在挤压材料的情况下不需要坯件，并且该材料会被自动嵌入。此外，较低的黏度对表面质量和填料过程有利。

技术设备包括一整套工艺中的树脂填料混合物制备、加工增强纤维和部件生产等装置。图 6.11 给出了挤出工艺中的工艺流程概览。

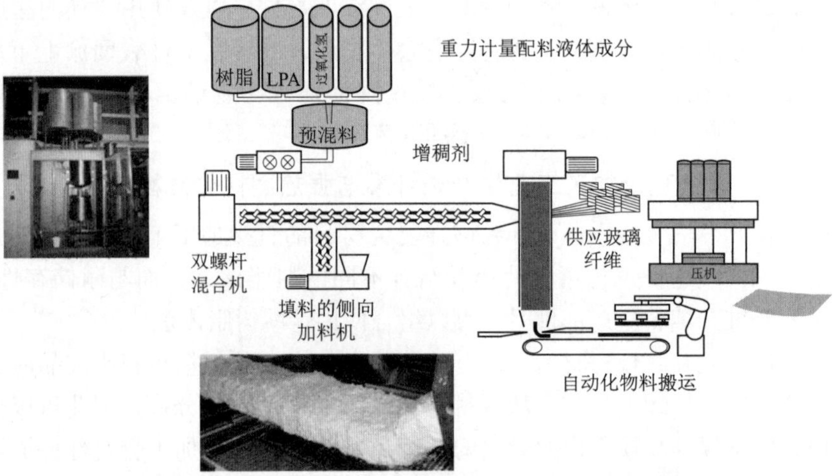

图 6.11　片状模塑材料直接挤压工艺的流程示意图

液体成分，即树脂、LPA、添加剂和过氧化氢，会按重量添加至第一个挤出机，它们将会混合在一起。固态填料会测定重量并添加到同一个挤出机中，扩散到树脂和添加剂的混合物中。可以选择性地将树脂/填料混合物放在一个上面散布着短纤维的传送带上（与片状模塑材料半成品工艺相似）（图 6.12），或将混合物放入第二

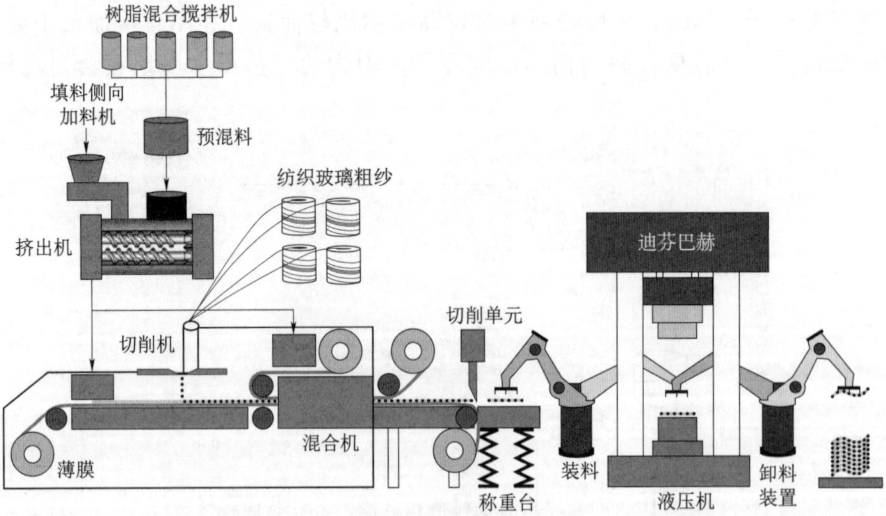

图 6.12　片状模塑材料直接挤压工艺的设备示意图

个混合挤出机中，增强纤维在这个挤出机中将被细致地加工。增强纤维将在挤出机中被分离、浸渍并分散，或放在传送带上进入一个运行路线中进行浸渍。

在挤出机的端部，将挤出物修整成希望的部件重量，并放在传送带上。从传送带上出来的材料会像在传统片状模塑材料半成品加工工艺中一样被裁切。通过微波加热调整黏度。在挤出物或网状材料准备好后，它们会被自动地直接送入压机，而没有中间存储环节。在压力机中，它们将被压制成部件。

6.2.2 长纤维增强热塑性塑料的生产

自 1978 年起，长纤维增强热塑性塑料逐渐在汽车工业领域有了新的应用（图 6.13）。目前，长纤维增强热塑性塑料的生产技术用于大批量生产形状复杂的部

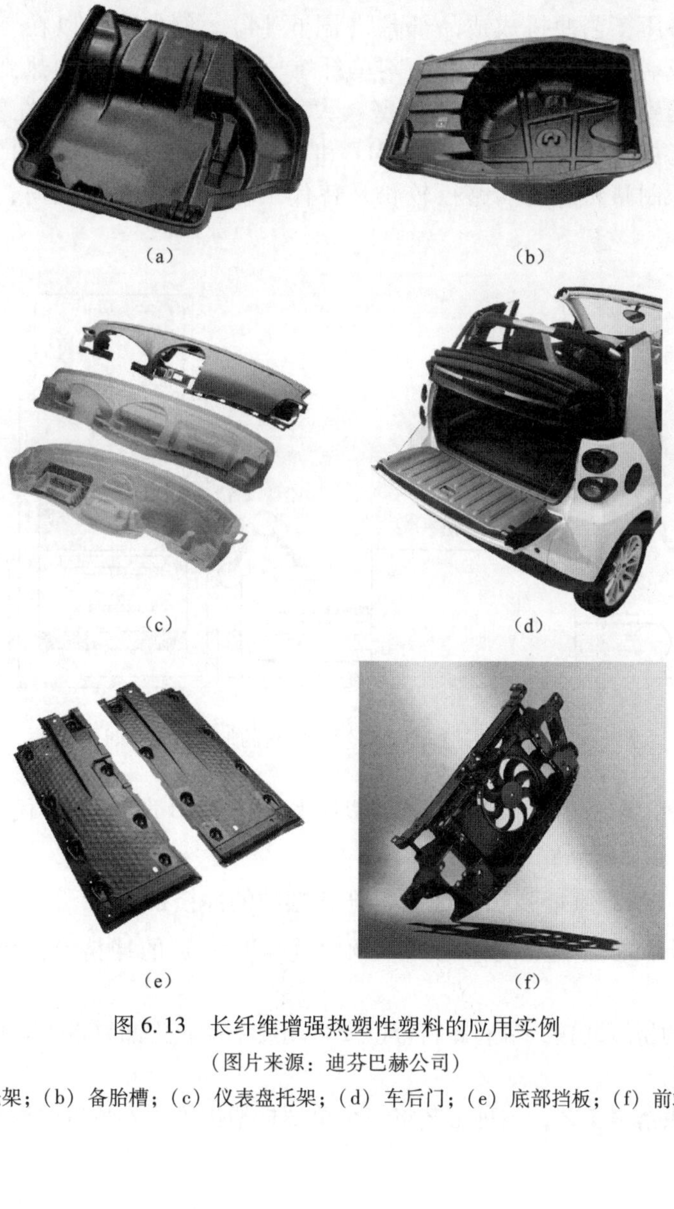

（a）（b）（c）（d）（e）（f）

图 6.13　长纤维增强热塑性塑料的应用实例

（图片来源：迪芬巴赫公司）

（a）座椅托架；（b）备胎槽；（c）仪表盘托架；（d）车后门；（e）底部挡板；（f）前端装配支架

件，而且与连续纤维增强热塑性塑料相比，其纤维体积含量较低。长纤维复合材料技术分为3种，其中，前两种是基于半成品加工的。

① 玻璃纤维毡增强热塑性塑料的冲挤加工（GMT）；

② 长纤维增强热塑性塑料杆状颗粒的冲挤加工（LFT-G）；

③ 长纤维增强热塑性塑料-直接加工工艺（LFT-D）。

6.2.2.1 玻璃纤维毡增强热塑性塑料的冲挤加工

在带长纤维增强材料和热塑性基体的基于半成品的加工工艺领域中，主要使用的是玻璃纤维毡增强热塑性塑料（GMT）。在把玻璃纤维毡增强型热塑性塑料加工成模制件时，应首先将各个玻璃纤维毡增强热塑性塑料半成品坯件放进接触炉、红外炉、对流连续式加热炉或者循环传送对流炉中加热，然后将它们堆叠起来，用冲击挤压工艺冲挤成成品部件（图6.14）。例如，可以在一个循环传送对流炉中将玻璃毡-LFT-GMT和切割单纤维-LFT-GMT坯件加热到熔化温度以上，再将其送到压模中。在生产薄壁、大面积长纤维增强热塑性塑料部件时，通过上述工艺加工的玻璃毡-LFT-GMT和切割单纤维-LFT-GMT，其质量是最佳的。由于压制塑料的流动路径较长，替代工艺会影响纤维取向，通常会导致部件变形。

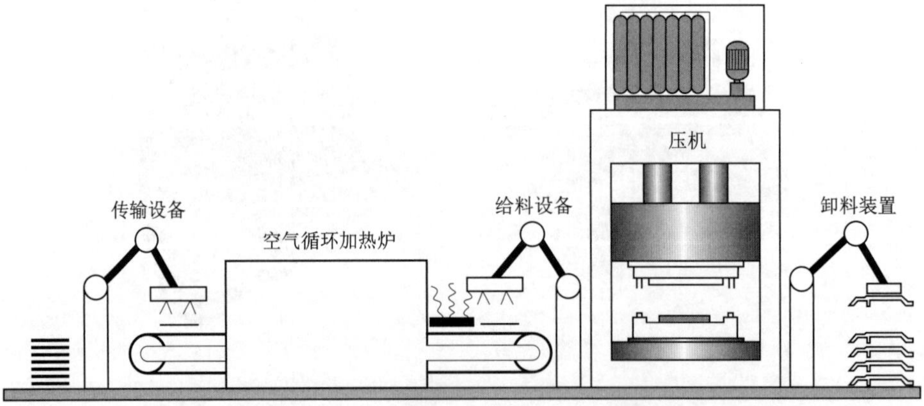

图6.14 玻璃纤维毡增强热塑性塑料的加工（Neitzel 1997）

最先引入市场的玻璃纤维毡增强热塑性塑料，在20世纪90年代初期时遇到了长纤维增强热塑性塑料颗粒工艺的挑战。

6.2.2.2 长纤维增强热塑性塑料杆状颗粒的冲挤加工

基于长纤维增强热塑性塑料杆状颗粒（LFT-G）的冲挤有两种不同的工艺变型：

① 固定的挤压装置，带有卸料带以及自动或手动收集卸料带上输出的长纤维增强熔体的装置。

② 熔体束落料工艺，这种工艺将一个单螺杆塑化机放入敞口的压制室，并直接

将塑化物放入模具。通过这个数控塑化机和一个数控喷嘴可以制成形状精确的材料。用喷嘴旁的切割器切断熔体束，然后将切割器移出模具区域（N. N. 1997）。在压制周期中，这个由挤出机和注塑成型机组成的单螺杆塑化机将为后续部件生产塑化物，螺杆缩回，加工好的塑化物在封闭的螺杆前室准备好用于防氧化。

所有工艺变型都会用一个深切螺杆把颗粒轻轻地送进单螺杆挤出机中，并主要通过外部热输入使颗粒增塑。高长径比和相应的螺杆几何形状能把剪切减少到最低程度，因此可获得长纤维。此外，单螺杆挤出机也适合用来为长纤维增强或连续纤维增强再生材料进行细致增塑。由此带来的少部分剪切能量被用于在增塑过程中展开纤维束并使熔体均质化，从而使纤维得到更好的浸润。

在生产长纤维增强热塑性塑料颗粒时，其质量取决于生产工艺和由此得到的浸润程度，在挤出或注塑加工过程中应把重点放在扩散和浸润上（Wolf 1996）。在塑化过程中，应轻轻地均匀搅拌复合材料，目的是一方面能实现完全浸渍，另一方面保证纤维的取向均匀且尽可能各向同性。在此过程中，应尽可能保持纤维长度。纤维发生断裂通常会使机械性能下降，纤维的不规则分散和浸渍会影响表面质量。自动化优化的发展趋势是能连续出料并实现自动化操作，其原因在于塑化机的惯性会限制加工时间的缩短。

10 多年以来，开发的重点已转移到了创新的直接加工工艺上。开发这种工艺的目的主要是降低成本，且加工者在材料的选择方面有较大的自由性。

6.2.2.3 采用直接加工工艺对长纤维增强热塑性塑料进行冲挤加工

直接加工工艺，简称 LFT-D，其明显区别于玻璃纤维毡增强型热塑性塑料加工和长纤维增强热塑性塑料颗粒加工的方面在于无须加工半成品。此外，这种技术（Kühfusz 1999）有许多工艺技术方面的优点，如高度灵活、加工时对材料的影响小。这种连续加工工艺的优势是，能自主选择基体材料和纤维含量，而不依赖于半成品生产商，从而能够快速且低成本地转换新产品。在长纤维增强热塑性塑料-直接加工工艺中，通过一个合适的给料系统将连续纤维粗纱从线圈上取出，并直接添加到一个在双螺杆挤出机中被塑化的熔体里。一种适用于纤维的化合物将作为基体使用，或是在工艺中进行合成。

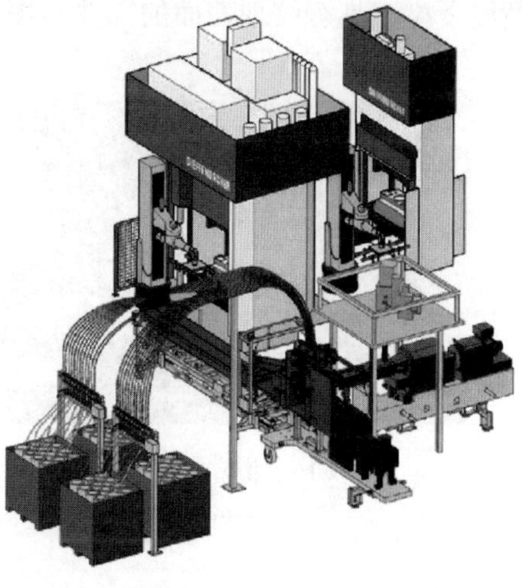

图 6.15 带在线混合功能的长纤维增强热塑性塑料-直接加工工艺设备的方案
（图片来源：迪芬巴赫公司）

长纤维增强热塑性塑料-直接加工工艺有两种变型。一种是在可同时熔化并制备基体材料的挤出机中直接加工增强纤维；另一种工艺是将基体材料制备和纤维加工两个步骤分开（图 6.15）。在特定工作范围内对单系统技术进行了优化，但是，为了填充更大的型腔，需要提高混合性能，混合性能的提高可以通过提高螺杆的转速来实现，但这会直接损伤到纤维。

在线混合，即材料制备和加入纤维分开，可以用原料生产特殊应用的化合物，或者通过添加所需的添加剂来使色母粒发生变化。在单独制备材料时，供料不足的中央控制单元会以匹配的转速将增强纤维轻轻地加入到由一个薄膜喷管传输的熔体中；同时，混炼机也在运行着，它的转速是为制备所需化合物而优化过的，通常转速较高。因此，在改变部件重量和改变配方时，更适合使用单独制备塑料材料的直接工艺。如果工艺成本升高，加工者可以开发自己的配方，且在采购原材料定价时，获得更多的独立性。

6.2.2.4 长纤维增强热塑性塑料冲挤工艺的比较

采用长纤维增强热塑性塑料直接加工工艺时，连续纤维粗纱被直接添加到聚合物熔体中，在杆状颗粒增塑时避免了由于颗粒和部分熔化颗粒之间的交变作用所引起的纤维损伤。在这种工艺中，易断裂的纤维只与低黏度的熔体接触，这样可以避免塑化剂进料区域出现严重磨粒磨损，以及塑化阶段中的纤维磨损。长粗纱在塑化剂中会有针对性地断裂成长纤维。与长纤维增强热塑性塑料颗粒相比，这些长纤维的纤维长度范围更大，且纤维平均长度更长，可以更好地利用纤维的潜力（Sigl 1997）。与通过单螺杆塑化加工杆状颗粒相比（在此过程中，随着部件重量的增加，工艺中的材料过度增加），在部件重量相同的情况下，长纤维增强热塑性塑料-直接加工工艺设备中的材料明显更少。因此在更换模具和更换材料时具有很高的灵活性。此外，初始材料在加工周期中只承受一次热负荷。

与玻璃纤维毡增强型热塑性塑料相比，直接加工工艺（LFT-D）使模制件表面质量更佳，表面上没有由于未浸渍的玻璃纤维导致的“白点”，因此可以在不喷漆的情况下生产具有纹理表面的部件（图 6.16）。

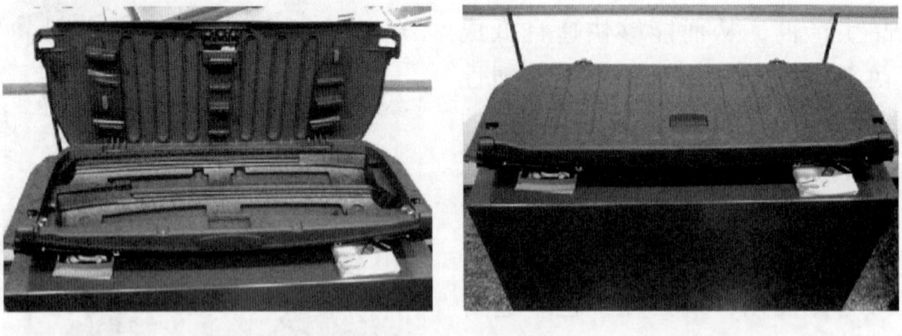

图 6.16　梅赛德斯 Smart 借助长纤维增强热塑性塑料-直接加工工艺制造的具有粒状可视表面的尾门结构（Ernst 2007）

除了能获得可再现的均匀长纤维增强塑化物之外，直接加工工艺还有一个巨大的优点，即在材料选择方面的自由性。因此可以使用许多具有不同机械性能水平的热塑性塑料，而不依赖于半成品的供应、定价和销售量，也可以根据由于基体计量、粗纱数量和熔体束细度不同而产生的不同需求，灵活地且面向应用调整纤维含量。图 6.17 给出了需要对半成品进行计划物流控制的生产流程，因此能估算出直接加工工艺通过处理半成品生产和存放问题而实现的节约潜力。

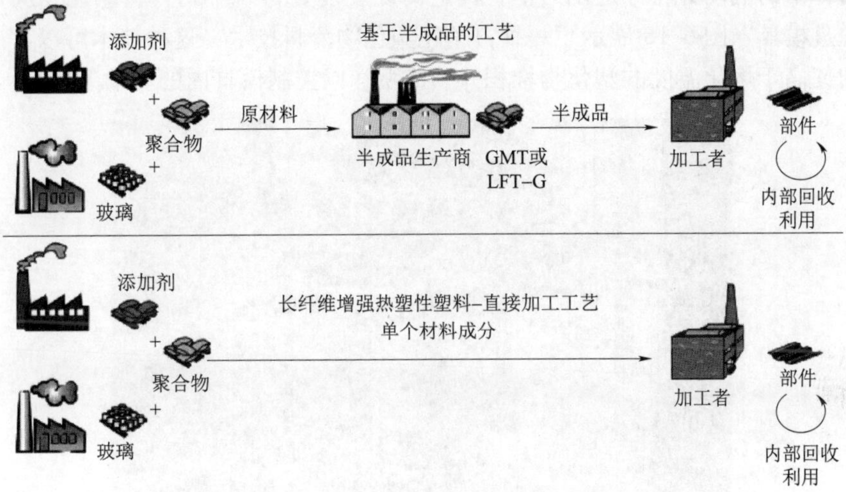

图 6.17 半成品生产的物流成本和额外的材料需求

表 6.1 对比了上述工艺的加工步骤，在半成品市场上也有一系列技术性的热塑性塑料，聚丙烯（PP）和玻璃的材料组合，由于其生产出的部件表现出优异的性价比，因此具有明显优势（Delpy 1990 和 Jansz 1995）。

表 6.1 长纤维增强热塑性塑料加工步骤的对比

长纤维增强热塑性塑料-玻璃纤维毡增强型热塑性塑料	长纤维增强热塑性塑料颗粒	长纤维增强热塑性塑料-直接加工工艺，长纤维增强热塑性塑料-直接加工工艺-在线混合
生产玻璃毡	对半成品进行拉挤成型	—
挤出基体材料 + 在一个双带压机中固化	—	—
半成品板预成型	—	—
在玻璃纤维毡增强型热塑性塑料炉中加热	对杆状颗粒进行增塑	在线混合 （ILC） + 直接添加纤维
送进压机	送进压机	送进压机
压制部件	压制部件	压制部件

这里所描述的工艺，从流程到产出长纤维增强热塑料件的时间点都不相同，尤其是时间点不同。除了熔体束落料工艺外，其他都是通过一个合适的夹具，通常是针形夹具，将塑化的长纤维增强材料从传送带上取出，然后放入敞模中。在此过程中，可伸出的气动针将穿透刮刀框，伸进高黏度复合材料中，并将塑化物固定，以将其送进模具。图 6. 18 展示了一种自动化塑化物落料技术，这种技术可以在最短的时间内使高于熔化温度的塑化物堆积并预成型，以控制模具内的流动条件。

图 6. 18　自动化塑化物落料技术（Krause 1999）

玻璃纤维毡增强型热塑性塑料适合采用模压，而其他长纤维增强材料可以用冲挤工艺制成部件。比如在加工杆状颗粒时，使用直接加工工艺的模具表面覆盖率就比玻璃纤维毡增强型热塑性塑料工艺小，其原因在于为长纤维限制了可行的喷嘴宽度。因此，长纤维增强模压塑料只能占据型腔的 20% ~ 80%，通过材料流动对部件进行填充，并通过预设的压力使部件固化。如图 6. 19 所示，通过润边浸胶技术可防止熔体泄漏。这种技术除了能限制部件的体积外，还能在材料收缩时进行增压。较小配料错误的补偿表现在部件可忽略的厚度波动上。在加工聚丙烯（PP）时，可以用分别位于上下模的加热流道将模具加热到 40 ℃ ~ 80 ℃的温度。

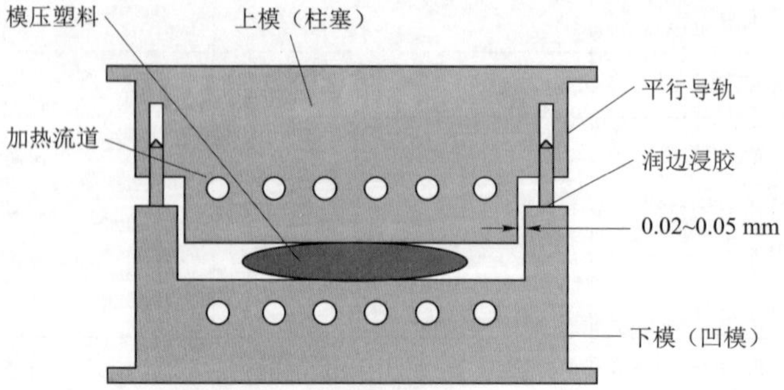

图 6. 19　冲挤模具的基本结构

润边浸胶技术需要机械或液压顶出系统，以方便取出部件。由于玻璃纤维的磨蚀作用，大批量技术型模具的型腔是经过表面硬化的。与用于连续纤维增强热塑性塑料变型的压模相比，最大的区别在于对刚度方面的机械设计。冲挤所需的模内压力高达 200 bar，由于热塑性塑料熔体黏度高，这种压力是使连续纤维增强热塑性塑料半成品成型所需压力的十的冥次方。此外，使用润边浸胶时以及塑化物进行通常的分散定位时，需使用并行运行的压机。为了尽可能减小热塑化物的温度损失，与加工热固性塑料的压机相比，这种压机需要较高的闭合速度（范围在 20~80 mm/s）。

6.2.2.5 长纤维增强热塑性塑料的注塑成型

在进行长纤维增强热塑性塑料注塑成型时，部件中的纤维长度通常明显较短，所以这种工艺主要适用于半结构部件，如壳体部件。在用注塑成型工艺加工长纤维增强热塑性塑料时，与冲挤工艺相同（除直接加工工艺外），绝大多数情况下会使用杆状颗粒（长纤维增强热塑性塑料颗粒 LFT-G 或 LFG）的、长度为 8~25 mm 的半成品。这些半成品是由材料生产商作为最终化合物（聚合物、添加剂、纤维-基质层-耦合物和纤维）提供的，通常呈纤维质量分数为 60% 的浓缩物的形式。使用者可以通过混入纯基体材料的方式对所需纤维含量以及由此形成的模制件的性能特点进行调整。现在有很多材料可以作为基体聚合物，从标准热塑性塑料（聚丙烯 PP、聚乙烯 PE）到技术性热塑性塑料（聚酰胺 PA、聚对苯二甲酸乙二酯 PET/聚对苯二甲酸丁二酯 PBT、热塑性聚氨酯 TPU 等），再到高性能热塑性塑料（聚苯硫醚 PPS、聚苯醚 PPO、聚醚醚酮 PEEK）。不同纤维增强颗粒的类型如图 6-20 所示。

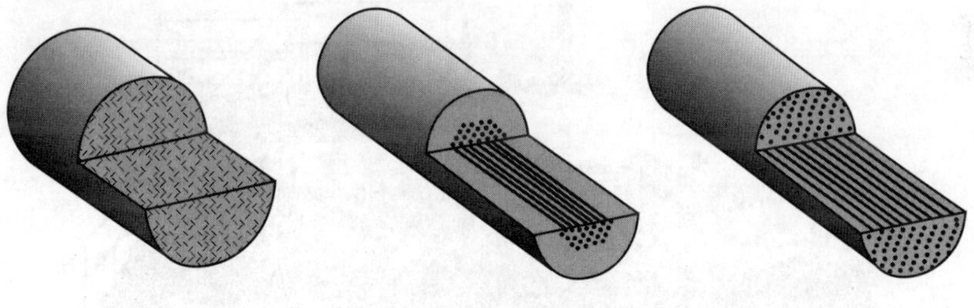

（a）　　（b）　　（c）

图 6.20　不同纤维增强颗粒类型的示意图

（a）短纤维颗粒（0.2~0.4 mm）；（b）包覆长纤维颗粒；（c）完全浸渍的长纤维颗粒（8~25 mm）

原则上可使用标准注塑成型机加工杆状纤维颗粒，虽然长纤维注塑成型使用的是长度最大为 25 mm 的颗粒，但在成品部件中纤维长度通常要短得多。这种加工方法与冲挤相比纤维明显缩短，是加工过程中产生的剪切力造成的，而这种剪切力又是由增塑、流道的几何结构及方向改变和工艺参数引起的。

为了在加工过程中保持纤维长度，建议进行下述工艺调整并采用以下设备技术。

① 使用不损伤纤维的优化螺杆（剪切、工艺长度）；

② 对止回阀、喷嘴和之后的浇注系统，包括加热管和加热喷嘴，进行流量优化；

③ 定量给料时采用尽可能低的螺杆转速；

④ 采用较低的滞止压力；

⑤ 降低注射速度；

⑥ 采用尽可能低的保压压力。

除了这些为适应长纤维加工而对注塑成型工艺做出调整的方法之外，还可以用另一些方法来增加部件的平均纤维长度，从而提高部件的特性。这主要指注塑压缩成型，在注塑压缩成型中，注射过程产生的剪切力和需要的压力相对于标准工艺明显更低。此外，由于纤维取向较少，这种工艺生产的纤维增强部件会表现出较小的各向异性。

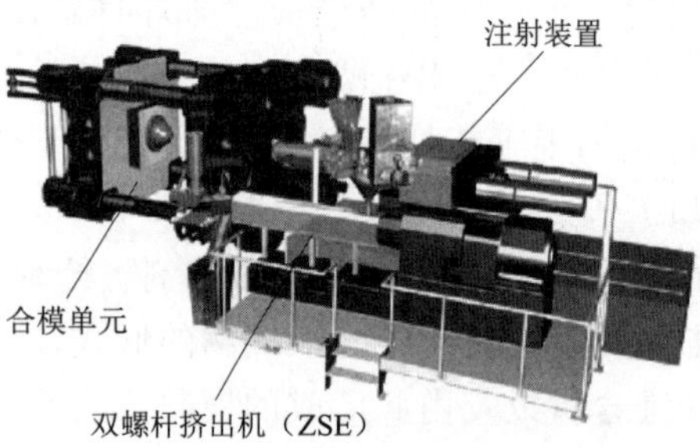

图 6.21　注塑成型混炼机的结构示意图
（图片来源：Engel Austria 股份有限公司）

在注塑成型中，直接加工工艺是一种替代基于半成品的长纤维增强热塑性材料的方法，在这种工艺中，单个原材料在工艺中直接被加工成部件。直接加工工艺之一就是注塑成型工艺中的在线混合。在这种设备结构中，即注塑成型混炼机（图 6.21、图 6.22）中，综合了制备材料的混合技术和成型的注塑技术。对加工者来说，产生了新的定制注塑件机械性能，同时又能节省能源和材料成本的方法。

图 6.22　位于德国普芬茨塔尔的德国弗劳恩霍化学技术研究所（Fraunhofer ICT）所使用的 Engel 公司的注塑成型混炼机

混炼机和注塑成型机之间的缓冲储存器能够在双螺杆挤出机（ZSE）中连续制备模塑材料，并随后通过注塑成型机为非连续的成型工艺送料。

通过使用双螺杆挤出机（ZSE）对连续纤维进行无损伤加工，部件的纤维长度可以比使用传统注塑成型大得多。纤维长度的增加伴随着机械性能的显著提高。在线混合只对模塑材料施加一次热负荷，这将提高其机械性能。此外，与冲挤一样，在材料负荷减少的同时，整个工艺的能源效率得以提高。

直接加工工艺的优点总结如下：

① 通过双螺杆挤出机（ZSE）无损伤加工连续纤维，在纤维长度上具有优势；

② 通过在线混合，可以近乎直接地在成品部件上看到和测量出材料改性的效果；

③ 材料制备的高度灵活性，使得加工者可以根据自己的配方为相应的应用开发定制材料，同时降低了材料成本；

④ 一步法工艺提高了能源效率；

⑤ 与压制相比，这是一种封闭的工艺，它能防止与环境发生交变作用，并提高表面质量。

6.2.2.6 局部连续纤维增强长纤维复合物的生产工艺

与长纤维增强热塑性塑料相比，织物增强半成品和连续纤维增强胶带形式的连续纤维增强热塑性塑料只能进行少量加工，其主要用于航空航天业中。在以聚丙烯（PP）和玻璃纤维为基础开发出成本较低的连续纤维增强半成品之后，在大规模应用中（如汽车）使用热塑性纤维复合结构才成为可能。因此，在提高生产率方面还应对连续纤维增强结构的生产工艺进行进一步研究。使用织物增强半成品的连续纤维增强玻璃纤维毡增强热塑性塑料部件已经批量投产。

通过融合局部连续纤维结构（此结构允许针对性地在部件中引入力和传输力），有望大力开发长纤维增强热塑性塑料-直接加工工艺技术。

带连续纤维增强的长纤维增强热塑性塑料部件能实现结合连续纤维特殊高性能和长纤维增强热塑性塑料可流动性的结构，从而能够通过注塑成型工艺和冲击挤压工艺制造出复杂的、高强度的几何形状部件。

6.2.2.7 长纤维增强热塑性塑料的性能

表 6.2 介绍了长纤维增强热塑性纤维复合材料和长纤维增强热固性纤维复合材料与金属材料相比的典型特性。

表 6.2 长纤维增强塑料相对于金属材料的特性

		P:压制,S:注塑成型	基体聚合物	增强纤维	纤维含量（质量分数/%）	密度/(g·cm^{-3})	拉伸弹性模量/GPa	抗拉强度/MPa	弯曲弹性模量/GPa	弯曲强度/MPa	冲击韧性/(kJ·m^{-1})
金属	钢	—	—	—	—	7.5	211.0	300 645 950	—	—	—
	铸铁	—	—	—	—	7.1	90.0	200	—	250	—
		—	—	—	—	7.3	133.0	400	—	490	—
	铝	—	—	—	—	2.7	72.2	240	—	—	—
	镁	—	—	—	—	1.7	45.2	215	—	—	—
	钛	—	—	—	—	4.5	105.0	480	—	—	—

续表

		P:压制,S:注塑成型	基体聚合物	增强纤维	纤维含量(质量分数/%)	密度/(g·cm⁻³)	拉伸弹性模量/GPa	抗拉强度/MPa	弯曲弹性模量/GPa	弯曲强度/MPa	冲击韧性/(kJ·m⁻¹)
GMT	GMT	P	PP	GF	25	1.17	3.8	60	2.5	85	110
	GMT-单向[1)]	P	PP	GF	23	1.28	15.9/4.0	270/46	9.6/4.5	260/110	205/60
	GMTex 内侧[1)]	P	PP	GF	40	1.22	8.2/5.4	168/78	4.8/—	124/—	150/—
	GMTex 外侧[1)]	P	PP	GF	40	1.22	10.5/5.0	190/70	13.5/6.3	280/150	215/—
	SymaLITE 1.5[2)]	P	PP	GF	33	1.15	5.0	52	2.6	38	—
	SymaLITE 2.0[2)]	P	PP	GF	33	0.85	—	—	2.0	30	—
	SymaLITE 3.0[2)]	P	PP	GF	33	0.57	—	—	1.3	17	—
	SymaLITE 4.0[2)]	P	PP	GF	33	0.43	4.3	17	1.0	13	—
LFT-G	LFT-G	S	PP	GF	20	1.04	5.0	80	4.8	110	50
	LFT-G	S	PP	GF	30	1.12	7.0	105	7.5	160	55
	LFT-G	S	PP	GF	40	1.21	9.0	115	9.0	175	57
	LFT-G	S	PP	GF	50	1.32	11.7	125	11.5	190	60
	LFT-G	S	PP	GF	60	1.42	14.2	115	14.0	220	50
LFT-D	LFT-D	P	PP	GF	30	1.13	6.5/2.8	85/40	–/–	–/–	–/–
	LFT-D	P	PP	GF	40	1.23	8.4/3.0	91/25	–/–	–/–	–/–
	LFT-D	P	PP	CRF	20	0.99	3.0/1.8	55/25	–/–	–/–	–/–
	LFT-D	P	PA6.6	GF	30	1.38	10.0/4.8	190/55	–/–	–/–	–/–
	LFT-D	P	PA6.6	GF	50	1.59	14.0/—	220/—	–/–	–/–	–/–
	LFT-D	P	PA6.6	GF	30	1.30	19.0/6.5	315/300	–/–	–/–	–/–
SMC	高级 LP-C-SMC[1,3)]	P	UP	CF	38/54	1.7	32.0	200	40.00	400	70
	高级 C-SMC[1,3)]	P	UP	CF	50/60	1.4	37.0/38.0	315/300	21.0/47.0	540/780	78/85
	碳 LP-SMC	P	UP	CF	60	1.4	32.0	138	28.0	324	57
	碳-SMC	P	UP	CF	60	1.4	32.0	138	28.0	324	57
	St-SMC	P	UP	GF	25	1.7	11.0	60	9.0	146	66
	LS-SMC	P	UP	GF	30	1.8	12.0	75	10.0	179	81
	LP-SMC	P	UP	GF	30	1.8	12.0	88	11.0	187	84
	高强度	P	UP	GF	45	1.7	12.0	136	10.0	272	124
	LS-SMC	P	VE	GF	25	1.8	12.0	67	11.0	150	68
	HPC-SMC[1)]	P	VE	GF	45	1.9	12.0/22.0	43/316	10.0/24.0	100/691	38/260
	HPC-SMC[1)]	P	VE	GF	60	1.7	11.0/26.0	51/387	9.0/27.0	199/833	43/274
	LD-SMC	P	UP	GF	30	1.3	10.0	53	7.0	152	58

续表

		P:压制,S:注塑成型	基体聚合物	增强纤维	纤维含量（质量分数/%）	密度/(g·cm^{-3})	拉伸弹性模量/GPa	抗拉强度/MPa	弯曲弹性模量/GPa	弯曲强度/MPa	冲击韧性/(kJ·m^{-1})
BMC/CIC/TMC/ZMC	St-BMC	P	UP	GF	20	1.9	14.0	31	10.0	102	30
	LP-BMC	S	UP	GF	15	2.0	14.0	27	12.0	60	18
	LS-BMC	S	UP	GF	20	1.9	14.0	31	10.0	102	30
	LP-BMC	S	UP	GF	25	1.9	14.0	36	11.0	141	47
	LS-BMC	S	VE	GF	25	1.9	14.0	36	10.0	111	34
	LS-BMC	S	VE	GF	30	1.7	12.0	38	9.0	118	38
	CIC	S	UP	GF	24	1.63	7.0	40	7.0	100	40
	CIC	S	UP	GF	28	1.7	9.0	40	9.0	100	30
	TMC	P	UP	GF	24	1.76	13.0	50	11.0	130	69
	TMC	S	UP	GF	24	1.76	12.0	30	10.0	90	16
	TMC	P	VE	GF	22	1.75	12.0	50	10.0	120	59
	TMC	S	VE	GF	22	1.8	12.0	30	11.0	90	15
	TMC	S	VE	GF	28	1.8	11.0	65	11.0	150	88
	LP-ZMC	S	UP	GF	25	1.9	14.0	36	10.0	140	47

注：1）纵向/垂直于纤维方向
2）部分增强，厚度（mm）
3）准各向同性层结构（0/90/45/-45/90/0）

GMT=玻璃纤维毡增强热塑性塑料
SMC=片状模塑材料
BMC=团状模塑材料
TMC=厚片模塑材料

LFT-G=长纤维增强热塑性塑料颗粒
LFT-D=在线混合长纤维复合物
CIC=连续浸渍化合物
ZMC=带活塞和螺杆的 BMC 注塑单元

6.3 连续纤维增强和织物增强热固性塑料件的生产

6.3.1 手动层压技术

纤维增强复合材料部件最古老的生产工艺是手动层压，这种工艺中通常手动使用一个蘸有液态热固体基体（树脂/硬化剂的混合物）的刷子或辊将干燥的纤维半成品一层一层地浸渍在一个单层模具中（图 6.23）。在这里会使用手动层压树脂，这种树脂的特点是在环境温度下有相应的加工黏度和加工时间。在加工温度（室温）下，树脂黏度较低，更容易浸渍干纤维半成品。根据使用的树脂系统，加工时间可能从几分钟到几小时（5 min~6 h）不等。随后，通常会在室温下进行硬化，根据树脂系统，硬化最长可能持续 24 h。之后是一个退火周期。这个周期中，会将部件再次加热到更高的温度（通常 60 ℃～80 ℃），时间长达几个小时(4～15 h)。其目的在于使热固性塑料更好地硬化，以此保证复合材料部件具有所需的机械性能。

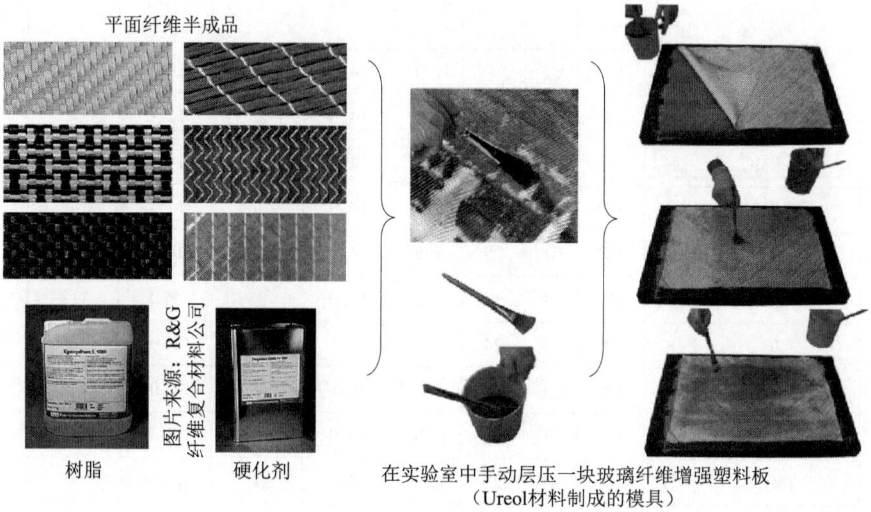

图 6.23　手动层压原理

在供货时，通常将这种手动层压树脂装在至少两个独立的容器（树脂和硬化剂）中；在即将层压之前，将它们以生产者所规定的重量比或体积比进行混合，从而引发化学交联反应。这种树脂系统也被称为双组分树脂。根据树脂系统还可以用少量其他的添加剂，如促进剂、催化剂、阻燃剂、稀释剂、增韧剂等，例如，它们可用于功能化，也可以单独用于（但有限制）交联时间匹配或其他加工参数匹配。

在这种情况下应判断这些添加剂是否适用于相应的树脂体系，以确保在受控的条件下进行化学反应树脂的完全交联。为此需要注意树脂供应商在相应参数单中的说明。通常加工的反应树脂有环氧树脂（如滑翔机中应用）和不饱和聚酯树脂（如造船和一般工业应用）等。

手动层压技术的基本优点是所需的基础设施和模具较少。使用简单的石膏、陶瓷、木材、模压塑料（如橡皮泥、蜡）或玻璃纤维毡增强材料制成的模具就可以实现较好的部件质量。此外，这些模具材料还有一个优点，即可以进行相应的快速和低成本改动和精加工，特别是在样件制造的产品研发阶段，这个优点很有帮助。当然，根据应用的不同也可以使用更高水平的材料来制造模具，其中包括金属材料、连续纤维增强材料（如玻璃纤维增强塑料 GFK、具有不同纤维结构的碳纤维增强塑料 CFK）以及杂化材料（如夹层材料）。这些成本较高的模具主要用于批量生产，因为这些模具的使用寿命相对较长，可大批量脱模且能够获得较好的几何形状、公差和表面质量。

此外，还要特别提到它的高灵活性，即使对基础设施的投资非常少，也能生产出较复杂的几何形状和大部件。但手动层压技术是人工成本较高的技术，因此大批量生产很不经济。同时，通过手工将干纤维半成品放入或悬垂入模具，会产生较大的纤维角度偏差，而且整个部件的浸渍比（纤维体积含量）会不均匀。与预浸料技术相比，传统手动层压技术只在极少数情况下能实现孔隙率小于 2% 的体积分数，而且纤维体积含量和纤维取向的再现性也存在较大的波动，而这些都是在设计结构化机械部件时必须要考虑的。另一个缺点是，根据使用的纤维半成品（如毡、织物、束状物）和纤维材料（如玻璃、塑料），纤维体积含量只能达到 30% ~ 45%，因此连续纤维增强塑料在轻量化结构方面的潜力不能得到充分利用。

6.3.1.1 工艺分类

手动层压技术（通常也称为湿压膜工艺）原则上有不同的加工方法。一般情况下可以根据以下的特征性标准进行分类，根据应用，也可以将这些标准组合起来。

1. 层压工艺

在一个加工步骤中，直接将各织物层放入模具，并用刷子和辊涂上树脂层。这种做法通常用于加工复杂部件，是最简单的方法。根据所需的层数和壁厚，可以多次重复这一工序。

先将各织物层二维放置在一个载体箔上，用刷子和辊直接涂上树脂层，再将它们放进模具中（所谓的层转移技术）。这个方法主要用于大型壳形部件。相对于面积，这种部件具有非常小的厚度比，且易展开。

2. 树脂涂覆

在一个加工步骤中，直接使用刷子和辊。这是最常用和最简单的方法，它基本上能用于所有的部件几何形状和部件壁厚。

规定的树脂量（即算出的一个部件的树脂量）被直接涂在模具上，随后放入多层干纤维增强材料，再用刮刀或辊加入树脂。这个方法适用于低壁厚且几何结构非常简单的部件（如壳、板）。该方法不适于加工高品质的结构部件，原因在于这种技术无法确保均匀的、少孔隙（无气泡）的浸渍。

3. 模具设计类型和规格

① 最常用的方法：单件固定模具，不需要第二半模。几乎适用于所有的几何形状和部件尺寸。

② 单件固定模具，第二半模由一个弹性箔膜制成。整体结构通过一个真空泵抽真空，从而使浸渍过的纤维增强材料得到额外的压缩。通过这种方法可以提高纤维体积含量，改善几何形状，减小厚度公差。这种技术适用于简单的几何形状以及几乎所有部件尺寸，尤其适用于结构部件。

③ 封闭的固定模具，适用于简单几何形状以及对公差要求较高的小型部件。

表 6.3 总结了手动层压技术的优缺点。

表 6.3 手动层压技术的优缺点

优　点	缺　点
基础设施成本较低	开放的工艺，即工作人员可直接接触树脂系统
易实现较复杂的几何结构	纤维体积含量和纤维孔隙率不稳定
可以实现差异较大的材料组合	由于手工放置和悬垂，会导致纤维角度偏差出现波动
模具成本较低	由于固定半模通常为单面，因此一面较光滑
非常适合小批量生产	此工艺人工成本较高，尤其是在部件几何形状较大的情况下
非常灵活且快速的样件生产工艺	—

20 世纪 50 年代首次采用纤维复合材料来生产滑翔机，从而利用了纤维复合材料在空气动力表面优化设计方面的优势以及其高强度重量比。因此，手动层压技术得到了发展，迄今为止，其仍是用来制造滑翔机和小型飞机的低成本且灵活的生产工艺。下面以滑翔机的两个主要组成部分，即机翼和机身的生产为例，说明手动层压技术的应用。

6.3.1.2 手动层压技术的应用实例

1. 滑翔机的机翼

图 6.24 所示为对生产滑翔机机翼基本加工步骤进行的可能的总体划分（Friedel 2009），这种生产的特点是过程分为多个步骤，会持续数天。机翼通常会被制成一个壳结构，这就意味着一个飞机类型总共需要四个模具。两个翼面（左右机翼）分别由一个机翼上壳和一个机翼下壳组成。这种连续纤维增强塑料表面的实际制造是从外到内进行的。

特别值得一提的是，在浸渍操作结束后，应先在模具上涂一层防紫外线的聚氨酯涂料层，即凝胶漆，这种涂层是机翼表面的最终漆层。当该漆层略微硬化或胶化后，应根据布置图（在本应用中，纤维取向主要选在±45°，以提高抗扭刚度）放入具有不同织物纤维结构的平面半成品纤维层，并用液态环氧树脂手动浸渍这些纤维层。使用刷子或辊直接在模具中一层层地浸渍这些纤维半成品，有时也可以先将纤维增强材料放在一个载体箔上，用液态树脂手动预浸渍这些材料，然后将它们送进模具。然而这种方法只适用于较小的、不太复杂的几何结构。

根据制造商和机型的不同，可以依据设计概念选择不同的方法。在嵌入外层后，应使用芯材（例如聚氯乙烯泡沫）来实现夹心结构，随后，会放入往往以分离形式生产的翼梁凸缘（由于负荷条件是机翼弯曲应力占主导地位，通常由 0°取向的碳纤维层组成），并用粘接树脂将其固定，形成内层。最后装上相应的真空组件（由辅助工具脱模布、打孔膜、吸收性织物等构成），接着将这个还是“湿”的层压板夹层复合材料抽真空。通过此方法，可以保证在平面上均匀地压实，从而确保良好成型和轮廓的精度。

1：生产机翼壳（夹层结构），包括嵌入翼梁帽→硬化/退火

2：将翼梁帽粘接在机翼上壳以及其他的小型部件上

3：安装控制器和其他小型部件→粘贴机翼上下壳，随后退火

4：脱模以及对机翼前缘和后缘进行最后打磨加工（去除粘接余料），并进行表面处理

图 6.24　生产滑翔机机翼的加工步骤（根据 Friedel 2009）

通常，对于规定的、长达数小时的硬化或退火周期，此时要略微升高温度，即通常用水将模具加热到最高 60 ℃。然后进行实际的内部建造，首先将已经预先硬化的翼梁帽粘接在上壳上，然后进行其他扩展步骤，如粘接支承装置、机桨控制器和制动襟翼控制器的铰链、翼根等。在不同的黏合剂层（在约 35 ℃温度下指定的退火周期中）硬化之后，应安装控制杆。应当强调的是，在控制器完全安装好，即内部安装结束之后，才能粘接两个翼壳，这是至关重要的一步，因为这时不得不进行有较高精确度的盲粘接（在下壳的带束层与上壳已经粘接好的翼梁帽之间），以确保运行时的负荷转移。两个翼壳也同样用环氧树脂接合。环氧树脂是用棉花絮额外增稠的，目的在于，一方面使其在加工时具有所需要的稠度，另一方面实现希望的机械性能。

2. 滑翔机的机身

滑翔机机身结构（Friedel 2009）可以用类似于生产机翼的方式来生产（图 6.25）。但在大部分情况下，由于机身的叠层厚度较大，不能在夹层结构上进行隆起加固。因此，这种结构的基本特点是用垂直分型面生产两个壳。在粘接两个机身外壳之前，应组装和测试众多内装设施中的大多数设施，如水平尾翼接口、起落架和机翼接口的钢架结构、控制杆等。在粘接好的机身外壳脱模之后，应组装、装配、调节、协调所有成品组件（翼、桨、线缆等），检查员应进行功能测试。在本文所述的滑翔机的基本结构型式中，证明手动层压技术是适用的，在全世界生产滑翔机和小型飞机的许多工厂中，其被训练有素的工人运用于实践。对这种产量相对少的产品的特殊要求表明，手动层压工艺拥有比较高的产业化成熟度，可以生产表面质量要求较高的高品质纤维复合材料结构。

1：机身制造（手工逐层放入并浸渍纤维半成品→硬化/退火）

2：装配内装件，组装机身，对准然后粘接

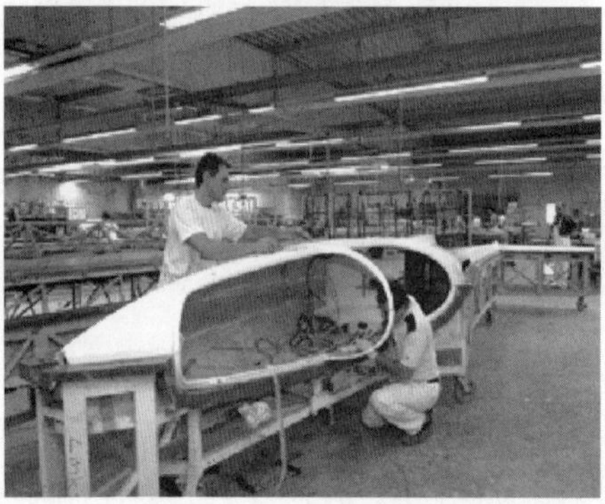

3：脱模和打磨接口，安装其他内装件

4：机身表面处理&其他装备

图 6.25 生产滑翔机机身的加工步骤（根据 Friedel 2009）

6.3.2 预浸料技术

目前，预浸料技术仍然是民用航空领域生产高性能纤维复合材料结构的最重要技术，因此在层压板质量和机械性能方面也是所有替代技术的基准。“预浸料”这个名称，英语为“preimpregnated”，指平面的织物纤维结构已预先在一个分开的浸渍工艺中用基体（树脂/硬化剂混合物）浸渍，然后可以作为半成品进行进一步加工（参见第 2 册第 7 章）。

预浸料技术在 20 世纪 60 年代首次被波音公司使用，这是纤维复合材料部件生产的一次变革。在当时，预浸渍的纤维半成品可用碳纤维和玻璃纤维，根据不同的设计（织物或束状物，单位面积重量）获得（图6.26），通常首先是成型（裁切），然后根据对部件要求的布置图，手工逐层放入一个成型模具中。

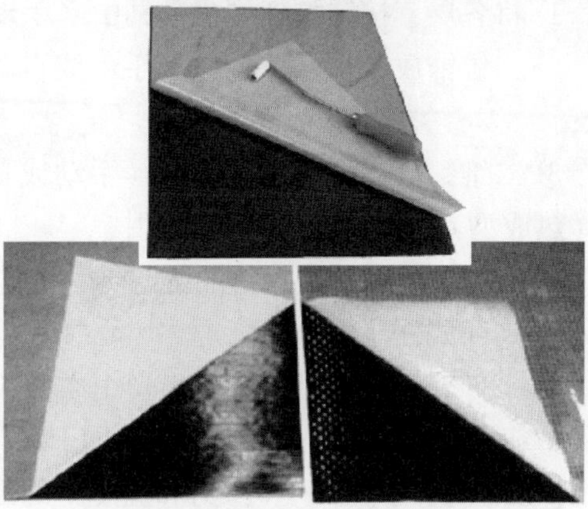

图6.26 平面热固性塑料预浸料半成品的实例

然后，使用另外的辅助工具（如脱模布、打孔的离型膜、通气阀等）制造特殊的真空结构，这个预浸料层压材料会在加压（或者只有真空辅助）的热压罐或空气循环加热炉中在更高的温度下硬化。另一个方法是在热压机中硬化，这种方法可以使用相对较大的、多件式模具，因此不需要另外的辅助材料，适用于简单的小部件几何结构。总之，值得一提的是，根据部件设计和目标应用的不同，已有不同的工艺变型得到了应用，这些变型将在下文中涉及。

6.3.2.1 工序的分类

在将预浸料半成品加工成固化部件的工艺链中，需要很多工序。这些工序可根据下面的主要标准进行分类：

① 预浸料铺放工艺的类型；

② 模具设计的类型；

③ 硬化的基础设施。

由于预浸料工艺的长期发展，自然有许多不同的方法，这些方法可能是彼此相关的，也可能有很大的差异（图6.27）。

下面将进一步介绍基本工序。

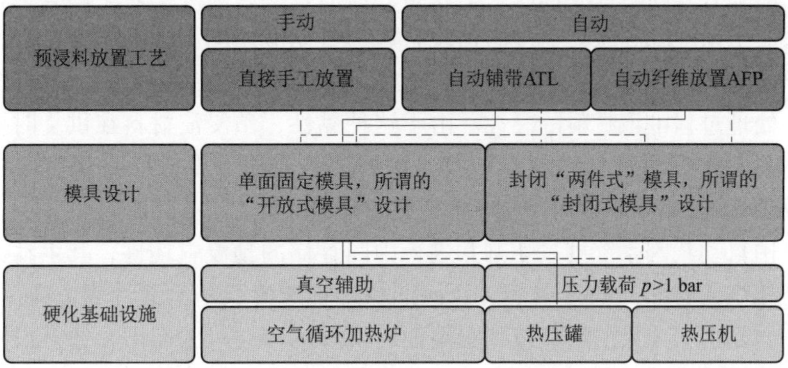

图6.27 预浸料技术的不同工艺概览

1. 预浸料铺放工艺的类型

① 将各层直接铺放到硬化模具中（手动或自动）；

② 二维铺放成多层叠合包（手动或自动），并随后转移至硬化模具（层转移技术）；

③ 二维铺放为多层层压组件（手动或自动），然后在室温下或更高的温度下成型（热成型），再转移到硬化模具中。

2. 模具技术和模具规格的类型

① 封闭式固定模具；

② 一件式固定模具，第二半模由柔性膜片或箔制成（“开放式模具”技术）。

3. 硬化技术类型

① 热压罐成型工艺（压力和温度下的硬化）；

② 传统炉具（在真空袋中建立真空的情况下 → 最大压差约为 1 bar）；

③ 热压机。

因此，单个工艺的解决方案可以根据一个形态学基体，以不同的方式相互组合。为了限制这种多样性，下面以实例为基础介绍几个重要的工艺链。

6.3.2.2 预浸料技术的工序

1. 手动铺放预浸料

将预浸料铺放在一个给定的几何结构上的工艺，原则上分为手动工艺和自动工艺。与传统手动层压工艺一样，其必须根据不同的与加载结构相适应的机械设计，使用不同的部件壁厚，目的是要尽可能发挥轻量化结构的潜力。这意味着，必须手动放入多个单层，并将它们手动预压实（如通过辊、刮刀等），以避免各层之间起气泡。根据所使用的预浸料、部件的几何结构和质量要求，通常需要额外的压缩过程来进行中间压缩，这种中间压缩需要额外的工艺步骤。原则上，主要是通过用其他辅助工具临时在真空袋中形成真空来实现必要的平面排气/中间压缩。在此，其变型可以是诸如具有高延性硅橡胶膜的设备。然后，应去除真空袋中的真空，并根据层压记录册手动堆叠和压实更多的预浸料层。根据应用的不同，通常会有所不同地重复这个过程，有时是每 2~5 层重复一次。预浸料手动层压的一个重要特点是黏性，即在处理过程中该材料的黏性。由于这种黏性，预浸渍材料在供货时要放在辊上，并在上部或下部覆上一层保护膜，在加工前或加工中才能将保护膜去除。图 6.28 所示为一个加强测试板结构的基本工艺步骤。

用格柏自动裁割系统批量切割并进行中间存储的预浸料坯件，其手动铺放主要用于半径较小或有凹口的复杂部件几何形状。它的特点是灵活性高，应用范围广；局限性主要是由于工人的活动范围有限而可实现的部件尺寸有限，还有放置的重复精度问题。手动铺放适用于很多复杂部件，例如复杂且较小的直升机结构件、赛车的硬壳式结构，或者小批量部件及变型较多的部件，例如飞机的内护板和用于特殊机械制造的部件。

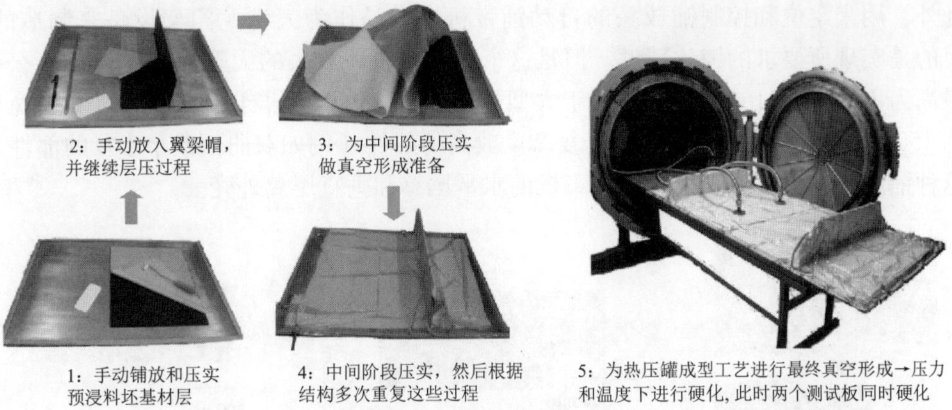

图 6.28　以实验室规模加工加强测试板的工艺步骤

2. 自动铺带技术

低成本地实现高性能纤维复合材料结构的关键是根据负荷自动铺放增强纤维；另一个较重要的方面是减少生产时半成品的边角料。在用织物半成品进行预浸渍手动层压时，根据部件复杂度，半成品边角料最多可达 30%，出于这个原因，研发了自动铺带系统（ATL），这种系统通常可以二维自动铺放 150~300 mm 宽的单向预浸带（图 6.29）。

（a）　　　　　　　　　　（b）

图 6.29　进行二维预浸料铺放的自动铺带机，龙门架设备（M. Torres）
（a）四轨铺放头（4 mm×150 mm）；（b）单轨龙门架铺带机（1 mm×150 mm）

相对于手动工艺，各层是用铺放头铺放的。但这些层不是在前一步骤中成型的，而是直接由一个辊自动铺放在部件中，并进行相应的裁切。为了获得真空应用所需的接触压力，要用一个压紧辊将预浸料涂到模具上，或放在已经铺放好的预浸料层上。

这意味着，在铺带时，手动铺放的功能（剪裁、去除保护膜、中间阶段抽真空）都整合到了末端执行器/铺放头中。图 6.30 说明了铺放头的待测尺寸和复杂度。

此外，用来定位和控制铺放头的自动铺带机通常是作为大型龙门架设备来制造的，目的是实现所要求的铺放精度。但是这个带着沉重铺放头的大型龙门架设备（公差最高为 1 m×1 m×1 m）主要适用于大型平面结构。由于是非柔性单向带（典型宽度为 150～300 mm），因此不能生产复杂度较高的部件（例如双曲面或小半径的部件）。这种铺放工艺的应用实例是空客飞机的水平尾翼和垂直尾翼外壳。

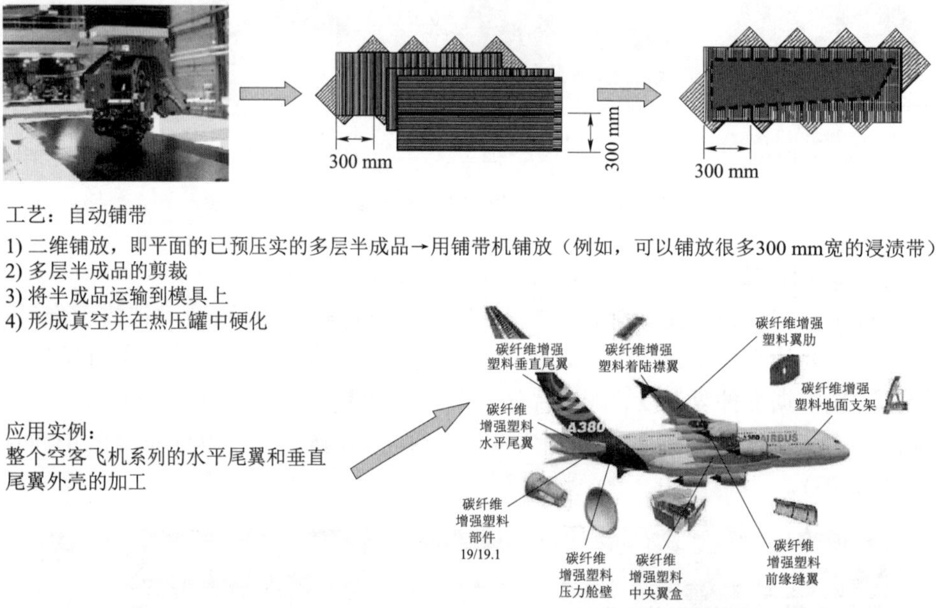

图 6.30　以空客飞机的水平尾翼壳和垂直尾翼壳为例，说明自动铺带的工艺步骤
（图片来源：上：M. Torres，右下：空客）

在变形程度较大的应用中，二维铺放的各层或层堆叠可以通过合适的模具，在高温下的后续处理步骤中成型（热成型）。用这种方式可以低成本地生产 C 形部件，比如机翼结构的翼肋和翼梁。

3. 自动铺带-AFP（自动铺丝）

原则上来说，铺丝工艺是自动铺带技术的进一步开发。这种技术用相似的技术将许多 1/4 或 1/8 in（1 in＝25. 4 mm）宽的小窄带，即所谓的丝束或窄带相邻铺放，而不是铺放宽的预浸带（150～300 mm）。这种进一步开发的背景主要是，通过有针对性地控制各个小窄带的铺放，预浸带极为有限的悬垂性得到了明显提高。这意味着，必须对每一个预浸带的速度进行独立控制和分割，再次增大了铺丝头相对于自动铺带系统的复杂性。铺丝系统面临的另一个挑战是按规定、无压力地将小窄带输送进铺丝头。根据设备运动学和轴的数量，在铺丝头做相应运动时，甚至必须回卷小窄带，以防其发生收缩。因此，不难理解铺丝技术所带来的技术挑战。

然而，这种类型的铺丝可以在一个平面内及在不可展开的物体上无皱褶地铺放弧形预浸带，从而确保纤维能够按照加载路径取向。此外，可通过有目的地进料或停止单个预浸带减少部件中重叠的数量，从而降低结构重量。这种对各小带的铺放和切割同样能够大大减少碳纤维的边角料。

在许多工艺变型中都用到了铺丝设备。因此，某些设备制造商认为龙门架技术（铺放单元的垂直布置）与自动铺带技术类似，尤其对于在阴模中的铺放来说是目的明确的［图 6.31（a）］。对于在大型阳模上的应用来说，适宜使用一个柱状结构（英语为 Column），或者说铺放单元的水平布置，其模具安装在铺放头前还可以转动［图 6.31（b）］。与卷绕过程类似，预浸料半成品可卷绕在一个旋转模具上。

最灵活的结构形式是采用传统弯臂机器人作为铺丝头的载体，以生产复杂的部件几何形状。但在这里对添加小带的进料系统有较高的要求［图 6.31（c）］。

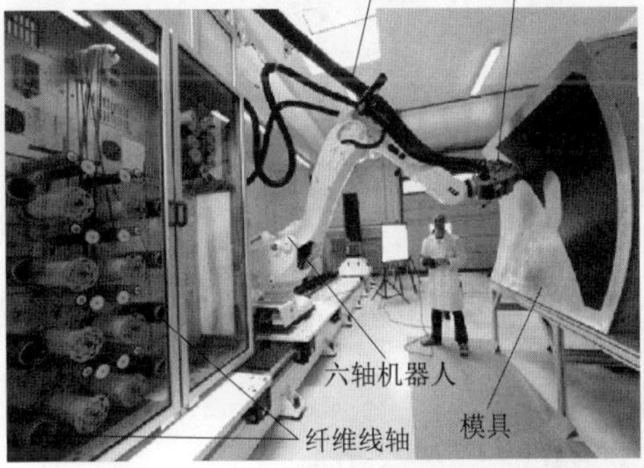

（a）

（b）

（c）

图 6.31　常用的铺丝系统结构

（a）机器人构造（图片来源：Coriolis Composites）；（b）柱构型（铺放单元的水平布置）（图片来源：MAG Cinciatti）；（c）门架或龙门架装置（铺放单元的垂直布置）（图片来源：Ingerson 机床）

总之，铺丝技术是一种适合用来铺放不带凹口的中等或高复杂性部件预浸料的自动化解决方案。

不论采用自动铺丝还是自动铺带工艺，部件的复杂性和几何形状对铺放量的影响都较大，这个结论可以从生产波音 Dreamliners 787 的最初经验中获得（Domke 2008）。图 6.32 主要展示了不同的铺放工艺（如手动铺放、自动铺带和自动铺丝）

中预浸料铺放率和部件复杂度之间的关系以及未来的发展趋势。如今，已经可以用自动铺带技术来为几何形状复杂度低的壳状部件较大量地（最大约为 15 kg/h）自动铺带预浸料半成品。许多研究项目的重点是，应在实现复杂部件低成本生产工艺链方面改进自动铺丝技术。

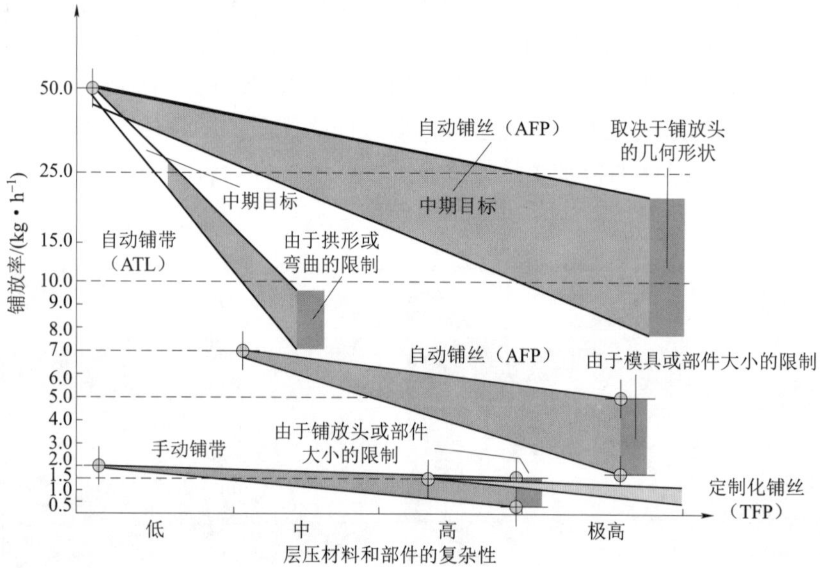

图 6.32　取决于部件复杂性的多种技术的预浸料铺放率

各工艺的不同点还表现在铺放工艺中纤维材料边角料的类型，以及由此产生的生产废料。但无法得出普遍的结论，因为这取决于部件的复杂性和层压板的结构(局部加强层、纤维取向等)。但为了便于理解，应列出一些标准值：

① 25%～30%纤维废料：带织物半成品的手动层压板。

② 10%～15%纤维废料：自动铺带（ATL）。

③ <5%的纤维废料：自动铺丝（AFP）。

6.3.2.3　模具技术

由于预浸材料通常需在压力下硬化，因此本文所提到的两种模具设计都必须注意所需的耐压性。

1. 单面模具

现在，对于大面积的部件，基本上只用单面模具来成型。阴模在这里是由脱模布、打孔膜和排气阀门组成的真空结构，最后用一层耐热薄膜进行真空密封。缺点是手动加工的成本较高，且该结构可实现的再现性受限。工序-真空薄膜应用的自动化至今仍未实现。这种模具设计的优点除了成本低之外，还有部件背面的设计方法自由，因此一个生产模具能生产出部件的许多变体。

2. 封闭型模具

封闭型模具通常用于生产较大数量的中小尺寸部件。这种模具的特点是型腔是明确规定好的，它能保证工件两面的表面质量较好。与单面模具不同，这种模具的成本明显更高，其优点是在批量生产的运转过程中，可以完全不必手动形成真空结构。此外，由于导热性良好，可以快速加热和冷却，特别是在封闭的自调温模具中。

可以通过模具合模单元（所谓的独立模具）施加压力或通过压力机或热压罐从外部加压。压力袋工艺是用来生产中空薄壁部件（如空调管线）模具的一种特殊形式，在此使用的是封闭型阴模，并通过一个内部压力袋加压。

6.3.2.4　硬化技术

在铺放并形成真空（开放式摸具工艺）或关闭固定封闭式模具（封闭模具工艺）之后，应进行预浸料层压材料的硬化。通常情况下，这是在压力最高为 10 bar 及一定温度［热固性塑料为 180 ℃～200 ℃，热塑性塑料（如聚醚醚酮）最高为 400 ℃］条件下进行的。很少使用只能在真空下硬化的预浸材料。图 6.33 所示为硬化工艺的几个主要代表，下面分别对它们进行简要介绍。

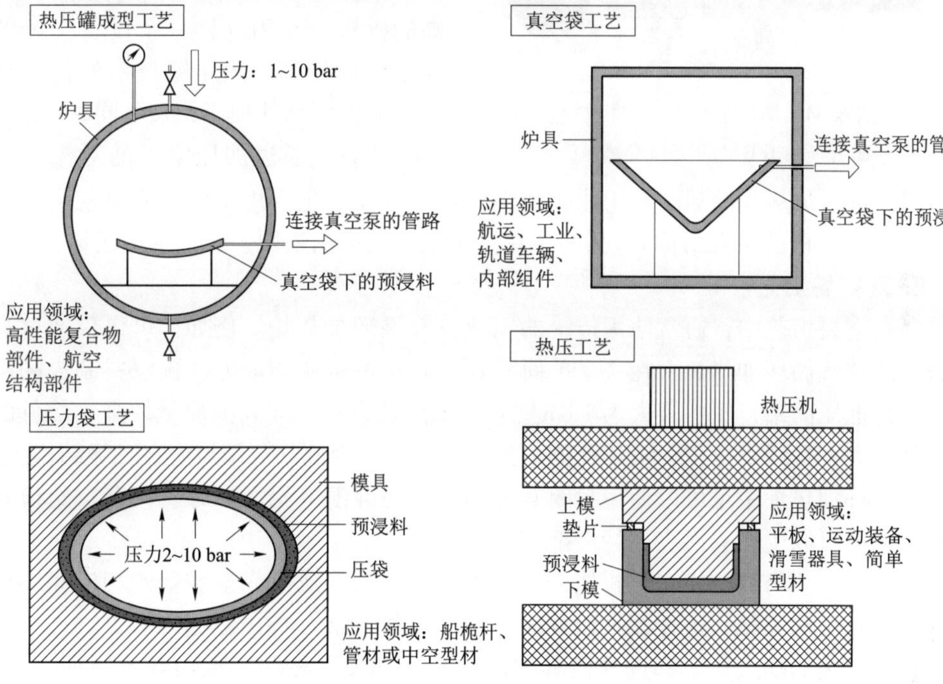

图 6.33　预浸料工艺的主要代表（根据 Hexcel 1997）

1. 热压罐成型工艺

热压罐（源自希腊语/拉丁语，意为自密封）是密封压力容器，可以在超压范围内对原料或材料进行热处理。

这种压力容器通常可被设计成加工压力达 15 bar，加工温度达 400 ℃ 的水平。热压罐技术是航天领域生产主要结构和高性能纤维复合材料部件的常用生产工艺。

用这种工艺能生产出极高质量的纤维复合材料部件，这些部件的特点是孔隙率较低（小于2%体积分数），纤维体积含量高（碳纤维增强塑料为60%±4%体积分数），且再现性较好。这可以归因于预浸料层压材料通常在压力高达10 bar以及温度高达185 ℃的条件下进行硬化（取决于基体系统）。在加热的条件下加压（未固化的热固性塑料基体的液化）会导致层压复合材料或各层压实。此外，通常会用一个真空泵把层压材料结构抽真空，目的是要抽走多余的空气。为了能得到适当的硬化度，从而获得所需的机械性能和热性能，通常会使用环氧树脂，其在120 ℃～180 ℃的温度下硬化需要数小时。

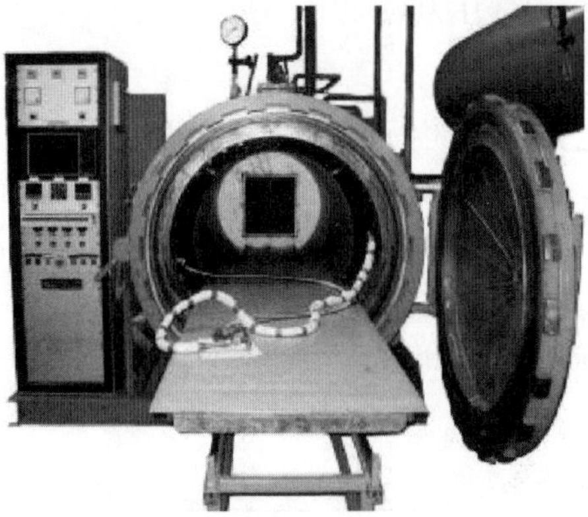

图 6.34 斯图加特大学飞机制造研究所（IFB）的实验室热压罐

图6.34所示为一个实验室热压罐，以及必不可少的基础设备：压力容器、生产压缩空气的压缩机、压力存储器（可选）、控制单元和温度控制单元。显而易见的是，这需要相对较高的投资，利用这样一个设备生产的成本同样较高。热压罐技术的优点在于能为大型部件加压，且可同时加热。此时，通过加压空气的对流就可以对部件进行加热和冷却。在工业应用中，热压罐技术主要用于生产质量较高的承重产品（如飞机的机身结构）。另一个在汽车工业的应用领域主要是跑车或赛车。

2. 真空袋工艺

在真空袋工艺中，通常使用传统的工业空气循环加热炉。例如，可以仅通过真空袋工艺空气循环加热炉中在一个单面模具上硬化由带树脂配方的预浸料制成的部件，进行低压固结，压力最大为1 bar。它的缺点是只有一面表面质量较高，部件的厚度公差大，且纤维体积含量和孔隙率具有波动性，因此其应用集中在二级结构上。在空气循环加热炉中也可以使用封闭式模具，并用合模单元（如螺旋接合）给模具加压，从而可以生产双面表面特性都较好的部件。

压力袋工艺与真空袋工艺相似，可以使用充气软管或紧靠空腔壁的相应膜结构来使预浸料结构固结。这种模具通常应放在空气循环加热炉中硬化。

炉具工艺的缺点在于部件和模具的加热和冷却相对较慢，从而导致周期较长，因此只适用于加工少量部件。

3. 热压工艺

热压工艺在加热的压机中使热固性基体硬化或是热塑性基体固化，这种工艺为生产几何形状较小的部件提供了一种可选方法。热压工艺不需要真空结构，该工艺在由两部分构成的封闭式模具中进行，而在此之前已经在模具中填上了适当的预浸料。与炉具和热压罐相比，在压机中可以通过固体导热很快完成加热和冷却周期。此外，也可以（不依赖于加热）快速且准确地改变压力周期，其目的是在特定温度下，使基体中的液态物质更易从模具中漏出。例如，使用酚醛树脂预浸料就是这种情况，其是通过缩聚反应交联的。此外，当在封闭模具中用压力袋工艺生产部件时，热压工艺还可以用来产生模具的锁模力。

6.3.2.5 不同预浸料技术的应用实例

如上所述，各个工艺有许多不同的组合方式。为了方便介绍，这里将列举一些应用实例。

1. 手工铺放工艺

欧洲战机公司战斗机机身中壳是用环氧树脂预浸料在一个单面阴模上借助热压罐工艺制成的。预浸料的铺放是通过手工将预成型层放入硬化模具来完成的，在此过程中，应在激光投影仪的辅助下进行定位［图 6.35（b）］。在这种情况下，较高的人工成本和大型阴模有限的可达性都是显而易见的。由于几何形状复杂性较高，这种工艺至今仍无法通过自动铺带和自动铺丝来实现自动化。

(a)

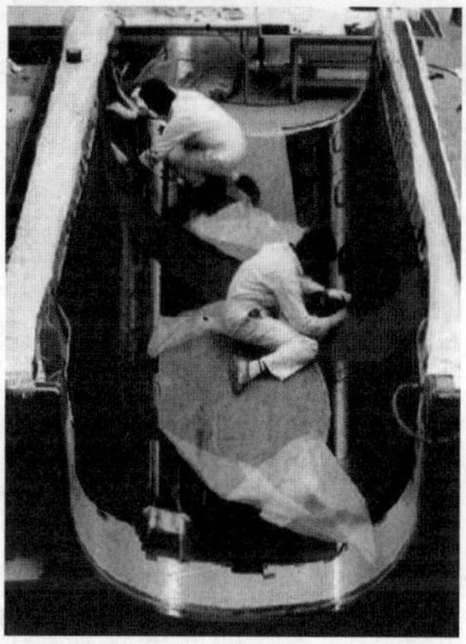

(b)

图 6.35 用于飞机结构加工的手工预浸料铺放（Drechsler 2004）

（a）在机翼壳上手工铺放半成品（“层转移技术”）；（b）复杂弯曲部件的手工半成品铺放（机身外壳）

相反，直接将各层手工放入硬化模具或者利用层转移技术将各层铺放在大型壳状部件上的方法，可以被自动铺带或自动铺丝取代。手工铺放半成品的一个实例是机翼壳的加工［图 6.35（a）］。

从实例中可以明显看出，手工加工过程需要相对较长的时间。需要强调的是，通过热固性基体（树脂和硬化剂混合物）预浸渍过的纤维半成品只有有限的加工时间，即所谓的黏滞度寿命有限。因为交联反应在之前的浸渍过程中已经被激发，因此，热固性塑料预浸料的存储期限有限，根据化学交联反应对温度的依赖性，这种预浸料应该冷冻储存（通常在-18 ℃下）。加工前，应根据精确规定的准则对材料进行解冻，以避免聚合过程。另外，由于加工时间有限，需调节加工范围或加工区域的温度。

显而易见的是，手工制造多层层压板对于大批量生产是不适用的，尤其是在生产几何形状较大的部件时。

2. 民用航空的机身外壳

与生产波音 Dreamliner 787 一样，生产正在研发中的空客 A350 XWB 的机身外壳时，也使用了自动铺丝技术（AFP）。在这种情况下，可以用一个柱状设备将最多 32 条小带（每条 1/4 in 宽）同时铺放在可旋转阳模上。由于实际的飞机机身由许多部分组成，其特点又突出表现在逐步变尖的后部结构形式上（比如空客项目的第 19 部分），因此非常适合使用自动铺丝技术，以在铺放各层时减少边角料，并省掉中间的真空工艺。如今对于阳模铺放主要有两种理念，一种是组装多个壳部件，另一种是通过生产机身旋转部件来实现。图 6.36 所示为生产机身旋转部件可能的设备配置。

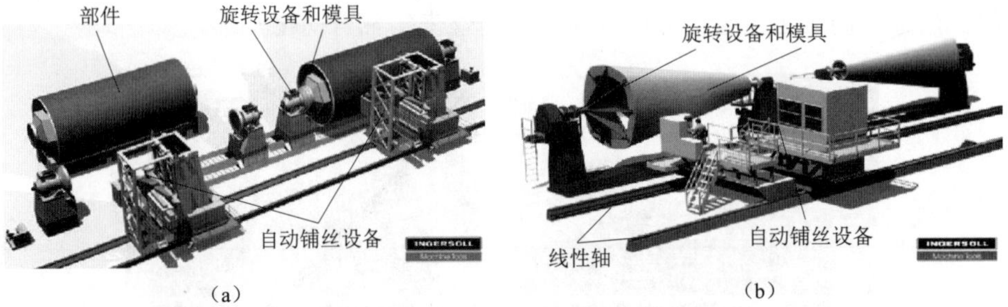

图 6.36 生产用于飞机结构的典型阳模结构形式旋转对称部件（在自动铺丝工艺中使用）所用的外围设备

（图片来源：Ingersoll）

(a) 机身中部及机身桶的铺放工艺；(b) 机身后部及机身尾段的铺放工艺

在壳式结构中，应在一个心轴上进行铺放，这个结构随后会被送进一个阴模，在加装真空组件之后，会被放进热压罐硬化。虽然这个方法是另一个生产步骤，但通过这种方式可以确保随后的空气动力学表面可以通过模具表面进行成型，并可以进行高品质加工。与直接放入阴模不同的是，这种方法的铺放率明显更高。

3. 飞机制造中的空调装置管路

用玻璃纤维和碳纤维预浸料生产重量优化的空调管路（图 6.37）时建议采用压力袋工艺。在这种情况下，应用热固性预浸料填充两件式阴模。由于空调管路的品种多，几何形状带小圆弧很复杂，所以特别适合采用手工铺放工艺。在一开始放入未加压的压力袋后，应关闭模具，并通过螺旋接合确保闭模力。在型腔内部为压力袋加压之后，将模具和部件送入一个炉具进行硬化。这种工艺的优点是空调管路的内表面品质较好，并且能够生产出几何形状复杂的部件。

4. 用热压工艺生产内护板部件

生产客机内护板非常适合使用碎核法（图 6.38）。在此，一个通过手工预先铺好的由酚醛树脂预浸料覆盖层和蜂窝夹芯组成的层堆叠，会被转移到一个打开的两件式模具中，并送进一个已被加热的恒温压机中。在压机的关闭过程中，平整的层堆叠会在两部分组成的模具中成型，随后在压制力下硬化。几分钟后，硬化过程结束，就能将部件从压机中取出。这个工艺较大的优点在于能高效迅速地生产极轻的复杂度相对较高的纤维复合材料部件。

图 6.37 客机的空调管路（Diehl 2010-1）

图 6.38 客机的内护板（Diehl 2010-2）

6.3.3 复合材料液体成型工艺-LCM 技术

6.3.3.1 工艺概述

首先将多层干纤维半成品或预制件放入一个成型模具中，然后用一个薄膜将这个结构密封，或者关闭第二个固定半模，最后用液态热固性基体材料（树脂系统）在流动过程中浸渍半成品。这一套生产工艺原则上被称为复合材料液体成型工艺。近年来，也使用单体树脂系统，这种树脂在浸渍后会在模具中聚合形成一种热塑性纤维复合材料。根据应用，立即在规定的工艺温度和工艺时间内，在诸如空气循环加热炉、热压机等设备中实施硬化周期（热固性基体系统）或聚合周期（热塑性基体系统），目的是确保受控的聚合。

用热固性基体在流动过程中浸渍干的增强纤维的生产工艺主要归类为“复合材料液体成型工艺（LCM）”，即复合材料液体成型工艺的工艺组群。最近几年，在世界范围内，该组群产生了许多工艺变型，这超出了这本书的范围，在此不做介绍（Marco 1959，Hayward 1989，Seemann 1990，Karbhari 1991，Kötte 1991，Sigle 1996，Geiger 1997，Hinz 2000 和 Filsinger 2001）。在世界范围内，它们有不同的名称和分类，这些名称和分类通过相应地修改，已被证明在不同的部件应用方面，完全可以进行进一步工艺优化和质量提升（Beckwith 2006）。

总体来说，这是一种应用范围相对广泛的灵活工艺，不久前通过该工艺与织物预成型技术的结合，使其既适用于大批量生产（如汽车制造）也适用于极大型结构部件的生产（如风力发电机的转子叶片和 A380 的压力舱壁），由此展现了低成本生产高性能纤维复合材料部件的巨大潜力。

基于上述原因，只介绍复合材料液体成型工艺组群中的几个主要代表，并阐明它们的基本区别。目的是让读者对这种工艺有一个整体了解，并不是要取代相对丰富和详细的专业参考文献。在做整体性研究时，必须通过列举世界范围内众多的专利说明书来对这些专业参考文献进行补充（Schröder 2004）。

与其他所有生产高性能纤维复合材料的工艺相比，复合材料液体成型工艺具有较多的工艺变型和较高的灵活性。因此，可以用以下主要标准进行分类：

① 压差；

② 模具规格；

③ 辅助材料；

④ 树脂稠度；

⑤ 硬化基础设备。

由于有许多组合方法和特殊工艺，故而不能清楚地划分界限。因此，应考虑图6.39列出的主要标准或特殊参数，并对这些主要标准和特性参数进行分类，以进行初步概览（按列）。下面将进一步介绍主要标准。

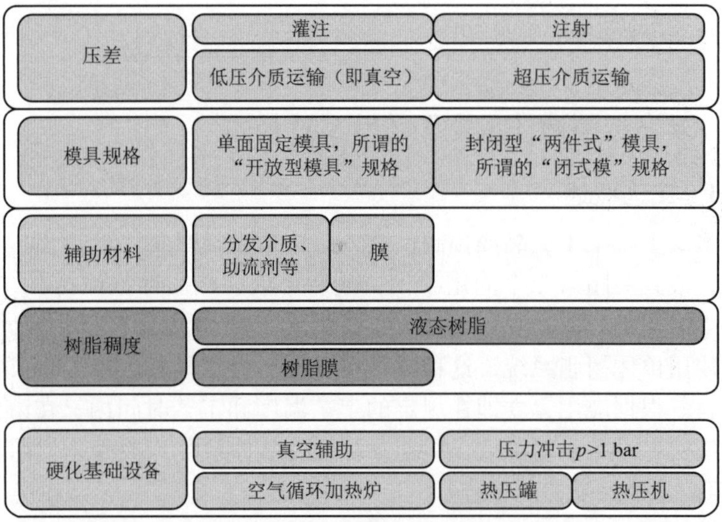

图 6.39 根据特性参数对复合材料液体成型工艺进行分类

（1）根据压差 Δp 区分树脂输入管和树脂导出管，这种差异被看作是一种流动工艺的“驱动力”。主要应区分两种方法，即灌注和注射，这两种方法在通用医学技术和通用流体力学中较常用。灌注指的是一种只通过制备的低压（即吸入液体）来实现的介质（液态）传输过程。在这种情况下，压差只通过大气压力辅助产生。而注射可以解释成通过超压来实现的介质或液体传输。因此，可以推断，根据基体材料的输入类型，借助超压还是低压，是可以区分的（图6.40）。

（2）根据模具规格或模具概念进行区分。根据目标部件、几何形状以及另一些需要的工艺基础设备（如压机、炉具、自加热模具等），会有较多层次的概念和组合方式，主要分为闭模工艺和开模工艺。闭模指的是由多部分组成的封闭模具（如压力模具或注射模具），它们优先用于树脂注射工艺中。这种模具需要相对实心的

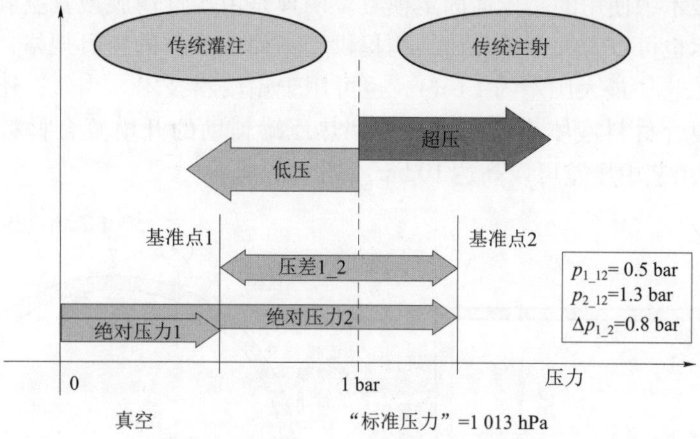

图 6.40 灌注和注射的压力定义和可能的分类

设计，以承受 1~10 bar（航天）或 10~50 bar（汽车）的注射压力，因此需要额外的夹紧力。根据不同的应用，也可以使用不同的模具设计（图 6.41）。然而在这种情况下对可实现的部件尺寸也有限制。

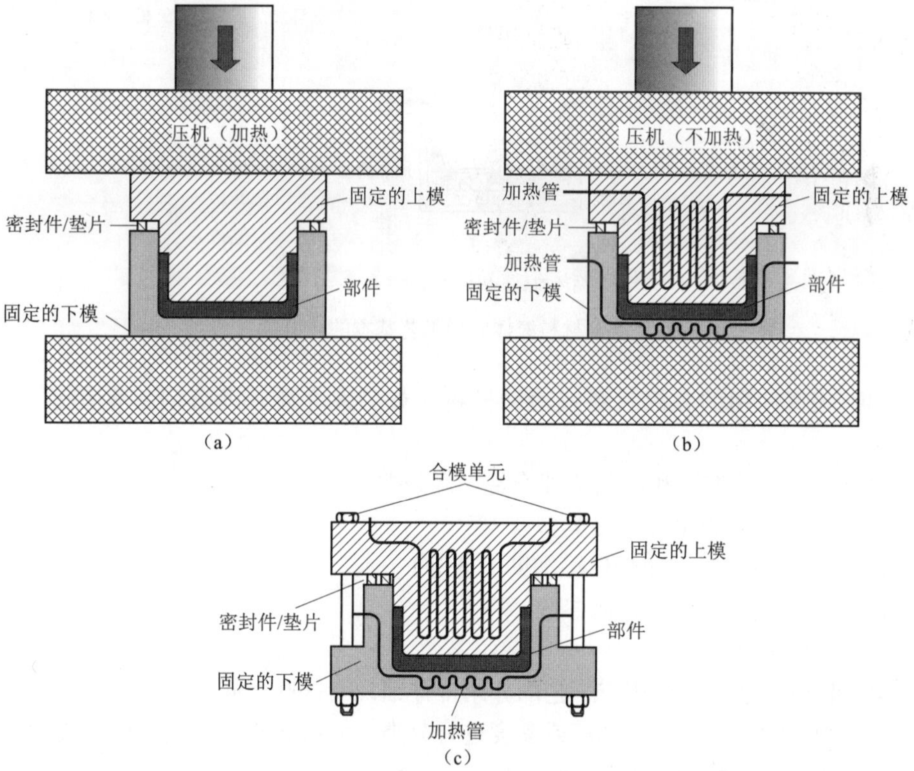

图 6.41 复合材料液体成型工艺基本的“闭模”设计

（a）压模；（b）自加热压模；（c）自加热“独立”模具

在开模技术中使用的是单面固定模具。阴模是由柔性薄膜或真空膜制成的。后面提到的技术也可以为大部件几何结构提供精细而成本低的模具规格，可以优先用于树脂输入工艺（最大压差约 1 bar），也可用于预浸料技术。当然，还有修改的规格或组合的复合材料液体成型工艺（比如热压罐辅助的开模复合材料液体成型工艺），在这种工艺中压差可以高达 10 bar（图 6.42）。

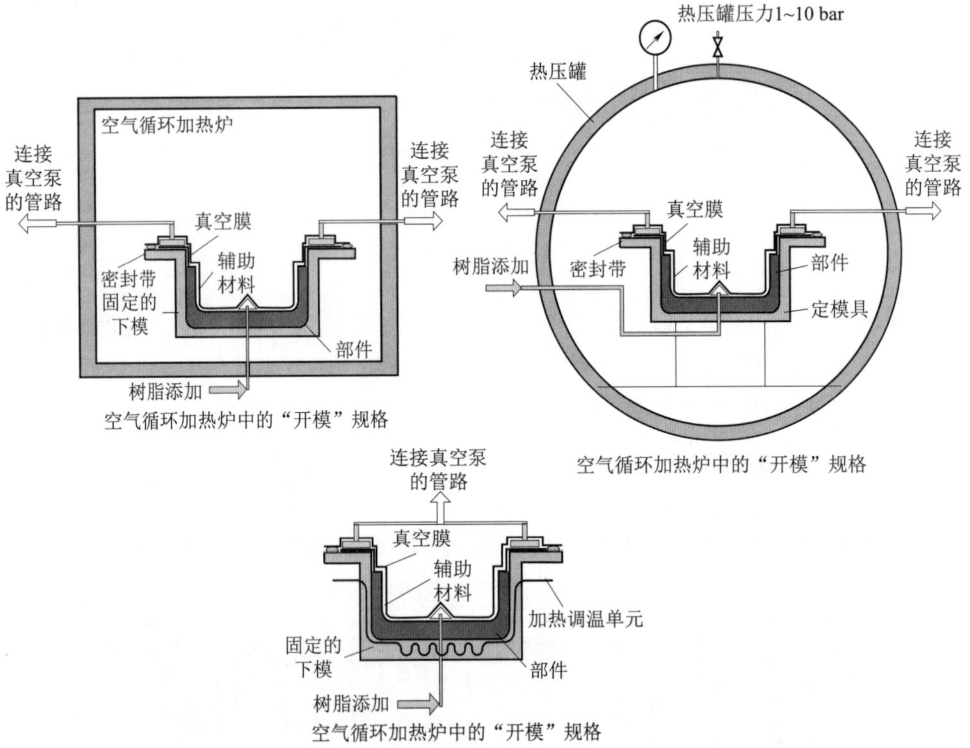

图 6.42 复合材料液体成型工艺基本的“开模”设计

（3）根据使用的二级材料或辅助材料（如分发介质、助流剂、薄膜等）进行分类。

（4）根据工艺控制和工艺基础设备进行分类。

① 树脂加入或吸出的规格类型；

② 基础设备扩展（如热压罐辅助工艺等）；

③ 加工过程中的压力控制参数；

④ 灌注或注射设备。

由于比较复杂，将在相应工艺的介绍中详细说明这些不同点。

（5）根据加工时树脂的稠度或黏度进行分类，如液态树脂浸渍或树脂膜浸渍。

6.3.3.2 常用的树脂灌注工艺

已经对与基本影响参数相关的液体树脂浸渍工艺变型进行了概述。为了便于理解，在此仅考虑并说明最常用的工艺（图 6.43）。

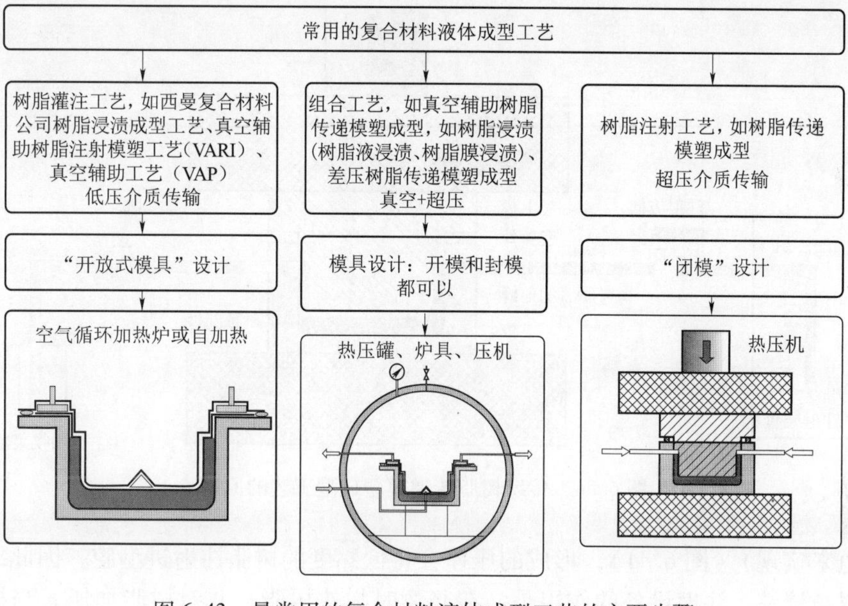

图 6.43　最常用的复合材料液体成型工艺的主要步骤

主要分为以下三种工艺变型：

① 树脂灌注工艺：浸渍过程只在大气压力辅助形成的低压（或真空）下进行，通常使用开模技术（真空袋）。

② 树脂注射工艺：超压下实施浸渍过程，通常使用闭模技术。

③ 组合工艺：超压下实施浸渍过程，还有额外的真空辅助，作为封闭工艺设计；这方面的例子有真空辅助树脂传递模塑成型工艺（VARTM）。

还有一种方法是热压罐辅助复合材料液体成型工艺，在此过程中，纤维半成品的浸渍过程是在流动过程中在开放式模具中完成的。其实例是压差树脂传递模塑工艺（DP-RTM），在这种情况下，注射压力和热压罐压力（在真空结构上产生超压）之间的压差可以用来浸渍纤维增强材料（图 6.43）。

6.3.3.3　树脂注射工艺

在树脂注射工艺中，会把织物增强材料或预制件放入两件式或多件式固定模具（封闭模具）中，然后闭合模具，再将液态树脂用超压注入型腔，随后进行硬化。原则上，所有此类液体树脂灌注工艺都被称为树脂注射工艺。

1. 树脂传递模塑成型（RTM）工艺

最著名的液态树脂注射工艺是树脂传递模塑成型工艺（RTM），这种工艺主要用于生产对几何形状（在尺寸精确性、厚度公差和表面质量方面）要求较高的高性能纤维复合材料部件。图 6.44 说明了传统树脂传递模塑成型工艺的原理，这种工艺属于“闭模”技术，因为使用的是两件式或多件式固定模具。

在用干燥的预制件装配模具，并将模具加热之后（模具的加热可以根据规格采用加热的压板来实现，也可以在自加热设计中，用加热的液体通过相应的预备设施

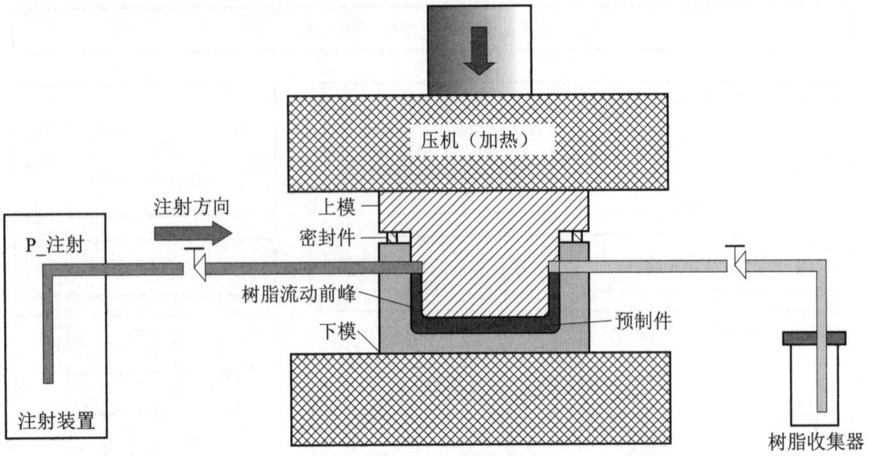

图 6.44 传统树脂传递模塑成型工艺的原理

或管道来实现）（图 6.41），形成的压差会将低黏度的树脂注射进型腔，因此纤维增强材料被浸渍。注射设备的作用是，在必要时加热树脂，并对树脂加压。当树脂到达树脂收集器管路（即一个溢出容器）时，则视为注射过程结束。然后，根据使用的树脂系统，开始硬化。对于航空领域的主要结构来说，应使用最高 10 bar 的注射压力。相应的模具通过压机闭合压力关闭，或者在使用“独立模具”时通过局部安装的锁闭装置关闭。在生产大部件时的高注射压力下，关闭力可以只由实心压机提供。

如今，在汽车制造和机械制造业大批量生产部件方面，树脂传递模塑成型工艺的发展趋势是高压技术。其基本目标是明显缩短周期，在改善表面质量的同时减少滞留气体或排气。主要分为两种工艺变型：高压压制和高压注射（图 6.45 和图 6.46）。

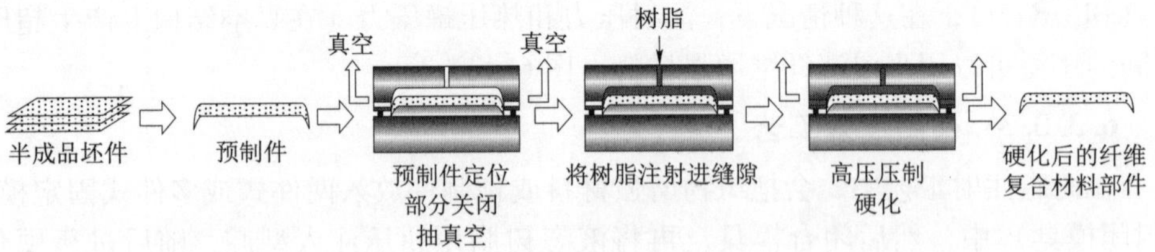

图 6.45 高压压制工艺—高压树脂传递模塑成型工艺的示意图

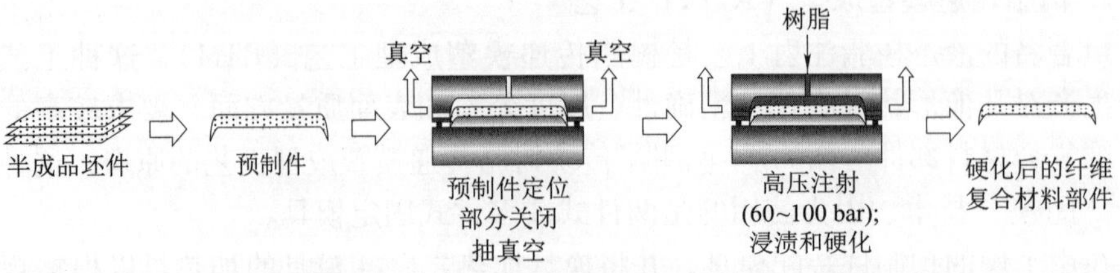

图 6.46 高压注射工艺—高压树脂传递模塑成型工艺的示意图

高压压制的优点是可以事先向模具缝隙中灌注树脂来实现厚度方向上可能的浸渍。在树脂注射过程中，模具并未完全闭合，在关闭过程中，将在短时间高压下开始进行厚度方向上的浸渍，这明显缩短了浸渍时间。但这种工艺局限在大面积、不太复杂部件的生产上。高压防止了低分子质量部件和溶解氧的排气，从而减少了气泡的形成，这对表面质量是很重要的。

相反，高压注射适合生产复杂的几何形状。但是，注射区域的纤维结构应是固定的，以防止高压注射使纤维移位。新模具技术使用的是类似于级联式注塑成型的多重注射系统。

未来几年，技术上的挑战除了快速浸渍和低黏度树脂硬化之外，还有织物半成品成型和预成型（参见第 2 册第 7 章）。

在这个领域中，研究工作的目标为树脂传递模塑成型工艺在工业上大规模的应用，并实现全自动化的工艺链（图 6.47）。发展的重点除了创新的自动化技术和手工技术之外，还有新树脂系统的开发。其中包括“快速硬化”系统，该系统在低黏度的情况下也能够快速浸渍，并随后快速硬化。

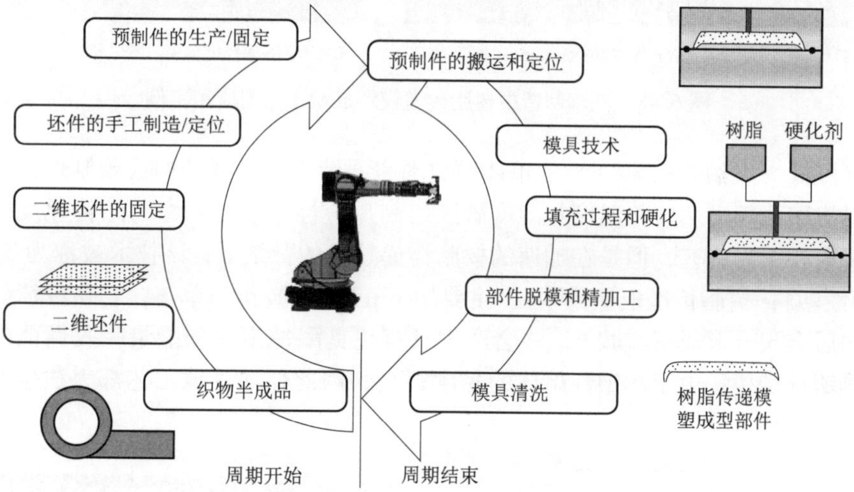

图 6.47 树脂传递模塑成型工艺链

例如，传统的树脂传递模塑成型工艺将被用于生产孔隙率小、纤维体积含量高（约 60%）的高性能纤维复合材料部件，因此这种工艺被空客公司用来生产负荷较高的垂直尾翼连接元件。这种工艺也适用于生产厚壁较大、集成度较高且几何形状较复杂的部件。但由于在注射时需要实心模具设计、手工操作和必要的锁模力，因此对能加工的部件尺寸有所限定（最大 5 m^2）。应强调的是，在汽车行业，用树脂传递模塑成型工艺既可以生产承重构件（如有树脂传递模塑成型编织技术的防撞锥或保险杠），也可生产具有极高要求的可视化部件，即 A 类部件（例如，带可见碳纤维增强材料结构的透明清漆车顶）（图 6.48）。

在这里还要简单介绍一下热塑性塑料注射工艺。这是一种新工艺，工艺中会使

图片来源：宝马集团

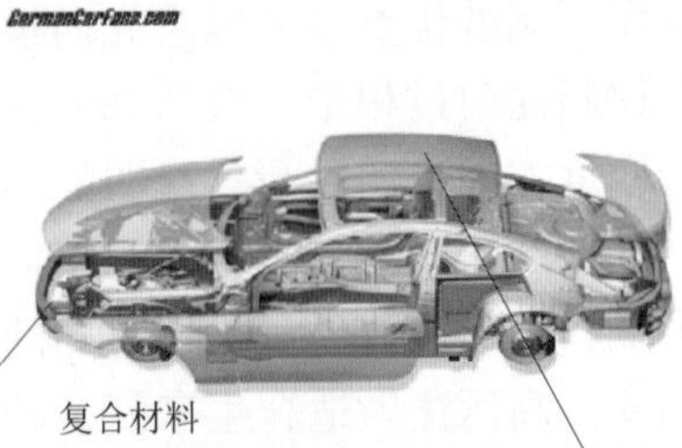

图片来源：宝马公司；BMW M6
（https://www.germancarfans.com）

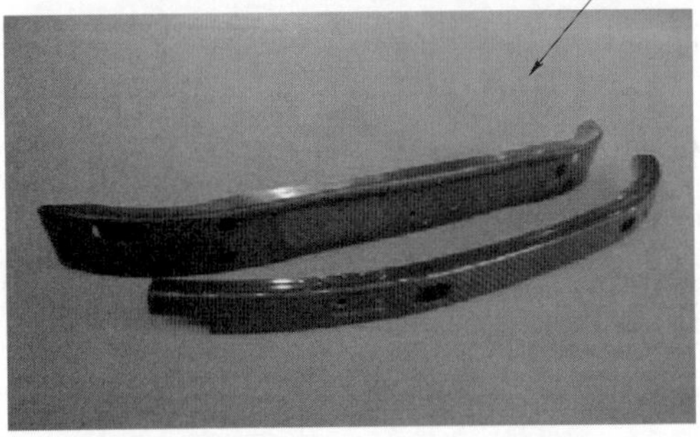

前后保险杠，图片来源：F. A. Kümpers GmbH & Co. KG

BMW M6-碳纤维车顶，图片来源：宝马集团

图 6.48　汽车制造中树脂传递模塑成型工艺的应用实例

用黏度极低（大约 5 mPa · s）的单体原材料来浸渍织物增强结构或预制件，然后这些原料将聚合。虽然这些温度和湿度敏感的高反应性系统是一个与结构化反应注塑成型技术相关的工艺，但是在加速的树脂传递技术的背景下，该技术被称为 T-RTM（热塑性塑料-树脂传递模塑成型）。主要用 ε-己内酰胺作为单体，它在浸渍纺织增强结构后会聚合形成聚酰胺 6，这会产生具有优良耐冲击性和能量吸收性能的高度增强热塑性结构；由于热塑性熔体的黏度很高，因此任何其他工艺都无法生产出这样的结构（图 6.49）。

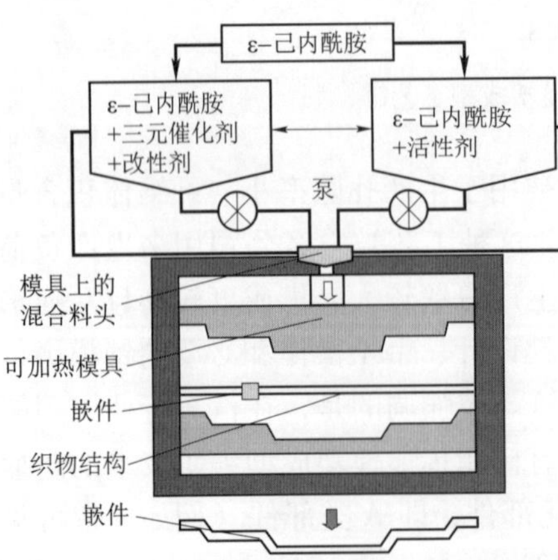

（a）

（b）

图 6.49　热塑性塑料-树脂传递模塑成型工艺的示意图以及弗劳恩霍夫化学技术研究所（ICT）采用的这种设备的结构

根据部件的壁厚，可以实现大约 3 min 的循环时间，这与如今市场上生产的热固性塑料系统相比，是一个明显的优势。在生产过程中材料不必达到聚酰胺 6 的熔化温度，这就使高分子质量的产品具有较高的机械性能。与有机板材的后续成型相比，该部件在很大程度上无内部应力；在有机板材成型时，由于层间滑动，各层间会产生内部应力。

在创新注射工艺方面的另一个步骤是在改装的注塑成型机上实现这一技术。在注塑成型工艺中用高黏度的热塑性塑料浸渍织物纤维结构至今无法实现，因此用低黏度的单体浸渍才是绝对可行的，但需要大力开发相应的设备技术(图 6. 50)。

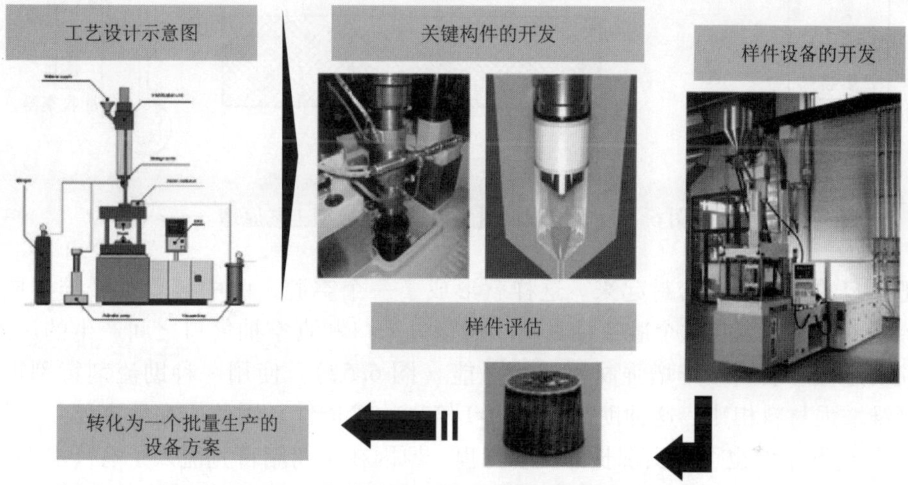

图 6. 50　借助高压注塑成型机用单体原料浸渍织物结构或预制件的工艺发展（Berg 2010）

2. 真空辅助树脂传递模塑成型（VARTM）工艺

在应用方面，真空辅助树脂传递模塑成型（VARTM）工艺与树脂传递模塑成型工艺极为相似。此外，为了避免滞留气体，可用真空泵将型腔抽真空，以确保更小的表面粗糙度及极小的孔隙率（图 6. 51）。这种工艺变型越来越多地用于航空领域主要结构承重的加工方面。

3. 真空灌注工艺

原则上来说，所有树脂灌注工艺或真空灌注工艺都被称为液态树脂灌注工艺，在这种工艺中，织物纤维增强材料或一个预制件会被放入一个单面固定模具（开模设计）中，再用一个弹性膜将模具密封。通过实验装置的抽真空，液体树脂被大气压推动着“强制”流经增强纤维。纤维的浸渍是通过流动过程实现的，这个过程可以通过将液态基体平面分布在表面上和厚度方向上对增强纤维的分布来划分。

在织物纤维半成品（预制件）定位之后，可以添加其他二级材料或辅助材料，如助流剂和树脂导管。可以只用一个箔膜作为阴模，借助一条密封带，这种箔膜可

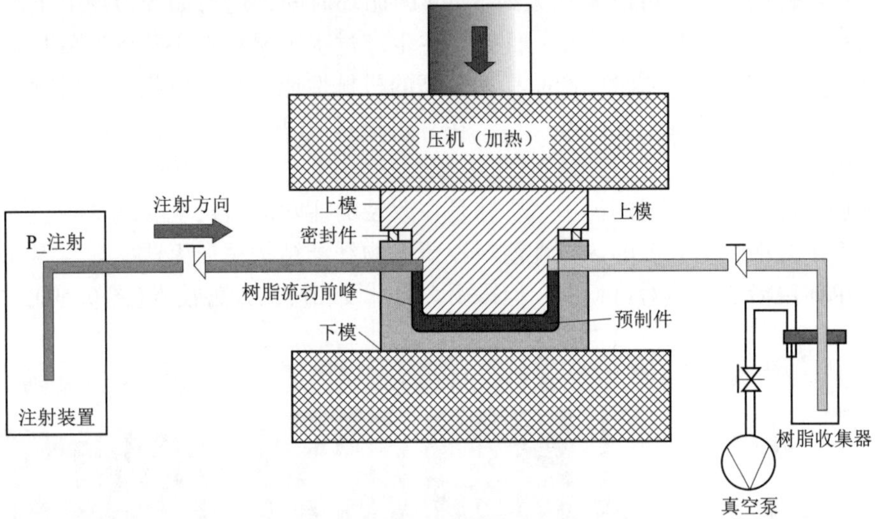

图 6.51　真空辅助树脂传递模塑成型工艺原理

以把固定的半模真空密封起来。这样就形成了一个空腔，腔中装着干纤维半成品，随后用一个真空泵将这个腔室抽真空。树脂进入口和真空抽气口之间产生的压差使在流动过程中浸渍纤维增强材料成为可能（图 6.52）。使用一种助流剂特别重要，与纤维增强材料相比，这种助剂有约 100 倍高的渗透性。因此，在最高压差大约为 1 bar 的情况下，也可以实现长的流动行程，原因在于树脂首先流入了有高渗透性的助流剂，从而使树脂能快速在部件表面二维分布。随后可对厚度方向上的纤维增强材料进行浸渍，这就形成了一个具有特性的楔形树脂前峰（图 6.52）。针织物、编结物或挤出网等都可以用于助流。由于悬垂性有限，后者只能用于简单的部件几何形状。

图 6.52　真空灌注工艺原理

上述过程是西曼公司（Seeman）在 1989 年首次在一个专利中作为 SCRIMP 工艺（西曼复合材料公司树脂浸渍成型工艺）公开的（Seemann 1990）。下面介绍的生产纤维复合材料部件的许多工艺都是以类似的基本浸渍原理为基础的。

4. 真空辅助树脂灌注成型（VARI）工艺

真空辅助树脂灌注（VARI）工艺（Geiger 1997，Feiler 2001，Feiler 2004）与SCRIMP工艺密切相关。真空灌注工艺中的最大压差是1 bar，目的在于沿厚度方向，即垂直于纤维层的方向浸渍平面部件（图6.53）。在灌注之前，要通过连接真空泵与树脂收集器将真空结构完全抽真空（从而也可使抽吸装置的设计与流动助剂和织物半成品相关）。打开树脂存储容器与树脂灌注管相连的管道之后，灌注便开始了。由于助流剂的高渗透性，树脂首先会迅速地分布到部件表面上，原因是助流剂只对树脂流动产生很小的流动阻力，沿厚度方向对纤维半成品的浸渍也同时开始。由于纤维半成品的渗透性相对较低，这种浸渍进行得明显较慢，所以在部件中产生了楔形的树脂前峰（图6.53）。当部件被完全浸渍之后，树脂便流进了预先装好的树脂收集器中。与SCRIMP工艺不同，在另一步骤中，树脂输送导管将关闭，树脂储存容器会被真空密封。随后，根据所需要的纤维体积含量和使用的材料，对树脂收集器和树脂存储容器施加一个略低于100 hPa的回吸压力。因此，在重新打开灌注管和连接树脂收集器的连接管后，对部件上所有位置施加的都是相同的压力。因为此时不再有任何压差，几分钟后整个真空结构会达到压力平衡，这种情况会使整个部件的纤维体积含量均匀。在硬化时也能保持这种压力平衡。

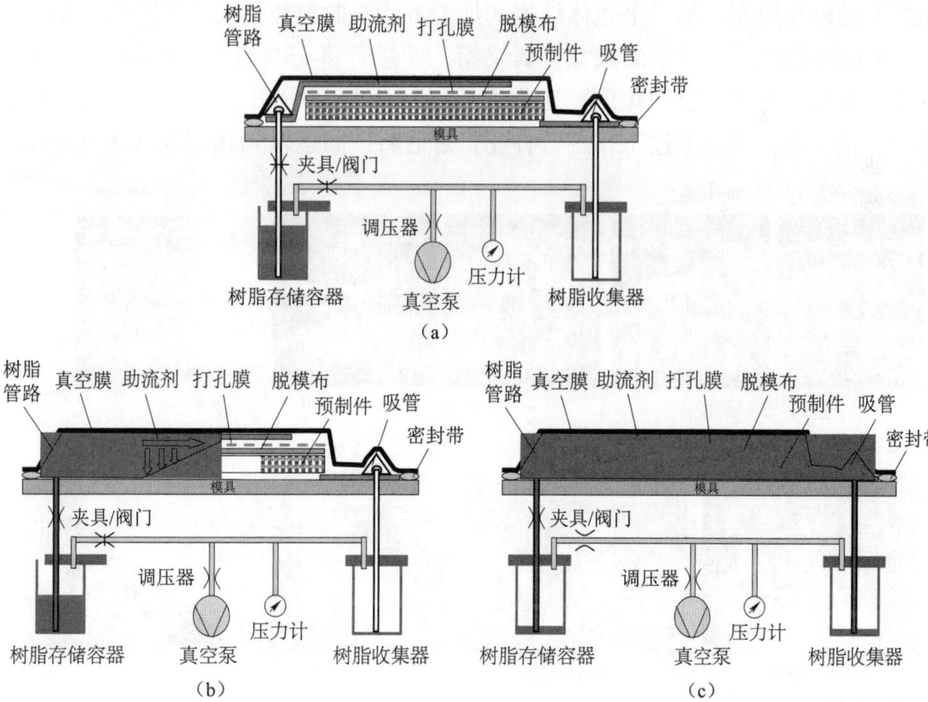

图6.53　真空辅助树脂灌注工艺及其基本工艺步骤的原理图

例如，真空辅助树脂灌注工艺可以用于制造风力发电机（WEA）的转子叶片（图6.54）。在此，转子叶片应加工成壳状结构，为此必须进行相应的布局。由于实

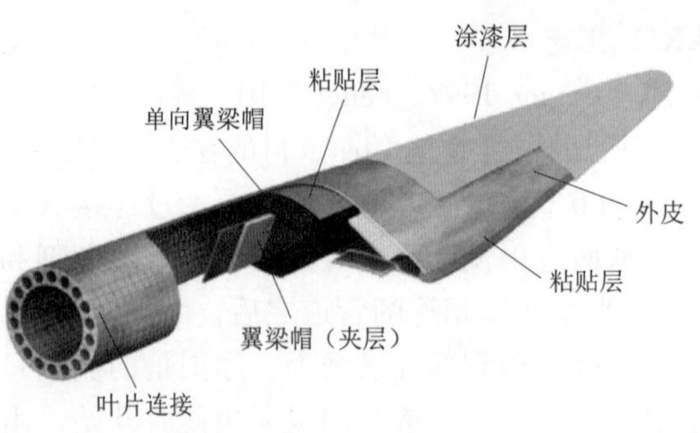

图 6.54 风力发电机的转子叶片结构，根据（Gurit 2009）

际壳体骨架的空气动力型材设计，因此一个叶片需要两个模具，其各个生产步骤较为相似。

它的模具同样由平面纤维半成品构成，这种半成品是借助真空辅助树脂灌注工艺用一种热固性基体围绕一个原始模型渗透而成的。在生产这种模具时就已经结合使用了加热设备，目的是可以进行后续的部件硬化和退火周期。根据叶片的几何形状，尺寸为 50 m 的模具尺寸较常见。准备好模具后，可先按照布置图开始手工放入多轴向的平面玻璃纤维半成品。紧接着必须进行实质性安装，例如安装通常已预先制好的梁凸缘层和另外的纤维半成品层，对辅助材料、灌注管和抽吸管进行定位，然后用密封带将真空袋密封。在进行泄漏测试后，用一种低黏度的双组分环氧树脂进行浸渍。为了使模具占用的时间尽可能短，从而避免由于成本原因，尤其是空间原因等造成可能的模具重复，紧接着将开始规定的退火周期或在高温下的硬化周期。第二个壳体结构的加工方式与此类似。

在外壳硬化之后，应组装或黏合翼梁帽，并进行将壳与转子叶片黏合的实际工艺的准备工作。在黏合层硬化后，还应进行表面处理，并喷漆。最后，应进行最终装备和质量检验，以对上述工作进行补充，之后将产品运输到顾客处（图 6.55）。

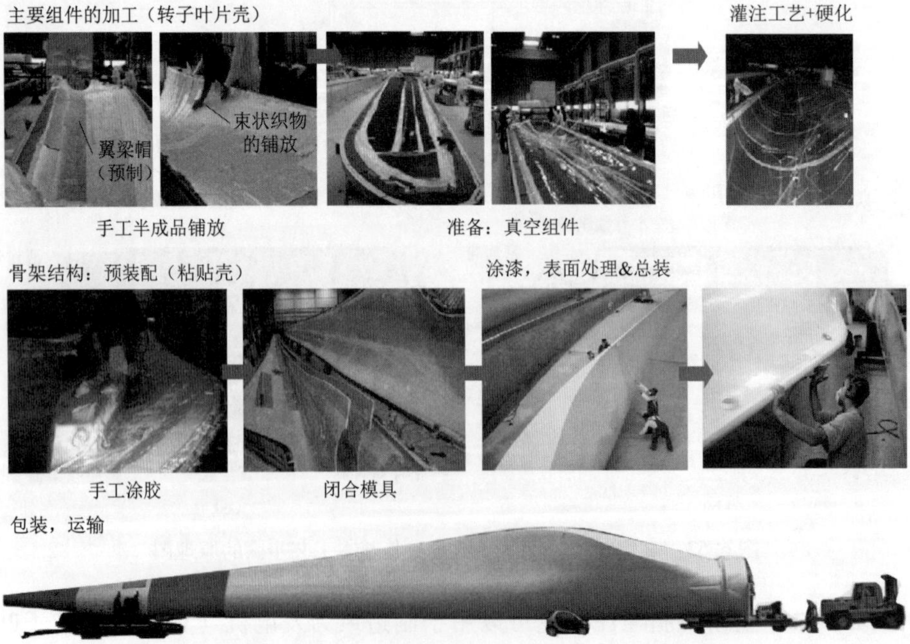

图 6.55 风力发电机转子叶片的生产工艺链

（图片来源：SGL Rotec & 风力发电机转子叶片加工，Hinrich Graue，EUROS 股份有限公司）

采用这种方式，每天需三班轮换才能生产一个转子叶片。这种长度约为 50 m、重量约 12 t 的叶片，预计的使用寿命为 20 年左右，可承受约 1 000 亿次交变负荷。这些叶片是目前最先进的技术，特别是在近海地区，应开发 60~70 m 长的叶片，使用寿命至少应为 20 年。

5. 真空辅助工艺（VAP）

真空辅助工艺（VAP）是 EADS 公司开发的，用于为飞机制造业生产高品质纤维复合材料（Filsinger 2001，Schröder 2004）。真空辅助工艺遵守沿厚度方向的浸渍原理。但是，它的特点是具有半透膜，气体可透过但液体不可透过，由此形成一个二室系统。在灌注时，用树脂填充下室，下室同时使用助流剂来使树脂平面分布在部件表面。半透膜会将下室与抽过真空而没有树脂的那面分开，这样能够保证在整个部件上的平面真空抽吸。真空辅助工艺的设备结构如图 6. 56 所示。

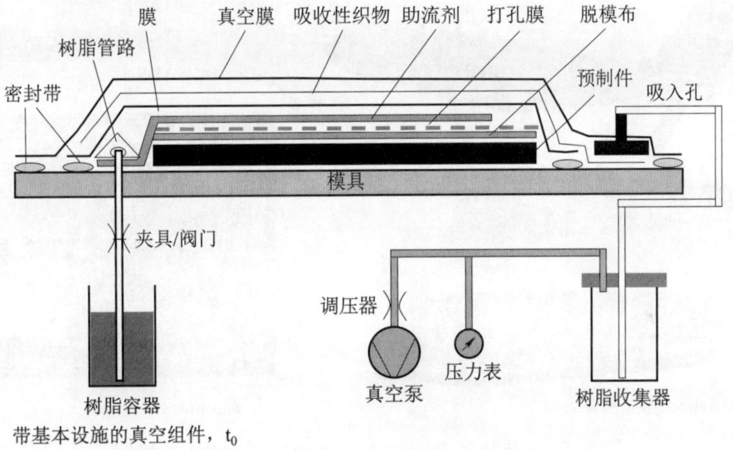

图 6. 56　真空辅助工艺设备结构的示意图

工艺开始时，应通过上室对整个结构进行抽真空处理。随后，打开连接树脂容器的阀门，然后开始根据真空辅助树脂灌注工艺进行灌注。为了实现需要的纤维体积含量而加入树脂量（根据结构计算得出）之后，关闭阀门，灌注停止，上室仍没有树脂。通常为了硬化，还要保持最大的真空状态。与真空辅助树脂灌注工艺相似，在真空辅助工艺中也可以进行回吸，为此可以再安装一个泵。

真空辅助工艺的优点有，如通过用无纺布平面覆盖半透膜同样能实现平面抽吸，因此已确定准备选择的抽吸策略和定位。用这种方式，同样可以通过半透膜抽吸树脂释放的气体，从而使这些气体不会沉积在叠层中。在采用真空辅助树脂灌注工艺时，为了生产无孔的层压板，必须使用强制预先脱气的树脂；而在真空辅助工艺中，使用未脱气的树脂系统也能实现较好的部件质量。这里需要提到的一个应用实例是空客 A 400M 的货舱门，作为飞机机身的主要结构部件，对其有较高的质量要求（图 6.57）。

通过真空辅助工艺将尺寸约为 6 m×4 m 的货舱门壳体连同安装在舱门上的纵梁一起进行一次浸渍，并在空气循环加热炉中硬化。这样可以得到（60±4)％的纤维体积含量和低于2.5%体积分数的孔隙率。高温碳纤维可作为增强纤维用于多轴向织物中，这些纤维是用手工铺放工艺放入阴模中的。所有其他部件，如翼肋和边梁，同样是采用真空辅助工艺在独立的模具中加工的。将单个部件组装成成品货舱门是借助高强度螺栓连接实现的，因为目前黏合技术还没有允许用于飞机的主要结构，黏合技术可能不足以承受某些负荷。最后一步是在闭锁机构上装配负荷加载钩（图6.57中的红色部件）。

图6.57　借助真空辅助工艺生产的A 400M货舱门
（图片来源：空客/EADS & Premium Aerotec股份有限公司）

6. 其他工艺变型或组合工艺（树脂灌注RI）

树脂膜熔渗（RFI）和液态树脂熔渗（RLI）都属于树脂灌注（RI）工艺。在这两个工艺中，分别有织物纤维半成品和基体（树脂和硬化剂化合物）。通过逐步放入纤维半成品和树脂（既有液态树脂熔渗（RLI）也有树脂膜熔渗（RFI））来填充单面固定模具。然后加入其他二级材料或辅助材料和一个真空膜，真空膜是用来密封模具的。在热压罐中，在压力、温度或真空的条件下进行硬化工艺的加热阶段可完成树脂对纤维半成品的完全浸渍。与液态树脂灌注工艺、真空辅助工艺或真空辅助树脂灌注工艺不同，纤维增强材料的完全浸透主要发生在沿厚度方向，并且是通过热压罐中的压力冲击实现的。因此，树脂灌注工艺中的流道极短，从而可以使用高黏度的基体材料。因此可以使用韧性改性的树脂体系（高黏度）来提高热固性纤维复合材料部件的损伤容限。

这种液态树脂熔渗工艺可以用于航空领域平面纤维半成品质量检验而生产的层压板。在航空结构中进行实际安装或使用之前，半成品制造商会进行商品出厂检验，使用者会进行产品进厂检验。在此过程中，将通过一个机械参数的确定程序进行质量检查。遵守质量要求是批准进行进一步加工的前提条件。图 6.58 给出了在实验室规模下用液态树脂熔渗工艺生产此类层压板的基本工艺步骤。在真空组件安装完成，并预抽真空之后，应根据与材料相关的参数开始热压罐周期，层压板将在温度和压力条件下硬化。

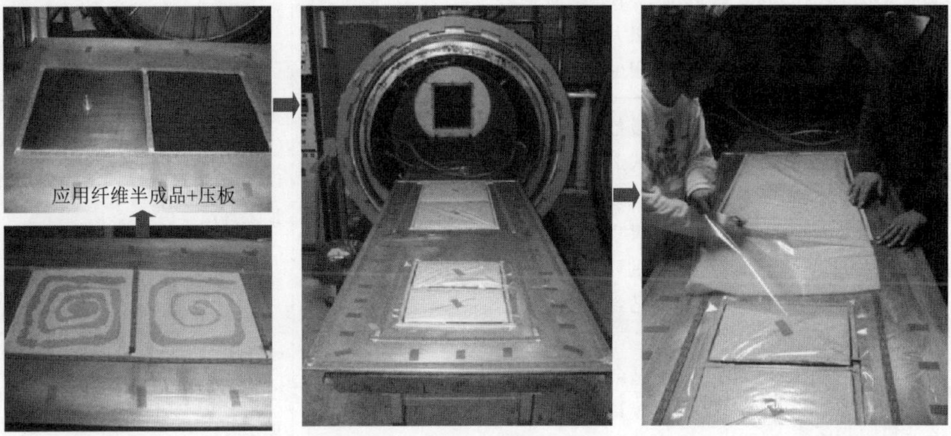

树脂在模具上的分布　　安装辅助工具　　准备真空袋

图 6.58　实验室规模下液态树脂熔渗工艺的基本工艺步骤（斯图加特大学飞机制造研究所 IFB）

这种工艺在部件尺寸方面几乎没有限制，但其不适合复杂的几何形状。原因在于，部件在几何形状曲度大或者叠层结构厚度变化大的情况下，会增大手工放入树脂（无论是液态还是膜状）的难度，或者不能保证完全浸渍，即使是圆弧。树脂灌注工艺特别适合于制造有壳状特性和平衡层次结构的结构部件。一个批量应用的实例是用树脂膜浸渍工艺生产 A380 的压力舱壁（图 6.59）。各种树脂灌注工艺的优缺点如表 6.4 所示。

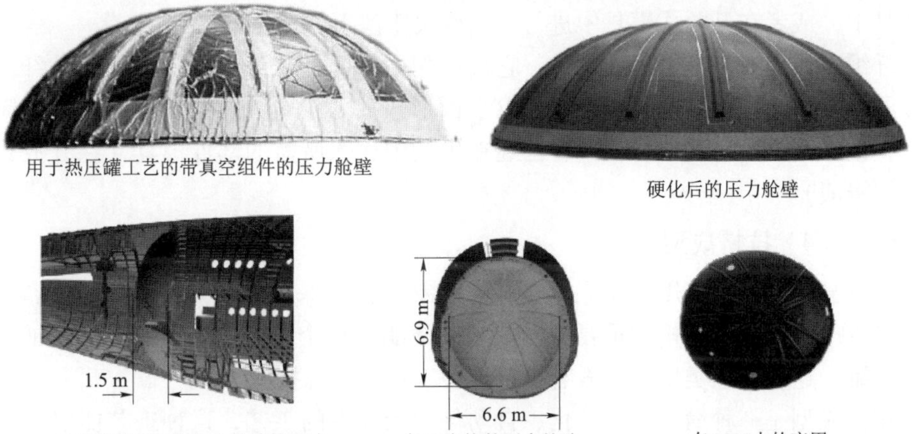

用于热压罐工艺的带真空组件的压力舱壁　　硬化后的压力舱壁

可视化装配图和压力舱壁的尺寸　　加工完毕的压力舱壁　　在A380中的应用

图 6.59　借助树脂膜浸渍工艺生产 A380 的压力舱壁

（图片来源：空客/EADS）

表 6.4 各种树脂灌注工艺的优缺点

类型	优点	缺点
树脂灌注工艺［树脂传递模塑成型（RTM）、真空辅助树脂传递模塑成型（VARTM）］	① 可生产高复杂性和高集成性的部件； ② 表面质量较好（可达 A 级）； ③ 尺寸精确性较好； ④ 不需要其他辅助工具； ⑤ 适合极大批量的生产； ⑥ 仅需很少的填充时间和工艺时间	① 需要大量昂贵的模具； ② 基础设施复杂（例如，热压机、注入装置）； ③ 部件尺寸受模具规格、模具重量和锁模力的限制
真空灌注工艺［SCRIMP 工艺、真空辅助工艺（VAP）、真空辅助树脂灌注工艺（VARI）］	① 基础设备成本低； ② 单件式细工模具（成本低）； ③ 可实现集成结构； ④ 部件尺寸基本上不受限制（如，长度最大为 60 m 的风力发电机转子叶片）； ⑤ 非常适合中批量生产，尤其适合样件生产	① 部件表面单侧光滑； ② 为了形成真空，需要使用辅助工具； ③ 与树脂传递模塑成型相比，尺寸精确性较差、厚度公差较大
树脂灌注工艺（树脂灌注工艺、树脂膜浸渍工艺、液态树脂熔渗工艺）	① 非常适合壳状大结构； ② 单件模具成本低； ③ 可以使用韧性改性的环氧树脂（优化损伤容限）	① 基础设备成本高； ② 为了形成真空，需要使用辅助工具； ③ 无法制造高集成性的复杂部件

7. 结构化反应注塑成型（S-RIM）

结构化反应注塑成型（S-RIM）与反应注塑成型（RIM）非常相似。在放入相应的模具之前根据相同的原理进行材料混合。与反应注塑成型的区别仅在于结构化反应注塑成型工艺预先还要实施一个附加的工作步骤，在这个步骤中，成型的纤维半成品（通常为玻璃丝网或其他织物纤维半成品）被预成型，然后被放入模具中进行定位。随后，通常会在压力条件下用聚氨酯浸渍纤维半成品。这个工艺或者在封闭模具中，或者在开放式模具中进行，这取决于注射的聚氨酯体系。

纤维半成品通常是杂乱纤维毡，它们可能由切断的长纤维或单向的连续纤维构成，厚度仅几毫米。这些纤维毡或者以平面形式放入模具，在材料注射之后关闭模具时，被压制成确切的形状；或者已经在生产中放入所需的部件模具（在开放式模具中被浸渍）。

6.3.3.4 拉挤成型

纤维复合材料的应用日益广泛，这就需要进行确保质量的大批量连续生产。能大批量生产纤维复合结构的重要工艺的基础是能在一个连续的工艺中浸渍、铺放和硬化纤维。这种工艺类别的代表有拉挤成型工艺和缠绕技术。

拉挤成型是一种简单、连续化、自动化、低成本的工艺，这种工艺能以高品质生产纤维增强塑料型材，自 20 世纪 50 年代以来一直应用这种工艺。增强纤维和（根据应用）通常以玻璃纤维、碳纤维和芳族聚酰胺纤维为基础的织物，会被热固性基体（不饱和聚酯、环氧树脂、乙烯基酯）浸渍，并通过一个加热的成型模具（连杆）被拉伸和硬化。浸渍可以（与湿缠绕技术相似）在一个开放的树脂池中进行，或通过直接将树脂注射入模具来完成（图 6.60），由此可形成连续的型材，但在传统拉挤成型中，其纤维取向主要限定在纵向（即拉伸方向）。

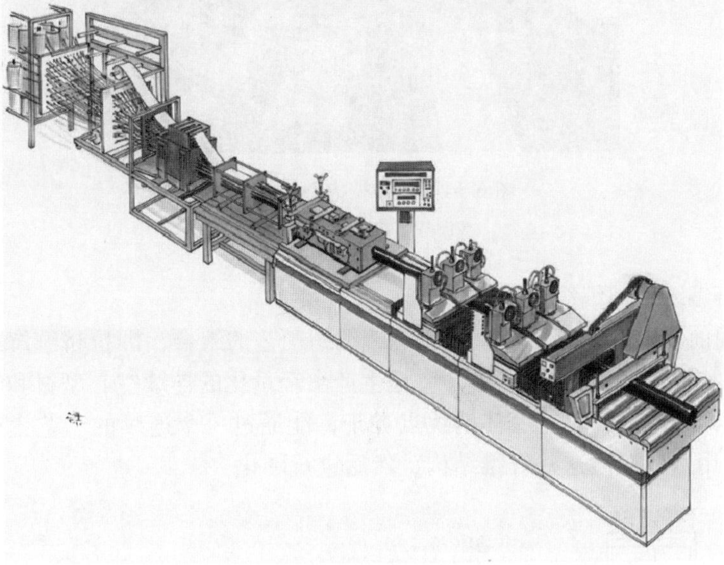

图 6.60　传统拉挤成型装置的草图

（图片来源：Pultrex）

因此，一台装置由下列基本单元组成：

① 上游带整经筒子架的增强材料进料单元；同时，还可以选择性地加入其他半成品（例如织物带），以实现多轴向的纤维取向。

② 带浸渍池（可以作为浸渍池直接使用，也可以用辊涂抹浸渍）的浸渍装置，在这个装置上还连接有一种树脂刮铲；也可以借助树脂灌注工艺在模具中直接浸渍，这样就无需浸渍池了，这种技术也可用于热塑性基体。

③ 成型装置（对模具进行温度控制以用于硬化、熔化以及之后的冷却）。

④ 运输-拉拔装置。

⑤ 横切机或切削机。

下游还可以安装一个温度控制工位，以实现完全而独立的硬化。

图 6.61 给出了应用的不同型材的横截面，如用于框架、栏杆横梁、商用车或桥梁和建筑型材。除传统的拉挤成型工艺外，现在还产生了其他一些工艺变型，分类如下：

① 对平面玻璃纤维制品（织物带）的拉挤成型；

② 对预制型坯的拉挤成型（最复杂的工艺）；

③ 拉挤缠绕（进行额外的连续缠绕的型材拉挤）；

图 6.61　各种拉拔型材的实例
（图片来源：Strongwell）

④ 拉挤编织，即编织拉挤成型；

⑤ 应用前景较好是拉挤成型与缠绕或编织工艺的组合，即拉挤缠绕或拉挤编织（图 6.62），用这些工艺可以高生产率地生产出轻量化的连续空心型材和管材（直径最大为 100 mm），这种工艺变体的优点在于，能通过一个连续的工艺生产多向纤维结构，并可用基体浸渍这些纤维结构，然后进行硬化。

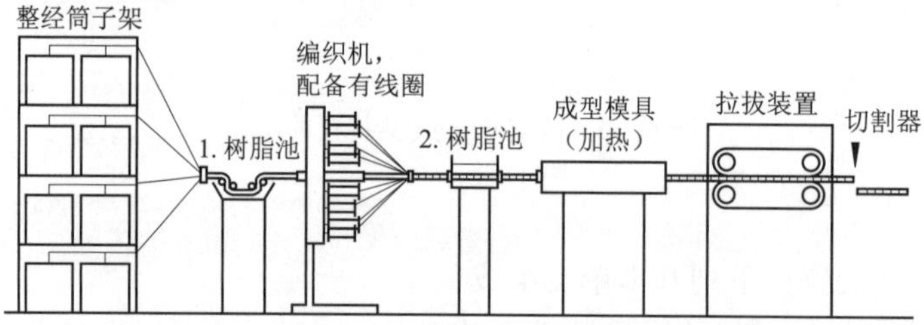

图 6.62　拉挤编织的示意图（Ahmadi 2009）

图 6.63　拉挤缠绕的原理（Top Glass）

拉挤缠绕成型是一种拉挤成型工艺，这种工艺使添加多轴纤维增强材料成为可能，其在拉挤成型工艺中结合了缠绕工艺的原理（英语为：Filament Winding）。在这种工艺中，用树脂连续浸渍各个粗纱，并通过围绕芯轴旋转的卷绕头进行铺放。定向在与纵向成（准）直角的纤维可以将型材结构束紧在一起，因此能制造出形状更稳定的管状型材（图 6.63）。这种纤维结构的目标是提高管状型材的弯曲强度以及径向刚性（Dispenza 2002，Lim 2002）。

因此，除了实质上能够生产圆棒和

空心型材之外，拉挤缠绕与传统的拉挤成型相似。其中的一些应用实例有：帆船桅杆、伸缩结构、轴和运动用杆。一些专利介绍了几种解决方案，通过这些方案可以将拉挤缠绕工艺生产的型材整合到复杂的部件中（专利 2003，专利 a800）。其挑战在于，一方面要在材料和这些组合工艺之间进行材料和工艺控制的协调，目的是在大批量生产时也能确保相应的可再现的质量；另一方面，必须同时特别关注这些部件的结构机械设计。即使有一部分用拉挤缠绕工艺生产的型材已经进入市场，但是还迫切需要在“材料和工艺控制”方面，以及与此类组合工艺的设计准则的相关方面进行进一步的研究，以确保未来能在工业条件下生产。

6.3.3.5 纤维缠绕

在纤维缠绕工艺中，会浸渍一条或多条平行的纤维，并沿规定的路径将它们铺放在一个旋转对称的芯轴表面（图 6.64、图 6.65）。这是通过芯轴的旋转，以及同时利用一个导向装置将纤维定位来实现的。最简单的情况是，一个卷绕机有两个轴，两轴在控制下做相对运动：① 芯轴的旋转运动；② 导丝孔的平移运动。通过旋转运动和平移运动的速度比可得出纤维的铺放角度。生产管材使用一个二轴机器就足够了。

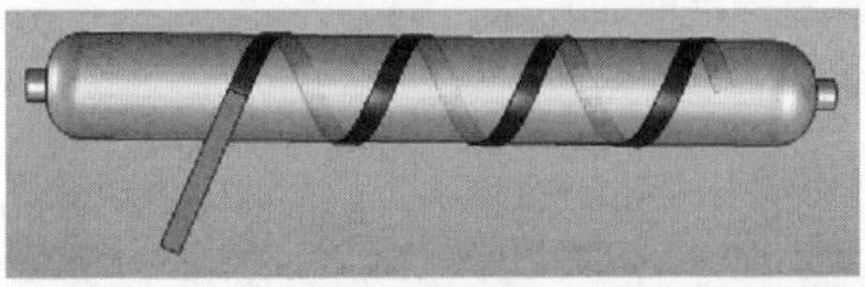

图 6.64 在旋转芯轴上进行纤维缠绕（螺旋状纤维路径，纤维角度约为 45°）
（图片来源：Pultrex 有限公司）

图 6.65 用平行粗纱缠绕管材（导丝孔、浸渍的纤维和几乎被完全缠绕的管材，纤维角度约为 60°）
（图片来源：EHA）

此外，还有最多带 6 个运动轴的卷绕机，用此类卷绕机可以生产具有椭圆形或矩形横截面的部件、有不同直径的部件，甚至还能生产一些非旋转对称的结构（如弯管、T 形接头、转子叶片等）。然而，缠绕芯轴（也称缠绕芯棒）几何形状的前提是至少在一个方向上保持凸曲率。

第 1 轴：芯轴，缠绕芯轴的旋转；

第 2 轴：导丝孔的水平运动（*X* 轴）（包括浸渍机）；

第 3 轴：导丝孔的水平运动（*Y* 轴）；

第 4 轴：导丝孔的垂直运动（*Z* 轴）；

第 5 轴：导丝孔的旋转轴（孔“滚转”/…围绕 *Y* 轴，见上）；

第 6 轴：导丝孔的安装角度（孔“偏移”/…围绕 *Z* 轴，见上）。

大多数卷绕机制造商提供有2~6轴的可选产品，也可以通过一个工业机器人来实现2~6轴的运动，以此替代专门设计的卷绕机。另一种特殊结构是将第一轴和第二轴组合，即旋转芯轴在一个线性单元上前后运动，而浸渍池和导丝孔是固定的。可以预先计算出各轴的相对运动，通过CAD软件使其可视化，并被转移到机器控制数据中，例如在此应用到CadWind和ComposiCad程序。

在这种情况下应计算为承受部件的机械负荷和热负荷所需的纤维角度和可能的几何路径之间的最佳折中方案（图6.66、图6.67）。其他标准还有：壁厚分布应尽可能均匀，以及避免被浸渍纤维的提升（垂直于表面）和滑移（表面切向），同时还要考虑到摩擦系数。即使在纤维角度非常小的情况下（0°~15°），也可以通过桩冠（销）来防止打滑。因此，可以在轴向上布置增强纤维，也可以生产平底的容器。

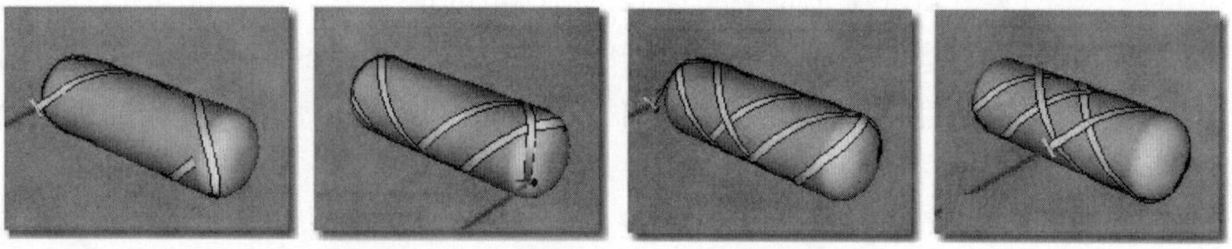

图6.66 利用CAD来预先计算纤维的铺放
（图片来源：Pultrex）

图6.67 缠绕一个容器时的纤维路径
（图片来源：EHA）

除了已提到的运动轴及其相应的机器元件外，一台纤维缠绕设备还包括以下的基本单元：

（1）存放和输出增强纤维的料架：

① 纱线张力调节器可选装，特别是在使用碳纤维或有外部落纱装置的线圈时；

② 可选择并行供给其他半成品（如不规则纤维毡制成的带子或织物带），以实现多轴向的纤维取向。

（2）用于浸渍纤维的设备：

① 浸渍池；

② 可选辊轧浸渍池（图6.68）；

③ 可选加热池（适用于高黏度环氧树脂）。

图6.68 用于浸渍纤维的辊轧浸渍池
（图片来源：EHA）

（3）用于硬化的加热炉，特别是在加工环氧树脂时，尤其需要加热硬化和后硬化。在此过程中，缠绕的芯轴会在一个炉中旋转，以避免树脂滴落。根据树脂体系，制造商会给出一个温度变化过程建议，在高达 150 ℃的温度冲击下，这个过程可能会持续数小时。

（4）芯轴/缠绕芯轴。芯轴决定缠绕的纤维复合结构内侧的表面质量。此时，内侧表面与芯轴结构的表面质量是相对应的。为了获得更好的可脱模性，应对金属芯轴的表面进行抛光。为了使脱模更容易，应在缠绕芯轴的表面使用脱模剂，或者在第一层涂覆聚酯薄膜。有以下几种芯轴可供使用：

① 单件式；

② 多件式/可折叠（适用于直径大于 2 m 的特殊结构）；

③ 其余的结构（容器的旋转或吹塑成型结构）。

（5）抽芯装置：用于从管中抽出芯轴的液压装置。根据管的长度（最长 6 m）和直径，最多需要 50 mt（1 mt = 1 000 kg）的力。

在缠绕技术中，使用的是众所周知的纤维、基体和填充材料。可用的树脂类型和树脂/固化剂系统的选择范围很广泛，要求设计师做出有针对性的选择。在油箱和容器的广大应用领域，占主导地位的是对 E 玻璃纤维粗纱，以及聚酯或乙烯基酯的应用，这取决于待存储介质的腐蚀性。第一缠绕层通常使用玻璃纤维垫缠绕，以此形成一个富树脂层（腐蚀保护层）。对于要承受高内压和压力交变应力的管线和容器，环氧树脂是首选，而其最重要的要求是电气隔离。下面所描述的应用于体育、休闲和机动车（传动轴）领域以及军事和航空应用中的几乎所有部件都将环氧树脂和碳纤维接结合起来使用。

1. 应用实例

在各种纤维复合材料的生产工艺中，纤维缠绕所占市场份额为 10% ~ 15%（AVK-TV）。下面明确列出了缠绕工艺所生产部件的应用领域的多样性以及它们的各种尺寸。对于轻量化结构意义重大的应用，主要是汽车、商用车的传动装置，船舶推进装置和搬运装置。在航天领域的应用中，机身就是用缠绕工艺生产的。在军事应用中，缠绕工艺可以用来生产导弹外壳。特别是在这些应用中，减轻重量尤其重要。

对于移动性来说，压力罐的重量也起着重要作用。其中包括液化气罐和天然气罐，以及用在卫星上的氢气罐。原则上来说，这种工艺适合用于生产能承受高压和腐蚀的容器，但重量必须要很轻。

在生产体育用品，如滑雪杖和徒步旅行用手杖，自行车架管材，撑杆，帆船、橡皮艇和游艇的桅杆，高尔夫球棒，桨，舵，棒球棒，帐篷支柱等时，减轻重量是使用纤维缠绕工艺的驱动因素。

除了重量轻的优势之外，耐腐蚀性，即对于化学介质的耐抗性和良好的隔离性能也起着重要作用。其中包括很多应用，如高压线铁架、路灯、天线系统、筒仓和油箱（图 6.69）（有直立的，如粮仓或化工槽罐：有卧式的，如油罐车和地下储油罐）。

图 6.69 缠绕工艺制成的油箱（直径约 3.5 m，高约 14 m）的运输
（图片来源：Design Tanks，SiouxFalls）

用于高压或低压应用的介质输送系统，以及运输腐蚀性介质的系统，特别是管材（直径 3 mm~3 m，壁厚 0.5~50 mm），以及用于褐煤发电厂的烟道气脱硫的最大直径为 9 m 的管材或专门设计的专用机器，都可以用纤维缠绕工艺生产（图 6.70）。

图 6.70 烟道气脱硫管材的制造
（图片来源：Hille-Engineering）

2. 特殊工艺

浸渍和缠绕工艺在时间和空间上的分离，实现了对各个工艺步骤的分别优化。（成本）优势很大程度上取决于相应的部件、生产批量大小，以及制造商的设备及其用的全部机械装置。

（1）干式缠绕，随后浸渍（树脂传递模塑成型）。

（2）缠绕热固性预浸料细带。这种预浸料细带中的纤维已经被较好地平行定向和浸渍，可以缩短缠绕时间。

（3）缠绕热塑性预浸料细带。对于用一种（高黏度的）热塑性塑料熔体来浸渍纤维，有特殊的工艺技术要求，而且不使用缠绕设备进行浸渍会更好。在缠绕这种带子时，有必要将热塑性基体聚合物重新局部熔化（例如用激光和热空气），随后应立即将它与下面的层焊接在一起并固结。

（4）自动铺带（ATP）工艺可被视为预浸料缠绕的改进工艺。这种工艺不再需要旋转的或旋转对称的芯轴，而是将带子铺在一个开口模具的上面或里面。在铺放路径的末端必须分别将带子切断。模具是静态的，可以具有凹凸弯曲区域，例如飞机机身、飞机机翼、风力发电机的转子叶片等。

6.4 连续纤维增强和织物增强热固性塑料部件的生产

6.4.1 有机板成型-压制工艺

在批量生产的压制工艺中，要对热塑性层压板进行外部加热，然后借助一台运输装置将层压板运至一个成型工位中。固定装置的类型取决于随后的成型。通常会使用链斗式循环炉（图 6.71）或红外线炉。

图 6.71 在一个链斗式循环炉中加热有机板

应尽量避免在模具中进行再浸渍，因为在成型过程中，如果没有延长工艺时间的额外措施（如增加压制力）或较低的冷却率，再浸渍只能在一定程度上实现（Ostgathe 1996, Breuer 1996-1）。由于可以实现较短的周期，因此，快速的压制工艺特别适用于中大批量生产（Breuer 1996-2）。在均匀铺放模具时，不要求进行平行度控制。有机板成型的工艺流程如图 6.72 所示。

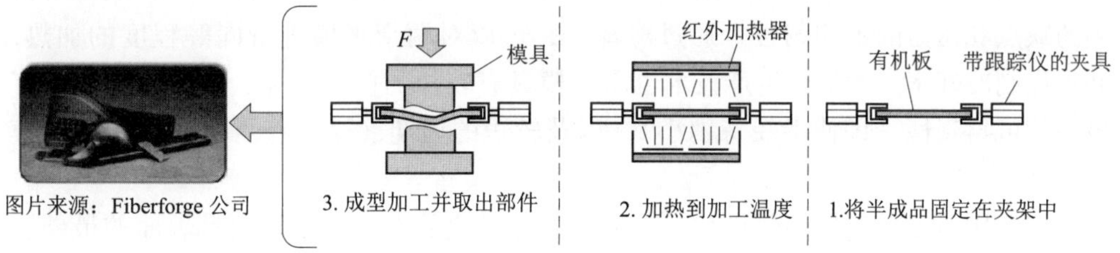

图 6.72 有机板成型的工艺流程（亚琛塑料加工研究所（IKV））

6.4.2 用橡胶模具进行成型

在借助橡胶模具进行压印成型的过程中，弹性体塑料会在一个钢制的阳模或阴模上成型为半成品（图 6.73）。根据模具的几何形状，橡胶垫发生了或大或小的变形，这种变形会导致不均匀的固结压力或成型压力。此外，所使用的弹性体的最大可变形性限制了模制件的几何形状。使用橡胶垫的最大优点在于，在下模相同的情况下，可以使用不同的模具。但是要注意弹性体的耐老化性和耐温性。在较大批量生产时，弹性体由于磨损需要经常更换。

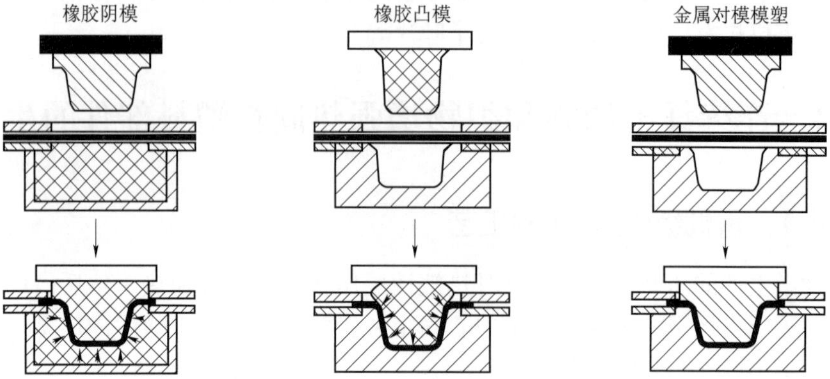

图 6.73 热塑性 HLFVW 半成品的压制成型工艺（N. N. 1996）

压制成型工艺的优点是周期短、模具成本低（只需要一个半模）、至少一面的表面质量好、自动化程度高、可以对模制件进行侧切、壁厚可以变化，但也有很多缺点，例如模内压力小而且不均匀、橡胶易发生磨损、只有一面可以进行温度调节（这会导致部件内部产生残余应力），如果半径较小，形状反而会不精确。因此，这种技术只能用于生产几何形状简单的部件，以及航空航天领域的小批量生产部件，例如生产壁板和底板部分（Offringa 1995）。为了使磨损最小化，并改善边缘区域和圆弧区域的成型，也可以考虑用弹性体给半模涂层。

6.4.3 金属对模模塑

金属对模模塑工艺使用的是两个匹配的金属模具，这种模具能够平衡上面所提到的缺点和压力的不均匀性。通过冷却孔，可以对两个半模进行同等程度的加热，并可控制冷却率。大批量生产技术也需要模具有较长的使用寿命、模制件精确度有极高的可再现性（即使半径特别小），以及较短的周期（这才有可能实现金属对模模塑）。

在使用恒定低温加热模具时，必须先固化半成品，因为紧邻模具表面的最外层半成品会很快冷却，因此未湿润的纤维就不会被浸渍，气孔就不能被压出。应使用模具对成型导致的部件厚度偏差进行补偿，并通过对模具表面进行加工，尽可能使压制间隙精确匹配部件的厚度分布。模具间隙的精确度决定了加固压力的均匀性。以有限元法为基础的成型模拟是制造合适模具轮廓的先决条件，然而，由于轮廓精加工成本较高，生产相应模具的成本也会很高，因此，必须主动通过引入局部拉力，或者被动通过施加膜应力来避免产生褶皱。在对均匀的层压板进行成型加工时，金属对模模塑会导致在坡度较大的模具侧面出现不可忽视的压力下降，这种压力下降会引起脱层导致侧切或者不能实现，或者只能有条件地实现，即可在提高模具成本的情况下实现，而这又进一步提高了相对较高的模具成本。

最高 25 bar 的低压成型技术被应用在防护领域，如消防头盔等（图 6.74）。目前，在产品开发时，还缺乏可靠运作的模拟程序来实现创立工艺的突破，这些程序可以为任意的模制件几何形状估测成型后设定的模制件厚度分布。为了能够产生均匀的压力分布，以防止脱层并确保可再现性，这是必要的。然而，由于这种工艺的模具使用寿命长、周期短，而且在大批量加工方面的可自动化程度高，至今仍是最适合用来加工均匀层压板的工艺（Mehn 1995，Hou 1993）。

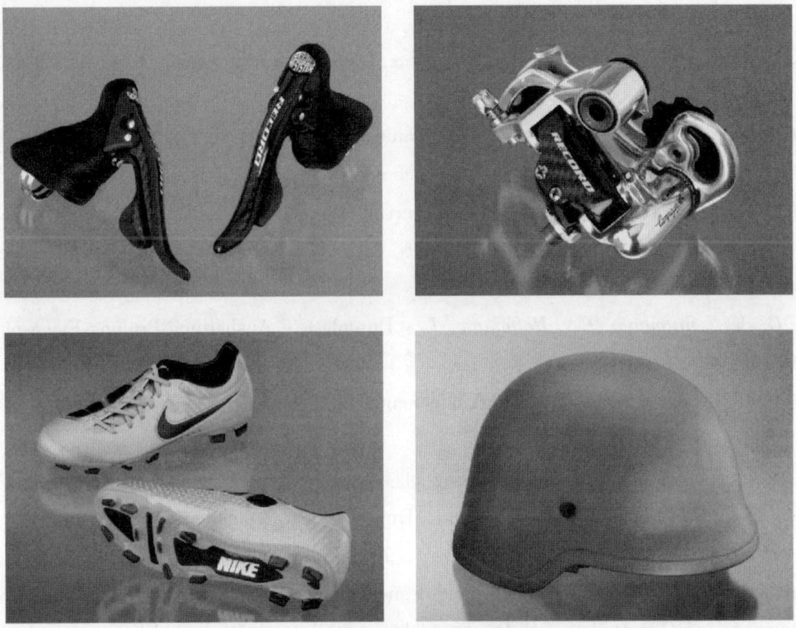

图 6.74　有机板在运动和防护领域的应用

（图片来源：Bond Laminates 股份有限公司）

6.5　附加信息

1. 文献

Ahmadi, *M. S.*, *Johari*, *M. S.*, *Sadighi*, *M.*, *Esfandeh*, *M.*: An Experimental Study on Mechanical Propertiesof GFRP Braid-pultruded Composite Rods. eXPRESSPolymer Letters, Bd. 3, Nr. 9, 2009, S. 560-568

Berg, *L. F.*, *Elsner*, *P.*, *Henning*, *F.*, *Thoma*, *B.*, *Pfister*, *S. K.*: Reactive Injection Moulding of Polyamide6-An innovative Approach for the Production of High Performance Composite Parts. The Polymer Processing Society 26th Annual Meeting, Banff, 4-8. Juli 2010

Breuer, *U.*, *Neitzel*, *M.*: Processing Technology forMass Production of Fabric Reinforced Thermoplastic Parts. Proceedings International Man-Made Fibres Congress, Dornbirn, 1996

Breuer, *U.*, *Neitzel*, *M.*: High Speed Stamp Forming of Thermoplastic Composite Sheets. Polymer &Polymer Composites, 4, 2, 1996, S. 117-123

Brüssel, R.: Ein Jahr Serienproduktion von Menzolit-Fibron langfaserverstärkter Thermoplast mit demDirektverfahren. AVK-TV Tagung, Baden-Baden, 1998

Brüssel, R.: Prozessgeregelte vollautomatischeFertigung von PKW-Stoßfängerträgern. In: 25. Internationale AVK-Tagung Mainz, AVK-Arbeitsgemeinschaftverstärkte Kunststoffe e. V., 1994, S. 13 A14-11 bis A14-16

Brüssel, R.: Automatische Fertigung von SMC-Teilenin neuen Zeitdimensionen. In: 22. Internationalen AVK-Tagung Mainz, AVK-Arbeitsgemeinschaftverstärkte Kunststoffe e. V., 1989, S. 8 15-11 bis 15-18

Dawson, D.: Long-Fiber-Reinforced Thermoplastics Gain Speed in Automotive Market. Composites Technology, September 2000

Dispenza, C., Fuschib, P., Pisano, A. A.: Mechanical Testing and Numerical Modelling of Pull-wound Carbon-epoxy Spinnaker Poles. Composites Science and Technology, 62, 2002, S. 1161-1170

Dittmar, H. et. al.: Anwendungsbeispiele hochfesterGMT-Werkstoffe: Reserveradmulden, Heckklappen, Getriebe-und Motorträger. Automotive-Seminarder EATC (European Alliance for Thermoplastic Composites), Wolfsburg, 1-2. Juli 2003

Ehrenstein, G. W., Bittmann, E., Hoffmann, L.: Duroplaste: Aushärtung-Prüfung-Eigenschaften. Carl Hanser Verlag, München, 1997

Ehrenstein, G. W., Kuhmann, K.: Mehrkomponentenspritzgießen. Springer VDI Verlag, Düsseldorf, 1997, S. 104-126

Ernst, H., Heinrich, F.: Advanced Processing of Long-Fiber Reinforced Thermoplastics. 7th Annual Automotive Composite Conference & Exhibition, Troy, 11-13. September 2007

Ernst, H., Heinrich, F., Bräuning, R., Potyra, T., Matos, E., Stadtfeld, H. C., Walch, M.: Herstellungsprozessdes SMC-Kofferraumdeckels desneuen VW-Cabriolets EOS und neue Technologienzur Herstellung von SMC-Bauteilen im Direktverfahren. 9. Internationale AVK-Tagung für verstärkte Kunststoffe und technische Duroplaste: Wettbewerbsfähig durch Verbundwerkstoffe. Essen, 19. -20. September 2006

Guillon, D.: Parallel Technologies: BMC and ZMC. In: Kia, H. G. (Hrsg.): Sheet Molding Compounds Science and Technology. Carl Hanser Verlag, München, 1993, S. 215-234

Hou, M.: Zum Thermoformen und Widerstandsschweißen von Hochleistungsverbundwerkstoffen mit thermoplastischer Matrix. Diss., Universität Kaiserslautern, 1993

Hüsler, D., Jaggi, D., Rüegg, A., Stötzner, N., Ziegler, S.: Vollautomatischer Produktionsprozess zur Herstellung von großflächigen Strukturbauteilen als Verbund aus LFT und unidirektionalen EF-Profilen. 5. internationale AVK-TV-Tagung, Baden-Baden, September 2002

Johannaber, F., Michaeli, W.: Handbuch Spritzgießen. Carl Hanser Verlag, München, 2001

Krause, U.: Produktionssysteme zur GMT-/LFT-Bauteilherstellung. Langfaserverstärkte Thermoplaste im Automobil-Stand der Technikund zukünftige Perspektiven. Tagung, Würzburg, 1999

Krause, W. et. al.: LFT-D-A Process Technology for Large Scale Production of Fiber Reinforced Thermoplastic Components. Journal of Thermoplastic Composites Materials, Bd. 14, Januar 2002

Kühfusz, R.: LFT-Direktverfahren von Menzolit-Fibron. Erfahrungen aus der Serienproduktion. Langfaserverstärkte Thermoplaste im Automobil-Stand der Technik und zukünftige Perspektiven. Tagung, Würzburg, 1999

Lim, *T. S.*, *Lee*, *D. G.*: Mechanically Fastened Composite Side-door Impact Beams for Passenger Cars Designed for Shear-out Failure Modes. Composite Structures, 56, 2002, S. 211-221

Mehn, *R. et al.*: Innovative Concepts for Lightweight and Manufacturing Friendly Vehicle Components Based on Glass-Fiber Reinforced Thermoplastics. VDI-Berichte, 1235, VDI Verlag, Düsseldorf, 1995, S. 143-158

Neitzel, *M.*, *Breuer*, *U.*: Die Verarbeitungstechnik der Faser-Kunststoff-Verbunde. Carl Hanser Verlag, München, 1997

Nowotny, *M.*: Symalit-Halbzeugkonzepte und Entwicklungen. Langfaserverstärkte Thermoplaste im Automobilbau. Süddeutsches Kunststoff Zentrum e. V., Würzburg, 9. -10. November 1999

Offringa, *A. R.*: Thermoplastic Composites in Aerospace Proven through Cost Effect Processing. Proceedings, ICAC, 4th International Conferenceon Automated Composites, Nottingham, 1995

Ostgathe, *M. et al.*: Fabric Reinforced Thermoplastic Composites. Proceedings ECCM-7 Conference, London, 1996

Ostgathe M., *Mayer*, *C.*, *Päßler*, *M.*: Flächige, endlosfaserverstärkte Thermoplasthalbzeuge. IVW-Kolloquium, Kaiserslautern, 1996

Schröder, *W.*: VAP-technology: Cost-effective Reduction of Aircraft Weight. JEC Composites, Nr. 10, 2004

Sigl, *K. P.*: Einarbeitung von Endlosglasfaserrovings in Thermoplaste im Zuge eines Einstufenprozesses. 15. Stuttgarter Kunststoff-Kolloquium, 1997

Wacker, *M.*, *Liebold*, *R.*, *Ehrenstein*, *G. W.*: Charakterisierung des Eindickverhaltens von Class-ASMC mittels unterschiedlicher Untersuchungsmethoden. 5. Internationale AVK-TV Tagung für verstärkte Kunststoffe und duroplastische Formmassen, Baden-Baden, 17. -18. September2002

Wolf, *H. J.*: Zum Einfluss der Schneckenplastifizierung auf die Faserstruktur diskontinuierlich langfaserverstärkter Thermoplaste. Diss., THDarmstadt, 1996

Zhao, *G.*, *Ehrenstein*, *G. W.*: Kunststoff-Kunststoff und Kunststoff-Metall-Hybride im Vergleich. Workshop, Flächige Leichtbauteile mit Kunststoffen ", Lehrstuhl für Kunststofftechnologie, Universität Erlangen-Nürnberg, 30. Oktober2002

2. 公司宣传册和网站地址

Arbeitsgemeinschaft Qualitätsguß e. V.: Ferrocast ©-Qualität aus einem Guss. Werkstoff-Normblatt Nr. 1600/4., Haunsheim-UB, 2006

Kannegießer KMH Kunststoff GmbH: Plastifizier-/Pressanlage-Verarbeitung thermoplastischer Kunststoffe im Strangablegeverfahren. Minden, 1997

Jacob Kunststofftechnik GmbH: Informationsbroschüre, Rückersdorf, 1996

Quadrant Plastics Composites: Glasmattenverstärkte Thermoplaste. Verarbeitungs-Richtlinien für GMT Teile. 2. Aufl., Lenzburg, 2002

Saint-Gobain Vetrotex Reinforcement: Twintex Bumper Honored at JEC-Show 1999. Presssemitteilung, 130 AV des Fallaz, BP 928, F-73009 Chambery

Ticona: Firmenschrift

Werner &Pfleiderer GmbH: Neues Verfahren zum wirtschaftlichen Compoundieren langfaserverstärkter Kunststoffe. 1998

www. gurit. com

3. 专利

Plastic Omnium：EP 1044790 A1. 欧洲专利注册，2000 年

RCC：WO 0592703 A1. 国际专利注册，1999 年

专利号 US 2003/0001376。一辆汽车的底盘，以及为其制造纵梁的方法

专利号 EP a800 007 A2。用增强塑料管和一个末端旋转固定的接头连接体构成的传动轴

Seemann, W. H.：“用于生产纤维增强塑料结构的塑料传递模塑技术”美国专利 4902215，1990 年 2 月

7 纤维增强塑料的分离

Volker Schulze, Chris Becke

根据德国工业标准 DIN 8580，分离是制造工艺中第三个主要分组，被定义为通过断开物体连接来实现的工艺方法，在此过程中物体连接被部分或整体减弱。此时，将要加工成的部件的最终形状已包含在原部件形状中。分离又被进一步分成以下类别，即分解、对有一定几何形状的切削刃进行切削、对未定义几何形状的切削刃进行切削、蚀刻、拆卸和清洗。下图中仅显示了其中的 4 种。

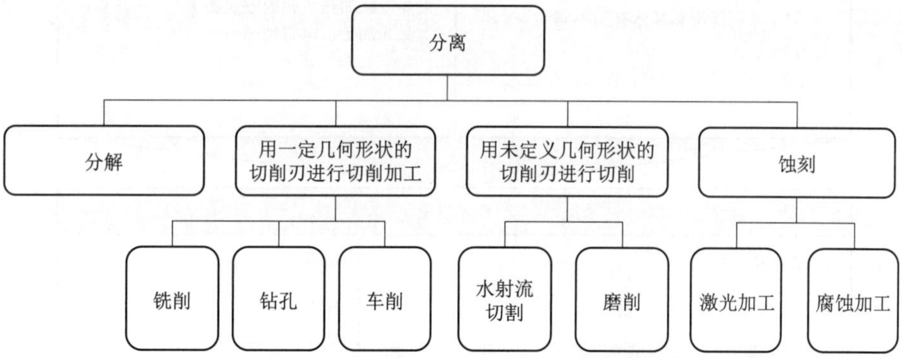

本章节与第 3 册第 3 章的结构类似，主要涉及纤维增强塑料的加工方法，而第 3 册第 3 章主要涉及金属的分离加工。本章节中将阐述分离加工的几种主要加工工艺，例如钻孔、铣削、水射流切割，此外，还将介绍一些边缘化加工工艺，例如电腐蚀加工工艺。在上图中给出了上述加工工艺的概览。

不同于金属加工，由于检查纤维增强塑料工件损坏情况时，需确定加工质量，因此应特别关注其他几个方面，例如切割边缘质量或者模具磨损情况。

7.1 加工缺陷和加工质量

多数情况下，纤维增强塑料（FVK）制成的复合材料在成型加工之后已近净成型。因此，与金属加工相比，其加工后的体积一般较小。尽管如此，一般来说还必须对工件进行后续加工，例如去除毛刺或者对工件进行修边处理，并进行功能表面加工。进行分离加工时存在的一些特殊挑战可以归因于非均质材料以及差异极大的基体材料和纤维材料机械特性和热特性。加工中，这种使复合材料具有典型使用特性的特征会导致一些其他的问题。另一个加工难点是由增强纤维的各向异性导致的，这种各向异性将记录在部件的载荷谱中。部件在其厚度方向上受到加工力产生的载荷会通过基体传递到纤维中，从而产生横向载荷，进而导致载荷引入点附近的纤维和边界面出现异常。另外，由于在加工过程中存在机械方面及热学方面的材料异常，从而导致部件损伤。在 20 世纪 80 年代和 90 年代已详述了这些挑战和导致的部件损伤问题以及针对这些问题制定的质量标准（König 等 1985），然而，现在在进行加工时，仍需要相关基础知识（图 7.1）。

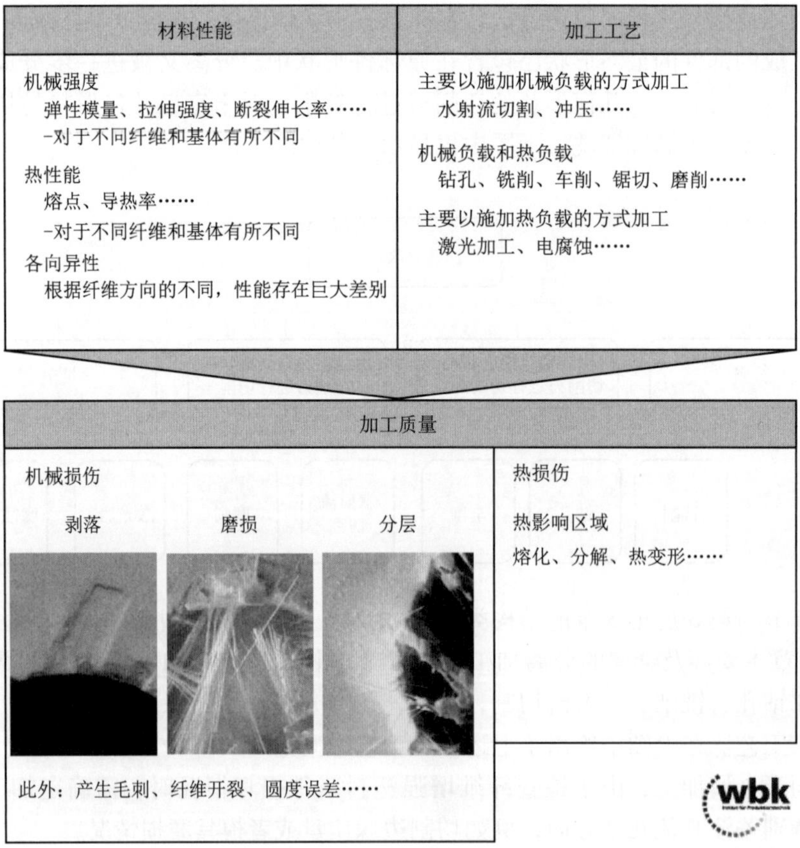

图 7.1 纤维增强塑料（FVK）面临的挑战和加工缺陷

金属加工所采用的质量参数（表面粗糙度和几何精度）对于纤维增强塑料来说是不够的。此外，必须将部件受损问题纳入质量标准中。部件损伤可以分为永久性缺陷和可以通过修补将缺陷消除的损伤两种。

剥落和分层被认为是特别严重的永久性缺陷。没有被切断的纤维可以在下游工序中除去。除了存在目视瑕疵之外，由于加工导致的永久性缺陷损坏还有可能使材料性能大幅削弱。图 7.2 中给出了部件损伤的相关示例。

(a)　(b)　(c)

图 7.2　对纤维增强塑料进行钻镗加工时导致的典型材料损伤示例
（上方：短纤维增强聚酯；下方：连续碳纤维增强环氧树脂）
(a) 带有细微损伤的高品质镗孔；(b) 内部区域明显的分层和剥落；
(c) 覆盖层区域明显的纤维开裂

例如，在 Persson 等人 1997 年出版的著作中，描述了钻孔，以及钻孔对碳纤维增强塑料试样静态强度和疲劳强度的影响。与具有圆周铣削钻孔的部件相比，用带有新型耐磨钻头钻孔的部件［斜切的精细打磨的多晶金刚石（PKD）钻头和短剑形状的钻头］，其疲劳强度降低了 10% ~ 27%。Langella 和 Durante 在他们 2008 年出版的著作中验证得出，采用螺纹钻头钻孔的试样，与通过材料成型技术形成的孔相比，其抗拉强度降低 15% ~ 25%。钻孔区域内的纤维在钻孔过程中会被引到钻眼旁边，但并未被切断。在 Srinivasa Rao 等人 2008 年出版的著作中，确定了缺口应力与损伤区域最大直径之间的关系。

由此可以确定，在对纤维增强塑料进行加工的过程中，如果传输力的纤维分离，则部件的强度会减弱。如果可能，在进行结构设计时应考虑到这一问题。如果必须进行加工操作，则应该选用合适的加工工具或加工测量以将部件受到的损伤控制到最低程度。

7.2 使用一定几何形状的切削刃进行切削加工

7.2.1 磨损与刀具材料

在使用一定几何形状的切削刃进行机械加工的过程中，除了零部件损伤的挑战外，刀具的磨损也是较重要的一方面。硬质增强纤维会对刀具材料产生强烈的磨损，碳纤维粗糙的断面更甚。尤其应当注意的是，刀具的磨损集中表现为，切削刃被不断磨圆，还会出现开放表面和切削面的错位，刀具因此失去了其高品质切割所需的锋利度。刀具和工件上的机械载荷和热载荷不断加大，因此，在机械加工纤维增强材料时，所使用的刀具材料必须具有高耐磨性和抗崩刃性能。建议使用硬质合金和多晶金刚石来加工纤维增强材料。金相组织较精细的硬金属以及为多晶金刚石的金刚石切削材料区域增加一个具有较大几何自由度的涂层是当前的研发趋势。

7.2.2 铣削

在刀刃加工，开凹槽以及去除固化后的复合材料毛刺时，通常会采用铣削加工纤维增强材料的方法。即使是加工孔时，也可以采用铣削的方法（例如，圆铣）。原则上，所有复合材料都可以进行铣削，但有时会因为其组成元素的不同而有各自不同的特殊要求。铣削被定义为一个旋转刀具能够同时在多轴方向上进行叠加的平移或旋转的进给运动过程。根据所采用的进料方向和刀具转动方向，可以将铣削分为顺铣和逆铣。顺铣时，切割的切削横截面不断减少；而逆铣时，切削横截面则不断增大。通过改变切削速度，在逆铣加工碳纤维增强塑料时，可以实现较小的表面粗糙度和零部件损伤（Janardhan 等 2006，König 等 1985）。

1. 纤维取向的影响

由于纤维所具有的异质性和各向异性材料结构，特别是对于连续的纤维或织物增强材料来说，纤维取向会对工艺及所能够达到的加工质量产生较大的影响（图 7.3）。这是由于不同的纤维取向会有不同的切削屑形成机理起作用。加工时，当取向角 $\psi=0°$（平行于纤维进行切割）时，切削刃主要对基质材料先进入部分产生层间破坏，通过压力切断纤维，通常会形成较小的表面粗糙度。如果在取向角 $\psi=90°$时进行加工，则纤维受到垂直载荷的作用，并且最终会由于弯曲而形成破坏。与 0°取向角的情况不同，这时必须切断每根纤维，因此会导致较高的切削力。从表面上可以看到材料中有平行于纤维的裂纹。通过切割中间角，可以产生上述两种切割机制的叠加（Hohensee 1989，Klocke 等 1999）。

2. 工艺参数的影响

切削速度、进给和切削深度等工艺参数都会显著影响工艺力的大小和刀具的磨损等加工结果。Ucar 和 Wang（2005）指出，加工多向强化碳纤维强化塑料层时，送刀力和被动力会随着切削速度的增大与进给量的减小而下降。从单向增强碳纤维

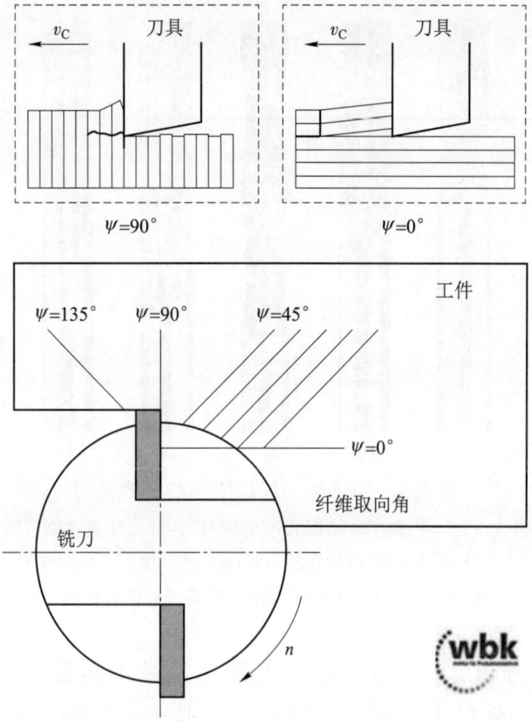

图 7.3 铣削时纤维层的定义（根据 Hohensee 1989）

强化塑料材料和短纤维增强碳纤维强化塑料材料上也可以得出相似的结果，其中除了力之外，表面粗糙度也会随着切削速度的增加而降低（Davim 和 Reis 2004）。这在实践中可反映出来，良好的加工质量往往是在高切削速度和低进给的情况下实现的。然而必须指出的是，随着切削速度的增加，热量将导入到工件中而使工艺温度上升，从而可能导致材料或刀具受损。

3. 刀具

目前工业界所使用的刀具大多数是多晶金刚石和硬质金属构成的相关切削材料以及适用于特定材料要求的刀具。然而，由于多晶金刚石难以加工，刀具也在几何形状的复杂性方面受到限制（通常为钎焊 PKD 车刀片）。较为复杂的几何形状可以通过硬质金属刀具以及带有薄金刚石层的 CVD 涂装刀具来实现。为适应纤维材料和基体材料的大量组合可能，这些刀具具有多种多样的几何形状。图 7.4 所示为纤维增强塑料铣削加工用的铣削刀具（铣刀）。

7.2.3 钻孔

在纤维增强塑料上钻孔是螺栓或铆钉连接的一个较重要的操作。除了水射流方法外，机械钻孔也是形成钻孔较常用的方法。常规的钻孔被定义为，刀具和工件在一个纯粹的单轴平移相对运动（进给运动）下，使用旋转刀具进行加工的工艺。钻孔工艺的特点在于，平衡径向作用的被动力（在具有两个或两个以上的齿时，

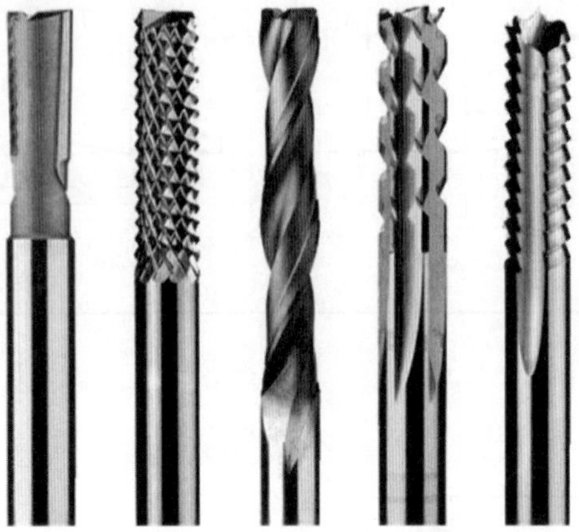

图 7.4　用于加工纤维增强塑料的铣刀

(a) PKD 直柄铣刀；(b) 金字塔结构的“碳铣刀”；(c) 带有金刚石涂层的立铣刀；

(d) SMC 处理专用的立铣刀；(e) 芳纶加工专用立铣刀

(图片来源：Hufschmied 切削加工系统股份有限公司)

它们以均匀的间隔分布)，从而在理论上确保刀具不会偏转。在大多数情况下，它可以像铣削加工一样对平面部件进行加工，其中，增强纤维可以是有序或无序排列的，但它们总是排列在主要工件平面上。纤维取向的影响类似于铣削加工时的影响。对具有定向纤维的 FVK 钻孔时，刀具转动时，在切断纤维的某个角度上切削力会产生波动。此外，孔壁的粗糙度和孔的精度也与纤维的取向有关 (Hintze 等 2007)。在加工带热塑性基体的纤维增强塑料时，由于具有较高的延展性，因此所需的切削力要比加工热固性基体时明显高很多，而热固性基体有发生脆性破坏的倾向 (Weinert 2002)。但对 FVK 进行钻孔的主要挑战是，在工艺运行过程中，刀具必须穿透工件，由此会不可避免地产生工艺力，这个力作用在表面层上并且朝向外部，其首先被基体材料所吸收。结果是造成零部件损伤，特别是在表面层区域。分层和剥落被认为是最严重的损伤类型，多年来一直是深入研究的重点。

1. 分层

导致分层的机理是，钻头进入工件上方的分层不同于钻出时工件底部的分层 (图 7.5)。在钻孔工具的切削过程中，未完全分离第一材料层，而是发生了弹性变形，并随着钻头的继续旋转被沿螺旋槽向上拉伸。这样就产生了与进刀方向相反的轴向力，这个轴向力将材料的上层与通过送刀力

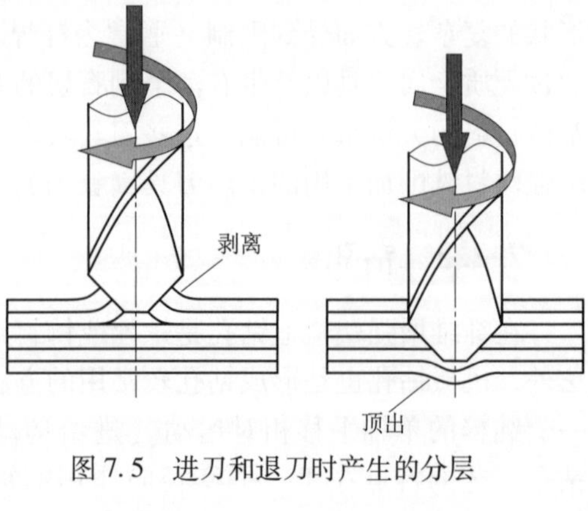

图 7.5　进刀和退刀时产生的分层

向下压的材料层分离，而作用在圆周方向上的切削力所产生的作用力将孔区域内的上层材料剪切。随着螺旋槽的上升会使材料上层进一步剥离，这就是所谓的剥离分层。随着钻孔过程的进一步持续，沿钻孔轴向的残留材料厚度将不断减小。自某一最小残余厚度起，轴向送刀力将大于复合材料的层间强度，从而导致顶出分层（Hocheng 和 Dharan 1990）。

2. 损伤的确定

有多种方法可以用于确定部件的损伤。传统的显微镜与带有后续图像处理的光学扫描方法都可以对外部可见的面层损伤提供良好的判定依据。此外，还可以使用 X 射线扫描，借助 X 光造影使溶剂渗入形成的裂缝中，检测内部损伤。然而，目前大多使用计算机断层扫描或超声波扫描等方法来确定内部损伤。在对损伤进行定量分析时，也可使用各种不同的标准。

原则上，使用无量纲参数可以确保将检测到的损伤与其他钻孔直径进行对比。因此，在对损伤进行量化时，使用了最大损伤直径与孔直径的无量纲比值，并以类似的方式使用了最大裂纹长度与刀具半径之比作为无量纲参数。这些评估参数的缺点是会对单个撕裂的纤维产生较大的影响。另外，可以通过复杂测量技术测定损伤面积（相对于钻孔截面），并由此得出一个更有说服力的损伤程度方面的无量纲参数。然而，这样会在非均匀性损伤的情况下失去对损伤最大长度的判定。Davim 等人，2007 年的论文为此定义了一个加权参数，既考虑到了最大损伤直径，也考虑到了损伤面积值。图 7.6 中总结了评估变量的概况。

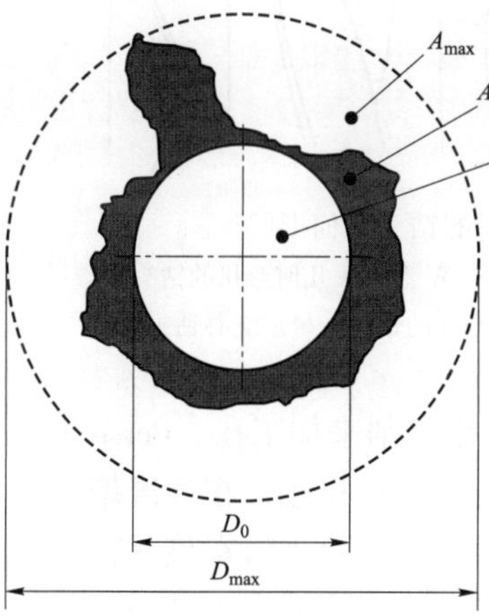

简化的分层系数

直径比 $F_{D,D}=\frac{D_{max}}{D_0}$

面积比 $F_{D,Fl}=\frac{A_D}{A_0}$

加权分层系数

$$F_{D,加权}=(1-\beta)\frac{D_{max}}{D_0}+\beta\frac{A_{max}}{A_0}$$

$$\beta=\frac{4\cdot A_D}{\pi(D_{max}^2-D_0^2)}$$ ~填充系数

图 7.6　用于确定部件钻孔损伤的特征参数

3. 减少加工引发损伤的策略

参考文献中给出了多种避免和减少加工引发损伤的方法。首先，单轴钻孔时可以使用合适的几何形状刀具，从而使工艺力比使用传统麻花钻时明显降低。此外，可以通过多轴铣削使超声波振动重叠或使用外部设计措施减少部件的损伤。

传统钻孔的特点是根据工艺、刀具切削速度沿半径向中心处逐渐降低，因此在切削刃间中心线区域不会再发生切削。更确切地说，材料只是会受到挤压，特别是刀具中心区域的几何形状对所需轴向作用的送刀力有很大的影响。在使用麻花钻头钻孔时，单是其横刃所产生的送刀力就占总送刀力的65%～75%。然而，由于送刀力对钻头钻出时的分层产生起着决定性的作用（Hocheng 和 Dharan 1990），因此，要使刀具取得良好的加工效果就需要解决这个问题。

在 Hocheng 和 Tsao 2003 年的论文中，在对比麻花钻头的情况下，通过分析和试验确定了使用空心钻头、锯齿钻头或阶梯钻头发生分层的较高临界送刀力。在 Bhatnagar 等人 2004 年的论文中，通过具有阶梯形或多切割面（8 个切割面）的磨削钻头替代麻花钻或抛物线型刀头，可以在加工玻璃纤维层压板时实现较小的损伤。Mathew 等人 1999 年的论文指出，使用空心钻头的工艺力明显更小，并且与麻花钻头相比，发生分层的临界送刀值最大可达到麻花钻头的 16 倍以上。目前在市场上已经可以买到这些几何形状的刀具，它们能够在钻孔时明显减少对纤维增强塑料的损伤。图 7.7 中概括地给出了可用钻头几何形状的示意图。除了纯几何形状变化之外，调整工艺参数，尤其是送刀速度，也可以影响加工结果。因此，一般情况下，应当在刀具快穿透时降低进给速度，由此减小送刀力，从而减小部件损伤。

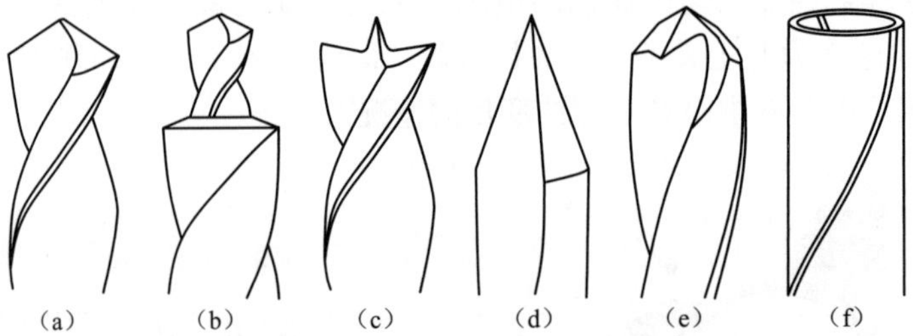

图 7.7　用于加工纤维增强塑料的钻头几何形状
(a) 标准麻花钻头；(b) 阶梯钻头；(c) 具有 W 形尖头几何形状的钻头；
(d) 匕首形状的钻头；(e) 带有多磨削切割面的钻头；(f) 空心钻头

另一种减少加工所造成损伤的方法是使用多轴铣削来加工孔。Persson 等人 1997 年的论文中指出，与用匕首形状或 8 切割面钻头加工孔相比，在纤维增强塑料样品上进行圆周铣削所造成的损伤会更小。圆周铣削时，将刀具沿螺旋状进刀轨迹挤入工件中，其结果会得到一个圆周上不连续的切口，从而降低了工艺力，且工件材料上所产生的热载荷较低。此外，通过几何形状简单的刀具就可以获得高品质的加工效果，这对材料复合物的加工来说是有利的。原则上，通过对 3 轴数控机床上的刀具轨迹进行编程，可以很容易实现圆周和轴向进给运动的叠加。Jansen 2003 年论文中的示例显示出了与单轴钻孔加工相比，在材料复合物和复合材料上使用圆周铣削的优势。Schulze 和 Becke 在 2009 年的论文中提出了低损伤钻孔加工的 5 轴摆动铣削方法。刀具在穿透工件后以一个确定的角度倾斜，这样就可以在刀具的摆动运动下加工工件的上下面层区域，这种方式可以确保上下面层上的切削力和被动力始终指向工件内部（图 7.8）。在对照研究中，尤其是在刀具穿透区域，其造成的损伤要比圆周铣削加工的损伤小。

惯例是在刀具出口区域使用支撑板，用于支撑面层材料并防止分层和断裂。Tsao 和 Hocheng 2005 年的论文中研究了在最大临界力下由此所产生的差异以及所具备的优势。Sadat 在 1994 年开发出一种在刀具入口处以类似方式防止分层的装置。

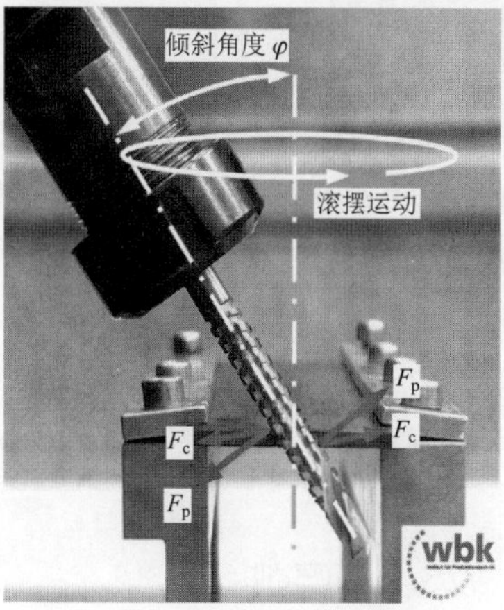

图 7.8　纤维增强塑料低损伤孔加工的 5 轴摆动铣削

F_c—切削力；F_p—被动力

最后在为纤维增强塑料钻孔时，还可以使用超声辅助切削的方法获得更好的加工结果。在传统的钻孔过程中，振幅在微米范围内的高频轴向振动或周向振动会叠加在一起。因此，在振荡频率下切削过程被反复中断，这样既可以降低工艺力，从而减少工件磨损，也可以减少刀具磨损。

7.2.4　车削

纤维增强塑料的车削加工对盘管型材的外部加工具有重要意义，而且由于加工运动学和连续切削的影响，其对切削屑的形成、磨损和加工结果的一般基础研究也非常有意义。如与对铣削纤维增强塑料所介绍的一样，车削时，纤维的取向对切削屑的形成和所能达到的质量有着显著的影响。根据刀具进入复合材料的方式，纤维被压挤（$\psi=90°$）时将会弯曲，最终被切断（$\psi=0°$）。图 7.9 所示为纵向车圆过程中的工艺运动学和相关的几何参数。

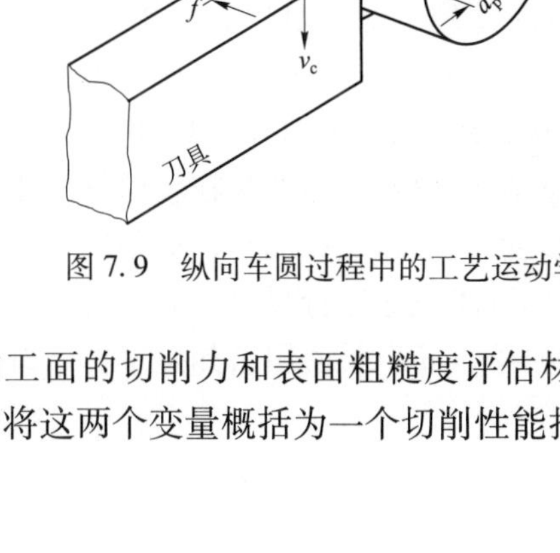

图 7.9　纵向车圆过程中的工艺运动学和几何参数

可以通过加工面的切削力和表面粗糙度评估材料的可加工性。Davim 和 Mata 2005 年的论文中将这两个变量概括为一个切削性能指数。在加工粗糙度尽可能小的技术表面时，以下定性的建议比较适用：增大切削速度，减小送刀速度，并在纤维取向角尽可能小的情况下进行加工。表面上切削深度的影响一般是无关紧要的。切削力随着切削速度的增大而减小，并且当纤维取向角 $\psi=90°$ 时，所需切削力最大。在增强和非增强聚酰胺（玻璃纤维）可加工性的比较方面，Davim 和 Mata 2007 年的论文指出，增强纤维不仅增加了加工表面的工艺力和粗糙度，而且增大了被动力与切削力之间的比值。

7.3　使用未定义几何形状的切削刃进行切削加工

7.3.1　磨削

磨削在加工纤维增强塑料的过程中只起着次要的作用。相对于使用一定几何形状的切削刃进行切削加工，磨削方法明显具有更高的切削速度和更低的进给量，这些都反映在薄得多的切削屑厚度上。这导致工件材料必须承受更高的热负荷，特别是在进行纤维增强塑料机械加工时，这些热负荷必须通过适当的冷却策略加以平衡，因为塑料往往是热的不良导体，并可能会在作用区内形成热量积聚，从而造成工件的热损伤。在加工极少含有纤维的热塑性材料时更是如此，因为软性材料会快速进入刀具的切削空间。

然而，由于磨削加工可使加工表面达到较低的表面粗糙度，因此复合材料的加工常使用磨削加工。除了常规的砂轮之外，所使用的刀具通常还有经烧结或电镀的磨针。不论是单轴钻孔还是磨削都可像圆铣一样使用沿螺旋状进给轨迹的工艺策略（Park 等 1995，Biermann 和 Feldhoff 2008）。

7.3.2　水射流切割

高压水射流切割在复合材料、材料结合物或蜂窝芯、泡沫芯结构等轻量化材料的处理方面具有较大优势。这种加工方法不会导致刀具直接磨损，且可以在稳定的工艺参数下提供长期一致的品质。此外，它还是一个冷加工过程，这特别适用于防止产生热损伤的温度敏感工件材料。加工过程中不会产生粉尘，并且所出现的工艺力比机械加工的工艺力明显降低，从而可以很好地加工那些形状稳定性差的材料。在加工强度较高的材料时或切削深度较大时，可以在水射流中添加一些切割磨料（例如，石榴石、橄榄石、刚玉等矿物材料）来提高切割功率。如今，其工作压力范围可达 400 MPa，其发展趋势是压力达到 600 MPa（Trieb 2005）。

高压水射流切割的缺点是：水喷流偏转，尤其是在较厚材料上，一些塑料具有液体吸收性，且通常具有较高的设备成本和维护成本，这些成本还会因为额外的磨料介质而有所增加。因此，应当尽可能晚地进行混合，通常首先在磨料头中进行混合。承受应力最大的部件是聚焦喷嘴，其需要使用诸如蓝宝石、红宝石或金刚石等高耐磨材料来制造。

水射流切割主要用于平面部件的外部加工或凹槽的加工，将整个厚度的材料分离。此外，水射流切割还可以经简单的改造用于车削加工，即将水射流引导到旋转的工件上。通过适当的工艺控制，还可以加工出具有确定深度的凹槽或三维结构（Cenac 等 2008）。然而，这需要很好地掌握切削深度等相关工艺参数方面的知识，可以利用这些知识对每种材料进行重新优化。图 7.10 所示为磨料水射流切割示意图，其中包括带磨料附件的水射流切割系统功能部件的基本结构以及相关的工艺参数。

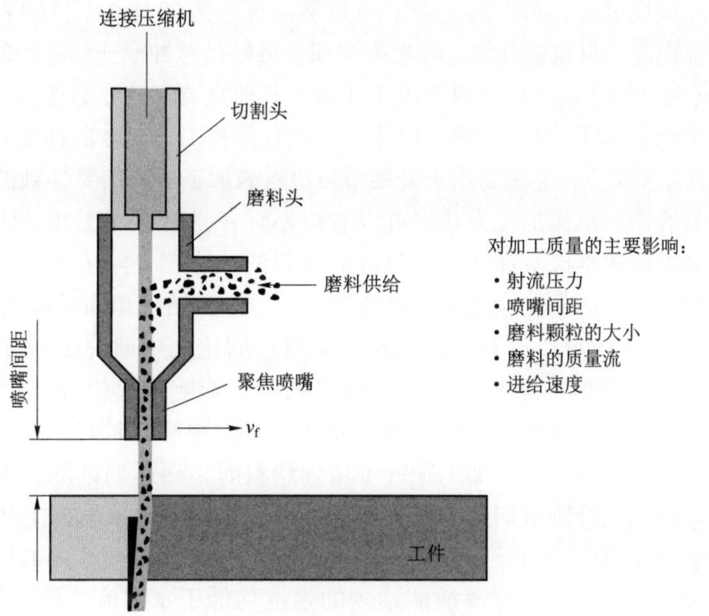

图 7.10　磨料水射流切割示意图

可以通过对工艺的了解和工艺参数的影响回溯可实现的切口质量。高压水射流从切割头喷射开始，甚至在未到达工件表面之前就开始不断损失能量。速度略有下降时，射流直径就会有所增大。在射流冲击表面的一瞬间，材料局部的内聚力消除，并且粒子被射流冲击掉。随着切削深度的增加，水射流失去更多的能量。根据工艺参数可以得出最大的切削深度，在这个深度上，材料不能被切断。根据这一过程，可以将连续切割的切缝划分为三个区域：射流束开始进入的区域里，由于较高的射流束能量而产生冲击载荷，从而可导致复合材料的分层；材料中心是第二区域，一般都具有较佳的表面粗糙度和较小的损伤；而第三区域的特征在于表面上水射流的强烈偏移，壁斜度的增加以及形成较深的打磨印和波纹。此外，由于切割深度上的压力降低以及由此而产生的较差的切割效果，在射流束头穿出区域会出现如分层一样的较严重的工件损伤。

因此，为了得到粗糙度较低的高品质切口，倾向于使用高压、较低的进料速度和较小的喷嘴与工件间距。加工复合材料和其他轻量化材料时，通常最好使用磨料，因为这样进给速度可能会更高，并且可以明显改善切口质量。然而，还要注意质量和供料率的稳定性，否则可能会导致加工质量的波动（Karpinski 和 Wantuch 2006）。

7.4 烧　　蚀

7.4.1 使用激光束烧蚀

在用激光束烧蚀时，可以通过合适的光学系统将激光对准工件的表面。工件局部的温度大幅提高，材料被升华。激光束的耦合可以是脉冲或连续进行的。通过所使用的工艺气体将切割下的工件材料吹出工作区。其他重要工艺参数还有进给速度、激光能量、脉冲持续时间、脉冲频率、极化、聚焦直径和工艺气体的种类和压力。通常激光加工具有许多优点，它也适用于纤维增强塑料的加工。特别要提到的是，这种加工方法无刀具磨损，机械加工力几乎可以忽略不计，且具有加工几乎所有材料的能力。缺点是高投资成本以及在作用区附近对材料的热影响。除了加工凹槽或者表面结构之外，激光烧蚀的常见应用主要有轮廓加工、激光钻孔和预浸料坯的下料。

Mathew 等人（1999）和 Davim 等人（2008）的论文中研究了激光加工碳纤维复合材料和玻璃纤维增强塑料板时的过程参数与热影响边界层（热影响区）的关系。论文指出，热影响区的热量会随着激光能量、脉冲持续时间、脉冲速率和进给速度的降低而增加。特别是在加工碳纤维增强塑料时，热影响区取决于增强纤维的方向。这时，热量沿纤维取向导入零部件的速度比垂直于纤维取向上热量导入速度更快。Herzog 等人 2008 年的论文表明热影响区的尺寸和所加工样品的拉伸强度之间呈线性递减关系。激光加工样品所能达到的强度均低于水射流或铣削加工的样品。Denkena 等人 2007 年的论文中给出了一种复合材料选择性处理方法，这种方法可以只去除基质材料，从而露出无明显损伤的纤维。

7.4.2 电火花烧蚀 （EDM）

电火花烧蚀（EDM：electrical discharge machining）有针对性地利用了电弧形式的放电过程，以去除工件上局部的材料聚合力。工件和工具之间留有加工间隙，通过它来进行电绝缘直至火花放电，然后通过介电液带走溶解的颗粒（图 7.11）。从这一过程中可以看出，电火花放电加工只能用于导电率较小的材料。这一类的技术复合材料只能是碳纤维增强塑料，因为碳纤维本身是良好的电和热导体。碳纤维复合材料的易侵蚀性会随着增强纤

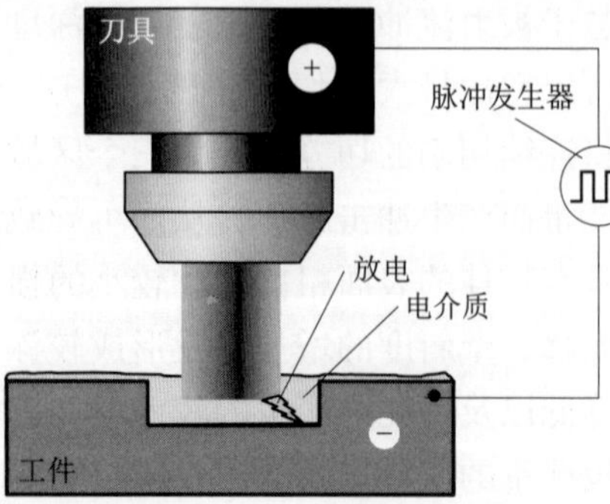

图 7.11　电火花烧蚀示意图

维比例的增加而增大。Park 等人 2007 年的论文中指出，复合材料的增强纤维重量分数仅为 1%时仍是不可侵蚀的。目前的趋势是，在减少增强纤维比例的情况下，必须提高工作电压。

用电火花烧蚀加工纤维增强塑料的关联性较小，其应用仅限于几何形状复杂的凹陷或微米范围内的孔径结构。Lau 等人 1990 年的论文已经表明，这种工艺原则上仅适用于加工碳纤维增强塑料。然而，需要精确确定材料的加工参数，才能通过电火花烧蚀获得较好的加工结果。其中特别关键的是高电流下的热应力，它会使表面几乎被填平，从而降低最大加工速度。与其他烧蚀方法相比，电火花烧蚀的加工速度明显低于激光烧蚀所能够达到的加工速度。

7.5 总 结

由于纤维增强塑料是由异质材料组成的，其分离加工面临着特殊的挑战。为了获得良好的加工效果，必须为复合材料在优化加工工艺之间找到一个折中方案。仅对几何精度和表面粗糙度进行评估，并不足以作为良好加工效果的评定标准。还应当将加工过程所造成的材料损伤也考虑在内，因为加工过程中所出现的机械和热应力会明显影响到部件以后的使用，从而可能导致负荷超出材料负荷极限。使用一定几何形状的切削刃进行切削加工时，可以应用适当的工艺策略和刀具的几何形状来实现切削加工。

一般情况下，应当始终注意工艺力在增强纤维上的方向及其对复合材料的分离过程所产生的后果。对于平面部件，垂直作用于工件表面的分力是关键，因为它们首先必须被基体材料吸收。工件平面内的力和分离过程的类型随着切断纤维的角度而改变，从而达到所需的工艺力以及可实现的加工质量。

原则上可以使用诸如激光束或电火花放电等烧蚀方法进行加工（至少对于碳纤维增强塑料）。诸如现代激光系统的高切割性能，或通过激光或电火花烧蚀成型生产复杂几何形状的能力等特殊工艺优点，也能够体现在纤维增强塑料的加工当中，但在大多数情况下，机械加工或水射流切割仍是经济上和质量上较好的解决方案。

7.6 附加信息

文献

Bhatnagar, N., Singh, I., Nayak, D.: Damage Investigation in Drilling of Glass Fiber Reinforced Plastic Composite Laminates. Materials and Manufacturing Processes, 19, 2004, S. 995-1007

Biermann, D., Feldhoff, M.: Bohrungsbearbeitung von CFK mit Schleifstiften. Diamond Business, 4, 2008, S. 22-29

Cenac, F., Collombet, F., Zitoune, R., Deleris, M.: Abrasive-water-jet Blind-machining of Polymer Matrix Composite Materials. European Conference on Composite Materials, 13, 2008, S. 1-10

Davim, J. P., Campos-Rubio, J., Abrao, A. M.: A Novel Approach Based on Digital Image Analysis to Evaluate the Delamination Factor After Drilling Composite Laminates. Composites Science and Technology, 67, 2007, S. 1939-1945

Davim, *J. P.*, *Mata*, *F.*: A Comparative Evaluation of the Turning of Reinforced and Unreinforced Polyamide. International Journal of Advanced Manufacturing Technology, 33, 2007, S. 911-914

Davim, *J. P.*, *Mata*, *F.*: A New Machinability Index in Turning Fiber Reinforced Plastics. Journal of Materials Processing Technology, 170, 2005, S. 436-440

Davim, *J. P.*, *Reis*, *P.*: Multiple Regression Analysis (MRA) in Modelling Milling of Glass Fibre Reinforced Plastics (GFRP). International Journal of Manufacturing Technology and Management, 6, 2004, S. 185-197

Denkena, *B.*, *Volkermeyer*, *F.*, *Kling*, *R.*, *Hermsdorf*, *J.*: Novel UV-laser Applications for Carbon Fiber Reinforced Plastics. International Conference on Applied Production Technology, 7, 2007, S. 99-108

Herzog, *D.*, *Jaeschke*, *P.*, *Meier*, *O.*, *Haferkamp*, *H.*: Investigations on the Thermal Effect Caused by Laser Cutting with Respect to Static Strength of CFRP. International Journal of Machine Tools & Manufacture, 48, 2008, S. 1464-1473

Hintze, *W.*, *Clausen*, *R.*, *Hartmann*, *D.*, *Kindler*, *J.*, *Santos*, *S.*, *Schwerdt*, *M.*, *Stöver*, *E.*: Precision of Machined CFRP-The Challenge of Dimensional Accuracy. Proceedings of the AST Workshop on Aircraft System Technologies, 2007, S. 361-374

Hocheng, *H.*, *Dharan*, *C. K. H.*: Delamination During Drilling in Composite Laminates. Journal of Engineering for Industry, 112, 1990, S. 236-239

Hocheng, *H.*, *Tsao*, *C. C.*: Comprehensive Analysis of Delamination in Drilling of Composite Materials with Various Drill Bits. Journal of Materials Processing Technology, 140, 2003, S. 335-339

Hohensee, *V.*: Faserverstärkte Kunststoffe bearbeiten-Teil I: Umrissbearbeitung durch Fräsen. Magazin Neue Werkstoffe 2, 1989, S. 12-17

Janardhan, *P.*, *Sheikh-Ahmad*, *J.*, *Cheraghi*, *H.*: Edge Trimming of CFRP with Diamond Interlocking Tools. Proceedings of Aerospace Manufacturing and Automated Fastening Conference, 2006

Jansen, *R.*: Bohren und Zirkularfräsen von Schichtverbunden aus Aluminium, CFK und Titanlegierungen. Diss., Universität Bremen. Shaker Verlag, Aachen, 2003

Karpinski, *A.*, *Wantuch*, *E.*: The Delamination Problem of the Glass Fibre Reinforced Composites During the Abrasive Water Jet Cutting. 18th International Conference on Water Jetting, 2006, S. 167-179

Klocke, *F.*, *König*, *W.*, *Rummenhöller*, *S.*, *Würtz*, *C.*: Milling of Advanced Composites. In: S. Jahanmir, M. Ramulu, P. Koshy (Hrsg.): Machining of Ceramics and Composites. Marcel Dekker Inc., New York, 1999

König, *W.*, *Wulf*, *C.*, *Graß*, *P.*, *Willerscheid*, *H.*: Machining of Fibre Reinforced Plastics. Annals of the CIRP, 34/2, 1985, S. 537-548

Langella, *A.*, *Durante*, *M.*: Comparison of Tensile Strength of Composite Material Elements with Drilled and Molded-in Holes. Applied Composite Materials, 15, 2008, S. 227-239

Lau, *W. S.*, *Wang*, *M.*, *Lee*, *W. B.*: Electrical Discharge Machining of Carbon Fibre Composite Materials. International Journal of Machine Tools and Manufacture, 30, 1990, S. 297-308

Mathew, *J.*, *Ramakrishnan*, *N.*, *Naik*, *N. K.*: Trepanning on Unidirectional Composites. Delamination Studies. Composites Part A 30, 1999, S. 951-959

Mathew, *J.*, *Goswami*, *G. L.*, *Ramakrishnan*, *N.*, *Naik*, *N. K.*: Parametric Studies on Pulsed Nd:

YAG Laser Cutting of Carbon Fibre Reinforced Plastic Composites. Journal of Materials Processing Technology, 89-90, 1999 (b), S. 198-203

Park, K. Y., Choi, J. H., Lee, D. G.: Delamination-free and High Efficiency Drilling of Carbon Fiber Reinforced Plastics. Journal of Composite Materials, 29, 1995, S. 1988-2002

Park, Y. B., Kim, D., Wan, Y., Cook, Y., Zhang, C.: Micro Electro Discharge Machining of Polymer/ Carbon Nanotube Composites. International SAMPE Symposium and Exhibition, 2007, S. 1-9

Persson, E., Eriksson, I., Zackrisson, L.: Effects of Hole Machining Defects on Strength and Fatigue Life of Composite Laminates. Composites Part A 28A, 1997, S. 141-151

Sadat, A. B.: Preventing Delamination when Driling Graphite/Epoxy Composite. PD Bd. 64 – 2. Engineering Systems Design and Analysis, 2, 1994, S. 9-18

Schulze, V., Becke, C.: Taumelfräsen zur schädigungsarmen Bohrbearbeitung von Kompositwerkstoffen. ZWF, Zeitschrift für den wirtschaftlichen Fabrikbetrieb, 104, 2009, S. 473-477

Srinivasa Rao, B., Rudramoorthy, R., Srinivas, S., Nageswara Rao, B.: Effect of Drilling Induced Damage on Notched Tensile and Pin Bearing Strengths of Woven GFR-epoxy Composites. Materials Science and Engineering, A 472, 2008, S. 347-352

Trieb, A.: Wasserstrahlschneiden-Stand der Technik und innovative Anwendungen. Schweißen im Anlagen und Behälterbau. DVS-Berichte, 235, DVS-Verlag, Düsseldorf, 2005, S. 45-49

Tsao, C. C., Hocheng, H.: Effects of Exit Back-up on Delamination in Drilling Composite Materials Using a Saw Drill and a Core Drill. International Journal of Machine Tools & Manufacture, 45, 2005, S. 1261-1270

Ucar, M., Wang, Y.: End-milling Machinability of a Carbon Fiber Reinforced Laminated Composite. Journal of Advanced Materials, 37, 2005, S. 46-52

Weinert, K., Kempmann, C., Lange, M.: Bearbeitung von Werkstoffverbunden und Verbundwerkstoffen. Perspektiven der Zerspantechnik, 2002, S. 257-273

8

技术陶瓷的成型

Reinhard Lenk

陶瓷材料是在烧制（烧结）过程中成型的。这就要求所使用的原料粉末必须具有足够高的烧结活性，而烧结活性与所用颗粒的大小有关。另一个前提条件是材料特定的、由空间距离最小相邻颗粒形成的物质转移过程，这需要使用均质的粉体。高温下，高烧结活性引起的烧结过程是材料所特有的，并与固相扩散、蒸发和再结晶或溶解和离析有关。在各烧结机制中，随着进一步压实会导致烧结体宏观收缩，其他情况下仍留有孔隙。

轻量化 PT 陶瓷

此外，烧结反应机制还可以通过体积增加形成第二相而在无收缩下压实。而固相烧结过程可能会受到杂质的阻碍，如果为液相烧结过程有目的地添加共熔合金形成的添加剂，在晶粒边界会析出临时相或第二相残留。第 2 册第 8 章“轻量化与技术陶瓷”中详细描述了陶瓷材料的细分以及它们的特性。

陶瓷材料的成型通常以颗粒材料、悬浮剂或塑料模塑材料（热塑性）为基础。在不同临时性黏合剂（有机添加剂）的辅助下，可以生产出这些中间产物，这些临时性黏合剂必须在成型之后和烧结过程之前被除去。

通常使用成型技术（例如，挤压）生产坯件，然后在成型和硬化、退火或烧结状态下进行机械加工。部件加工优先使用哪些成型技术，取决于技术方面，特别是经济方面的因素。此外，与部件几何形状相关的各个成型加工的技术边界条件也是至关重要的。从经济角度来看，件数反过来对工具成本的摊销非常重要。而材料方案自身也会影响到成型工艺的选择和改变。因此，技术陶瓷制造商需要采用多种成型技术方法。

8.1 陶瓷生产技术

除了所用原料粉末的形态、相含量和杂质外，生产时的工艺流程步骤决定了烧结材料组织的主要结构和均质性，从而决定了应用特性的水平和可再现性（图 8.1）。

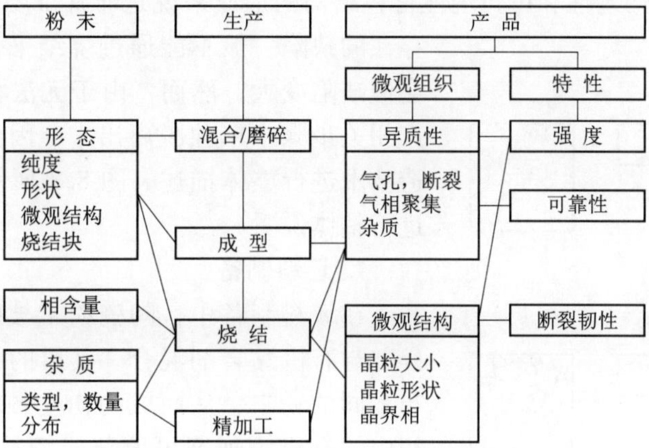

图 8.1　原材料和成品之间的特性关系

图 8.2 通过各自特征尺寸的分布曲线函数显示了典型的微观组织特征。应避免加工技术导致的缺陷，如裂缝或杂质，因为负载容积中的最大缺陷决定了材料的强度。例如，在烧结碳化硅时，这个最大缺陷值减少 2/3 后，根据 Griffith 方程（1）计算后可得出弯曲断裂强度将增加近一倍。

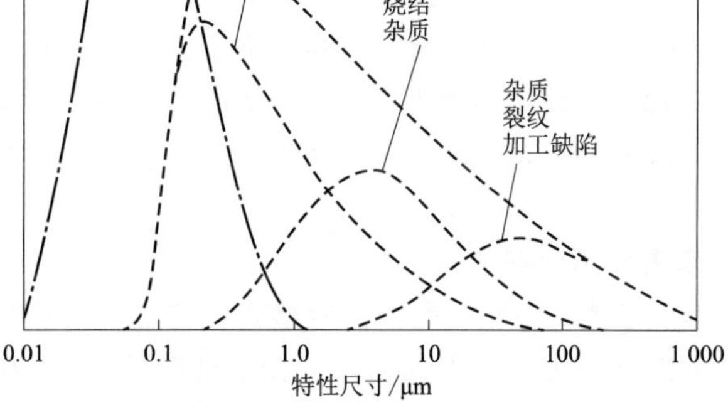

图 8.2　陶瓷材料中典型缺陷尺寸的频数分布（根据 Griffith 的理论）

$$\sigma_b = K_{Ic} / \sqrt{aY} \tag{1}$$

式中　σ_b——断裂强度；

K_{Ic}——应力强度因数（作为度量断裂韧性的量）；

a——最大断裂导致的缺陷；

Y——几何形状因数。

成型对具有均匀性和可再现性材料结构的形成来说是非常重要的。结构中已经存在的缺陷一般不能通过烧结来消除，有时甚至会使缺陷变大。然而，由于无法将成型从其他生产相关步骤中单独脱离出来，因此，首先应对制造技术进行整体描述。图 8.3 所示为对此工艺链进行整体说明。

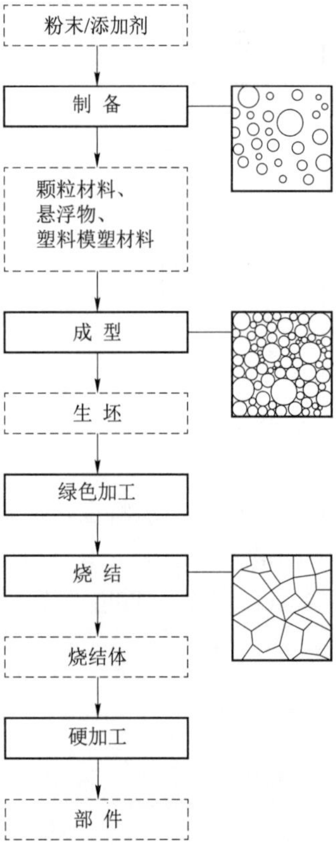

图 8.3　陶瓷制造工艺：部分步骤和微观结构的形成

1. 坯料制备

在坯料制备中，陶瓷粉末被解聚、混合、磨碎并与有机黏合剂混合。其目的是分解和均匀分布不同的粉末，从而成为初生颗粒。同时，通过相应的有机添加剂可调节成型特定的加工性能。在制备过程中，基础材料中可能产生或进入杂质。

① 原料：生产和运输；

② 环境：交通运输、供料、加工过程中吸收；

③ 设备：与过滤器、容器、搅拌器、管道、成套研磨设备、旋流器的相互作用；

④ 工艺：加工过程中会产生异质性（磨碎、粒化）。

特别是在制备<1 μm 的原料时，不仅非同类杂质（氧气、水、纤维、金属、黏合剂积聚物），且尺寸为 5~15 μm 的同类材料（磨球磨损物、附聚物）也会对散积物、压制件和最终产品造成损坏。因此，设备的选择及工艺参数的确定主要取决于待加工材料。粗糙、软或硬的混合材料（硅陶瓷）都需要使用滚磨机进行干式或湿式制备。将硬质材料（结构陶瓷）粉碎并解聚到亚微米级，需要在球珠研磨机、振动磨机或具有高能量输入的磨碎机中进行。

2. 成型、加工和去除黏合剂

通过成型工艺形成坯体。一些成型工艺能够将坯体加工到近终型或与最终形状相当的程度（烧结部件已经考虑到了几何构造相应的收缩），而在其他情况下则需要进一步处理（绿色加工、冲压、层压等），以将坯体加工成所需的几何形状。成型后，因为残余的碳会阻碍大部分烧结过程，除了少数例外情况外，还必须将所用有机黏合剂完全烧灼去除。

3. 烧结

在烧结过程中，材料将产生其特有的微观结构和特性，应根据材料调整工艺控制，非氧化物陶瓷的烧结只能在保护气体中或真空状态下进行。为了在获得更好压缩比的同时达到抑制晶粒生长的目的，一些烧结过程会在一定压力辅助下进行（如果预烧结的陶瓷中只含有封闭气孔，则这种方法也可实现热等静压下的再次压实）。根据公式（2），生产坯体时的收缩必须考虑相应的加工余量。在烧结收缩时，甚至还会有重量损失（烧损）［公式（3）］。

$$d_1=(l-l/l_0)\times100\% \tag{2}$$

$$d_1=(1-\sqrt[3]{[(1-d_m/100)\rho_0\rho^{-1}]})\times100\% \tag{3}$$

式中 d_1——纵向收缩,%；

l_0——绿色加工长度计量单位，m；

l——烧结长度计量单位，m；

d_m——重量损失,%；

ρ_0——绿色加工密度，kg/m^3；

ρ——烧结密度，kg/m^3。

计算公式基于各向同性的收缩，即所有三个空间方向上的相对长度变化是相等的。

4. 加工

如果必须确保尺寸公差、形状公差和位置公差或某个表面的表面质量，则必须对烧结后的陶瓷进行加工。由于许多材料的硬度较高，因此只能使用昂贵的金刚石进行切削加工。不过，也可以在未烧结的状态下进行铣削、车削和钻孔等机械加工。这时必须要考虑到绿色部件的较低强度以及工件与夹具的磨蚀作用。

5. 连接

可以将陶瓷连接在一起或与其他材料连接在一起。这一步骤通常用于应用环境下功能部件的连接，可以通过力连接（夹紧、收缩、螺栓连接）、形状配合连接（胶合、挤压包封、浇注）及材料连接（黏合、钎焊、焊接）来实现。在零部件具有较复杂的几何形状或者尺寸极其特殊的情况下，可以选择各单个陶瓷组件连接在一起的方法来生产。但是在烧结后进行连接（这样连接的类型将会限制其应用的领域）与在烧结前（在绿色状态下）连接有着很大的区别。在后面所述的这种情况下，连接区域与部件其他部位的材料性质是完全相同的，但这需要有相应较大的烧结炉。

8.2 技术陶瓷的成型

8.2.1 陶瓷成型原理

陶瓷成型的任务是提供一种可烧结的坯体（下文中称为生坯）。此时的焦点始终是烧结陶瓷能够再现材料固有潜力的各个预期特性。一方面，成型作为工艺步骤成本应较低；另一方面，其后续成本也应当保持在尽可能低的水平。这可以通过在考虑到烧结收缩的情况下将坯体加工得尽可能接近终形来实现。为此可以采用以下几种加工策略（图 8.4）：

① 使用模具对预制坯料进行成型加工。

② 先加工一个半成品，然后用切削工具进行切削加工。

③ 通过分层固化或材料涂覆的方法生成坯体，即自由成型加工。

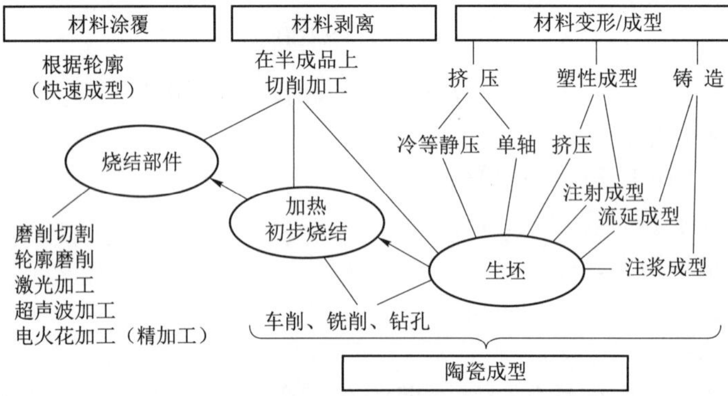

图 8.4 不同加工策略的陶瓷成型分类

与塑料和金属材料不同，③中总结的快速成型（制造）技术尚未用于陶瓷材料，即便已有一些有希望的解决方案（参见第 8.2.2.4 节）。

此外，还可以根据所采用的加工压力（图 8.5）将所有陶瓷成型工艺细分成三组：

① 挤压成型；

② 塑性和热塑性成型；

③ 浇铸成型。

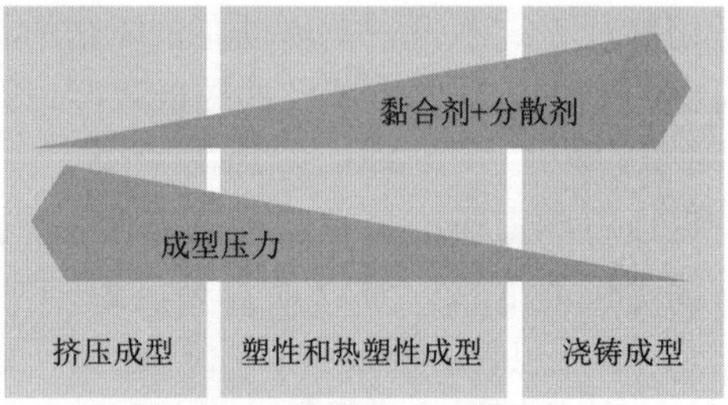

图 8.5 根据对加工压力和黏合剂量的需求划分成型工艺

为了能够达到生坯所需的高充填密度，必须克服颗粒间的排斥力。除了外力作用外，还可以通过细碎陶瓷颗粒之间的相互作用、黏合剂或水性分散剂中的带电粒子（pH 值）来实现这一目的。除了静电稳定之外，即使是在无水分散剂中，所使用的有机添加剂也能通过空间或电空间相互作用来实现稳定性。由此使各个陶瓷颗粒距离保持和彼此之间的相对运动，从而避免形成不规则的团块。

例如，如果悬浮物自身可以通过重力成型，则挤压颗粒时的压力通常要求在几百兆帕的范围内。由于陶瓷颗粒不具有延展性并且本身不会因此而变形，因此这种压力仍然比许多粉末金属所需的要低，粉末金属中的预压紧实度已经达到成型后的紧实度，即烧结之前的紧实度。

各种可用陶瓷成型方法为陶瓷的生产提供了多种可能性，使得陶瓷生产商能够为每种产品选择合适的生产工艺。在作出选择时，部件的几何形状和数量成了决定性的标准，因为必须像考虑工艺成本和后续成本一样顾及模具的一次性成本。图 8.6 所示说明了部件几何形状的复杂性和件数之间的关系。

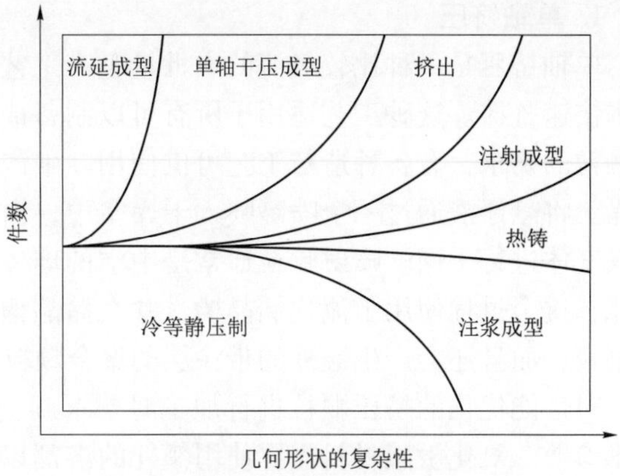

图 8.6　根据部件的几何形状和件数选择合适的成型工艺

8.2.2　陶瓷成型工艺

每种成型工艺都有工艺特定的优点和缺点及其技术可能性的极限。例如，陶瓷注射成型可以生产出非常复杂的陶瓷部件，包括螺纹、侧凹和非常小的孔，因此其可以用于塑料加工。从经济角度来看，由于模具费用必须分摊到加工的批次中，因此当件数较大时更适合使用这种工艺。此外，它也存在技术极限。由于粉体的整个孔隙空间是用有机黏合剂来填充的，成型时必须除去这些黏合剂，因此不能生产壁厚超过 10 mm 的部件。

下面将对各种成型工艺进行详细说明。

8.2.2.1　挤压成型

挤压成型只使用少量的有机黏合剂。首先，将原料粉末加工成可挤压的颗粒。成型本身需要在轴向或等静压加压的情况下进行。挤压出的零件可在绿色状态下较好地进行加工。与等静压制相结合，通过这种方式可以高效地生产中小批量的复杂部件。图 8.7 所示为陶瓷挤压成型和绿色加工工艺流程的示意图。

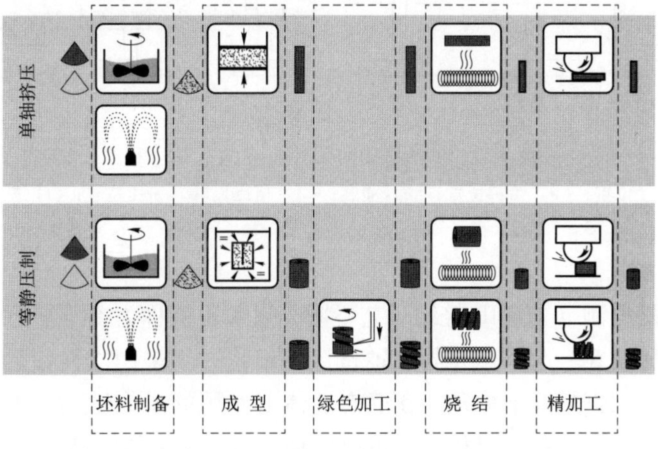

图 8.7　陶瓷挤压成型和绿色加工工艺流程的示意图

1. 单轴挤压

单轴挤压是一种比较经济的大批量生产工艺，通过这种工艺可以将所需的机器成本快速分摊。这种工艺适用于所有可以制备成流动性良好颗粒的陶瓷材料。根据对颗粒的要求，有各种造粒工艺可供使用。生产挤压成型颗粒的最常见方法是喷雾干燥。将悬浮液通过一个喷嘴喷入干燥室中，由此得到的液滴对同向流动或逆流的干燥气体进行干燥。喷射颗粒通常是中空的球体，同样也可以通过流化层干燥进行粒化，这个过程使用了流化储晶槽，并在储晶槽上喷射悬浮体。这样不仅可以均匀地凝聚，而且还会产生额外的带涂层的聚合颗粒。

对性能优化的挤压颗粒进行加工时要求调整黏合剂系统（黏合剂-润滑剂）和技术参数。氧化敏感材料需要使用额外的溶剂以及相应的防爆设备和技术。材料的开发必须在与生产相关的边界条件下进行。产品特性主要取决于悬浮液的成分和性质、雾化装置以及干燥器中的温度水平。

挤压本身是在机械或液压操作的压力机中全自动进行的。挤压模具是由一个挤压模和上下冲头组成的。可以根据部件的复杂性将冲头分成多个部分。尽管如此，与粉末冶金相反，大多数技术陶瓷都会受到可实现几何形状复杂度的限制。

挤压颗粒是通过体积一定的给料机装入模具中的。在进行单侧挤压的过程中，仅上冲头压入模中，从而可以通过上下冲头的运动控制两侧压实颗粒，由于内部和壁摩擦过程而使密度梯度明显减少。压制好的生坯会被自动推出，并通过滑块或夹钳取出。图 8.8 所示为单轴挤压时部分步骤的运动过程。

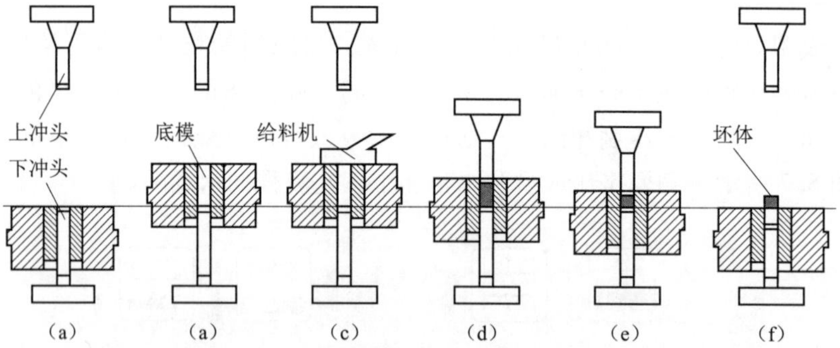

图 8.8 单轴挤压时部分步骤的运动过程

（a）初始位置；（b）给料位置；（c）灌装；（d）挤压；（e）挤压位置；（f）排出位置

2. 等静压制

在进行等静压制（与 HIP 烧结工艺不同，通常也被称为冷等静压制）时，要通过压力将颗粒压实在一起。但是与单轴挤压相反，它不采用刚性模具，而是使用柔性的塑料模具。根据帕斯卡原理，在静态液体上作用的压力被均匀地分布在各个方向上，因此在压实陶瓷颗粒过程中，可以使整个体积内都能够被紧密且均匀地压实。在实施湿模技术（湿袋工艺）的工艺周期中，首先要用粉末或颗粒填充橡胶模具、密封，最后在一个压力罐中加压（图 8.9）；而在干模技术（干袋工艺）中，模具是与压力容器固定连接在一起的，这样就能够在连续取出坯体的情况下自动进行加工（图 8.10）。

等静压制的工艺步骤如下：

① 在模具中填充颗粒材料；

② 合模/导入压力罐中；

③ 加压；

④ 将压制好的坯体脱模。

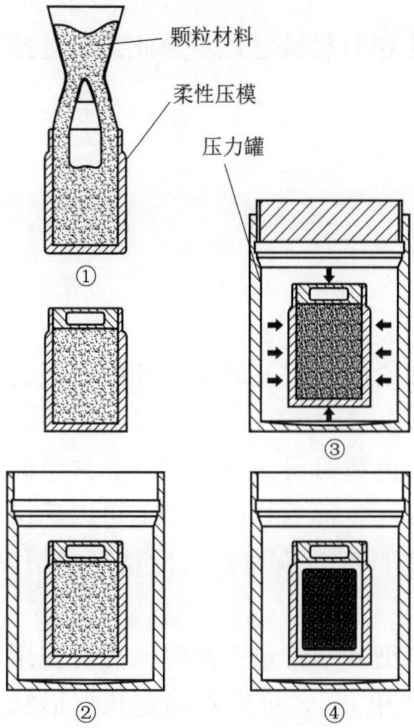

图 8.9　冷等静压制的工艺流程（湿袋法）

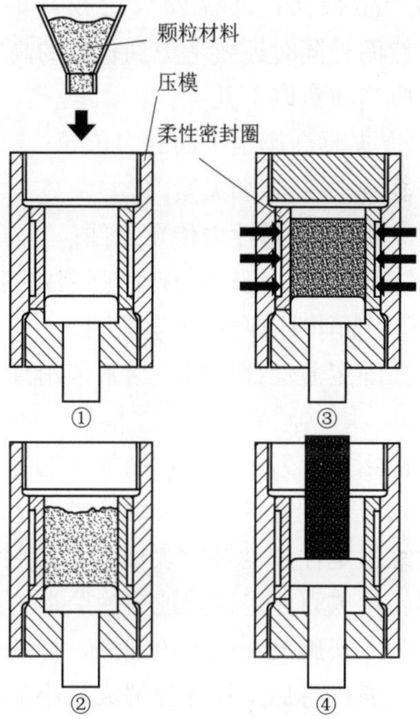

图 8.10　冷等静压制的工艺流程（干袋法）

由于压制工艺只使用了少量的有机黏合剂和残留水分（在极小的质量分数范围内），因此，在大多数情况下，单轴压制或等静压制坯体在进一步处理中可以不进行脱黏步骤。

3. 绿色加工

绿色加工是另一种令人关注的使用昂贵成型模具的方法。它包含了对技术陶瓷在未焙烧状态下用成型和非成型刀具所进行的切削，直接在成型（绿色状态下）之后或去除黏合剂和预烘焙（白色状态）之后进行。对等静压制坯体进行加工可以实现快速、灵活和小批量经济性的生产，且可以使烧结部件的尺寸达到较高的精度，从而大大降低精加工的成本。通过适用于陶瓷的切削和处理技术并使用有效的高性能切削材料和使用数控机床基本程序来对原型部件开发进行合理的绿色加工。

图 8.11 所示为刀具切入工件的绿色加工示意图。在一个机床的驱动下，用夹具夹紧工件并保持夹紧状态。

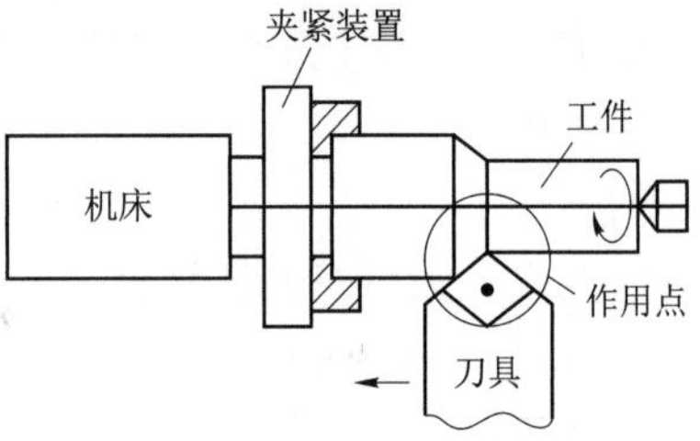

图 8.11　绿色加工示意图
—刀具切入工件

在机床-刀具-工件-夹具系统中，切削刃是承受载荷最大的部件。它主要承受陶瓷材料的研磨影响。一般情况下，未烧结状态（低黏合力）下陶瓷的特点是通常需要使用锋利的切削刃。此外，为了防止对部件的内外部产生损伤，还需要设定较高的切削速度。然而，同时还要考虑到材料的高裂纹敏感性和断裂敏感性。为此，在选择夹具时，应当注意以下几点：

① 夹具会产生平面的力传导；

② 应限制施加夹紧力；

③ 应使用弹性力传导元件；

④ 切削时应当避免产生强烈的扭转力；

⑤ 铣削时应避免产生振动。

在固定薄壁部件时，通常采用真空和冷冻夹紧技术以及玻璃行业中所用的黏合技术。

使用成型刀具进行切削加工的优势在于，通过精密研磨可以获得非常精确的几何形状。通过这种方式可以形成一个“软”切割面，而这样的切割面可以确保较高的边缘稳定性和良好的表面质量。在所有刀具都同时具有恒定尺寸精度的情况下，使用转位式刀片可以快速更换磨损的刀具。

为了实施灵活的绿色加工，特别是在生产原型和小批量产品时，需要使用数控机床。通过将加工任务分解成最小的、通用的“单元”，可以对确定几何形状或模具单元分别进行加工。在公共零点下，带有用于变量赋值和公式输入质量参数的 CNC 程序形成了基本框架。在这种情况下，可以立即应用一次性开发循环，并通过调用单个“单元”在编程成本较低的情况下加工出较为复杂的几何形状。高效率的 CAD-CAM-CNC 集成化是加工自由曲面的一个前提条件。为了能够生产出无裂缝的边缘和均匀的表面，应当采取以下铣削策略：

① 同向铣削；

② 在 Z 平面上进行粗加工；

③ 沿回形曲折铣削轨迹进行平面加工；

④ 切向进刀路径和出刀路径；

⑤ 斜坡形或螺旋形浸入式操作；

⑥ 注意最小壁厚的要求；

⑦ 遵守基面到侧面的过渡半径要求（>0.5 mm）。

冷等静压成型与绿色加工相结合适用于快速且低成本地加工具有复杂几何形状

的中小批量陶瓷部件。图 8.12 所示为一个晶体生长炉的示例，其具有定位加热元件所需的复杂轮廓。

图 8.12 晶体生长炉（提前准备了定位加热导体所需的轮廓）
（图片来源：弗劳恩霍夫研究所高能陶瓷技术协会 IKTS）

8.2.2.2 塑性和热塑性成型

黏合剂含量高时，技术陶瓷粉体材料也可以达到塑性加工性能，就像传统的含黏土原料由于其天然的可塑性而具有的塑性加工性能一样。基于合成材料和热塑性黏合剂在这里表现出一种特殊情况，即变形能力被限制在一个有限的温度范围内，在这个范围内黏合剂被熔化。不论是在前面的步骤还是后续步骤中，塑性和热塑性成型工艺都是一种具有高生产率和良好自动化率的生产技术。同时，由于在压力下具有良好的流动性，因此可以用于对具有诸如薄壁和极小孔等几何形状非常复杂的部件进行近净成型加工。无论是冷塑性挤压成型，还是热塑性注射成型都利用了陶瓷材料在复杂几何形状模腔中成型时的高变形率，从而可以加工成近终型或终型部件，即使是在具有高精度要求和非常精细的结构中也能使用。在注射成型中，模具腔体构成了部件的整体轮廓，并且成型周期性地发生在闭模中；而挤压成型的过程则完全相反，它是一种在开放模腔中进行的连续工艺，所生产出的成型部件横截面与喷嘴的几何形状一样（图 8.13）。

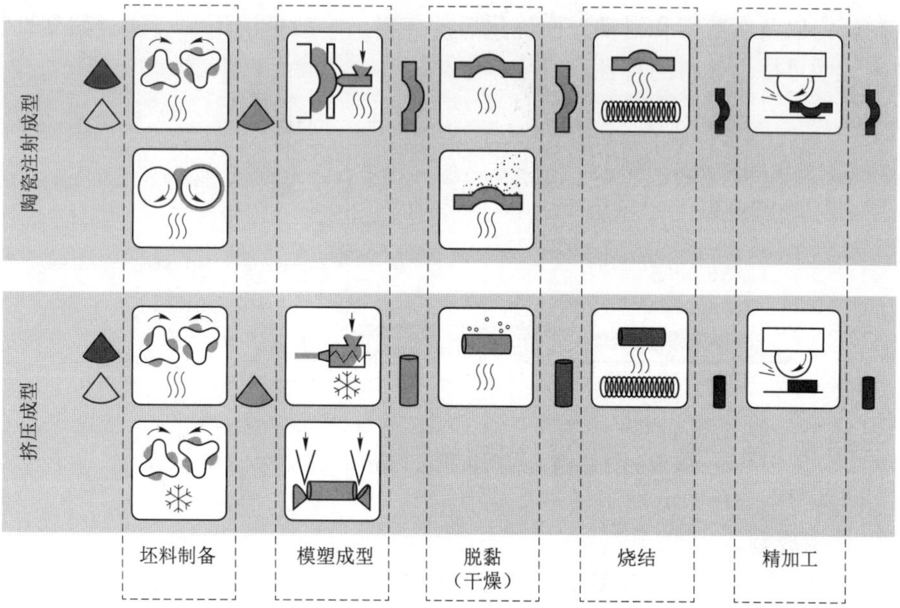

图 8.13 陶瓷注射成型和挤压加工工艺流程的示意图

注射成型使用热塑性黏合剂塑化陶瓷粉末，这样就可以在高于其熔点的温度下进行成型，同时还能确保在较低温度下可靠地进行脱模。然而挤压成型的情况则相反，在接近室温时，调整黏土的可塑性，以使用纤维素基水溶性黏合剂与润滑剂的化合物。有机黏合剂组分（与注射成型相比较低）在烧尽前需要进行额外的干燥步骤。热塑性挤压成型有一种特殊情况：在热塑性材料挤压成型中，需要对挤出的坯料离开喷嘴之后进行冷却来辅助成型，如在注射成型中一样排出热塑性黏合剂。

1. 挤压成型

在陶瓷技术中，挤压成型是一种使用时间较长且较为成熟的成型方法，这种方法尤其适用于生产具有各种横截面轮廓的管状或长形坯体，例如，通过对基于氧化物或非氧化物粉末的冷塑性坯料挤压成型生产的柴油颗粒过滤器和催化剂载体的蜂窝陶瓷体或管状多通道元件。处理技术和坯料结合在很大程度上决定了坯料的流变特性。成型时的坯料流动性和工艺参数必须根据所挤出坯料特定的横截面几何形状进行精确匹配，以在高生产率的同时获得无缺陷坯体。与传统陶瓷所用含黏土坯料不同，技术陶瓷材料必须使用有机添加剂进行塑化。这种有机添加剂由黏合剂（如溶解于水的甲基纤维素）、润滑剂和分散剂/表面活性剂组成。塑化可在诸如黏土拌和机中进行。

然后将塑化坯料加入到真空挤出机中，并通过一个螺旋输送器进行输送（图8.14）。在真空室中，原料中的空气被完全排出，随后将它们输送到挤压螺旋输送器中，并继续进行坯料输送。直接在其内部轮廓构成产品横截面的喷嘴之前，施加成型所需的压力。像加工薄壁蜂窝体中的情况一样（图8.15），高变形度要求有高压制压力以及在剪切和滑动方面优化后的坯料。一般情况下，会通过假塑性流动特性来说明可挤出坯料的特性。

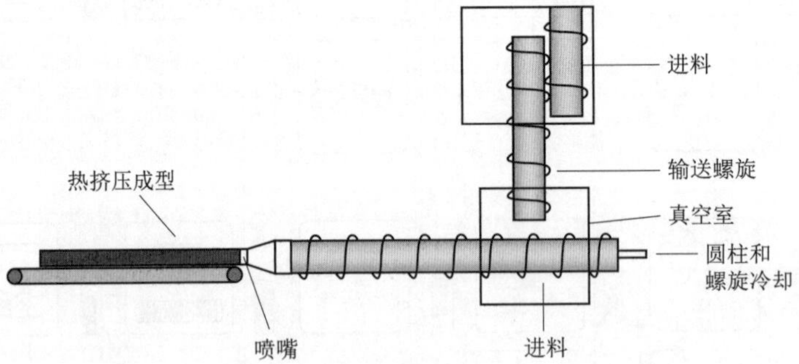

图8.14　采用真空挤出机进行挤压成型的示意图

2. 注射成型

如果要大批量生产具有复杂几何形状的部件，应优先选用陶瓷注射成型工艺。由此可以看出这种方法的特殊优点，即使是带有纵向和横向孔的后部切割和底部切割部件，也能在不切削加工时加工到近终型的程度。因此，自20世纪80年代以来，这种源自塑料加工的方法，类似于粉末冶金中的粉末金属注射成型，被成功应用于陶瓷部件的生产中。这种成型工艺的一个强制性要求是需要对原料进行热塑性成型。合成的陶瓷粉末，与被用于工业陶瓷中的一样，并没有加入天然可塑性成分，而是将它们与有机黏合剂系统混合，这些黏合剂将为原料提供热塑性特性。这种注射成型原料的制备方法，也被称为给料，大多数发生在专用的拌和机、双螺杆挤出机或滚剪压实机中。

图 8.15　从喷嘴中挤出的蜂窝陶瓷体
（图片来源：CleanDieselCeramics 股份有限公司）

进料是以颗粒形式送入注模机中的，在注模机中，可塑化部分被熔化并且在高压下被压入注射模具的空腔中，从而完成部件的塑型。注射成型原料在模具中固化后，被从模腔中推出。为了能够得到一个陶瓷部件，必须通过一个去除黏合剂的步骤将热塑性黏合剂从坯体中去除。根据所使用黏合剂的类型，还可以通过溶剂萃取、催化分解或纯粹加热的方式来去除黏合剂。随后进行陶瓷坯体的烧结，通过烧结可以使其达到所期望的最终特性。图 8.16 所示为涡轮增压器转子的示例，其中几何形状复杂的部件就是通过注射成型近终型批量加工的。

图 8.16　注射成型的氮化硅涡轮增压器转子
（左：注射成型；右：烧结后）
（图片来源：弗劳恩霍夫研究所高能陶瓷技术协会 IKTS）

类似于塑料加工中的多色注塑过程，也可对双组分陶瓷材料进行注射成型。烧结已加工好的复合材料的前提条件是，两种材料具有相同的烧结条件和匹配的膨胀和收缩特性。如图 8.17 所示，注射成型也可以与流延成型组合使用。在这种情况下，需要将预制的第一种材料的生坯片放入注模模具中，并且从后面注入第二种材料的进料。复合材料所具有的高几何形状自由度，不仅使其能够生产出部件的外部几何形状，还能够生产出复合材料的内部结构。除了在螺旋注塑机中进行加工之外，注射成型也能在低压力范围内进行。注射成型和热铸造成型（低压注射成型）的区别在于所使用的黏合剂方案不同。与注射成型相比，在热铸造成型中，塑化只能使用石蜡油和熔融液态蜡。加入表面活性剂可以借助黏合剂改善陶瓷粉末的润湿性，从而达到类似于注射成型方法的较高固体含量。然而，其黏度明显比注射成型原料的黏度低得多，因此，可以在较低的温度和明显较低的压力下加工热铸造成型泥料。在坯料熔融后，应立即在特殊成型设备中进行加工。塑化与注射成型坯料的混合不同，塑化在加热的球磨机中进行（图 8.18）。

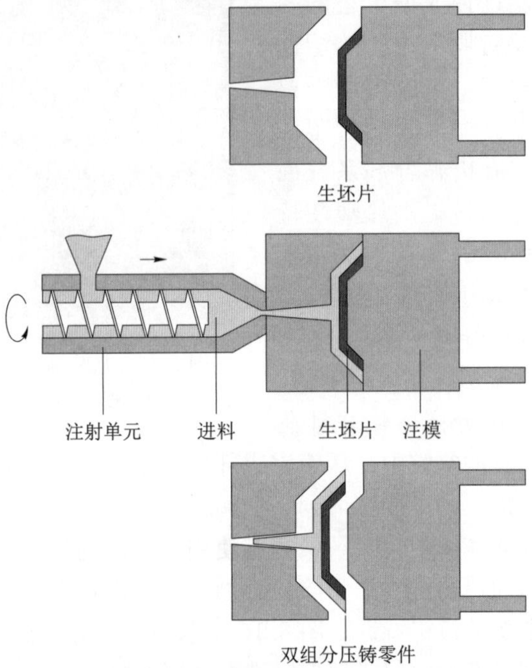

图 8.17 陶瓷生坯片后注射

（Design Rauschert Heinersdorf-Pressig 有限公司）

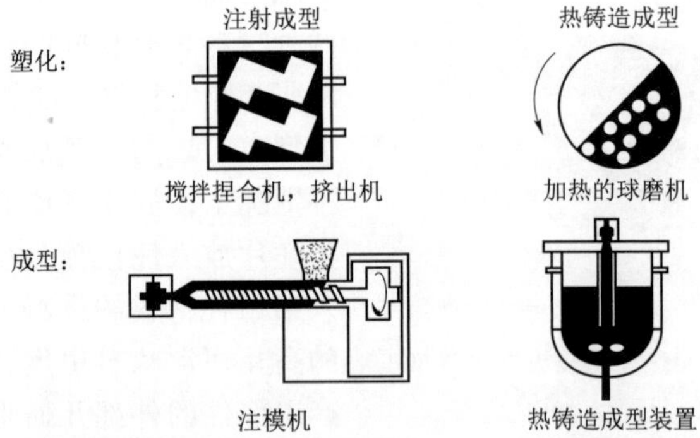

图 8.18 注射成型和热压铸成型（低压喷铸）在制备及成型技术上的区别

8.2.2.3 铸模成型

铸模成型工艺是基于对陶瓷悬浮液的加工。除了有机黏合剂和分散剂之外，较多的水和溶剂也是必需的，这样可以保证成型时具有良好的流动性。然而，悬浮液必须有较高的固体含量，以使坯体具有均匀且较高的充填密度。在一些铸造工艺中，成型在随后的坯体压实中完成（例如，借助在石膏模具中进行注浆成型的毛细力），而在其他工艺中，只有在干燥收缩时，才可以进行有效的压实。例如，在凝胶注模成型时，在浇铸悬浮液后立即进行凝固，因此可假设其干燥收缩程度是相当大的。

1. 注浆成型

在注浆成型中，坯体的固化直接发生在带有最佳分散粉末颗粒的均匀悬浮液中。注浆成型尤其适用于纳米和亚微米级陶瓷粉末，以将超细陶瓷粉末在材料结构和特性方面的优点充分用于成型当中。传统的石膏模具注浆成型是生产形状复杂的大尺寸部件及具有成本效益的制造工艺的代表，因此在许多方面适用于技术陶瓷，尤其是在中小批量的情况下。而采用多孔塑料模具并在硅酸盐陶瓷中早已成熟的压力注浆成型则与此相反，其还没有被应用于技术陶瓷当中。

在凝胶注模成型时，生坯固化通过浆液中所溶解单体的聚合作用来进行。如果能够在低黏度的浆料中实现较高的固体含量，就可以通过在室温下无压力铸造以及干燥和聚合作用下固化（<80 ℃）生产出本身几何形状复杂、收缩率低且形状稳定的坯体。通过凝胶注模装置，可不依赖于材料生产出具有高度形状多样性和较高性能水平的部件。此方法与上述其他注浆方法一样，同样适用于生产由多孔材料和复合材料制成的部件。

2. 流延成型

在生产大面积薄陶瓷层（宽扁状部件）时，流延成型是优先选用的陶瓷成型技术。陶瓷原料粉末在分散液中使用合适的液化器和一种或多种黏合剂组分加工成均匀的流延成型泥料。然后将无气泡的浆料加入可移动浇铸工位中，并且通过在一个确定高度上精确调整的浇铸刀均匀地分布在平的浇铸垫上。在随后的干燥过程中，分散液被均匀地排出，从而降低了薄膜的高度。为了生产出多层薄膜，可以将含有不同粉末的多个层上下重叠地进行浇铸。通过注浆成型可达到的薄膜厚度通常在 20 μm~1 mm。

陶瓷注浆成型和流延成型的工艺流程示意图如图 8. 19 所示。

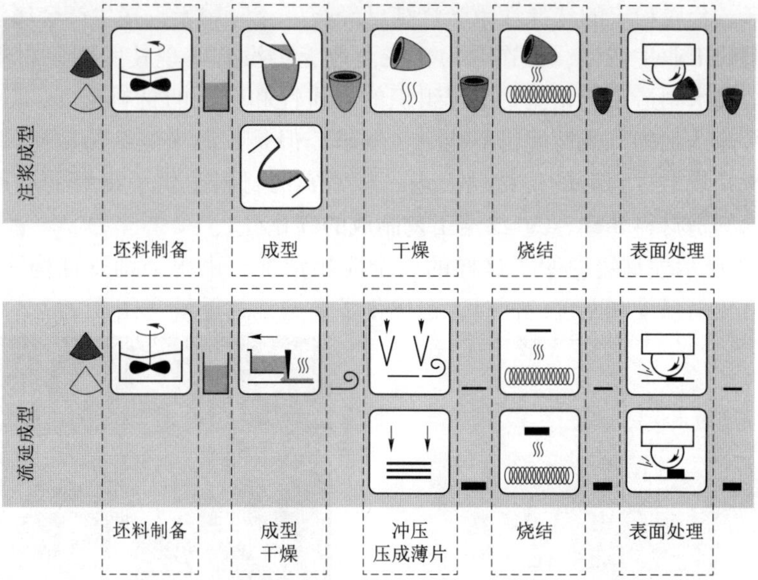

图 8. 19　陶瓷注浆成型和流延成型的工艺流程示意图

图 8. 20 所示为某一个研发部门的实验室浇铸设备，该工艺本身非常适合于连续

生产。在连续生产过程中，需要将浇铸容器固定。将流延成型泥料加到连续移动的输送带上，刮平并经过一个干燥路径，从而在输送带末端将干燥后的片材连续取出。黏合剂方案（黏合剂和塑化剂）的特性使生坯片具有足够的柔韧性，使其能够被卷起。薄膜可以通过诸如冲压、丝网印刷和激光加工等切割、涂覆和结构化方法在另一个地方进行进一步处理。此外，单个预制生坯片可以层压成层叠式结构，从而可以实现各种不同材料特性的高密度集成，且可实现陶瓷元件的功能组合。

图 8.20　实验室成型台上根据流延成型（Doctor-Blade）工艺进行的流延成型加工
（图片来源：弗劳恩霍夫研究所高能陶瓷技术协会 IKTS）

8.2.2.4　特殊工艺

技术陶瓷同样也可以采用生成加工工艺进行成型。这种也被称为快速原型法，快速制造法或生成加工法的工艺对陶瓷产品的设计、工艺转化和生产新型复合材料和梯度材料的可能性方面具有较高的创新潜力。在不使用模具或刀具的情况下，可逐层构造出从 CAD 数据集得出的 3 维几何模型的相应坯体。因此，通过自由曲面、凹口或空心结构可以制造出复杂的部件几何尺寸，尤其是三维打印和激光烧结等以粉末为基础的工艺已被应用于技术陶瓷领域中。

多年来，金属粉末的选择性激光烧结已经被广泛应用于直接生产金属注塑模具、模型和原型的工业生产中，但迄今为止在商业上仍没有实现技术陶瓷材料的应用。与传统粉末技术制造工艺相比，由于组织的异质性和较低的材料密度，以往开发的激光烧结所能达到的机械性能仍不能满足要求。但是，激光烧结为多孔陶瓷材料以及可通过激光烧结过程后的烧结反应进一步紧实的材料提供了良好的应用可能性。其典型的示例是材料 SiSiC（硅渗透工艺制成的碳化硅）。

图 8.21 所示模型镜说明了这样的一个应用情况。由单个细支杆构成的内部结构，在具有较高强度和刚度的同时，也优化了模型镜的重量（图 8.22）。

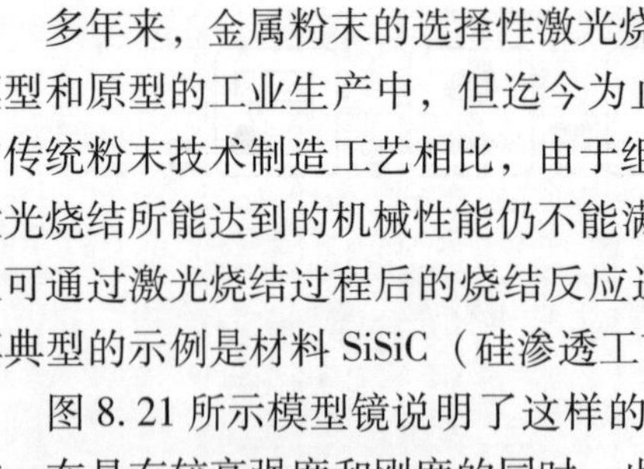

图 8.21　通过激光烧结制成的 SiSiC 模型镜
（图片来源：德国弗劳恩霍夫材料和射线研究所 IWS）

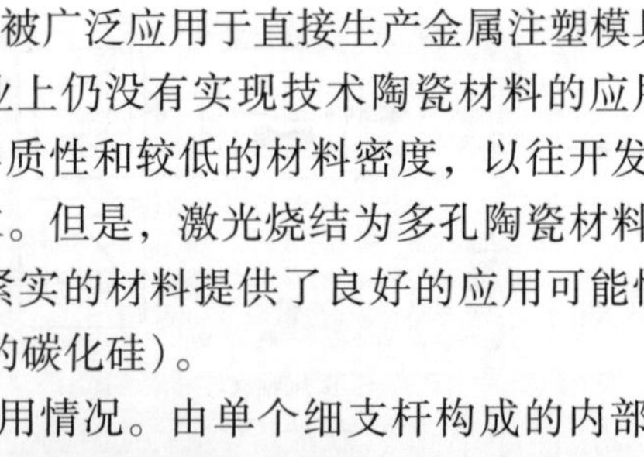

图 8.22　SiSiC 模型镜内部结构详图
（图片来源：德国弗劳恩霍夫材料和射线研究所 IWS）

8.2.3 黏合剂方案和脱黏方法

正如上一节所描述的，有机添加剂在成型中起着重要作用。由于其脆性，纯合成原料粉末不能像金属或含黏土原料那样产生塑性变形，因此需要通过有机黏合剂进行能够成型偏移并面向工艺的制备过程。根据它们的作用，有机添加剂有溶剂、分散剂、黏合剂、塑化剂、润滑剂、润湿剂、液化剂和消泡剂等几种。不同成型工艺的有机添加剂，其类型和数量也各不相同（表 8.1）。

表 8.1 陶瓷模塑材料中的有机成分

成型工艺	模塑材料	有机成分（体积分数）/%
干压成型	挤压颗粒	2~10
挤压成型	塑性坯料	10~20
注射成型	热塑性坯料	35~50
注浆成型	水基泥料	0.5~5.0
流延成型	水基或溶剂基泥料	15~25

成型时，包括前面和后续步骤在内的工序能力对各个有机添加剂提出了基本要求。因此，在干压成型时，具有最小内外（墙）摩擦的良好滑动性能与喷雾干燥结果中颗粒形成时的良好结合能力，以及处理坯体进一步（绿色）加工成型中的高生坯强度一样重要。假塑性流动性，即黏度随剪切应力的增加而降低，对塑料成型、热塑性成型和注浆成型是非常有益的。此外，一个明显的流动界限有助于成功成型后的高尺寸稳定性。生产浆液时必须确保没有气体夹杂，因为在进一步处理中既不会为排气施加额外的压力，也不会在此期间为排气而进行抽真空。对于所有的模塑材料来说，粉末表面良好的黏合剂润湿性是粉碎块状物和实现均匀排列颗粒高填充密度的前提条件。

在陶瓷坯料成型后，应当在功能部件固化之前，通过烧结使成型所需有机添加剂排出。因为不同的成型工艺所使用的添加剂混合物不相同，所以通常被称为脱黏的过程也是各种各样的，有时也被称为脱蜡、烘烤或脱排气。下面将根据不同黏合方案对从加热到萃取直至催化释放黏合剂的各种方法加以详细描述。

1. 热脱黏

通过加热可以蒸发或热解陶瓷坯体中的有机添加剂。在加热过程中的蒸发或分解速度超过陶瓷坯体中蒸气分子或热解分子的传输速度，并且由此产生的内部压力超过坯体强度的情况下，热释放过程就会产生缺陷。例如模制件变形，随着温度的升高，黏合剂的黏性降低，坯体强度不再能够平衡通过重心的载荷。同样，在固体、液体相变时，黏合剂体积的增大与不均匀加热可能会损坏部件。

2. 萃取法脱黏

有开放孔道对去除有机添加剂是一大优势，通过这个孔道所排出的产物可以相对较快地脱离坯体。这对于注射成型部件是不可能的，因此使用可多级排出的多组分黏合剂系统。在去除部分黏合剂时，会暂且保留足够量的残余黏合剂，用以保持颗粒的布置。与此同时会产生一定的孔隙，而其他黏合剂组分可以通过孔隙较方便地排出。加热排出第一个黏合剂组分是时间最长且最困难的阶段，并且是排出黏合剂时出现问题的主要阶段。

另一种方法是通过溶剂萃取黏合剂的成分，在这种情况下，需要将模具浸入溶剂中或暴露在溶剂蒸气中。与其他脱黏工艺一样，脱黏时间的增加与穿透深度呈二次方关系。然而，这种工艺会受到所选择溶剂和温度的强烈影响。干燥后，剩余黏合剂的排出可以在相对较高的加热速率和较短保持时间下进行，保持时间通常会与烧结周期结合在一起。

3. 催化脱黏

黏合剂的催化脱黏与注射成型陶瓷的快速无变形脱黏有关。使用聚缩醛作为黏合剂的主要成分。在 110 ℃～140 ℃的温度下，在惰性氮气气氛中开始黏合剂的脱离过程，这种气氛中含有低浓度气态酸，并且可将聚缩醛催化解聚为单体甲醛。黏合剂仅在注射成型零件的相界面上从外向内地被分解。所以会产生一个自我调节的过程，在这个过程中，催化剂渗透至黏合剂前沿，并与通过通道导出分解产物相互影响。由此可避免形成较高的内部压力，并保证无缺陷地脱黏。脱黏最高在 1 mm/h 的速度下进行，这主要取决于催化剂浓度、工艺温度和由无机颗粒细度决定的孔道横截面，这个过程是非常快的。

8.3 复杂的陶瓷部件结构

8.3.1 原理

下面将对设计复杂陶瓷结构部件几何形状和组织结构时的特性加以讨论。

1. 以陶瓷和加工为导向的设计

为了能够正确利用陶瓷材料的性能，必须考虑适当的结构设计措施。由于完全缺乏塑性变形能力，在局部达到材料强度时，陶瓷会在组织异质性临界区域突然损坏。特别是在小半径、尖锐边缘、台阶和根部以及点或线传导力的区域会出现较高的应力。由于有时会有相当大的缺口效应，因此这些部位会比可预期的组件外部负载更早地达到材料的强度极限。因此，在设计陶瓷部件的结构时，应避免所有会产生缺口效应的几何形状（应力集中）或至少只用能够减少缺口效应或在缺口效应方面优化后的形状。与此相反，陶瓷材料的特殊优点是具有较高的抗压强度。设计陶瓷结构时，应当最大程度上利用这一特性，并使部件承受拉伸载荷或者弯曲载荷的区域尽可能小。尤为重要的是，避免所有承载拉力的区域出现强烈的应力集中。

适合加工的结构包括，根据各种成型工艺中已经描述的特殊性调整部件的几何形状。因此诸如将特别复杂的形状分割成几个简单模块的方法是非常有意义的。此外，应当避免超规格的表面和不必要的紧公差。一般情况下，应当将后续加工最小化，这样只为后续加工确定较小的加工余量，精加工优先选择绿色加工，只设定较小的残留加工面，并确定无需加工的圆角和倒角。

适合以陶瓷和生产为导向设计的上述措施对复杂的陶瓷部件几何形状有着特殊的意义，因为产品特性所需的几何形状细节往往会与理想的设计原则冲突。所以减少组件重量的方法是尽可能使用较薄的壁厚。作为相互之间连接和支持的间隔板应当包含尽可能大的自由空间，以确保空间、重量尽可能小的部件具有较大的内表面。因此增加的机械性能并不仅仅由主体材料的特性来确定，还取决于内部结构的过渡部分。由于不容易加工到且表面比例较高，因此无法通过后续机械加工进行干预，以尽可能减小表面缺陷。因此，这种方案必须采用近终型加工。

2. 模拟方法

对于使用寿命下部件所要求的允许尺寸，可承受的应力必须与工作应力具有可比性。采用有限元分析还是传统计算方法确定零部件的局部应力，取决于零部件的复杂性和技术陶瓷在使用时不同类型常见载荷的叠加（热、摩擦、腐蚀、静态或机械循环应力）。此外，还应根据不同的应用情况充分考虑故障的概率。通过能够足够精确反映负载条件的模型实验，可以确定长期使用所需的特性参数（例如，SN 曲线、裂纹扩展参数）。

一般情况下，复杂的负载情况和几何形状是不能进行分析性描述的。由于其普遍性和适应性，有限元法（FEM）主要被用于应力应变数值分析。复合几何形状可以通过一个网格结构离散地加以表示，网格的密度可以以迭代形式调整预期的应力/应变曲线。从所涉及的材料规则可以预测出单元的应力应变，例如，由于机械应力和热应力而产生的应力应变。现在，可以根据有限元分析结果推导出各体积单元的平均主应力。

配合模拟技术使用的“一体化结构”（Maier 2006）同样适用于材料性能、负载情况、连接、生产技术特点和质量保证。因此，应确定、模拟并评估下列边界条件：

① 统计、断裂力学、裂纹扩展（针对面向材料的设计）；

② 负载应力（针对面向负载能力的设计）；

③ 黏结应力（针对面向连接的设计）；

④ 固有应力（针对面向加工的设计）；

⑤ 验收试验（针对面向质量的设计）。

因此模拟可以提供陶瓷应用优化结构的许多可能性，无论是在完全满足所期望的功能要求方面，还是在使用多孔陶瓷材料方面。

3. 多孔和开孔陶瓷

有针对性地制造足够大的气孔容积是减轻陶瓷元件重量的基本方法，而这自然会导致材料密度降低。然而，与具有完全致密结构的材料相比，必须接受多孔材料部件强度明显较低的缺点。因此，通常会结合为催化活性作用涂层所提供的大面积，针对功能特性有针对性地调整陶瓷材料的多孔性，例如，材料的分离、沉积或渗透性。

可以通过不同的方法生产开孔陶瓷（图 8.23）。通过颗粒的接触点烧结可以生产出多孔陶瓷颗粒，形成的孔是陶瓷颗粒之间的自由空间。根据粒度分布可以在从纳米到微米的范围内（部分也达到毫米级）对非常紧密散布的孔分布进行调整。用这种方法可以使开口气孔容积达到40%左右。这种结构可用于柴油颗粒过滤的陶瓷错流膜过滤系统或壁流式过滤系统。

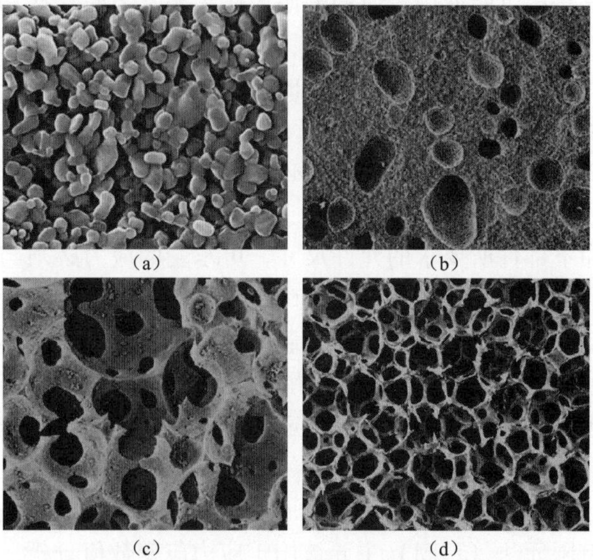

图 8. 23　由接触点烧结、燃尽材料、直接发泡、聚合物泡沫成型制成的开孔陶瓷的不同变体断裂面 SEM 照片

（图片来源：弗劳恩霍夫研究所高能陶瓷技术协会 IKTS）

（a）接触点烧结；（b）燃尽材料；（c）直接发泡；（d）聚合物泡沫成型

如果在陶瓷成型工艺过程中有机物占据了一定比例，则会产生较高比例的开口孔。在烧结过程中，有机组分会被蒸发或燃烧掉，并且留下所需的空腔。特别是在与接触点烧结工艺相结合的情况下，将会产生高达50%的气孔容积，孔径尺寸可达到微米甚至毫米级，在附加物比例更高的情况下，在加工混合物及燃烧时会出现问题。与此相反，在使用量低于30%的情况下，主要形成的是封闭孔。

通过悬浮液的直接发泡可以使孔的比例高达70%。这种方法的缺点是无法充分控制发泡过程。此外，选择的不同工艺参数也可能导致产生相当大比例的封闭孔，同时无法保证在部件横截面上得到均匀的孔，并且孔分布的可再现性也较小。

与此相反，通过开孔泡沫陶瓷可以实现高达90%的开口孔、较大的内表面积、较低的单位体积重量和较佳的流动性。

8. 3. 2　轻量化中的加工技术方法和应用实例

以下章节将对轻量化中陶瓷部件的制造技术生产方法加以描述。将详细介绍以下内容：

① 直接成型；

② 成型与连接；

③ 复制技术（模板成型）；

④ 载体材料的使用；

⑤ 生物原材料制成的陶瓷。

图 8.24 所示为成型和材料形成各工艺步骤的示意图。

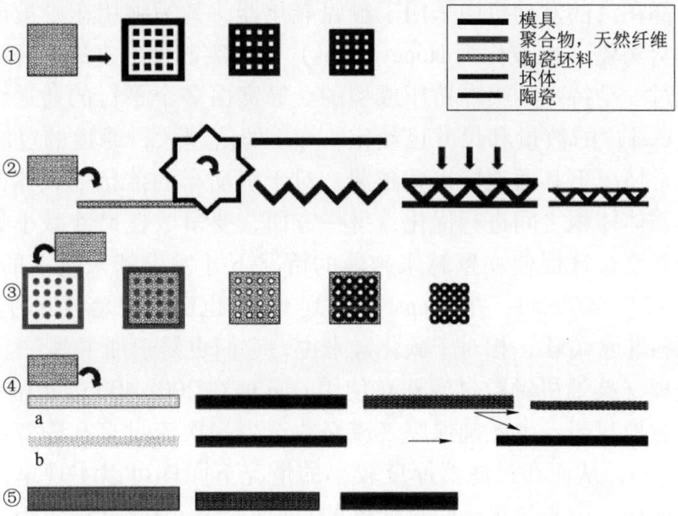

图 8.24　生产轻量化陶瓷元件的生产技术方法、成型和材料形成的工艺流程

上述方法以第 8.2.1 节所述的成型原理为基础，但部分是借助特定材料方案实现的。

因此，原则上可以通过直接成型①实现所有（包括致密烧结的）复杂几何形状的陶瓷粉体材料的成型。在将成型与连接技术②相结合的情况下，还需确保连接位置符合应用所需的要求。如果接触区域和部件其余部分的组织结构特征没有区别，则就能够保证这一点。液相烧结过程或反应渗透也为此提供了良好的条件。另一方面，利用所有陶瓷粉末材料同样也能实现模板成型③。然而，应该指出的是，通过模板的燃烧可以产生额外的相应强度的空腔。这里具有暂时熔化阶段的材料为闭合这些空腔提供了明显优势。载体材料④的烧尽不可避免地会导致烧结部件中产生孔隙，其中剩余的孔隙结构反映了所用载体材料相应的结构（④ a）。在第 8.3.2.5 节中所述生物原料材质陶瓷（⑤）的情况下，有机成分被碳化，并转换成陶瓷（④ b）。因此，这种方案非常适用于基于碳化硅的材料。在这种情况下，反应渗透过程确保不会出现收缩或只会出现轻微的收缩，而且孔会在很大程度上被完全填补。如果用陶瓷纤维复合材料作为输出结构，同样也可制备无收缩或者收缩极小的复合材料。

下面将通过示例对不同的加工策略进行详细说明。

8.3.2.1　直接成型

如果使用型芯进行空腔成型，陶瓷轻量化结构可通过直接成型来完成，从而将陶瓷材料的形状限定在薄壁的状态。如果各个壁是相互连接在一起的，则能够保证轻量化结构具有较高的机械稳定性。挤压加工就是实施这一方案的连续加工工艺。陶瓷过滤器和尾气处理器的开发和生产为此提供了丰富的经验。

在对陶瓷过滤器进行设计的过程中，多孔陶瓷的薄壁可以使单位体积的压力损失极小，过滤面积更高，这必然会生产出对汽车应用非常有利的低密度陶瓷载体。全世界范围内都在汽油发动机中采用了触媒氧化器，其为乘用车中被用作催化剂载体的堇青石蜂窝陶瓷（也被称为 Honeycombs）带来突破性的进展。蜂窝陶瓷是用塑性陶瓷材料通过一个特殊的喷嘴挤压成型的。蜂窝由多个平行的通道组成，其每平方英寸目数（cpsi）的数量和尺寸已给定。cpsi 的值越大，通道的过滤面积和横截面就越小，通常情况下其通道壁也就越薄。对于机动车的催化剂载体，一方面需要在交换表面与载体体积之间进行优化；另一方面，要争取在尺寸减小的情况下获得足够的背压和强度。这促使在壁越来越薄的情况下开发出越来越多的目数。目前，所用的标准在 400~600 cpsi，并且 cpsi 值达到 1 200 也已证明是可行的。堇青石、滑石和高岭土原料非常柔软，相对于碳化硅来说，它们更易于加工。

排气后处理（柴油机颗粒过滤器）使用 cpsi 值在 200~400 的挤压蜂窝陶瓷，其通道末端被交替地封闭。由此确保废气流必须至少一次流过多孔陶瓷壁。陶瓷的壁厚在 250~400 μm，从而在过滤器厚度较小的情况下同样可以实现单位过滤容积下较高的过滤器面积。由于热再生时过滤器的负荷较高，因此这种应用主要使用碳化硅陶瓷。由于它的高硬度，加工时，碳化硅将导致挤出机部件（缸体和螺杆）和喷嘴的磨损率较高。

乘用车的陶瓷柴油微粒过滤器具有目前最先进的技术水平，并提供良好标准化大批量生产方法。与此相反，过滤器在非道路区域的应用在批量大小和形式方面的分散度具有非常高的水平，然而其对过滤器的稳固性、耐用性和经济运行也有更高的要求。

为了使用非对称分割设计和三角形通道结构实现图 8.25 和图 8.26 中所示的新产品方案，必须在陶瓷加工工艺过程中就达到安装过滤元件要求的形状公差和位置公差，否则，这些公差就需要通过硬加工步骤来确保。同时为此开发的粘接技术允许不同大小和形式的各个部分可以以较低的成本灵活地连接在一起。因此，可以在模块化系统中生产具有紧公差外形尺寸的大体积陶瓷部件。

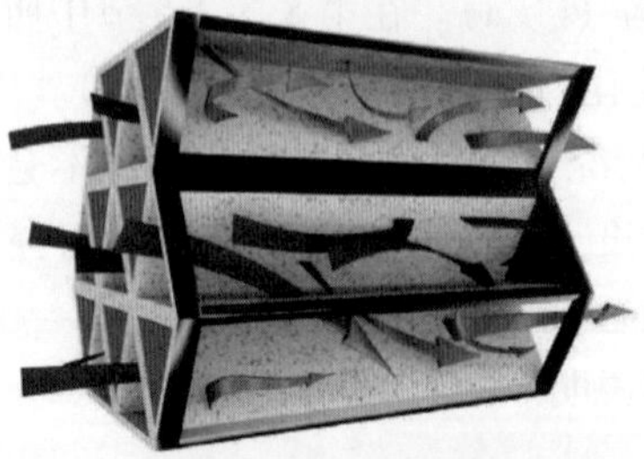

图 8.25　具有三角形交替封闭通道过滤器的原理示意图

（图片来源：CleanDieselCeramics 股份有限公司）

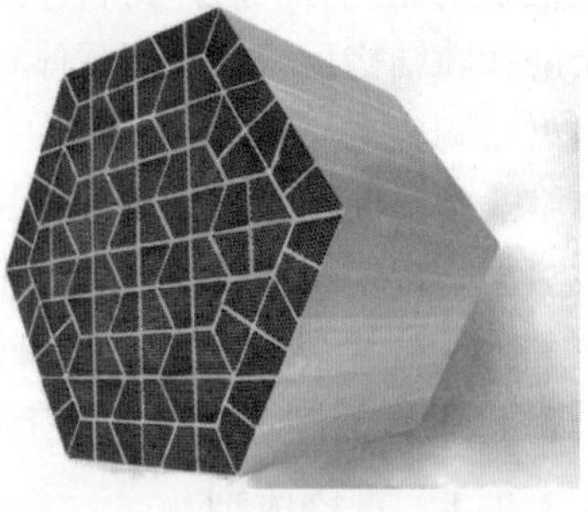

图 8.26　具有非对称单个部分分割的柴油微粒过滤器

（图片来源：CleanDieselCeramics 股份有限公司）

8.3.2.2 成型和连接

图 8.26 的组合过滤器实例表明，各个单元的加工及连接可以是生产特别大尺寸部件的合理策略。无论其成型类型如何，都适用于所有半成品。对于最终应用，最重要的是连接的类型。在最好的情况下，各个部分的材料都是完全相同的。具有高含量热塑成型性黏合剂的陶瓷片为单个接触表面在同质连接位置的层压提供了良好的前提条件。

在这种情况下，应在绿色状态下进行连接。由于陶瓷片也可以在三个方向上很好地结构化，从而为复杂的陶瓷部件提供了轻量化下多种可能的几何形状。

借助薄膜技术，可以通过以下几个步骤实现陶瓷轻量化结构：

① 流延成型；

② 薄膜冲压；

③ 制成薄板。

将生瓷带折叠或冲压，然后将彼此连接在一起，由此可以制造出具有复杂中空结构的部件。图 8.27 所示的多通道板就是其中一种最简单的形式，其结构类似于一张瓦楞纸。体积相对较大的部件需要更复杂的结构，这种结构可以通过多个板层折叠并以适当的方式连接在一起来实现。板可以并行或者以相错 90°的形式上下重叠地布置。为了在诸如过滤或热交换的应用中实现有效的错流或逆流原理，板必须设计成以一定的间距堆栈并相互密封的形式（图 8.28）。通过优化通道的几何形状、壁厚以及间距，可以实现单位安装体积下所需的内表面。

图 8.27　多层过滤器作为多通道单元：通过在平面薄膜上对波纹薄膜进行冲压和层压制成（图片来源：弗劳恩霍夫研究所高能陶瓷技术协会 IKTS）

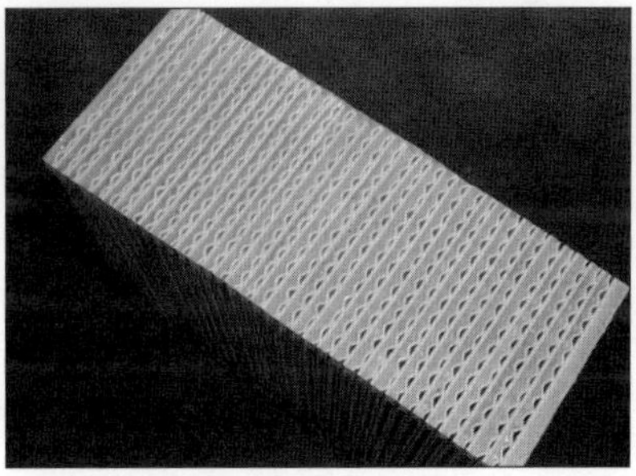

图 8.28　用于错流过滤的过滤器模块：通过对多个平面多通道单元进行堆叠和密封制成（图片来源：弗劳恩霍夫研究所高能陶瓷技术协会 IKTS）

生产这种复杂陶瓷部件首先要对单个元件进行烧结，随后将它们连接在一起。同质连接可以确保在应用条件下（在高温下）不会由于非温度稳定的材料或所使用材料（如有机黏合剂）的热膨胀系数不同而形成薄弱点。然而，在这种情况下需要进行第二次烧结过程，以确保全瓷结构。

材料 SiSiC（真空反应烧结碳化硅）是一个例外。在这种情况下，使用含有各种 SiC 粉末颗粒和增碳剂的粉末原料混合物。在有附加硅的条件下实施材料制备的热处理工艺。坯体中含有的碳与附加的硅发生反应，并形成二次碳化硅，它在很大程度上填补了初级 SiC 组件中的孔隙容积。因此，应当尽可能预制出单个组件，在绿色状态下（使用基于浆液的卡尼尔技术）进行连接，并在组装状态下一步完成烧结，而不会残留有单个部分和连接位置的不同结构特征。

在烧结过程中，在最后阶段通过反应渗透最终由硅填充很少的孔隙容积，因此，材料 SiSiC 也是一种两相复合材料。但是，应用特性在很大程度上取决于碳化硅基。几乎不同于所有其他技术陶瓷材料，由于全压紧并不是通过粉体的压实和烧结，而是通过填充空隙来实现的，因此 SiSiC 在热处理时不会收缩。这对组态极复杂的陶瓷元件及其尺寸公差的尺寸稳定性来说是一个明显的优势。

8.3.2.3　复制技术

带有集成空腔的陶瓷复合结构也可以以适当的模板用陶瓷悬浮液涂装的复制技术加以生产，所使用的模板具有陶瓷部件中所期望的结构。在悬浮液干燥后烧制陶瓷，由此模板材料也将被热分解。因此诸如开孔的网状聚合物泡沫材料等是适于按照 Schwartzwalder 的方法生产陶瓷泡沫的原材料。这些都应根据图 8.29 中所示工艺链用陶瓷悬浮液进行浸渍，并使用橡胶滚轴或相关工艺进行挤压，然后进行热处理。

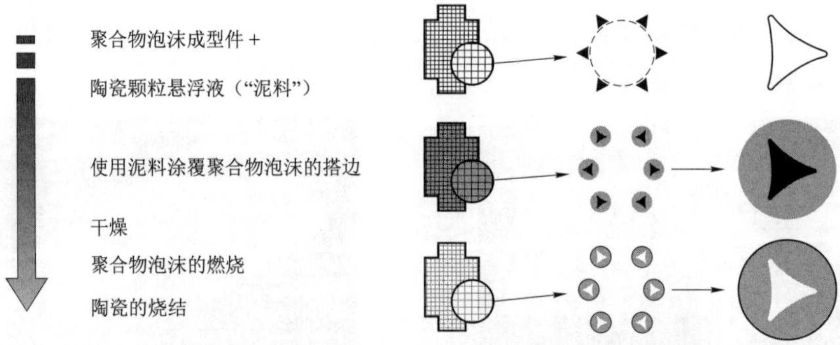

图 8.29　聚合物泡沫陶瓷成型的技术示意图

为了生产泡沫陶瓷，聚合物泡沫材料必须具有以下特性：

① 刚性和弹性；

② 各向同性的均匀泡沫；

③ 高开孔性；

④ 在较宽范围内泡沫尺寸的可调性；

⑤ 热分解时不会产生有毒废料；

⑥ 可大规模生产并且成本低；

⑦ 具有机械加工性。

虽然许多聚合物都是根据当前最新技术进行发泡的，但只有聚氨酯泡沫体（PU）符合上述要求。泡沫材料是以块的形式生产的，根据孔隙尺寸，其高度可达

1 m。发泡后，泡沫材料已经是开孔形式，但仍然有一部分个别被薄表皮所包裹。因此，泡沫生产后形成网状，然后通过氢氧爆炸切断薄皮，并由此形成所需的骨架结构。

陶瓷深层过滤的一个典型工业应用是熔融金属过滤，过滤时使用碳化硅、氧化铝或氧化锆制的大孔隙陶瓷泡沫（孔隙宽度为2~5 mm）。由于泡沫陶瓷的加工性较差，因此在陶瓷化之前就必须将聚合物泡沫加工成所需的几何形状，它可以加工成较多的几何形状。由于制造工艺的原因，聚合物泡沫材料的结构是确定的。它只能被加工成最大孔隙尺寸为4.5 mm的各向同性体。同时，聚合物搭边横截面是三角凹形的，而这会导致陶瓷泡沫的机械性能变差，因为其通常具有三角形内部中空搭边（图8.29）。作为聚氨酯泡沫的替代物，可将技术纺织品作为原料，这时可通过纺织制造工艺有目的地进行结构化控制。由此可根据应用情况优化孔隙尺寸和几何形状，从而生产出各向同性的材料和三维各向异性的材料。图8.30给出了这方面的几个例子。图8.31所示为陶瓷泡沫的计算机断层扫描图。此外，技术纺织品还可以通过诸如机织、针织或缠绕等机械技术进行精确的结构化。由此可根据相应的应用情况对孔隙尺寸、几何形状和各向异性进行精确优化。基于陶瓷网CeraNet®，可以生产出在空间方向上具有诸如强度或渗透性等不同特性的陶瓷体，因此，可以生产出极端各向异性以及内部有圆形空心搭边的结构（图8.32）。

图8.30　陶瓷泡沫和成型织物制成的各种成型件
（资料来源：弗劳恩霍夫研究所高能陶瓷技术协会IKTS）

此外，织物制造技术还可以用于复合材料中纤维结构的永久性转化。在这种情况下，不使用可燃的有机纤维，而是使用陶瓷或陶瓷先驱体纤维。第二部分第8.2.1节中详细描述的陶瓷纤维复合材料就是复合材料组（英语：Ceramic Matrix Composites 陶瓷基复合材料，CMC）中的一类材料。它们的特征是长纤维之间嵌入了正常的陶瓷基体，通过陶瓷纤维进行增强，从而成为纤维增强复合陶瓷。原则上来说，基体和纤维可以由各种已知的陶瓷材料构成，在这样的背景下，其中的碳也可以被视为陶瓷材料。纤维增强陶瓷部件的生产包括以下几个步骤：

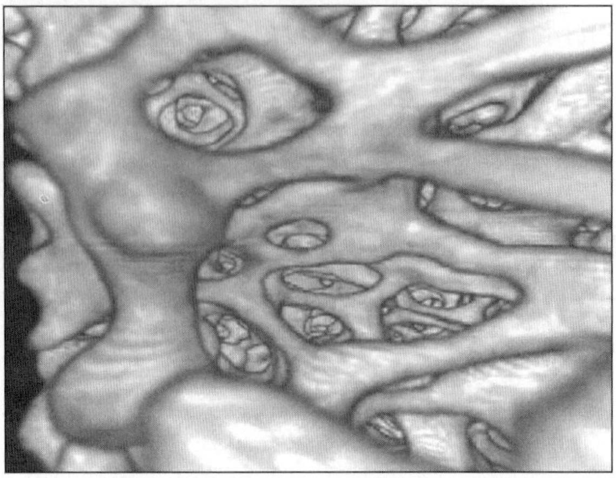

图 8.31 陶瓷泡沫的计算机断层扫描图

（图片来源：弗劳恩霍夫无损检测技术研究所（IZFP））

图 8.32 各种 CeraNet® 成型件

（图片来源：弗劳恩霍夫研究所高能陶瓷技术协会 IKTS）

① 布置并固定所需部件形状的纤维；

② 在纤维之间嵌入陶瓷基体材料；

③ 最终加工以及实施后续处理步骤，例如，可进行涂覆。

氧化物陶瓷基复合材料［英语：Oxide Ceramic Matrix Composites（OCMC）］基于耐高温长纤维和由 Al_2O_3、SiO_2、莫来石材料系统制成的陶瓷基体。该工艺可以被描述为利用刮刀法通过浆料浸渍陶瓷织物。浸渍的织物层借助与生产纤维增强塑料相同的技术生成生坯（图 8.33）。

纤维还可以稳定横穿单片陶瓷结构的微裂纹和孔，基体施加在结构上的力可以通过界面转移或传导到纤维上，其结果是使部件具有较高的损伤容限。即使外基体层被破坏，部件也不会突然出现缺陷，因此其能够承受更大的负荷。轻量化应用的

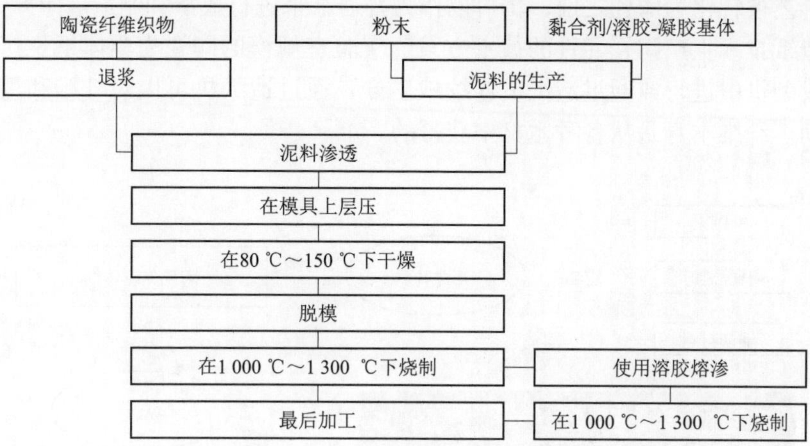

图 8.33　氧化物陶瓷基复合材料-纤维复合材料的生产示意图（“陶瓷板”）

关注点是相对于传统结构其重量减轻，这可以通过生产适用于类似负荷的薄壁部件实现。

图 8.34 和图 8.35 中所示为已在使用的纤维增强氧化物陶瓷的各种应用。图片直观地说明了轻量化结构的复杂成型可能性。

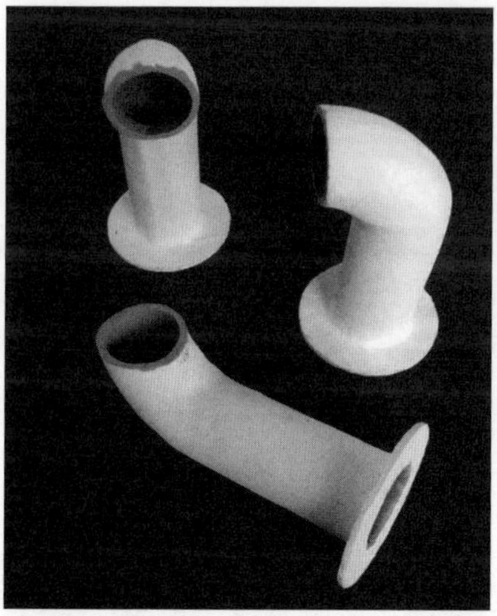

图 8.34　压铸铝用“陶瓷板”管材
（图片来源：Walter E. C. Pritzkow 特种陶瓷）

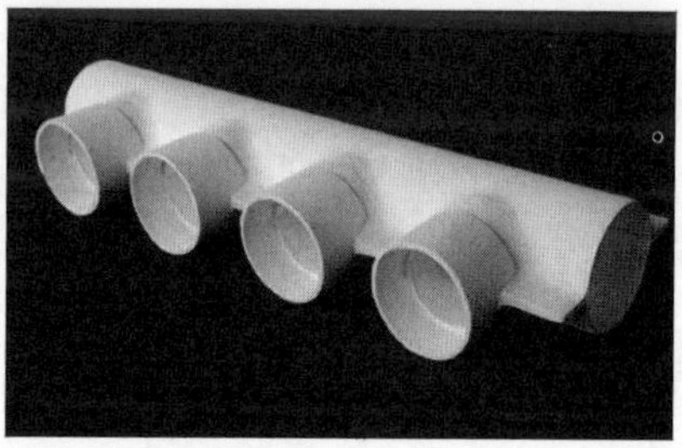

图 8.35　纤维增强氧化物陶瓷排气系统分流口
（汽车制造用测试装置）
（图片来源：Walter E. C. Pritzkow 特种陶瓷）

8.3.2.4　载体材料（PT-Keramik®）的使用

“陶瓷纸技术”的基础是生产具有高度浓缩陶瓷粉末的陶瓷先驱体纸，纸中混合有纤维素纸浆（纸张生产的原料）和诸如氧化铝（Al_2O_3）的陶瓷粉末。通过质量分数高达 85% 的无机填充材料，使纸张具有了陶瓷生坯的材料特性，但在其最终通过热工艺被转化为陶瓷之前，仍可以作为普通纸来进行成型和制造。图 8.36 说明了通过造纸技术生产陶瓷元件的技术方案。实验室规模的陶瓷先驱体纸生产，可以在片材成型机中进行或通过造纸机连续地生产，通过造纸机可以对纤维和填料进行受控凝固。纤维本身是从各种木材中获得的。

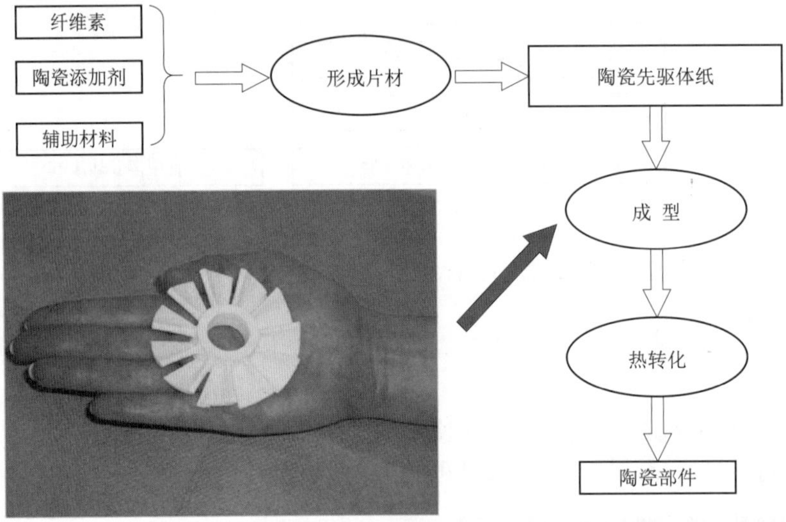

图 8.36 “陶瓷纸”制陶瓷部件的生产技术示意图
（左下：通过 LOM 层压技术生产的模型部件）
（图片来源：纸技术基金会 PTS /埃尔兰根-纽伦堡弗里德里希-亚历山大大学）

通过层压陶瓷先驱体纸（图 8.37），例如可以通过连接具有两个平面单元的波纹层，实现多层高强度的板或具有高承载能力的波纹结构（图 8.38）。对比厚度相同的实体氧化铝陶瓷，通过这种方式可以减轻 50% 以上的重量。用这种方法生产的陶瓷具有极低的热容量，并具有非常高的刚度。它们非常适用于高达 1 600 ℃的高温应用。

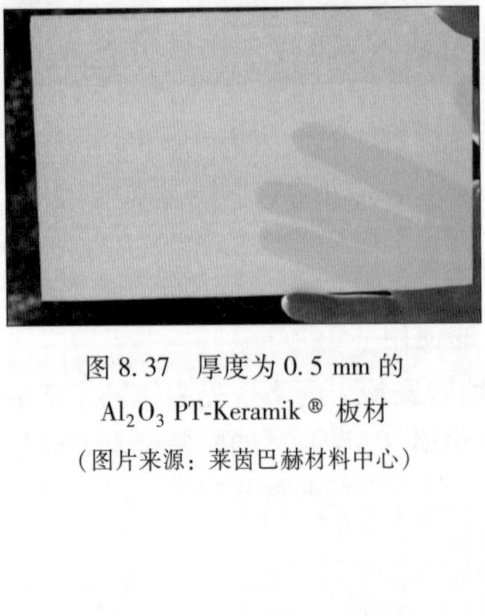

图 8.37 厚度为 0.5 mm 的 Al_2O_3 PT-Keramik® 板材
（图片来源：莱茵巴赫材料中心）

图 8.38 PT-Keramik® 材质的高刚性和高承载性能结构
（图片来源：莱茵巴赫材料中心）

对于陶瓷填充纸（PT-Keramik ®），可以忽视其高固体含量，而是像处理纸一样进行诸如压延（压实）等处理。这使得它能够在烧尽有机成分后对剩余孔隙进行修正和最小化。此外，纸技术和纸加工技术基础上的多次涂装和成型能力，使其能够高效地生产出跨材料的复杂薄壁形状结构。因此，可将大批量生产工艺与几何高度复杂性和灵活性结合在一起。

因此，PT-Keramik ® 可为设计师和用户的轻量化解决方案提供一个专为高温下使用的基本替代材料。在这里，不寻常的陶瓷成型能力与薄壁结构的简单生产方法的结合尤其为设计师提供了新的可能性。与生产相关的孔隙率开启了一系列诸如在过滤或催化中的应用可能性。

8.3.2.5 生物原料制成的陶瓷

有机复合结构为 CMC 材料的微观结构设计提供了非常有效的自然模型。在排出空气的情况下进行碳化处理，植物纤维可以转化成适当形态的碳。此外，匹配设计的生物炭半成品在软化状态下也极易加工。这为结构件的单件、小批量、特别是大批量生产带来了明显的技术优势。图 8.39 所示为通过生物结构碳化生产陶瓷的各种方法的示意图。

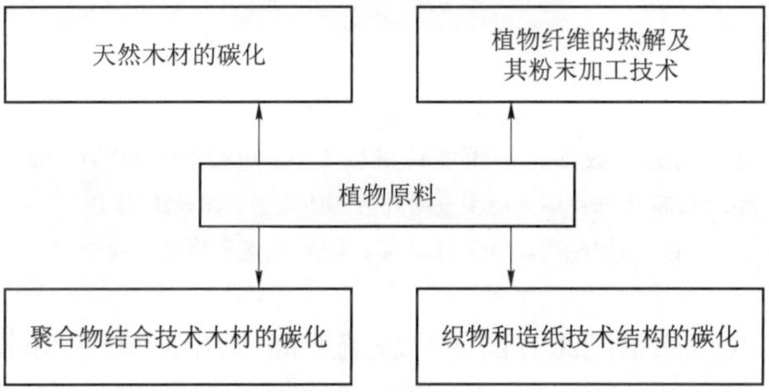

图 8.39　通过碳化生物结构生产陶瓷的方法

材料技术和经济上令人关注的方法使得可以通过纸张和织物结构生产出多孔陶瓷系统。相反，致密的结构单元有利于技术木材的转化生产。在此，成本低的木材加工技术取代了昂贵的陶瓷成型。生物炭或木材状态下的特殊连接技术和随后的碳化非常有利于生产大型和复杂的预成型件。这些生物炭结构的机械强度可以很容易地对复合体进行加工。包括诸如激光切割或水射流切割等现代方法在内的所有常见机械加工方法都可以用于最终几何形状的制造。在硬质陶瓷状态下的加工可以被限制在具有决定性的功能表面上。作为成本最低的陶瓷化方法，通过硅（Si）或含 Si 合金的液体渗透得到证明。经济上起决定性作用的是保持部件的几何形状，即在液态硅酸盐中能够避免收缩或其他不希望的几何形状改变。

图 8.40 所示为生产木纤维板材质大尺寸陶瓷部件的技术方案。图 8.41 说明了这种加工方案的实施和大型换热器原型部件的轻量化开发。

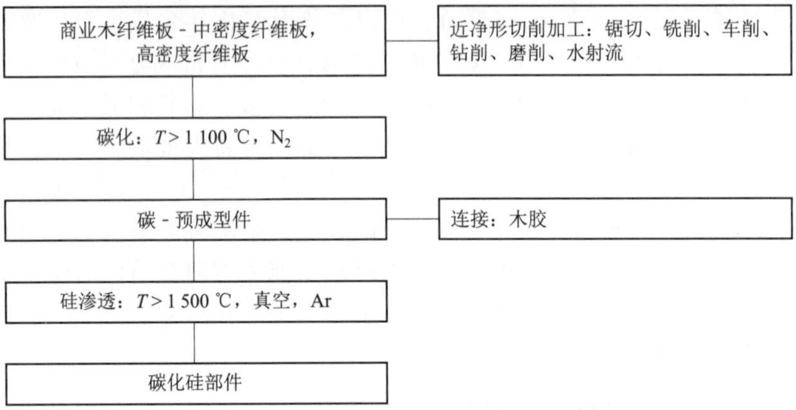

图 8.40　用商业木纤维板生产大型复杂陶瓷部件的技术方案

（a）　（b）　（c）

图 8.41　横流换热器
（所使用的半成品：中密度纤维板 150 mm×150 mm×16 mm）
（资料来源：弗劳恩霍夫研究所高能陶瓷技术协会 IKTS）
（a）结构原理；（b）半成品；（c）连接和烧结的陶瓷

生物陶瓷轻量化应用示例还有前照灯玻璃座圈（图 8.42）和凹面镜（图 8.43）。无孔部件的密度可以高达 3.05 g/cm^3，弹性模量大于 320 GPa，热膨胀系数较低，小于 3×10^{-6}/K，高温长期稳定性和气密性良好，可在一定范围内调整的电导率和热导率，预示着这种陶瓷部件适用于轻量化结构的功能性应用。

图 8.42　前照灯玻璃座圈
（图片来源：弗劳恩霍夫研究所
高能陶瓷技术协会 IKTS）

图 8.43　凹面镜
（图片来源：弗劳恩霍夫研究所
高能陶瓷技术协会 IKTS）

8.4 总 结

陶瓷材料的特征在于它们的特殊性能，例如耐高温性、耐化学性和高硬度以及相对较低的密度。仅有这些特性并不是将其用作轻量化结构部件的唯一原因。即使是非常复杂的几何形状，也能通过面向陶瓷的设计与各个要求的材料特性相结合减轻重量，从而实现其他应用优势。陶瓷材料的成型有很多方法。这些特征在某些情况下是由材料确定的。此外，材料方案和特性，部件的配置和加工工艺之间还存在相互影响。除了对要求属性（热机械性和腐蚀性应力、动态交变载荷，等等）的基本理解之外，面向材料和生产的陶瓷部件设计也是在轻量化中成功应用的关键。然后，可根据部件的几何形状和数量以及成本上的合理性选择合适的成型工艺。

8.5 附加信息

1. 文献

Binner, *J. G. P.* （*Hrsg.*）：Advanced Ceramic Processing and Technology. William Andrew Publishing/Noyes，1990

German, *R. M.*：Injection Molding of Metals and Ceramics. Metal Powder Industry，1997

Händle, *F.* （*Hrsg.*）：Extrusion in Ceramics. Springer Verlag，Berlin/Heidelberg，2009

Kollenberg, *W.* （*Hrsg.*）：Technische Keramik-Grundlagen，Werkstoffe，Verfahrenstechnik. Vulkan Verlag，Essen，2010

Kriegesmann, *J.* （*Hrsg.*）：Technische Keramische Werkstoffe. Fachverlag Deutscher Wirtschaftsdienst，Köln，1989-2010

Maier, *H. R.*：Integratives Konstruieren mit Keramik. cfi/Ber. DKG，83，6-7，D15-D18，2006

Mistler, *R. E.*, *Twiname*, *E. R.*：Tape Casting. The Am. Ceram. Soc.，Westerville，2000

Pritzkow, *W. E. C.*：Oxide-Fibre-Reinforced Oxide Ceramics. cfi/Ber. DKG，85，12，E31-E35，2008

Read, *J. S.* （*Hrsg.*）：Principles of Ceramics Processing. Wiley-Interscience，1995

2. 公司宣传册和网站地址

陶瓷工业协会：技术陶瓷摘要。Fahner 出版社，1999

www. hussgroup. com（CleanDieselCeramics GmbH）（CleanDieselCeramics 股份有限公司）

www. keramikblech. com

www. keramverband. de

www. ptspaper. com

www. wzr. cc（Werkstoffzentrum Rheinbach）（莱茵巴赫材料中心）

9

混杂复合材料的制造工艺路线

Frank Henning, Kay Weidenmann, Bernd Bader

类似于混杂复合材料体系，混杂复合材料组的加工工艺方法也很多，因此进行所有工艺的全面处理根本是不可能的。即使是在重点关注塑料基复合材料的情况下，根据不同的塑料，在不采用连接工艺的情况下（参见第 4 册），也有相应数量的开放和封闭形式的制造工艺可用（参见第 3 册第 6 章）。

因此，下文将重点放在生产混杂复合材料特定实质性问题或工艺上，而不是所使用的制造工艺或连接工艺本身。

一个复合材料制造中始终存在的主要因素是不同类型材料的连接问题。特别是金属-塑料或塑料-陶瓷混合材料，因为各个组件边界层上的黏合情况不同，必须设计相应的接口，以在必要时能够进行化学键合。此接口设计主要是通过实际复合材料加工工艺上游的表面处理来实现的。

在塑料基的混杂结构中，预处理后续的制造工艺，就是以两种基本方法创建塑料与连接对象（金属或陶瓷）之间的连接：或者在工艺中通过将塑料添加到连接对上的方法，例如，在注射成型机中直接注塑或在压制过程中压入金属插片（模内组装，IMA）；或者使用传统连接方法在工艺下游连接塑料结构和金属结构或陶瓷结构（模后装配，PMA）。

在模内组装的过程中，需要将已经成型的连接对嵌入模具中，并在互不相连的位置上与塑料结构形成形状闭合，或在适当的表面处理后，通过相应的表面化学形成材料闭合。在生产循环结束时，从模具中取出混合部件（Goldbach 2000，Op de Laak 2001）。

在第二种变型，即模后装配时，使用了具有相应混合能力的传统连接技术。其中包括典型的黏合和力配合或形状配合连接工艺。在所有的工艺中，加工工艺的目标是连接异质材料，因为必须活化用于黏合工艺中的异质材料，因此加工一般需要一个相应的连接准备过程。

下面，在根据轻量化领域相应的应用实例详细介绍“模内组装”和“模后装配”两种加工工艺之前，首先将介绍相关的表面处理工艺。

9.1 作为加工准备的表面处理

9.1.1 借助等离子进行表面改性

诸如低压等离子体、气体放电、冷等离子体、辉光放电或非平衡等离子体等许多术语都是指等离子体技术，并且这些术语所描述的基本上是相同的物理现象。

当气体中颗粒达到离子化所需的能量时，就产生了等离子体。等离子体是各种不同能量激发态下带有中性和带电粒子的气体或气体混合物。聚合物，尤其是热塑性塑料，具有阻碍附着且在化学上相对钝性的表面（Rieß 2002，Mühlhan 2001）。因此，等离子体必须精洗并化学连接极性基团，从而改变表面能并使其能够与涂料、油墨、黏合剂或其他材料相结合。为此通常会使用一种简单的氧化性工艺气体，如氧气或空气。图 9.1 所示为一个带有分子氧和活性氧的氧等离子体模型，聚乙烯表面上的分子氧和活性氧可以使聚乙烯表面与具有酮和醛特性的侧基连接。如果工艺气体中混合了更复杂的气态有机化合物，则也能够通过有目的地选择将官能团连接到表面（Rieß 2001，Mühlhan 2002，Klages 1999），然后其与后来的连接对或黏合剂的反应基团直接进行化学反应。

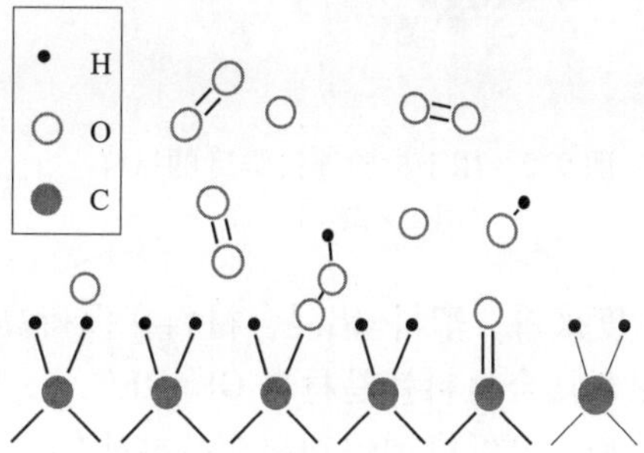

图 9.1　氧等离子体中聚乙烯表面的改性示意图

因为在等离子体工艺中只需要使用少量的材料就可以进行加工，因此是非常环保且节约资源的。可以使用各种能量源来产生等离子体。最具经济意义的常压等离子体源使用中频交流电源。由于离子的动能很小，可以使用微波等离子体在低压下对热敏感材料进行加工。此外，微波等离子体还具有较高的等离子体密度，即高反应性，因此具有较高的包覆率（Nauenburg 2007，Hunyar 2008，Dreher 2009）。

9.1.2 化学活化

与进行物理触发工艺的等离子体处理不同，表面可以进行化学活化。化学活化时，需要使用能够在表面形成反应基团的相应化学品，反应基团将被用于与连接对发生反应。对于表面性质，可对等离子体活化结果进行定性比较。活化剂会对表面产生化学腐蚀（酸洗），并由此而导致微观粗糙度，从而可以实现微观形状配合连接。

例如，如果将铝合金浸入氨水溶液中，合金表面会形成纳米级的微小空腔。如果随后将这样处理过的铝制部件嵌入注射模具中，并且喷射聚对苯二甲酸丁酯

（PBT）或聚苯硫醚（PPS），主要是基于机械附着力可以形成铝部件和塑料之间的牢固连接。Taiseiplas 公司将这个新加工工艺称为纳米成型技术（NMT）。此技术在经过三年的开发阶段之后达到了市场成熟阶段（Tasei），自 2004 年 4 月起开始用于批量生产中。除酸洗槽工艺外，这种纳米成型工艺还需要开发一个用于金属嵌入的模具，并采用合适的材料和铝阳极氧化处理工艺。

上述塑料 PBT 和 PPS 与各种铝锻造合金之间的连接剪切断裂强度达到了 20 ~ 30 N/mm²，拉伸强度达到了 90 ~ 100 N/mm²。塑料的特点是含有 20% ~ 40% 的增强材料（玻璃纤维）。在 PBT-Al 复合材料的温度冲击测试中，在超过 200 次从 -40 ℃到 +85 ℃的温度交变循环下，原来所达到的黏合强度没有变化。即使是在经过 1 000 次在 -55 ℃和 150 ℃的温度冲击试验循环后，PPS-Al复合材料的连接强度也没有发生变化。图 9.2 所示为用于检验连接强度的试样。

图 9.2 用于检验连接强度的试样

（图片来源：Tasei）

因为铝的化学活性相对简单，从轻量化的角度来看，塑料-铝混合材料在保持高耐腐蚀性方面的性能较好。这种大规模应用的混杂复合材料就是材料 GLARE® *，它被用作空客的飞机外壳。这是一种具有铝合金和玻璃纤维增强塑料交替结构的夹层板（图 9.3）。根据其性能，后者的设计根据铝的热膨胀系数进行调整，以避免运行过程中的热应力。

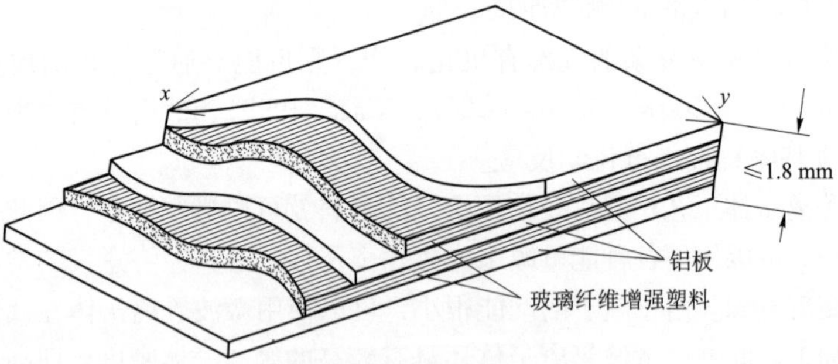

图 9.3 GLARE 结构示意图

（图片来源：Botelho 2006）

GLARE® 是通过真空袋工艺制造的（参见第 3 册第 6 章），这种方法可以直接通过纤维复合材料的固化将铝和纤维复合材料连接在一起，下面将通过一个模内组装（IMA）的实例对模内组装进行进一步说明。

* GLARE® 指玻璃纤维增强铝合金。

9.2　模内组装（IMA）

在加工塑料基混杂复合材料时，必须考虑到那些杂化后才会产生的工艺和结构技术问题。例如，已在复合材料 GLARE 中说明了的热膨胀。在模内组装的生产途径中，需要特别注意的是，不同于模后装配，混合元件并不是通过一个专门设计的接头连接的，而是通过工艺中所产生的界面进行连接的。因此，连接一方面是大面积的，而另一方面通常是最核心的，它们极可能在某些运行负荷情况下受到损伤。下面将通过选定的方法实例对生产中混合元件的相关方面加以说明。

9.2.1　压力注塑包封和加压压制

在对混合结构型式进行设计时，必须注意确保板中的穿孔、咬边和压力注塑包覆或加压压制能够使金属和塑料之间实现永久性机械接合。与只能通过成本过高的预处理过程才能实现的材料配合相比，这样的形状配合连接通常能够承受长时载荷，由于组分的化学差异性，通过纯黏合连接方法几乎无法实现金属-塑料复合材料的连接。因此，最好根据相应的载荷确定部件中的应力分布，并在形状配合连接方面对结构进行优化。与纯注射成型件或冲压件的生产相比，在混合部件的情况下，由金属、陶瓷或纤维增强塑料材料制成的嵌件必须与注射成型模具的几何形状匹配。这对制造精度有较高的要求。

对于金属嵌件来说，这个要求通常是容易的，因为可以使用新的计算机数控方法，通过嵌件成型模具（例如拉深）和相同的数据像生产注塑模具一样进行生产，这也是成本较低的原因。在金属框架结构非常复杂的情况下，最好是将多个部分重叠的单片插入模具中，以替代一个复杂的焊接嵌件，从而在随后的压力铸造或压制中产生一个形状配合的复合材料。这将在整体上减少板材废料，并避免连接或处理时整个板材嵌件有折弯的风险。混合材料部件中各处的塑料收缩率并不是全部相同的，因此，必须事先对此加以考虑，以避免翘曲。

虽然真正的复合在一个工作流程中就可形成，模内组装时塑料-金属混合部件通常还是会被分成两个工艺阶段。首先，将深冲或折弯的薄壁金属板型材插入压力机模具或压力铸造模具中，然后使用聚酰胺肋材进行加强。这时同时形成功能元件，因此也被称为功能集成。这两种技术，即压力铸造和金属深冲的组合，在工艺可靠性方面没有缺点。这说明可以借助此工艺制造各种混合材料前端。虽然是一种高度复杂的大型部件，但其废品率远低于 1%。

9.2.2　混杂复合材料有机板的加工

9.2.2.1　总体概况

有机板是平面复合材料部件，其中一个是由特殊织物制成的，它被以特定的方向嵌入热塑性基体中（参见第 2 册第 9 章）。有机板成型的方法是从金属板加工工艺中推导出来的，并将其进一步开发用于复合材料。这种方法已能满足工业批量生产的要求。根据保险杠的设计，热成型过程持续时间在 60~90 s。为了使有机板半成品成型，需要使用红外辐射装置将板材加热到热塑性基体的熔融温度，然后在较低压力下成型。刚性纤维本身是否可以采用这种成型工艺，取决于强化织物在干燥以及未结合状态下的灵活性。可以手动或自动将强化织物放入模具中，在不超过某一限度的情况下，这同样适用于熔融状态下的基质。成型工艺类似于金属板成型时的拉深，但所用压力明显低得多。

9.2.2.2　加工基于有机板的强化部件

为了加工全塑料混合部件，应首先将有机板用压制工艺进行成型（参见第 2 册第 9 章）。然后，将刚刚得到的半成品加热到塑料基体的熔点，置于注射成型模具或冲压模具中并进行压力注塑包封或加压压制。在相应的位置上为部件有目的地装配短纤维或长纤维增强热塑性塑料肋材。通过对有机板进行适当的预热，可以使纤维增强热塑性塑料在整个接触面上具有良好的黏合性。根据所选择的材料和加工参数，这些应当符合在良好黏合或焊接时相同基体系统的参数。不同于传统的塑料-金属复合结构，两个部件之间所产生的连接并不是纯粹的形状配合连接，而是力配合连接，从而明显提高了整体部件的机械特性。

为了能够将塑料部件的长度变化和由此在塑料部件中引起翘曲的风险限制在一定范围内，需要采取额外的应用技术措施，例如，通过合适的浇口位置和相应的工艺控制最小化成型件中的定位。

有机板成型模具的投资要明显低于金属成型模具，因此使用有机板生产混合部件是比较合算的，尤其是中小批量生产。如果将聚酰胺作为注射成型并作为有机板的热塑性基体，则混合部件被称为单一材料解决方案。这在回收利用方面有优势。为了不断提高新复合材料技术的经济性，开发的重点被放在有机板在压模或注塑模具中的拉深上（图 9.4）。通过这种整合，无须再在压力注塑包封之前对板材进行单独加热和拉深（Lutter 2010）。

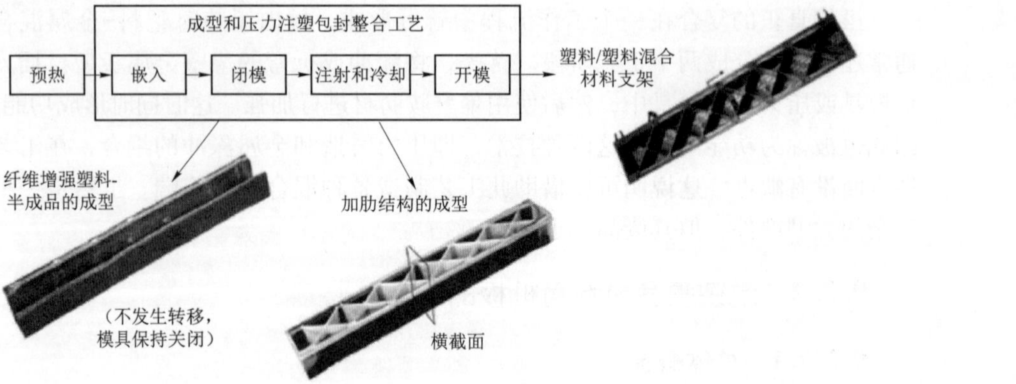

图 9.4　示例支架的制造
（图片来源：Lanxess 2009）

在此期间，有机板混合部件的制造工艺已经非常成熟，每年产量超过10万件，已经具有较好的经济效益。在此，潜在的部件还有前端和备胎凹槽、发动机舱与车辆地板单元的隔板（Lanxess 2009）。

在有机板的后注射工艺中，将功能元件注射到有机板制成的热成型部件上。这种技术的特征在于，与内插和外插技术相比，两种材料可被设计成具有不同的功能特征，以此来满足部件中的结构任务（Ehrenstein 1997）。类似于塑料-金属混合体的生产，在这个过程中功能元件被注射到预成型且带孔的嵌件上，嵌件可以是预成型的有机板。在一个有机板型材上注射加肋结构可以明显提高部件的刚度（图9.5）。此外，加强结构额外的穿孔形状配合连接增强了嵌入增强部分的基体材料与注塑材料之间材料结合的黏合强度（Zhao 2002）。

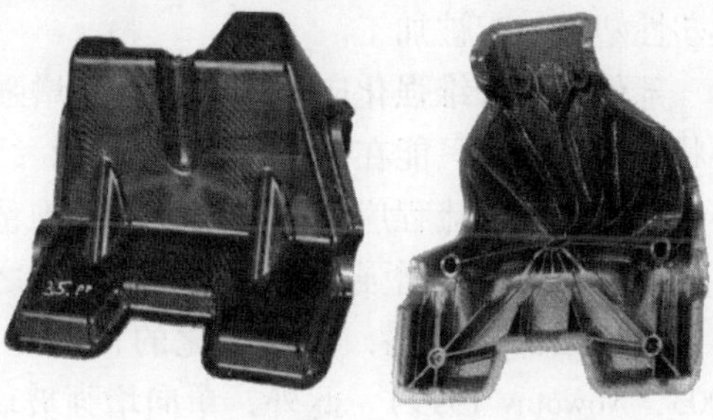

（a）　　（b）

图9.5　转向柱的混合材料连接

（a）有机板成型；（b）喷射功能

（图片来源：Bond Laminates）

在一个变体中，将注射成型单元直接连接到有机板预成型台的上游（EP 2000）。加热增强坯料，并在一个预成型台中形成近终形轮廓。趁热将增强气体放入水平闭模的注模机中，然后进行注射复合。该工艺可用于乘用车保险杠支架加工的其他应用中（Dawson 2002，NN 1999）。

9.2.3　局部连续纤维增强长纤维复合材料的制造工艺

这种工艺的基础是长纤维增强热塑性塑料工艺（参见第2册第6章），可以在成型工艺中使用长纤维增强增塑剂。这种工艺本身可通过使用上述嵌件进行杂化，因为最后的加工步骤通常是一个压制过程，因此，加压杂化的前述讨论适用。但杂化方法也是多种多样的，例如可以通过嵌入的织物半成品进行平面增强或通过聚合物基体上的嵌件进行单向纤维增强。

所得到的产物是一个复杂的三维部件，此部件具有连续纤维增强材料制成的面向负载的集成结构（图9.6）。同时，通过长纤维增强聚合物熔体在压力机中的流动，长纤维开始与流动方向无关进行取向，从而通过流动路径的适当设计进一步影响强度的增加。

下面将在长纤维增强热塑性塑料的基础上对通过冲挤生产混合结构的工艺方案加以说明。

玻璃纤维毡增强热塑性塑料（GMT，例如，GMTex®）* 与长纤维增强热塑性塑料工艺结合可以很容易地生产出局部增强的部件，可以将多个带有或不带纤维强

* Quadrant公司的公司名称

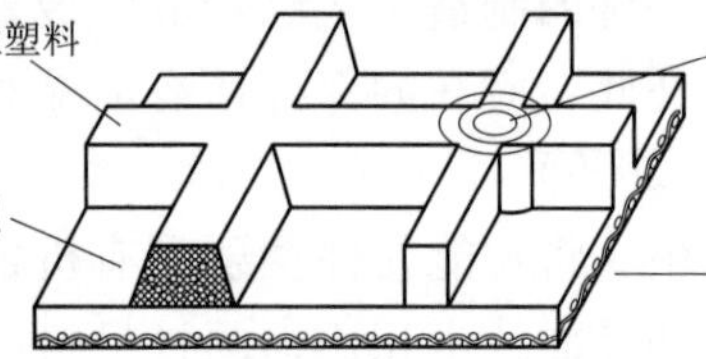

图 9.6 集成有长纤维增强和连续纤维增强材料的部件结构（Krause 2002）

化的玻璃纤维毡增强热塑性塑料坯料在压模中定位，并在冲挤过程中与长纤维增强热塑性塑料一起被加工。

部件中的纤维强化应与玻璃纤维毡增强热塑性塑料坯料的尺寸匹配，因此它在形状和大小方面只能在一定限度内变化。纤维增强坯料在模具中的定位应确保力的传导区域。加工流程应符合通常玻璃纤维毡增强热塑性塑料的加工要求，其中，除了由更高品质纤维增强半成品导致的成本之外，几乎没有任何额外的加工成本。与非织物增强部件相比，材料杂化的目的是提高耐冲击性和能量吸收能力（Dittmar 2003，Nowotny 1999）。此外，单向增强玻璃纤维毡增强热塑性塑料半成品还用于乘用车备胎凹槽（图 9.7）和乘用车保险杠支架。图 9.7（b）部分显示了一个 X 线图像，其上可以看出连续纤维增强材料在部件中的位置（Krause 2002）。

(a)　　(b)

图 9.7 GMTex® 备胎凹槽（质量：4.8 kg Dittmar 2003）

定制长纤维增强热塑性塑料工艺的目标是整合获得最大收益和节约材料成本所需的几个工艺步骤，因此，将使连续纤维束直接浸渍与长纤维增强热塑性塑料直接处理技术相结合。表面增强可以使用部分强化的织物半成品。定制长纤维增强热塑性塑料采用定制纤维铺放原理，通过这个原理可以使部件的主要应力区域完全由沉积的连续纤维带制成。直接在工艺链中产生或提供平面半成品和缠绕纤维束制成的部件特定增强结构，同时将长纤维增强模压塑料嵌入模具。图 9.8 所示为该工艺的流程示意图。

通过压制过程形成了一个具有内部面向载荷承载结构的集成部件。通过相应的模具几何形状和定位辅助系统，可以将嵌件增强件固定在模具中，并且使其不会因长纤维增强热塑性塑料的冲挤而移位。

嵌入模具前将经加热和预浸渍的连续纤维结构与长纤维增强热塑性塑料增塑剂装配到一起的处理系统起到重要作用。浸渍纤维束制缠绕增强结构的制备同样是由

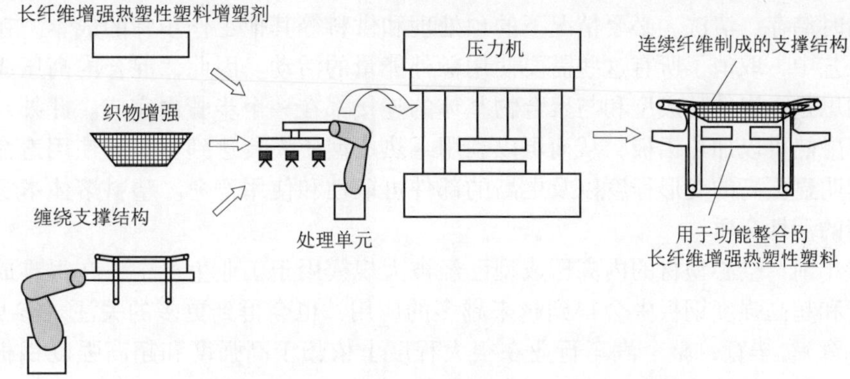

图 9.8　带局部连续纤维增强材料的长纤维增强热塑性塑料的压制—定制长纤维增强热塑性塑料的工艺流程

一个处理单元在即将在模具中定位之前完成的。这样就可以省去一个转移步骤和一个对局部增强结构进一步加热的步骤。原则上来说，应当组合使用织物半成品制成的连续纤维结构、型材或缠绕结构。不同嵌件增强件的应用取决于其特定的应用情况。图 9.9 所示为部件特定增强结构的加工方案。

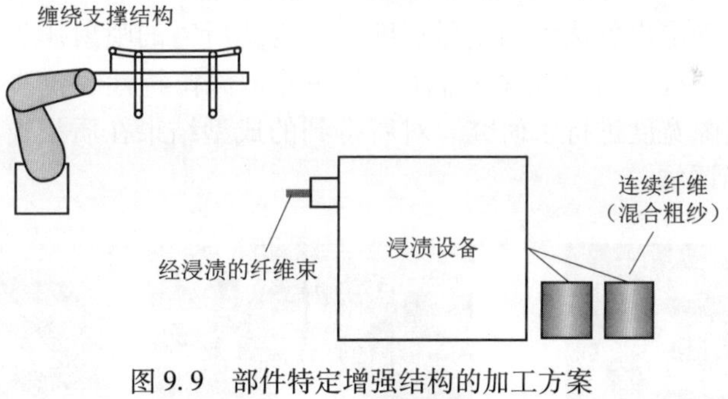

图 9.9　部件特定增强结构的加工方案

另一种工艺是 E-LFT ® 工艺（WO 1999，Hüsler 2002）。其开发基于用于制备连续纤维增强扁平型材的设备，对型材进行加热后，使用一个处理单元将其放入压模中，并与长纤维增强热塑性塑料一起压制成混合纤维复合部件（图 9.10）。压制过程对应于使用浸渍边缘模具进行的玻璃纤维毡增强热塑性塑料和长纤维增强热塑性塑料加工。

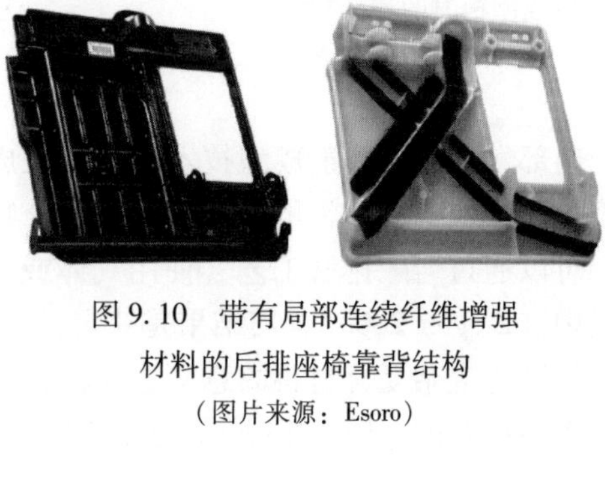

图 9.10　带有局部连续纤维增强材料的后排座椅靠背结构
（图片来源：Esoro）

9.2.4　混合内高压成型

前面章节中所述的二级混合工艺的一个主要缺点是：以定位销、夹钳或滑块的形式牢固且形状配合地固定紧公差嵌件的成本较高。此外，还有取出、放入、临时储存、清洗、必要情况下的预处理和供料等其他工作步骤的成本。在一个单级工艺中，取消了所有这些需要使用额外能量的活动。因此，混合内高压成型加工的构思是：嵌件的成型和与聚合物基体的连接都在一个步骤内完成。此外，所带来的熔融热可以加热铝板，从而可以利用半热成型使模具达到更长的使用寿命，同时达到明显更高的变形程度以及更高的部件可锻性和使用寿命。塑料熔体本身可作为成型的活性介质。

多年前，空心型材的内高压成型已经被大规模用于工业生产中，在很难成型的高强度和超高强度钢板中会得到越来越多的应用，也会得到更多的关注（参见第3册第2章）。毕竟，整个汽车行业在很大程度上依赖于高强度和超高强度钢板，从而可以优化车辆的重量和安全性。高强度钢板在刚度、强度和重量方面具有明显优势，因此新奥迪 A6 车两侧的所有加强部件都采用了超高强度金属板。然而，新材料也有缺点，例如，加工性能较差、成型性和深冲深度极低、冲压力和压紧力较高、连接工艺有限，且工艺窗口较小。同时还会有强烈的回弹能力、刀具磨损和巨大的切削冲击，这些都会给压力机施加极端负荷。这些材料可以在活性介质的辅助下更好地成型。

弗劳恩霍夫化学技术研究所（ICT）给出了在注模机上实现金属半成品成型过程的基本观点（图 9. 11、图 9. 12，Scharrenberg 2002）。在这里，根据一个简单的杯形部件通过试验确定出可达到的变形程度以及为此所需的喷射压力等适当的工艺参数。此外，还对两种不同的金属-铝合金及深冲钢深拉特性和拉紧特性以及为此所需的、允许的间隙宽度进行了研究。对所得到的成型结果在质量要求和可重复性方面进行了测试和评估。

图 9. 11　在注模机上成功完成了对成型板材的初步测试（Scharrenberg 2002）

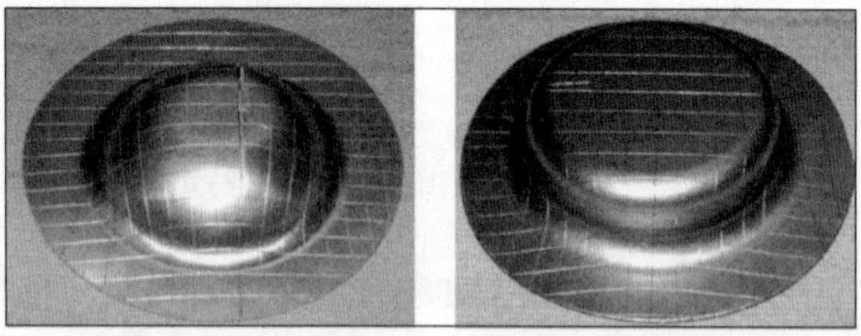

图 9. 12　通过注塑加工成型的底部断裂和无底部断裂的板材（Scharrenberg 2002）

内部气体压力注射成型技术与内高压成型或内部高压金属板材成型组合将获得很多协同效应，因此，可以通过注入聚合物达到金属成型所需的压力。在外皮成型后，可以通过熔融排气工艺（使用气体或水）将塑胶芯压入次级腔中或返回到喷射单元中（Ziegler 2005），其结果是获得一个带有聚合物薄层的成型板材或管材。另外，从制造混杂复合材料的意义上来说，还可以喷射其他塑料单元，部件可以是实心或者泡沫芯的。图 9. 13 所示为注塑机上内高压成型时的工艺原理和流程图。

① 插入金属管，然后闭合模具，进入工位并通过注射单元和气体内压单元在两侧加压；

② 注入塑料，从而使金属管成型；

③ 边界层凝固，芯部仍有塑性；

④ 使用内部气体压力单元吹出塑料芯。此步骤是可选的，并且可以以其他方式进行杂化（例如，聚合物芯发泡）。

IHU-SG 可用于金属制管状空心部件的生产，这些部件带有结构稳定、绝缘、吸音降噪并起着防腐蚀和减少磨损作用的热塑性、热固性或弹性体材质的塑料内层。它在汽车行业中的产品不仅有换挡手柄、方向盘、门把手、顶篷扶手这样的操控元件，还有诸如转向横拉杆和纵向推力杆及发动机支架、保险杠、转向柱、横向加强筋等悬挂系统部件及其他汽车部件。例如，带有塑料内层的金属管形部件可以作为侧面防撞的增强结构集成在车门中。

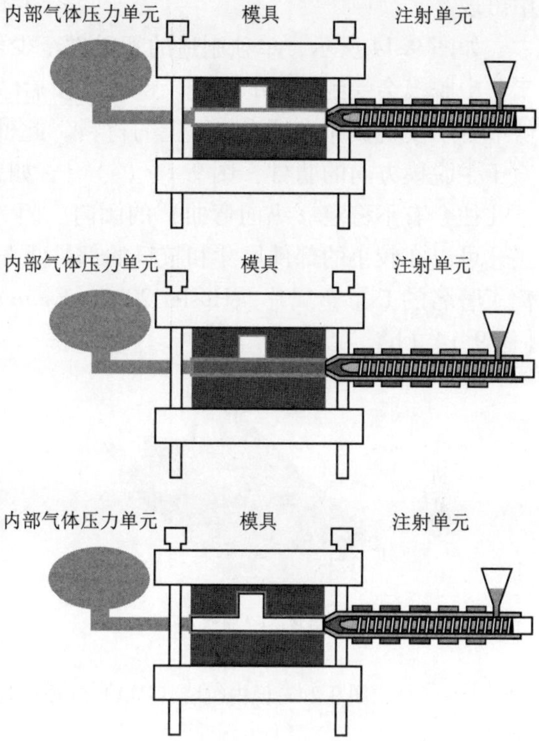

图 9.13　注模机上内高压成型时的工艺原理和流程图
（图片来源：IHU-SG）

9.3　模后装配（PMA）

9.3.1　模后装配（PMA）和模内组装（IMA）的比较

在模后装配技术中，首先分别制造混合复合材料的两种组件，如板材部件和塑料部件。在塑料部件成型后，必须在后续工序中将其与板件连接在一起。最初看起来这似乎是个缺点，因为它需要一个额外的工序。但仔细观察后会发现，模后装配工艺与模内组装相比具有其明显的优势。例如，在设计塑料部件和板件时，设计师有更大的设计自由度；通过模后装配技术可以实现模内组装不总能实现的面向负荷的结构；此外，更大的设计自由度也使得功能的整合更加容易。

通过模后装配工艺可以生产板厚度公差较大的板结构，因为板件并不需要在模具中密封。采用模后装配工艺时，模具在建造和公差方面较容易实施。当装配过程所需要的时间少于塑料件成型时间时，模后装配工艺中的混合部件生产周期较短。模内组装工艺中由于塑料与金属的加工收缩差异而造成的翘曲不会在模后装配工艺中出现。

如图 9. 14 所示，单独制造的塑料件至少可以在两个方向上脱模，而在模内组装工艺中脱模会受到板件的限制。例如，模后装配工艺所给出的附加脱模方向使其能够节省承受机械应力较小位置上的材料。此外，采用模后装配工艺可以制成走向垂直于主脱模方向的肋材［图 9. 14（a）］。如果没有这些增强部分，主肋在承载情况下往往会有不稳定（纵向弯曲）的倾向。因为有更大的设计自由度，通过模后装配工艺可以在较小的部件尺寸和较轻的部件重量下达到相同的机械性能。特别是在偏离了著名的 U 形金属片（Hüsler 2002，Esoro）并向夹层结构过渡的情况下尤其如此［图 9. 14（b）］。

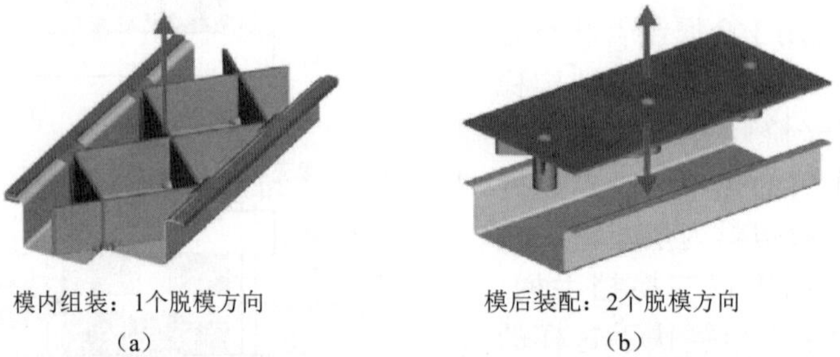

图 9. 14 模内组装（IMA）和模后装配（PMA）下的脱模可能性

（a）通过注射成型连接；（b）通过后续接合进行连接

由此可以看出，模后装配工艺在设计自由度方面优于模内组装工艺（图 9. 15）。此外，从上述优点中还可以得出，模后装配工艺还有节约成本的潜力。

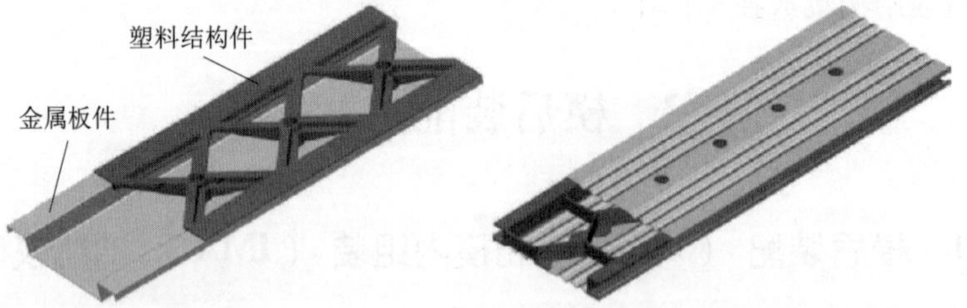

图 9. 15 面向负荷优化的塑料-金属混合结构：只能用模后装配工艺生产，无法使用模内组装工艺（图片来源：BASF 2002）

9. 3. 2 连接技术是模后装配路线的重要方面

能否采用模后装配工艺制造出一个成本较低的塑料-金属混合部件主要取决于所使用连接技术的类型。在注射成型后，可以用各种方法将塑料结构连接到金属板上。基本上可以将连接技术分为两种：需要单独连接元件的（例如抽芯铆钉、自穿孔铆钉和螺栓）连接技术和不需要额外零件的连接技术（请参见第 4 册第 1 章和第 4 章）。连接技术中的后者通常更具经济性，因此只要其能够满足机械要求，应当优先选用（Op de Laak 2001）。

例如，在独立的连接单元上，可以不使用铆接工艺，这种工艺通过一个注射成型的塑料销的形状配合实现成型加工（铆钉头的成型，图 9.16）。

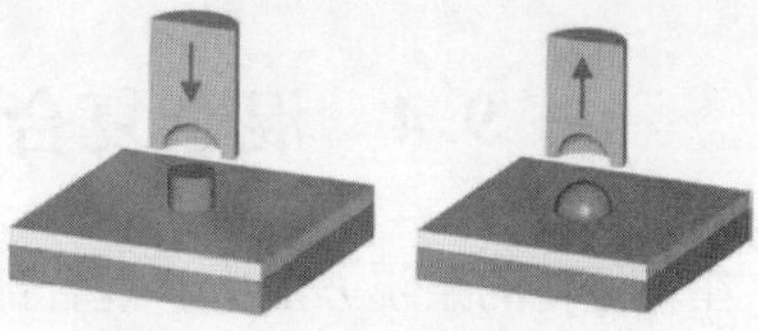

图 9.16　通过热铆合连接塑料和金属板
（图片来源：BASF 2002）

塑料和金属板的另一种连接技术被称为轴环连接（Collar Joining）。该工艺基本上包括三个步骤（图 9.17）。首先，在金属板上钻一个孔，然后使用冲头在板件的这一位置上冲出轴环，最后在第三个步骤中直接压入塑料部件的壁中。由于轴环的特殊形状，通过这种方式可以在金属板和塑料之间产生一个牢固的形状配合连接。牢固连接的基本先决条件是存在有形状配合连接。例如，可以通过轴环外部专为此目的加工出的槽来实现，这个槽既可以是翻孔后的结果（截面收缩，图 9.17），也可以在轴环冲制之前通过相应的模具在板件上冲压出来。但是，必须通过适当的工艺控制在轴环端侧形成一个侧凹。

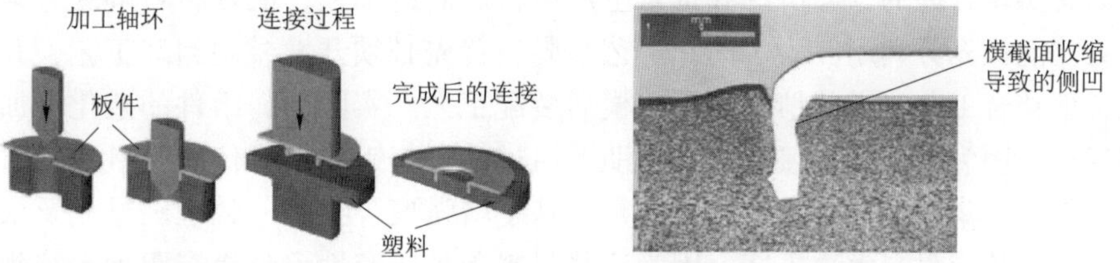

（a）　　（b）

图 9.17　轴环连接工艺步骤的示意图和轴环的截面图（半剖面）
（图片来源：BASF 2002）

表 9.1 给出了所述工艺与其他机械连接工艺的比较，这些机械连接工艺可以作为通过模后装配路线生产塑料-金属混杂复合材料的方法变体。这些工艺选择不在此进行一一介绍，请参见第 4 册“连接技术”中的相关内容。

表 9.1　用于加工混合部件的各种机械连接工艺的对比

	冲压铆接	盲铆	螺栓连接	卡接	热铆	轴环连接
强度	+	+	+	o	o	o / +
无间隙性	+	+	+	o	–	+
重新装配	–		+	+	–	–
公差要求	+	–	–	o	–	+
加工时间	+	+	+	+	–	+
成　本	–	–	–	+	o	+
注：+ 有利；o 一般；- 不利。						

9.4 混杂复合材料与其他部件的连接

在轻量化的系统方法中，混合部件在部件环境中的集成是一个重要步骤，这个步骤对于轻量化的潜力具有决定性意义。杂化往往有很多优势，在设计方面经常会选择杂化，这样才能与其余结构进行连接。例如，如果混合部件中含有具有自由表面的钢制嵌件，则可以像常规钢制部件一样进行传统连接，如黏接、铆接、激光焊接和点焊。当它们被安装在一个钢环境中时，与铝压铸组件和镁压铸组件相比，其接头处不会出现接触腐蚀的问题。由于钢板嵌件不仅能够减振，还能抑制部分振动，因此使混合式设计比纯塑料结构有明显更紧的加工公差。在比较巧妙的设计中，在纯焊接钢结构中，较容易实现较紧的公差带。

9.5 总　　结

只有实现合理的、经济的和批量生产可行的制造工艺，混合材料解决方案的应用潜力才能被充分利用。为了简化工艺步骤，首先必须开发模内组装工艺，并且在不能合理整合工艺步骤的情况下采用模后装配工艺。实际上，组件的杂化增加了其应用潜力，因为在已知连接方法的辅助下通过整合与铝或钢等传统轻量化材料的连接点可以将其集成到现有结构中。但是，基于增强聚合物的一致性轻量化要求具有一个完美的传统材料解决方案，因为这些材料不具兼容性。与汽车驱动系统领域中正在讨论的问题相比，在这里杂化是一个多材料设计的桥梁技术。

9.6 附 加 信 息

1. 文献

Botelho, E. C., Silva, R. A., Pardini, L. C., Rezende, M. C.: A Review on the Development and Properties of Continuous Fiber/Epoxy/Aluminum Hybrid Composites for Aircraft Structures. Mat. Res. [online], 2006, Bd. 9, Nr. 3 [cited 2011-01-14], S. 247-256

Denes, A. R., Tshabalala, M. A., Rowell, R., Denes, F., Young, R. A.: Hexamethyldisiloxane-Plasma Coating of Wood Surfaces for Creating Water Repellent Characteristics. Holzforschung, 53, 1999, S. 318-326

Dreher, R., Nauenburg, K.-D., Graf, M., Emmerich, R., Bräuning, R.: High Rate MW-PCVD Processes for Transparent Hard Coatings on PC Plastic Foils: First Results and Calculations for an Upscaling. International Symposium on Plasma Chemistry, Bochum, 2009

Hunyar, C., Räuchle, E., Alberts, L., Graf, M., Kaiser, M., Nauenburg, K.-D.: Surface Waves for Technical Applications: Numerical Model of the Plasmaline®. 11th International Conference on Plasma Surface Engineering, Garmisch-Partenkirchen, 2008

Klages, C.-P.: Mat.-wiss. und Werkstofftechnik. 30, 1999, S. 767-774

Lutter, *F.*: Leicht und hoch belastbar-Organoblech-Composite-Bauteile. Kunststoffe, 11, 2010, S. 74-77

Mühlhan, *C.*: Plasmaaktivierung von Polypropylenoberflächen zur Optimierung von Klebeverbunden mit Cyanacrylat-Klebstoffen, Diss., Universität Duisburg, 2002

Nauenburg, *K.-D.*, *Alberts*, *L.*, *Dreher*, *R.*, *Kaiser*, *M.*, *Stahlschmidt*, *O.*: High Rate MW-PCVD Process for Transparent Hard Coatings on Large PC Parts. ISPC 18, Kyoto, 27-31. August 2007

Op de Laak, *M.*, *Pötsch*, *G.*, *Schwitzer*, *K.*: Kunststoff-Metall-Hybride. Kunststoffe 91, 9, 2001, S. 112-118

Rehn, *P.*, *Viöl*, *W.*: Dielectric Barrier Discharge Treatments at Atmospheric Pressure for Wood Surface Modification. Holz als Roh-und Werkstoff, 61, 2003, S. 145-150

Rehn, *P.*, *Wolkenhauer*, *A.*, *Bente*, *M.*, *Förster*, *S.*, *Viöl*, *W.*: Wood Surface Modification in Dielectric Barrier Discharges at Atmospheric Pressure. Surface and Coatings Technology, 174-175, 2003, S. 515-518

Rieß, *K.*: Plasmamodifizierung von Polyethylen. Diss., Universität Halle-Wittenberg, 2001

Scharrenberg, *J.*: Machbarkeitsstudie zur Verfahrenskombination Innenhochdruckumformen mit Spritzgießen. Diplomarbeit, BA Horb und Fraunhofer ICT, Karlsruhe, 2002

2. 公司宣传册

Organoblech-die Innovation in der Hybridtechnik. Technische Information der Lanxess AG. Ausgabe 25. 02. 2009

Goldbach, *H.*, *Hoffner*, *J.*: Hybridbauteil in der Serienfertigung. Anwendungs-technische Information der Bayer AG, Leverkusen, 2000

3. 专利

Ziegler, L.: 内高压成形的方法和装置。专利号 DE10024224B4, 2005 年 3 月 24 日

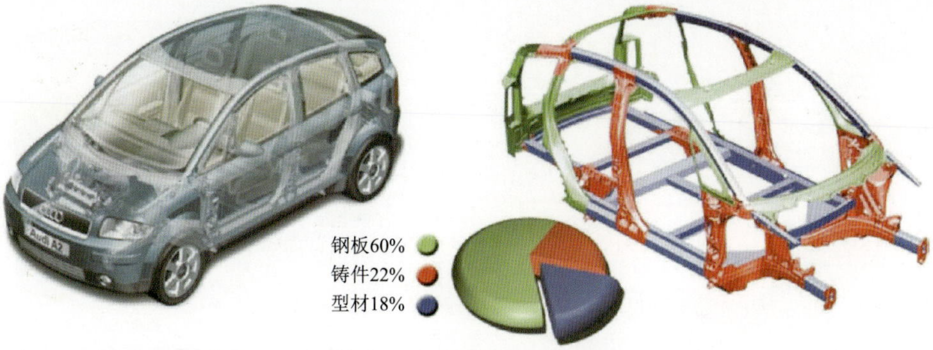

图 2.16　奥迪 A2 空间框架

（图片来源：奥迪股份有限公司）

图 2.35　奥迪 A8 空间框架较高比例的弯型材

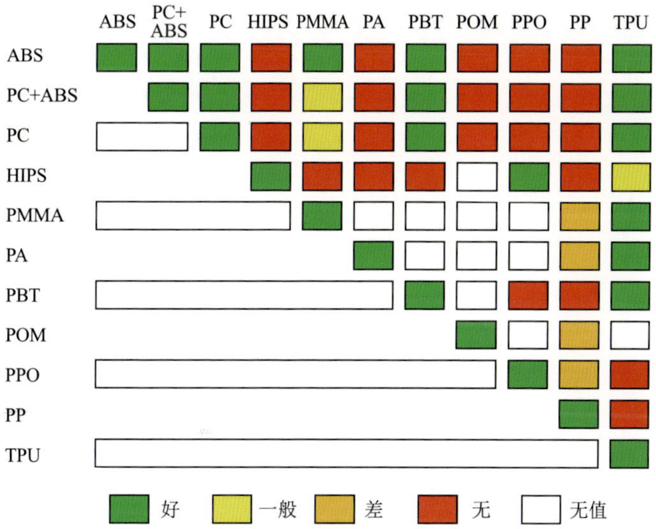

图 5.16　材料相容性

（图片来源：拜耳股份有限公司）

空客公司/EADS

Premium Aerotec 股份有限公司

空客公司/EADS

www.airliners.de

图 6.57　借助真空辅助工艺生产的 A 400M 货舱门

（图片来源：空客/EADS & Premium Aerotec 股份有限公司）